72 : 8
78 : 9
93 : 10
60 : 11
86 : 12

72
78
93
$3\overline{)243} = 81$

72
78
93
$3\overline{)243} = \boxed{81}$ ☞

72
78
93
93
$4\overline{)336} = 84$

72
78
93
60
$4\overline{)303} = 76$

72
78
93
60
86
$5\overline{)389} = \boxed{78}$

6.6
6.7

100
40.2

Deutsch für alle

Deutsch für alle

BEGINNING COLLEGE GERMAN:
A COMPREHENSIVE APPROACH

Second Edition

Werner Haas
THE OHIO STATE UNIVERSITY

Gustave Bording Mathieu
CALIFORNIA STATE UNIVERSITY, FULLERTON

John Wiley & Sons
NEW YORK   CHICHESTER   BRISBANE   TORONTO   SINGAPORE

Library of Congress Cataloging in Publication Data:

Haas, Werner, 1928-
  Deutsch für alle.

  Includes index.
  1. German language—Grammar—1950-
I. Mathieu, Gustave, 1921-   II. Title.
PF3112.H23 1983 838.2'421   82-17637
ISBN 0-471-86406-4

Printed in the United States of America

10 9 8 7 6 5 4 3 2

Cover Photo Courtesy of German Information Center

Vorwort

This is the second edition of *Deutsch für alle,* a complete program for first-year college German. Like the first edition, it is based on dialogs, readings, and grammatical explanations which the authors hope will prove to be interesting and lively, yet solid and culturally authentic.

To learn a second language, the student must practice. To facilitate practice in the classroom, *Deutsch für alle* involves the class in role-playing, student-to-student give-and-take, teacher-to-student exchange (and vice versa), reading aloud individually or in chorus, responding to listening comprehension exercises, and playing linguistic games. Nearly every minute of every class, students are invited to use their eyes, ears, mouth, and mind in active practice of German. *Deutsch für alle* provides for the development of the four skills of listening, speaking, reading, and writing German, though most writing is assigned as homework, saving class time for oral practice and grammatical analysis.

A young child can learn a language merely by unconscious exposure to it. Adults, however, learn best if they understand the concept underlying what they are practicing. Consequently, our grammar section is entitled *Grammatik: Theorie und Anwendung.* Succinct grammar explanations are followed immediately by practice. The methodology is that of the "habit-forming conceptual approach."

Organization

Each of the 18 chapters in the textbook contains the following features:

1. The *Dialog,* which introduces the basic grammatical structures developed in the chapter. Although the dialog need not be memorized, it is designed for oral practice.

2. *Fragen zum Dialog* and *Persönliche Fragen.* The former will help the student to understand the vocabulary and structures introduced in the dialog. The latter invite the students to engage in "creative practice" by expressing their own views.

3. *Aussprache Übung.* The pronunciation section contrasts German vowel sounds with each other and with English vowel sounds. (A complementary section in the *Arbeitsbuch* contrasts consonant sounds.)

4. *Grammatik: Theorie und Anwendung.* Grammatical structures are explained, and followed immediately by practical application through oral practice. We have endeavored to make exercises situation-oriented rather than mechanical and artificial. The vocabulary used in the exercises is recycled from the dialog of the *current* chapter and the dialogs and *Lesestücke* of *preceding* chapters. The display examples that illustrate grammatical features often use words and structures that will occur in the *Lesestück* of the current chapter. These are always accompanied by an English translation. Our consistent aim has been to reinforce previously encountered vocabulary while preparing the students for an easier, and therefore more enjoyable, reading of the upcoming *Lesestück.*

   A special feature of the *Grammatik* section is the *Vorsicht! Fehlergefahr!,* which alerts readers to the most common errors that English-speaking students of German make because of the well-known factor of interference. This feature serves as "preventive medicine" by drawing the students' attention to many common pitfalls.

5. The *Lesestück* incorporates the grammatical features of the chapter, without sacrificing the natural flow and idiomatic usage of German. The content of the *Lesestücke,* as well as of the dialogs, ranges from human interest to current issues, from cultural information to historic events. At all times, we communicate with the students as mature adults.

6. *Situationen.* This section aims to stimulate the students to invent short but creative oral exchanges. Short of actually being among Germans or in a German-speaking country, the *Situationen* should help to instill confidence in the students to use German freely on their own—even at the risk of making a few mistakes. Language learners face two basic problems: what to say and how to say it. The "mini-theater" of the *Situationen,* and the brevity of the expected exchanges, should help to resolve both problems.

7. *Schriftlich wiederholt.* These written exercises are intended as a review of grammatical structures learned in the chapter. They are diversified and provide for both pre-determined and "free" responses. The vocabulary they draw on is based on the dialogs and *Lesestücke* of both the current chapter and previous chapters.

8. *Sprechen leicht gemacht!.* This is an "activities" section coordinated with the grammar presented in each chapter. Each subsection notes what structure is being practiced so that the instructor may turn to *Sprechen leicht gemacht!* after a specific point of grammar has been taken up.

   Sprechen leicht gemacht! should motivate students to communicate by expressing their own personal reactions to a wide variety of matters. Many of these activities are serious, others are tongue-in-cheek, or even just plain fun. *Sprechen leicht gemacht!* does not consist of exercises done "by numbers." Rather, it is designed so students can select words or phrases from those suggested because they express what they want to communicate. They are open-ended, and invite the students to expand on the suggested responses.

The last chapter contains a *Review of Highlights,* consisting of exercises on the main grammar structures presented in each chapter of the text.

Integrated Program Materials

Supporting the textbook are a workbook (*Arbeitsbuch*), an instructor's manual, and a complete laboratory tape program available for purchase or on loan for local duplication.

The *Arbeitsbuch* contains the following main features:

1. *Selbst-Test.* For each chapter there is a programmed test with the correct response provided in the right-hand column. The *Selbst-Test* is closely coordinated with the *Grammatik* section of the text. This permits simultaneous study and practice of the text and the workbook. In effect, the *Selbst-Test* provides a complete review and reinforcement of the grammar points discussed in the text.

   The *Selbst-Test* is designed to 1) reinforce classroom learning, 2) help students who may have missed a class to catch up, and 3) provide individualized study practice.

2. *Probe-Test.* These writing exercises review the entire grammatical, structural, and vocabulary materials of each chapter. They provide a "dry run" for tests that the instructor may want to devise.

3. *Aussprache Übung.* This pronunciation section contrasts German consonant and vowel sounds both with each other and with English. It complements the *Aussprache Übungen* for the text, which focus on German vowel sounds.

   The *Arbeitsbuch* also includes a *Review of errors often made by English-speaking students of German* and the English equivalent of the dialogs in the text.

   The tapes record all the dialogs and *Lesestücke* from the text, exercises on the grammar structures (all the *Anwendung* from the text plus new exercises), listening comprehension materials, and the pronunciation sections from the text and the workbook.

Changes in the Second Edition

For instructors who are familiar with the first edition of *Deutsch für alle,* we briefly summarize the major changes in the second edition, introduced in response to the suggestions of teachers and reviewers as well as our own continuing classroom experience.

1. The amount of vocabulary has been significantly reduced, and, as a practical improvement, the vocabulary listings have been arranged to clarify the distinction between new words that are active vocabulary and those that are simply for recognition.

2. The book has been shortened in order to give more time to the instructor. The *Dialoge* and *Lesestücke* have been streamlined and brought up to date. Some (as in Chapters 4 and 10) have been rewritten so that they can be more easily used in class. In addition, grammar sections and *Sprechen leicht gemacht!* sections have been tightened up.

3. Several grammar points that are rarely used or are of secondary importance to first-year students (such as the double infinitive and the past perfect passive) have been removed from the text. Many of these, however, are included in the Reference Grammar at the end of the book for those instructors who might want to introduce them to their students.

4. The popular *Sprechen leicht gemacht!* activities have been reworked to provide even more class activity than before.

Acknowledgments   We want to offer special thanks to William B. Fischer, Portland State University, for his perceptive suggestions, his meticulous editing of the manuscript, his careful checking of the vocabulary, and his enthusiastic support of the program.

We also wish to thank the following reviewers for their suggestions for this edition: Robert F. Ambacher, Millersville State College; Trudy Gilgenast, University of Delaware; Heidi G. Ivanoff-Johnson, San Francisco State University; Betty T. Richards, Temple University; Gerd K. Schneider, Syracuse University; and Anni Whissen, Wright State University.

W.H.
G.B.M.

Inhaltsverzeichnis

Useful Classroom Expressions

Guten Morgen/Tag/Abend!	Good morning/day/evening!
Auf Wiedersehen!	Good-bye!
Wie geht es Ihnen, Herr/Frau/Fräulein _____ ?	How are you, Mr./Mrs./Miss _____ ?
Danke, gut.	Fine, thank you.
Bis morgen.	Till tomorrow.
Wie, bitte?	What was that?
Ich weiß nicht.	I don't know.
Haben Sie Fragen?	(Do you have) any questions?
Ich habe eine Frage.	I have a question.
Auf deutsch, bitte!	In German, please.
Wie sagt man auf deutsch _____ ?	How does one say _____ in German?
Antworten Sie, bitte!	Please answer.
Wiederholen Sie, bitte!	Repeat, please.
Lauter, bitte!	Louder, please.
Alle zusammen!	All together.
Lesen Sie, bitte!	Read, please.
Bitte, machen Sie Ihr Buch auf!	Open your book, please.
Seite zehn, Zeile drei.	Page ten, line three.
Machen Sie Ihr Buch zu!	Close your book.
Verstehen Sie das?	Do you understand that?
Hören Sie zu, bitte!	Listen, please.
Noch einmal, bitte!	Again, please.
Bitte, fangen Sie an!	Begin, please.
Bitte, sprechen Sie langsamer!	Please speak more slowly.
Gehen Sie an die Tafel!	Go to the board.
Schreiben Sie an die Tafel!	Write on the chalkboard.
Was haben wir auf?	What is our homework?
Ihre Hausaufgabe ist _____ .	Your homework is _____ .
Stehen Sie auf, bitte.	Please stand up.
Setzen Sie sich, bitte.	Please sit down.
Entschuldigen Sie.	Excuse me.

Useful Words for the Classroom

der **Bleistift, -e**	pencil
das **Buch, ¨-er**	book
das **Fenster, -**	window
die **Karte, -n**	map
das **Klassenzimmer, -**	classroom
die **Kreide**	chalk
der **Kugelschreiber, -**	ballpoint pen
das **Licht, -er**	light
der **Papierkorb, ¨-e**	wastepaper basket
der **Stuhl, ¨-e**	chair
die **Tafel, -n**	chalkboard
der **Tisch, -e**	table
die **Tür, -en**	door
die **Wand, ¨-e**	wall

Die Wochentage   Days of the week

Montag	Monday
Dienstag	Tuesday
Mittwoch	Wednesday
Donnerstag	Thursday
Freitag	Friday
Samstag (or **Sonnabend**)	Saturday
Sonntag	Sunday
heute	today
morgen	tomorrow
das **Wochenende**	weekend

Die Zahlen 1 bis 20   Numbers 1 to 20

eins	1	**elf**	11
zwei	2	**zwölf**	12
drei	3	**dreizehn**	13
vier	4	**vierzehn**	14
fünf	5	**fünfzehn**	15
sechs	6	**sechzehn**	16
sieben	7	**siebzehn**	17
acht	8	**achtzehn**	18
neun	9	**neunzehn**	19
zehn	10	**zwanzig**	20

Studenten und Studentinnen in München.

Kapitel 1

Wie heißt sie? Und wer ist er?
1. Subject pronouns
2. The definite articles **der, die, das**
3. The gender of third-person pronouns
4. The plural of nouns
5. The plural of pronouns
6. **sein** and **haben,** present tense
7. The infinitive
8. The present tense of verbs
9. Verb-Subject word order in questions
10. The German alphabet

Tatsache oder Klischee? (Ist das richtig oder falsch?)

DIALOG **Wie heißt sie? Und wer ist er?**

Günter Müller	Hans, kennst du das Mädchen dort?
Hans Mayer	Nein, ich kenne sie nicht. Wer ist sie?
Günter	Sie heißt Ursula Schwarz; sie ist Studentin.
Hans	Was studiert sie?
Günter	Sie studiert Medizin. —Und sie ist sehr nett! *(Fräulein Schwarz kommt).*
Günter	Guten Tag, Ursula, wie geht's?
Ursula Schwarz	Danke, gut. Und dir?
Günter	Danke, auch gut. —Ursula, das ist Hans Mayer.
Ursula	Guten Tag, Herr Mayer. Sind Sie auch Student?
Hans	Ja, ich studiere Biologie.
Günter	...und er tanzt gern, hat viele Platten, lernt Karate, spielt Tennis und...
Ursula	Tennis? Ich spiele auch gern Tennis, aber leider nicht sehr gut.
Günter	Ursula, kommst du heute abend ins Konzert?
Ursula	Ich glaube nicht. Ich habe heute keine Zeit. Und viel Arbeit! *(Der Bus kommt).* Hier ist der Bus. Auf Wiedersehen!
Alle	Auf Wiedersehen!

Wortschatz zum Dialog[1]

nouns (active vocabulary)

die **Arbeit**	*work*		der **Student, -en**	*student (male)*
der **Bus, -se**	*bus*		die **Studentin, -nen**	*student (female)*
das **Fräulein, -**	*Miss*		der **Tag, -e**	*day*
der **Herr, -en**	*Mr.; gentleman*		die **Zeit**	*time*
das **Mädchen, -**	*girl; young unmarried woman*			

nouns (for recognition)

die **Biologie**	*biology*	das **Karate**	*karate*	die **Platte, -n**	*record*
der **Dialog, -e**	*dialog*	das **Konzert, -e**	*concert*	der **Wortschatz**	*vocabulary*
		die **Medizin**	*medicine*		*(literally, treasure of words)*

verbs (active vocabulary)

glauben	*to believe*	**kennen**	*to be acquainted with, know*	**sein (ist)**	*to be*
haben (hat)	*to have, possess*			**spielen**	*to play*
heißen	*to be called*	**kommen**	*to come*	**studieren**	*to study*
		lernen	*to learn*	**tanzen**	*to dance*

[1]Vocabulary for the dialog

other words (active vocabulary)

aber	*but*	**gut**	*good, well*	**kein(e)**	*no, none, not any*	**und**	*and*
das	*the; this, that*	**hier**	*here*	**nein**	*no*	**viel(e)**	*much, many*
du	*you* (familiar)	**heute**	*today*	**nicht**	*not*	**was**	*what*
er	*he*	**ich**	*I*	**sie**	*she; they*	**wer**	*who*
gern(e)	*to like to; gladly*	**ja**	*yes*	**Sie**	*you* (formal)		

other words (for recognition)

auch	*also, too*	**ins= in das**	*to the*	**nett**	*nice*
dort	*there*	**leider**	*unfortunately*	**sehr**	*very*
heute abend	*tonight*				

special and idiomatic expressions

Auf Wiedersehen!	*Good-bye!*	**Wie geht's?**	*How are you?*
Guten Tag!	*Hello (Good day)!*	**Danke, gut. Und dir?**	*Fine, thanks. And you?*
Wie heißt sie?	*What's her name?*		*(familiar)*

FRAGEN ZUM DIALOG[2]

A. Complete the sentences using information from the dialog.

1. Ursula Schwarz studiert (Biologie/Medizin/Musik).
2. Hans Mayer studiert (Medizin/Biologie/Physik).
3. Ursula spielt (kein/auch/heute) Tennis.
4. Günter Müller (tanzt/spielt/studiert) auch.
5. Ursula hat (keine/viel/heute) Zeit.

B. Answer in German.

1. Wie heißt das Mädchen?   Sie heißt _____.
2. Was ist sie?   Sie ist _____.
3. Was studiert sie?   Sie studiert _____.
4. Was studiert Hans Mayer?   Er studiert _____.
5. Spielt sie Tennis?   Ja, sie spielt _____.
6. Spielt er Tennis?   Ja, _____.
7. Ist Ursula nett?   Ja, _____.
8. Tanzt Hans gern?   Ja, _____ gern.
9. Was kommt?   Der _____.

PERSÖNLICHE FRAGEN[3]

1. Wie heißen Sie?   Ich heiße _____.
2. Sind Sie Student/Studentin?   Ja, ich bin _____.

[2]Questions about the dialog   [3]Personal questions

3. Was studieren Sie?   Ich studiere _____ .[4]
4. Studieren Sie viel?   Ja, ich _____ viel.
5. Spielen Sie Tennis?   Ja, ich _____ .

Long **a** versus short **a**

LONG		SHORT	
der **Staat**	*state*	die **Stadt**	*city*
der **Stahl**	*steel*	der **Stall**	*stable*
er **kam**	*he came*	der **Kamm**	*comb*
raten	*to guess*	die **Ratten**	*rats*
die **Maße**	*measures, sizes*	die **Masse**	*the mass*
der **Kahn**	*boat*	ich **kann**	*I can*
die **Wahl**	*election*	der **Wall**	*wall*

GRAMMATIK   Theorie und Anwendung[6]

1. Subject pronouns

A pronoun is a word that replaces a noun. (In Latin, *pro* means *in place of.*)

NOUN
Ursula tanzt gern.   *Ursula likes to dance.*

PRONOUN
Sie tanzt gern.   *She likes to dance.*

*What's the
"nominative"?
The do-er!*
The nominative is the case of the subject. The subject is the person or thing performing the action. In the examples above, Ursula is the subject.

---

[4]Ask your instructor in German: „Wie sagt man auf deutsch [your major in English]?"
[5]*Pronunciation Exercise.* Pronounce only the German words in boldface, not the articles **der, die, das** or the English words. You need not learn these words as vocabulary. The complete text of all the Aussprache Übung is printed in the Arbeitsbuch and is recorded on a special tape.
[6]*Grammar: theory and application.*

Forms of subject pronoun

SINGULAR		PLURAL	
ich	*I*	**wir**	*we*
du	*you* (familiar)	**ihr**	*you* (familiar)
er, sie, es	*he, she, it*	**sie**	*they*
Sie	*you* (formal)	**Sie**	*you* (formal)

Beispiele[7]

Was ist Herbert? **Er** ist Student.	*What is Herbert? He is a student.*
Was ist Helga? **Sie** ist Studentin.	*What is Helga? She is a student.*
Was spielen Herbert und Helga? **Sie** spielen Tennis.	*What do Herbert and Helga play? They play tennis.*
Wie ist das Wetter? **Es** ist schlecht.	*How is the weather? It is bad.*
Wie heißen **Sie? Ich** heiße _____ .	*What is your name? I am called _____ .*

Three differences between English and German subject pronouns

1. German **ich,** unlike English *I*, is not capitalized unless it begins a sentence.
2. German **Sie** is always capitalized when it is the equivalent of English *you*.
3. German has three subject pronouns corresponding to English *you*:

you $\begin{cases} \textbf{du} & \text{familiar singular} \\ \textbf{ihr} & \text{familiar plural, as in ``you all''} \\ \textbf{Sie} & \text{formal, both singular and plural, always capitalized} \end{cases}$

The pronoun **man**

Man is a subject pronoun, corresponding to English *one, people, you* (but never to English *man*).

Hier trinkt **man** viel Bier.   *One drinks a lot of beer here.*

ANWENDUNG

A. *Supply the German pronoun suggested by the English cue.*

1. *(I)* _Ich_ spiele gern Tennis.
2. *(we)* _Wir_ haben keine Zeit.
3. *(he)* _Er_ kennt das Mädchen.
4. *(they)* _Sie_ tanzen gern.
5. *(you—familiar singular)* _Du_ studierst Biologie.
6. *(she)* _Sie_ ist sehr nett.
7. *(you—familiar plural)* _Ihr_ spielt Tennis.
8. *(it)* _Es_ ist gut.
9. *(you—formal singular)* _Sie_ spielen gut, Herr Müller.
10. *(you—formal plural)* Herr Mayer und Fräulein Schwarz, haben _Sie_ heute Zeit?
11. *(one)* _____ glaubt es nicht.

[7]*Examples.* Examples in this section with translation are generally from the forthcoming Lesestück and thus prepare for the subsequent reading selection.

When to use **du** *or* **Sie**   The formal **Sie** is used when speaking to strangers and persons you would normally address as **Herr** *Mr., Sir;* **Frau** *Mrs.;* or **Fräulein** *Miss.* The familiar **du** and **ihr** are used when speaking to relatives, close friends, children, animals, and generally among younger people and students. As a rule of thumb, use **du** and **ihr** with people whom you would call by their first name.

If in doubt … **Sie!**   Customs regarding the use of **Sie** and **du** vary from place to place, and change with time. If in doubt, you will always be correct to use **Sie** until you become certain that you may use **du.**

ANWENDUNG   **B.** *Complete the sentence or question with the appropriate subject pronoun.*

1. Ich studiere Deutsch. Und was studierst _du_, Günter?
2. Wir tanzen gern. Und _Sie_, Fräulein Müller und Fräulein Schwarz?
3. Fräulein Mayer, _Sie_ sind sehr nett.
4. Karl, _du_ spielst sehr gut Tennis.
5. Ursula und Hans, kommt _ihr_ heute?
6. Ich glaube es nicht. Glauben _Sie_ es, Herr Müller?
7. Ursula, kennst _du_ Günter?
8. Wir sind Studenten. Bist _du_ Student, Karl?

C. *Complete with the appropriate subject pronoun.*

1. Günter kommt nicht ins Konzert. _Er_ hat keine Zeit.
2. Hans und Karl haben viele Platten. _____ tanzen auch gern.
3. Ursula studiert Biologie und _sie_ spielt auch Tennis.
4. Fräulein Schwarz ist Studentin. _Sie_ studiert Medizin.
5. Guten Tag, Herr Müller. Spielen _Sie_ heute Tennis?
6. Wer ist das Mädchen dort? Und was studiert _sie_ ?[8]
7. Wie heißt der Student dort? Und was studiert _er_ ?

2. The definite articles der, die, das

Beispiele   Ist **der** Wein gut?   *Is the wine good?*
Ist **die** Tradition alt?   *Is the tradition old?*
Ist **das** Wetter gut?   *Is the weather good?*

Gender and sex are not necessarily the same.   Every German noun has a grammatical gender which is indicated by the definite article. English has only one definite article: *the.* German has three.

1. **masculine (der-words)**
   der Bus *bus;* **der** Tag *day*

---

[8]Grammatically, the pronoun required is **es,** but some Germans would prefer **sie.**

2. **feminine (die**-words)
   die Zeit *time;* **die** Frage *question*
3. **neuter (das**-words)
   das Jahr *year;* **das** Konzert *concert*

Grammatical gender is not necessarily the same as biological gender. In his satirical piece "The Awful German Language," Mark Twain poked fun at this peculiarity of German when he wrote: "In German a young lady [**das Mädchen**] has no sex, while a turnip [**die Rübe**] has. Think what overwrought reverence that shows for the turnip, and what callous disrespect for the girl."

Learn it by heart. Twain also noted that since every noun has a gender, yet there is "no sense or system in the distribution" of **der, die das,** "the gender of each must be learned separately and by heart."

Gender and sex sometimes coincide Mark Twain was exaggerating somewhat. While it is true that objects may have any one of the three genders, the grammatical gender of nouns designating people is usually the same as their biological sex. Here are a few such nouns which show that grammatical and natural sex sometimes do coincide.

DER-WORDS		**DIE**-WORDS	
der Herr	*Mr., Sir*	**die** Dame	*lady*
der Student	*student*	**die** Studentin	*student*
der Mann	*man*	**die** Frau	*Mrs., woman*
der Vater	*father*	**die** Mutter	*mother*
der Sohn	*son*	**die** Tochter	*daughter*
der Bruder	*brother*	**die** Schwester	*sister*

…and sometimes not

der Löffel	*spoon*	**die** Gabel	*fork*
		das Messer	*knife*

Why are we neuter? **Das Mädchen** *girl* and **das Fräulein** *Miss* are neuter because all nouns with the endings **-chen** or **-lein** are **das**-words. Another example: **das Kätzchen,** *little cat, kitten.*

Nouns ending in **-in** *are* **die**-*words.* Many masculine German nouns can be made feminine by adding the ending **-in.**

der **Student**	*male student*	der **Schweizer**	*Swiss man*
die **Studentin**	*female student*	die **Schweizerin**	*Swiss woman*
der **Amerikaner**	*American man*		
die **Amerikanerin**	*American woman*		

ANWENDUNG   **A.** *Restate the sentence with the noun in the feminine. Don't forget to change the definite article.*

1. Wer ist der Student?
2. Der Amerikaner ist nett.
3. Der Schweizer tanzt gut.

3. The gender of third-person pronouns

Pronouns must have the same gender as the noun they stand for.

Beispiele   Wo is **der** Bus? **Er** ist dort.

Where is the bus? It is there.

Ist **die** Platte populär? Ja, **sie** ist populär.

Is the record popular? Yes, it is popular.

Ist **das** Wetter schlecht? Ja, **es** ist schlecht.

Is the weather bad? Yes, it is bad.

"Fill 'er up!"   Students beginning to learn German might find it odd to think of a bus as "he" or a record as "she." Yet, in English we say of a ship, *"She sailed today,"* or of a car, *"Fill her up." "She runs good (well)!"*

ANWENDUNG   **A.** *Answer yes, replacing the noun with the appropriate pronoun.*

Der – ER
Die – Sie
Das – es

1. Ist das Konzert heute? Ja, _es_ ist heute.
2. Kommt der Bus? Ja, _er_ kommt.
3. Ist die Platte gut? Ja, _sie_ ist gut.
4. Heißt die Studentin Erika? Ja, _sie_ heißt Erika.
5. Ist der Wein gut? Ja, _er_ ist gut.
6. Spielt der Student Tennis? Ja, _er_ spielt Tennis.
7. Kennt er das Mädchen? Ja, er kennt _es_ .
8. Ist das Fräulein nett? Ja, _es_ ist nett.
9. Studiert die Studentin Medizin? Ja, _sie_ studiert Medizin.

4. The plural of nouns

*All plurals = **die**!*   In the plural, gender distinctions in the articles disappear. The article **die** is used for *the* in the plural.

SINGULAR		PLURAL	
der Staat	*nation, state*	**die** Staaten	*nations, states*
die Karte	*map, ticket*	**die** Karten	*maps, tickets*
das Mädchen	*girl*	**die** Mädchen	*girls*

Er kauft Kassetten.
Was kauft sie?

Five ways to make nouns plural

English nouns usually add the symbol *-s* to show the plural.[9] German nouns follow five basic patterns for showing the plural.

a) Add nothing
   der **Lehrer**—die **Lehrer** *teachers*
   Some of these nouns may use an umlaut: der **Vater**—die **Väter** *fathers.*

b) Add **-e**
   der **Tag**—die **Tage** *days*
   Some may use an umlaut: die **Nacht**—die **Nächte** *nights.*

c) Add **-er**
   das **Kind**—die **Kinder** *children*
   Some may use an umlaut: das **Haus**—die **Häuser** *houses.*

d) Add **-en** or **-n**
   die **Frau**—die **Frauen** *women;* die **Platte**—die **Platten** *records*
   These never umlaut.

e) Add **-s**
   das **Auto**—die **Autos** *cars*

What is an umlaut?

Umlaut is a German term for a change of vowel sounds. It is shown in writing by two dots (¨). The word *umlaut* is listed in Webster's dictionary.

Using the dictionary

When you are unsure of the plural of a noun, look it up in the dictionary or in the end vocabulary. Here is what the symbols mean.

[9]But note: *mouse, mice; child, children; glass, glasses; one sheep, two sheep.*

das **Mädchen, -** *girl*	no change in plural: die **Mädchen**
die **Mutter, ̈** *mother*	no addition, but adds umlaut: die **Mütter**
das **Jahr, -e** *year*	adds -e: die **Jahre**
der **Zug, ̈-e** *train*	adds -e and umlaut: die **Züge**
das **Kind, -er** *child*	adds -er: die **Kinder**
das **Volk, ̈-er** *people*	adds -er and umlaut: die **Völker**
die **Frage, -n** *question*	adds -n: die **Fragen**
der **Staat, -en** *state*	adds -en: die **Staaten**
das **Klischee, -s** *cliché*	adds -s: die **Klischees**

Some nouns have no plural, as die **Milch**, *milk*. Some nouns have no singular, as die **Leute**, *people*.

ANWENDUNG   **A.** *Complete the sentences, putting the noun into the plural. Consult the word list below, if necessary.*

1. Die Zeit ist schlecht. _____ sind schlecht.
2. Die Karte ist hier. _____ sind hier.
3. Der Herr ist nicht hier. _____ sind nicht hier.
4. Das Mädchen ist nett. _____ sind nett.
5. Der Zug kommt. _____ kommen.
6. Der Vergleich° ist gut. _____ sind gut.   comparison
7. Der Tag ist lang°. _____ sind lang.   long

der **Herr, -en**	*man*	das **Volk, ̈-er**	*people*
die **Karte, -n**	*map*	der **Vergleich, -e**	*comparison*
das **Mädchen, -**	*girl*	die **Zeit, -en**	*time*
der **Tag, -e**	*day*	der **Zug, ̈-e**	*train*

⚠ **Vorsicht!**[10]   Fehlergefahr![11]

German nouns begin with a capital letter. In English, only proper nouns are capitalized.

Deutschland   *Germany*   (a proper noun)

die **Wahrheit**   *truth*   (a common noun)

The opposite is true for adjectives. Unlike English, German does not usually capitalize adjectives that refer to proper nouns.

der **amerikanische** Student   *the American student* (adjective)

[10]*Attention!* (literally, *foresight*). This international traffic sign for "Caution" is used throughout the text to indicate pitfalls to be avoided. It will alert you to the most common mistakes made by English-speaking students of German.   [11]*Danger of making a mistake!* (from **der Fehler** *mistake* and **die Gefahr** *danger*).

5. The plural of pronouns

Gender distinctions disappear in the plural.

In the plural, the subject pronoun in German is always **sie.**

SINGULAR

Ist der Zug pünktlich? Ja, **er** ist pünktlich.

Is the train on time? Yes, it is on time.

PLURAL

Sind die Züge pünktlich? Ja, **sie** sind pünktlich.

Are the trains on time? Yes, they are on time.

ANWENDUNG

A. *Answer yes, replacing the noun with the appropriate pronoun.*

1. Ist das Konzert gut? Ja, _____ ist gut.
2. Sind die Konzerte gut? Ja, _____ sind gut.
3. Kommen die Studenten heute? Ja, _____ kommen heute.
4. Kommt der Student heute? Ja, _____ kommt heute.
5. Sind die Kinder hier? Ja, _____ sind hier.
6. Ist das Kind hier? Ja, _____ ist hier.
7. Ist die Studentin dort? Ja, _____ ist dort.
8. Sind die Studentinnen dort? Ja, _____ sind dort.
9. Ist die Milch gut? Ja, _____ ist gut.

⚠ **Vorsicht!**   Fehlergefahr!

In spoken German, **sie** and **Sie** sound exactly alike. As a subject it may have any one of four English equivalents: *you, she, they,* or *it.* The intended meaning can usually be determined from the context, the verb endings, and the spelling.

Sie kommt.	*She comes.*
Sie kommen.	*They come (or You come).*
Kommen **sie?**	*Are they coming?*
Kommen **Sie?**	*Are you coming?*
Ist die Platte gut? Ja, **sie** ist gut.	*Is the record good? Yes, it is good.*

---

6. sein and haben, present tense

Key verbs— memorize!

Sein *to be* and **haben** *to have* are key verbs because they also function as auxiliaries (helping verbs used in forming other tenses). Their forms must be memorized.

	SINGULAR		**PLURAL**	
sein	ich **bin**	I am	wir **sind**	we are
	du **bist**	you are	ihr **seid**	you are
	er, sie, es **ist**	he, she, it is	Sie, sie **sind**	you, they are
haben	ich **habe**	I have	wir **haben**	we have
	du **hast**	you have	ihr **habt**	you have
	er, sie, es **hat**	he, she, it has	Sie, sie **haben**	you, they have

ANWENDUNG

A. *Supply the correct form of* **sein.**

1. Fräulein Stein _ist_ Amerikanerin.
2. Wir _sind_ jung°.   young
3. Du _bist_ sehr nett.
4. Fritz und Hans, _seid_ ihr gern hier?
5. Ich _bin_ gern hier.
6. Herr Klein, _ist_ Sie Schweizer?
7. Es _ist_ gut.
8. Dort _sind_ die Studenten. Sie _ist_ Amerikaner.
9. Er _ist_ sehr alt.

B. *Supply the correct form of* **haben.**

1. Wir _haben_ die Platte.
2. _hast_ du Zeit?
3. Karin _hat_ die Karte.
4. Fritz und Hans, _habt_ ihr das Geld°?   money
5. Ich _habe_ kein Geld.
6. Frau Müller, _hat_ Sie Kinder?
7. Er _hat_ Zeit.
8. _haben_ die Mädchen Karate gern?
9. _haben_ Sie Hans/Ursula gern?

SYNOPSIS
EXERCISE[12]

If the subject is in the singular, restate the sentence in the plural, and vice versa.

1. Wir sind hier.   _____ hier.
2. Ich habe Geld.   _____ Geld.
3. Ihr seid nett.   _____ nett.
4. Du hast Geld.   _____ Geld.
5. Ist sie jung?   _____ jung?
6. Ist er jung?   _____ jung?
7. Wir haben kein Geld.   _____ kein Geld.
8. Sie ist charmant.   _____ charmant.
9. Sie hat Zeit.   _____ Zeit.
10. Hat sie Zeit?   _____ Zeit?

[12]Synopsis exercises combine several grammatical points practiced separately in preceding exercises.

7. The infinitive

What is an infinitive? The infinitive is the basic form of a verb as it is listed in the dictionary. German infinitives end in **-en** (or **-n**). German has no equivalent of English *to* before the infinitive. The infinitive consists of the stem + the ending **-(e)n**. To find the stem, delete **-(e)n**. The stem is important because the personal endings are added to it.

VERB STEM	INFINITIVE	
lieb-	**lieben**	*to love*
arbeit-	**arbeiten**	*to work*
denk-	**denken**	*to think*

8. The present tense of verbs

Stem endings In the present tense of German verbs, the **wir-, sie-,** and **Sie**-forms end in **-en** or **-n**; the **er/sie/es-** and **ihr**-forms end in **-t**; and the **du**-form ends in **-st** (compare Shakespeare's English: "Thou *canst* not then be false to any man") or as in the biblical "Thou hast sinned." Memorize this model:

kaufen *to buy*

SINGULAR	PLURAL
ich kauf**e**	wir kauf**en**
du kauf**st**	ihr kauf**t**
er, sie, es kauf**t**	Sie, sie kauf**en**

Linking -e- so that you can hear the ending When the verb stem ends in **-d** or **-t**, a linking **-e-** is inserted between the stem and the ending in order to facilitate pronunciation of the **du-, er**, and **ihr**-forms.

arbeiten *to work*
du arbeit**e**st   er arbeit**e**t   ihr arbeit**e**t

finden *to find*
du find**e**st   er find**e**t   ihr find**e**t

heiraten *to get married*
du heirat**e**st   er heirat**e**t   ihr heirat**e**t

When the verb stem ends in a "hissing" sound represented by the letters **-s, -ß,** or **-z**, only **-t** is added to the **du**-form (instead of **-st**).

heißen *to be called*
du heiß**t**

tanzen *to dance*
du tanz**t**

ANWENDUNG[13]   **A.** *Complete the sentence with the correct verb form.*

1. (kennen)   Ich _____ das.
2. (heißen)   Wie _____ du?
3. (kommen)   Er _____ heute.
4. (kennen)   Wir _____ es.
5. (spielen)   Ihr _____ gut.
6. (glauben)   _____ Sie das?
7. (studieren)   Was _____ ihr?
8. (arbeiten°)   _____ du gern?   to work
9. (wandern°)   Wo _____ Sie?   to hike
10. (finden°)   Ich _____ es nicht.   to find
11. (tanzen°)   _____ du nicht?   to dance
12. (heiraten°) Wir _____ heute.   to marry
13. (denken°)   Er _____ nicht so.   to think
14. (kaufen°)   _____ Helmut das Auto?   to buy
15. (fragen°)   Ich _____ viel.   to ask

B. *Say the sentence or question. Then repeat it, giving the correct verb form for the new cue subject.*

1. Er kommt.   Du _____ .
2. Ich spiele.   Wir _____ .
3. Sie arbeiten.   Ihr _____ .
4. Tanzen Sie?   _____ du?
5. Wir arbeiten.   Erika _____ .
6. Du arbeitest.   Ich _____ .
7. Sie studieren.   Er _____ .
8. Ich heirate.   Du _____ .
9. Wandern Sie?   _____ ihr?
10. Studiert sie?   _____ du?

Achtung![14]
Three forms
vs. one

If you were a native speaker of German learning English, you would have to learn three forms to express present time in English. Fortunately, German has only one!

REGULAR PRESENT	*We save money.*	
PROGRESSIVE PRESENT	*We are saving money.*	} Wir **sparen** Geld.
EMPHATIC PRESENT	*We do save money.*	

[13]Some of the verbs in this exercise are glossed. They will be introduced in the *Lesestück* for this chapter. They are glossed here because they are new vocabulary, rather than vocabulary "recycled" from dialogs and readings. Words that are not glossed are vocabulary from the dialog of Chapter 1. Such words are included in the vocabulary lists following each dialog and reading. In future chapters, recycled vocabulary is used in the grammar exercises.
[14]**Achtung:** *Attention!*

9. Verb-Subject word order in questions

"Man bites dog"
vs.
"Dog bites man"

As the statement in the left margin shows, word order plays a key role in communication.

One way to ask
a question

It is simple to ask a question in German. Just reverse the word order, placing the verb before the subject.

STATEMENT   **Carla verwendet** Lippenstift.   *Carla uses lipstick.*
QUESTION   **Verwendet Carla** Lippenstift?   *Does Carla use lipstick?*

Try it in English: *That is the truth* vs. *Is that the truth?*
He has the money vs. *Has he the money?*

Language has its
own music.

Intonation is the music of speech. In statements, the voice usually falls toward the end. In questions, it usually rises.[15]

STATEMENT   Das ist falsch.   *That is wrong.*

QUESTION   Ist das richtig?   *Is this right?*

ANWENDUNG

A. *Say the sentence. Then turn it into a question. Be sure to raise your voice at the end of the question.*

1. Sie ist Studentin.   _____ sie Studentin?
2. Fritz kennt das Mädchen.   _____ das Mädchen?
3. Er studiert viel.   _____ viel?
4. Du spielst Tennis.   _____ Tennis?
5. Sie hat viel Geld.   _____ viel Geld?
6. Sie kommen heute abend.   _____ heute abend?

Yes–no
questions

Questions fall into two major types. The first requires "yes" or "no" as an answer.

Hat die Schweizerin das Wahl-   *Does a Swiss woman have the*
    recht?   *right to vote?*
Ja, sie hat das Wahlrecht.   *Yes, she has the right to vote.*

[15]For short questions, Germans sometimes do not use Verb-Subject word order, but simply end a statement with rising intonation. Such questions often express amazement, sarcasm, or disbelief.

Er hat viel Geld?   *He has lots of money?*

Sprechen Sie Englisch?	*Do you speak English?*
Nein, ich spreche nicht Englisch.	*No, I don't speak English.*

Question words The second type of question begins with a question word. The six most common question words in German all begin with **w.**

wer?	*who?*	**wo?**	*where?*
was?	*what?*	**warum?**	*why?*
wann?	*when?*	**wie?**	*how?*

Beispiele   **Wo ist das Konzert?**   **Wann kommt sie?**

Both use V–S Both the *yes–no* type of question and the type that begins with a question
word order. word require Verb—Subject (V–S) word order.[16]

     ᵛ   ˢ

Haben Sie Zeit?   *Do you have time?*

        ᵛ   ˢ

Wie alt **sind** die **Vereinigten Staaten?**   *How old is the United States?*

ANWENDUNG   **B.** *Ask questions which would elicit the answers below. Several questions may be possible.*

1. Was _____ ?	Sie ist Studentin.
2. Wie _____ ?	Das Wetter ist gut.
3. Wer _____ ?	Ursula kommt jetzt.
4. Wann _____ ?	Er arbeitet heute.
5. Wo _____ ?	Sie ist in Deutschland.
6. _____ ?	Ja, er hat heute Zeit.
7. _____ ?	Ja, ich spiele viel Tennis.
8. _____ ?	Nein, der Bus kommt heute nicht.

⚠ **Vorsicht!**   Fehlergefahr!

New students of German often confuse **wer?** *who?* with **wo?** *where?*

Wer ist das?	Who *is that?*
Wo ist das?	Where *is that?*
Wo sind Sie?	Where *are you?*
Wer sind Sie?	Who *are you?*
Wo ist Hans?	Where *is Hans?*
Wer ist Student?	Who *is a student?*

[16]Sometimes called "Inverted word order."

10. The German alphabet

Listen to your instructor and imitate the sounds.[17]

a	ah	h	hah	o	oh	v	fau
b	beh	i	ih	p	peh	w	weh
c	tseh	j	jot	q	kuh	x	iks
d	deh	k	kah	r	err	y	üppsilon
e	eh	l	ell	s	ess	z	tsett
f	eff	m	emm	t	teh		
g	geh	n	enn	u	uh		

ä	äh	ö	öh	ü	üh	ß	scharfes s (or ess-tsett)

ANWENDUNG   **A.** *Wie schreibt man?*

Großes A, B, C, usw.[18] *(Capital A, B, C, etc.)*
Kleines a, b, c, usw. *(Lower case a, b, c, etc.)*
1. Buchstabieren Sie Ihren Namen! *(Spell your name.)*
2. Buchstabieren Sie _____!
3. Fragen Sie: „Wie schreibt man _____?" *(How does one spell _____?)*

---

[17]There is no way that any written representation of sounds can communicate the real sounds. These are but an approximation. Listen to the tapes and to your teacher.

[18]**und so weiter** and so on

LESESTÜCK Tatsache oder Klischee? (Ist das richtig oder falsch?)

Die Vereinigten Staaten sind jetzt über 200 (zweihundert) Jahre alt. 200 Jahre USA—ist das jung oder alt? Wir sagen: Amerika ist jung, aber die Demokratie in Nordamerika ist alt. Das deutsche Volk ist alt, aber die Demokratie in Deutschland ist jung.

Gibt es° nur d a s[19] deutsche Volk? Nein, es gibt die Deut-   Is there
schen, die Österreicher und die Schweizer.

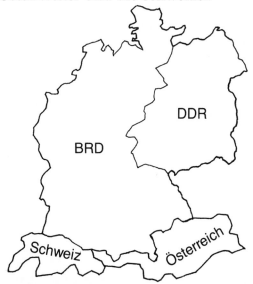

Die Karte° zeigt vier Staaten: Die Bundesrepublik   map
Deutschland (BRD), die Deutsche Demokratische Republik
(DDR), die Republik Österreich und die Schweiz.

Man nennt die Bundesrepublik auch Westdeutschland und die DDR oft Ostdeutschland. Vier Staaten, vier „Demokratien"; aber die Demokratien sind sehr verschieden.°   dissimilar

Die Vereinigten Staaten vergleicht man oft mit anderen Nationen. In Amerika fragen wir: Sind die Deutschen anders°? Denken die Österreicher anders? Leben die Schweizer   different
anders? Der Vergleich ist interessant, aber auch problematisch. Wir suchen die Wahrheit—und finden das Klischee.

[19]In German, spaced lettering is like italics in English. Stress **das**.

Hier sind ein paar Beispiele. Sind das Tatsachen oder Klischees? Ist das richtig oder falsch? Oder ist es halb richtig und halb falsch? Was ist die Antwort? Was denken Sie?

Amerikaner	denken nur an Geld
	spielen gern Football
	arbeiten immer am Wochenende
Deutsche	trinken nur Bier
	lieben Krieg
	haben nicht viel Humor
	arbeiten Tag und Nacht
Österreicher	lieben das Kaffeehaus
	tanzen immer Walzer
	kaufen Lederhosen und Dirndl
Schweizer	sparen immer
	haben zu viele Banken
	sind immer neutral
	produzieren Schweizer Käse
In Deutschland	sind die Züge pünktlich
	wandert man am Wochenende
	ist das Wetter immer schlecht

Das Oktoberfest ist immer gemütlich.

Die Schweiz produziert
viel Schweizer Käse.

Was gibt es hier zu kaufen?

In Österreich	ist es immer gemütlich
	hat man immer Zeit
In Amerika	gibt es keine Tradition
	gibt es Freiheit für alle
Die Schweizerin	hat jetzt das Wahlrecht
	versteht drei Sprachen
Die deutsche Frau	ist nur Hausfrau
	findet Politik uninteressant
Die Amerikanerin	heiratet jung
	verwendet immer Lippenstift

Wortschatz zum Lesestück[20]

new nouns (active vocabulary)

die **Antwort, -en**	*answer*	der **Krieg, -e**	*war*
das **Beispiel, -e**	*example*	die **Nacht, ⸚e**	*night*
das **Bier, -e**	*beer*	**Österreich**	*Austria*
Deutschland	*Germany*	die **Schweiz**	*Switzerland*
die **Frage, -n**	*question*	die **Sprache, -n**	*language*
die **Frau, -en**	*woman*	der **Staat, -en**	*state*
das **Geld**	*money*	die **Tatsache, -n**	*fact*
das **Haus, ⸚er**	*house*	die **Vereinigten Staaten**	*the United States*
das **Jahr, -e**	*year*	das **Wetter**	*weather*
der **Käse, -**	*cheese*	der **Zug, ⸚e**	*train*

nouns (for recognition)

Amerika	*America*	das **Klischee, -s**	*cliché*
der **Amerikaner, -**	*American (male)*	die **Lederhose, -n**	*leather pants*
die **Amerikanerin, -nen**	*American (female)*	der **Lippenstift**	*lipstick*
die **Bank, -en**	*bank*	**Ostdeutschland**	*East Germany*
die **Bundesrepublik Deutschland (BRD)**	*Federal Republic of Germany*	der **Österreicher, -**	*Austrian (male)*
die **Demokratie, -n**	*democracy*	die **Österreicherin, -nen**	*Austrian (female)*
der **Deutsche, -n**	*German (male)*	der **Schweizer, -**	*Swiss (male)*
die **Deutsche, -n**	*German (female)*	die **Schweizerin, -nen**	*Swiss (female)*
die **Deutsche Demokratische Republik (DDR)**	*German Democratic Republic*	der **Soldat, -en**	*soldier*
das **Dirndl, -**	*dirndl; traditional Austrian or Bavarian woman's costume*	die **Tradition, -en**	*tradition*
		der **Vergleich, -e**	*comparison*
		das **Volk, ⸚er**	*people, nation*
die **Freiheit**	*liberty*	das **Wahlrecht**	*right to vote*
die **Hausfrau, -en**	*housewife*	die **Wahrheit**	*truth*
das **Kaffeehaus, ⸚er**	*coffee shop*	der **Walzer, -**	*waltz*
		der **Wein, -e**	*wine*
		Westdeutschland	*West Germany*

new verbs (active vocabulary)

arbeiten	*to work*	**leben**	*to live*	**trinken**	*to drink*
denken	*to think*	**lieben**	*to love, like*	**vergleichen**	*to compare*
finden	*to find*	**nennen**	*to call*	**verstehen**	*to understand*
fragen	*to ask*	**produzieren**	*to produce*	**verwenden**	*to use*
heiraten	*to marry*	**sagen**	*to say*	**wandern**	*to hike*
kaufen	*to buy*	**sparen**	*to save*	**zeigen**	*to show; to point out*
		suchen	*to seek, look for*		

[20]Some easily recognizable cognates appearing in the **Lesestück** are omitted from word lists but are included in the end vocabulary.

other new words (active vocabulary)

alt	old	**jetzt**	now	**richtig**	correct, right
deutsch	German	**jung**	young	**schlecht**	bad, poor
drei	three	**kalt**	cold	**über**	over; around
es	it	**man**	one	**vier**	four
falsch	false, incorrect	**mit**	with	**warum**	why
gemütlich	comfortable, cozy	**nie**	never	**wie**	how; as
		nur	only	**wir**	we
immer	always	(ein) **paar**	a few	**wo**	where

other words (for recognition)

an	at; on	**oft**	often	**so**	so, like that
ander-	other	**problematisch**	problematic	**vor**	before; in front of
anders	different(ly)	**pünktlich**	punctual	**zu**	to; too
halb	half				

special and idiomatic expressions

am Wochenende	on the weekend	**es gibt**	there is, there are
an Geld denken	to think of money		

FRAGEN ZUM LESESTÜCK

Antworten Sie auf deutsch![21]

1. Wie alt sind die Vereinigten Staaten?
   Die Vereinigten Staaten sind _____ .
2. Ist die Demokratie in Deutschland alt oder jung?
   Die Demokratie in Deutschland ist _____ .
3. Wie nennt man Westdeutschland?
   Man nennt Westdeutschland _____ .
4. Wie nennt man Ostdeutschland?
   Man nennt Ostdeutschland _____ .
5. Warum sind Klischees problematisch?
   Klischees sind oft _____ .
6. Was trinken die Deutschen?
   Die Deutschen trinken _____ .
7. Was haben die Schweizer?
   Die Schweizer haben _____ .
8. Wandert man in Deutschland oft?
   Ja, man wandert in Deutschland oft am _____ .
9. Wo ist es gemütlich (und wo tanzt man Walzer)?
   _____ ist es gemütlich.

[21]Answer in German.

10. Wer hat jetzt das Wahlrecht?
    _____ hat jetzt das Wahlrecht.
11. Wie heißen die zwei deutschen Staaten?
    Sie heißen _____ .

SITUATIONEN   *In this section of each chapter you will be given an opportunity to respond freely, originally, and creatively in German. The situations are based on the* Dialog *and the* Lesestück. *If you can, develop the situation into an exchange of several lines.*

1. *You have just met a student at a party. He/she says:* „Ich studiere Biologie." *Respond.*
2. *You would like to meet a student in your class. You ask a classmate:* „Wer ist er/sie?" *Your classmate responds, and a conversation ensues.*
3. *You have met a German student at the Roter Ochse in Heidelberg.*[22] *He says:* „Ja, die Amerikaner denken nur an Geld." *You respond.*
4. *You are a Swiss citizen. A German tells you:* „Die Schweizer haben zu viele Banken." *You respond.*

SCHRIFTLICH WIEDERHOLT[23]   **A.** *Write five sentences using some of the following words or others.*

Beispiele   Ich wandere gern *or* Die Schweiz ist neutral.

arbeiten   wandern   sein   heiraten   verstehen   haben   tanzen
finden   lieben

Tag und Nacht   viel Geld   am Wochenende   die Demokratie   sehr
nett   richtig   anders   neutral   die deutsche Frau   der Österreicher   viel Zeit   gern, usw.

B. *Write an answer to each question, using a personal pronoun in place of the noun.*

Beispiel   Ist der Student hier? Ja, <u>er ist hier</u>.

1. Ist das Klischee falsch? Ja, _____ .
2. Kommt der Bus? Ja, _____ .
3. Ist das Wetter schlecht? Ja, _____ .
4. Ist die Tradition alt? Ja, _____.

C. *Write a question in German for each item.*

1. Ask a friend if he/she has time now.
2. Ask a stranger if he/she has time now.
3. Ask someone when the bus is coming.
4. Ask a friend if he/she likes to dance.
5. Ask someone what his/her name is.

---

[22]The Red Ox is an old student dive in Heidelberg, frequented today mostly by tourists.
[23]Written review.

D. *Express in German.*

1. She is young.
2. They have much (a lot of) money.
3. There are many banks.
4. I am an American.
5. That's wrong.

6. Who has time?
7. Does he drink much wine?
8. We save money.
9. He is always working.

Sprechen leicht gemacht[24]!

To practice **heißen** in introductions . . .

Mein Name[25]   **A.** *Student A turns to student B and says:* **Wie heißen Sie?** *or* **Wie heißt du?** *Student B answers:* **Ich heiße** _____ *and then asks student C* **Wie heißen Sie?** *or* **Wie heißt du?**, *and so on.*

To practice verb forms in the first person . . .

Wer bin ich?   **B.** *Tell the class about yourself by replacing the underlined word with one of the cue expressions that applies to you. If none fits, ask your instructor:* „**Wie sagt man auf deutsch** _____ ?"

Ich bin Schweizer. (Student, Studentin, Amerikaner, Amerikanerin, Schweizerin)
Ich bin charmant. (jung, alt, pünktlich, nett, populär, intelligent, dumm)
Ich spiele Tennis. (Fußball, Gitarre, Klavier°, Basketball, Golf)   piano
Ich studiere Deutsch. (Englisch, Mathematik, Chemie, Biologie, Soziologie, Ökonomie, Physik)
Ich habe Zeit. (Geld, Humor, Lederhosen, Platten, Kinder)
Ich arbeite gern. (viel, nicht, hier, gut, heute, nie, am Wochenende, Tag und Nacht)
Ich liebe Musik. (Männer, Mädchen, Frauen, Autos, Tennis, Lederhosen, Dirndl)
Ich trinke { viel / nie } Milch°. (Kaffee, Tee, Wasser, Wein, Bier,   milk
          Löwenbräu, Liebfraumilch, Dr. Pepper)
Ich kenne Kanada. (Deutschland, die Schweiz, Österreich, Liechtenstein, die Vereinigten Staaten)
Ich spiele gern. (tanze, arbeite, studiere, trinke, spare, denke, frage, heirate, lebe, wandere, lerne)

To practice questions . . .

Neugierig[26]   **C.** *Make a statement about yourself by combining words from the lists below. Then ask a classmate whether he or she likes to do the same thing.* [**und du? und Sie?**]

[24]Talking made easy!   [25]My name   [26]Curious, nosy

Was spielen sie: Fuß-
ball oder football?

Beispiel Ich spiele gern.
Spielst du (or Spielen Sie) auch gern?

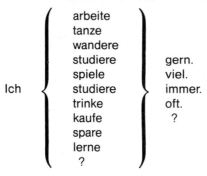

Ich
{ arbeite
tanze
wandere
studiere
spiele
studiere
trinke
kaufe
spare
lerne
? }
{ gern.
viel.
immer.
oft.
? }

To practice the present tense of verbs . . .

Spiel und sprich![27] **D.** *Student A says* **Ich tanze gern.** *Student B adds a second verb (for example,* **Ich tanze und spiele gern***). Student C adds a third verb, and so on. The student who can repeat all the verbs added by at least ten preceding students wins.*

[27]Play and talk!

To practice comprehension of the reading . . .

Verstehen ist leicht![28]

E. *All students close their books, except for those who in turn read one or more of the following statements based on the reading. The class responds with* **Richtig!** *or* **Falsch!**

Es gibt zwei deutsche Staaten.
Ein Klischee ist immer richtig.
Die Vereinigten Staaten sind
    hundert Jahre alt.
Die Österreicher leben in der Schweiz.
Die Amerikaner trinken keine Milch.
Die Deutschen trinken nie Bier.
Die Amerikanerin hat kein Wahlrecht.
Die Amerikaner denken immer an Geld.

Züge sind immer pünktlich.
Lippenstift ist populär.
Zeit ist Geld.
Die Wahrheit ist nie falsch.
In Amerika liebt man alte Traditionen.
Die Amerikanerin ist gern Hausfrau.
Das Wochenende ist immer gemütlich.

Just for fun . . .

Deutsches Sprichwort[29]

F. Wein auf Bier,
das rat' ich dir.
Bier auf Wein,
das laß sein.

Wine after beer,
I recommend, my dear.
Beer after wine,
There draw the line.

Wie heißt das Land?

G. *Try to match the international automobile registration letters, or plates, with the country. Your instructor will help you with the pronunciation of the letters.*[30]

NATIONALITÄTS-KENNZEICHEN	DAS LAND	
FL	Polen	
B	Bundesrepublik Deutschland	
DK	Deutsche Demokratische	
F	Republik	
CH	Schweiz°	Confederatio Helvetica
USA	Niederlande	
L	Mexiko	
NL	Frankreich	
D	Österreich	
A	Belgien	
DDR	Dänemark	
GB	Kanada	
E	Luxemburg	
S	England	
Z	BRD-Zollfrei°	tax-exempt
C	Schweden	
P	Liechtenstein	
M	Spanien	
?	Vereinigte Staaten	

[28]Understanding is easy!   [29]German proverb

[30]Pronunciation of the German alphabet is explained on p. 20.

Fährt der Bus bis Bismarck-Allee oder Hagenplatz?

Kapitel 2

Vielen Dank für die Auskunft
1. Verbs with a change in the stem vowel
2. The indefinite articles **ein** and **eine**
3. **kein:** the negative form of **ein**
4. The accusative of definite and indefinite articles
5. The accusative of personal pronouns
6. The present tense of **wissen**
7. **es gibt**
8. Verbal nouns

Was ist anders – was ist gleich?

DIALOG **Vielen Dank für die Auskunft**

Herr Kaufmann	Herr Wertheim, wie komme ich von hier in die Beethoven-Straße?
Herr Wertheim	Sind Sie zu Fuß oder haben Sie ein Auto?
Herr Kaufmann	Ich bin heute zu Fuß. Ich gehe gern.
Herr Wertheim	Zu Fuß ist es ziemlich weit. Warum nehmen Sie nicht die Straßenbahn? Die „Sieben" fährt dorthin.
Frau Wertheim	Halt, Hans, die „Sieben" fährt nur bis Bismarck-Allee. Aber von dort gibt es jetzt einen Bus.
Herr Wertheim	Weißt du das sicher?
Frau Wertheim	Ja, ich fahre oft dorthin. Der Bus fährt alle fünfzehn Minuten.
Herr Wertheim	Ich glaube, du hast recht. *(sieht auf die Straße)* Was, es regnet schon wieder! So ein Wetter. Und Sie haben keinen Regenschirm!
Herr Kaufmann	Das macht nichts. Ich habe einen Regenmantel.
Frau Wertheim	Na, hoffentlich werden Sie nicht ganz naß. Sie wissen, jetzt ist Grippezeit.
Herr Kaufmann	Keine Angst, der Regen stört mich nicht. Vielen Dank für die Auskunft.
Herr Wertheim	Nichts zu danken. Auf Wiedersehen!
Herr Kaufmann	Auf Wiedersehen!

Wortschatz zum Dialog

new nouns (active vocabulary)

die **Auskunft**	*information*		die **Minute, -n**	*minute*
das **Auto, -s**	*car*		der **Regen**	*rain*
der **Fuß, ̈-e**	*foot*		die **Straße, -n**	*street, road*

nouns (for recognition)

die **Allee, -n**	*avenue, street*		der **Regenmantel, ̈-**	*raincoat*
die **Angst**	*fear, anxiety*		der **Regenschirm, -e**	*umbrella*
die **Grippezeit**	*flu season*		die **Straßenbahn, -en**	*streetcar*

new verbs (active vocabulary)

danken	*to thank*		**regnen**	*to rain*
fahren (fährt)	*to go, drive*		**sehen (sieht)**	*to look, see*
geben (gibt)	*to give*		**stören**	*to bother, disturb*
gehen	*to walk, go*		**werden (wird)**	*to become*
machen	*to do, make*		**wissen (weiß)**	*to know*
nehmen (nimmt)	*to take*			

other new words (active vocabulary)

alle	*all, every*	**sicher**	*certainly, sure*
ganz	*completely, all*	**weit**	*far*
nichts	*nothing*	**wieder**	*again*
schon	*already*		

other words (for recognition)

bis	*until, up to, as far as*	**mich**	*me*
dorthin	*to there, that way*	**naß**	*wet*
für	*for*	**von**	*from*
hoffentlich	*hopefully, I hope*	**ziemlich**	*quite, rather*

special and idiomatic expressions

alle fünfzehn Minuten	*every fifteen minutes*	**nichts zu danken**	*don't mention it*
das macht nichts	*that doesn't matter*	**recht haben**	*to be right (of people)*
die Sieben	*number seven streetcar*	**Vielen Dank!**	*Thanks a lot!*
halt	*stop, wait a minute*	**zu Fuß gehen**	*to walk*
keine Angst	*don't worry, don't be afraid*		

FRAGEN ZUM DIALOG   *Answer the question according to the information in the dialog.*

1. Wer ist heute zu Fuß?
2. Fährt die Straßenbahn bis Beethoven-Straße?
3. Wer fährt oft dorthin?
4. Wie oft fährt der Bus?
5. Ist das Wetter gut?
6. Hat Herr Kaufmann einen Regenschirm?
7. Ist es jetzt Grippezeit?

PERSÖNLICHE FRAGEN

1. Haben Sie ein Auto?
   Ja, ich habe_____ . Nein, ich habe_____ .
2. Gehen Sie gern zu Fuß?
   Ja, ich_____ . Nein, ich_____ .
3. Haben Sie einen Regenschirm?
   Ja, ich habe_____ . Nein,_____ .

AUSSPRACHE ÜBUNG   Long **e** versus short **e**

LONG		SHORT	
das **Heer**	*army*	der **Herr**	*gentleman*
beten	*to pray*	die **Betten**	*beds*
ich **stehle**	*I steal*	die **Stelle**	*place*

LONG		SHORT	
wen	*whom*	**wenn**	*if, when*
die **Speere**	*spears*	die **Sperre**	*turnstile*
das **Wesen**	*being*	**wessen**	*whose*
den (accusative singular of **der)**		**denn**	*because*

Begrüßung	*Common greetings*
Guten Morgen!	*Good morning!*
Guten Tag!	*Good day!*
Guten Abend!	*Good evening!*
Gute Nacht!	*Good night!*
Grüß Gott!	*Good day!*
Auf Wiedersehen!	*Good-bye!*
Tschüß!	*Good-bye, farewell! So long!*

GRAMMATIK   Theorie und Anwendung

1. Verbs with a change in the stem vowel

In Chapter 1 you learned the endings that are added to verb stems to form the present tense. But while the ending pattern is uniform, the **stem** of some verbs changes.

Beispiele

Wir **sehen** den Zug.	*We see the train.*
Er **sieht** den Zug.	*He sees the train.*
Ich **nehme** den Bus. **Nimmst** du auch den Bus?	*I am taking the bus. Are you also taking the bus?*
Wir **fahren** nach Haus. **Fährt** Gisela auch nach Haus?	*We are going home. Is Gisela also going home?*

When does the vowel change?   Some verbs with the stem vowel **a** and **e** change the vowel in the **du**- and **er/sie/es**- forms of the present tense. The vowel changes are **a** to **ä**, **e** to **i** (short **i**), or **e** to **ie** (long **i**).

Cochem an der Mosel.
Was gibt es hier? Bier
oder Wein?

fahren (a to ä)
ich **fahre** } du **fährst**, er, sie, es **fährt**
wir, sie, Sie **fahren**

Another verb: **tragen (trägt)** *to wear*

nehmen (e to i)
ich **nehme** } du **nimmst**, er, sie, es **nimmt**
wir, sie, Sie **nehmen**

DER MENSCH IST,
WAS ER IßT.
Ludwig Feuerbach

Other verbs: **essen (ißt)** *to eat*
geben (gibt) *to give*
sprechen (spricht) *to speak*
treffen (trifft) *to meet*

sehen (e to **ie)**
ich **sehe**
wir, sie, Sie **sehen** } du **siehst,** er, sie, es **sieht**

ANWENDUNG   **A.** *Say the sentence. Then restate it, changing the verb form to match the new subject.*

1. Ich nehme den Bus. Du _____.
2. Wir fahren am Wochenende. Er _____.
3. Wir sprechen Deutsch. Lisa _____.
4. Wir sehen viele Touristen. Man _____.
5. Ich gebe gern Auskunft. Du _____.
6. Dieter und Karin tragen Jeans. Fritz _____ auch Jeans.
7. Treffen Sie heute Heidi? _____ er heute Heidi?
8. Ich esse gern Sauerkraut. _____ du es auch gern?
9. Ich sehe die Straßenbahn. Er _____.

2. The indefinite articles ein and eine

Forms   The definite articles are **der, die, das**. The indefinite article for **der** and **das** is **ein**; for **die** it is **eine**. **Ein** and **eine** correspond to English *a* or *an*.

Beispiele   Wo ist **der** Supermarkt?   *Where is the supermarket?*
Wo ist **ein** Supermarkt?   *Where is a supermarket?*

Wo ist **das** Geschäft?   *Where is the store?*
Wo ist **ein** Geschäft?   *Where is a store?*

Wo ist **die** Bank?   *Where is the bank?*
Wo ist **eine** Bank?   *Where is a bank?*

ANWENDUNG   **A.** *Restate the sentences, replacing the definite article with the appropriate indefinite article.*

1. Hier ist das Auto.   5. Ich kenne das Mädchen.
2. Wann fährt der Bus?   6. Er fragt die Frau.
3. Ich kaufe die Lederhose.   7. Helmut findet die Bank.
4. Der Student arbeitet hier.

3. kein: the negative form of ein

Forms   **Kein** follows the same pattern as **ein**: **kein** for **der**- and **das**-nouns, **keine** for **die**-nouns. The plural form for all nouns is **keine**. **Kein** and **keine** correspond to English *not a* (or *an*), *not any*, or *no*.

Woher kommt der
Wein? Von hier.

Beispiele	Ist hier **ein** Geschäft? Nein, hier ist **kein** Geschäft.	*Is there a shop here? No, there is no shop here.*
	Haben Sie **ein** Radio? Nein, ich habe **kein** Radio.	*Do you have a radio? No, I don't have a radio.*
	Sind hier oft Touristen? Nein, hier sind **keine** Touristen.	*Are tourists often here? No, there aren't any tourists here.*

⚠ **Vorsicht!**   Fehlergefahr!

Kein and **keine** are the equivalents of English *not a*, *not an*, *not any*, or *no* followed by a noun. Do not let the English structure mislead you into saying **nicht ein** or **nicht eine** instead of **kein** or **keine**.

Ich habe **kein** Geld.	*I don't have any money. (I have no money.)*
Er hat **keine** Meinung.	*He has no opinion.*

ANWENDUNG   **A.** *Answer in the negative.*

1. Haben Sie ein Auto? Nein, ich habe_____.
2. Haben Sie eine Frage? Nein,_____.
3. Tragen Sie Jeans? Nein,_____.
4. Haben Sie Platten? Nein,_____.
5. Gibt es hier eine Mozart-Straße? Nein, es gibt hier_____.
6. Haben Sie Geld? Nein, ich habe_____.
7. Fährt ein Zug nach Oberammergau? Nein, es_____.
8. Gibt es hier Hotels? Nein, es gibt_____.
9. Hast du Zeit? Nein,_____.

4. The accusative of definite and indefinite articles

Only the masculine is different.   The feminine singular, neuter singular, and plural forms are *the same* in the nominative and the accusative (see table, p. 108). Only the masculine changes, from **der** to **den** and from **ein** to **einen.**

MASCULINE

NOMINATIVE	**der** Mann	
ACCUSATIVE	Kennst du **den** Mann?	*Do you know the man?*
NOMINATIVE	**ein** Titel	
ACCUSATIVE	In Österreich haben viele Leute **einen** Titel.	*In Austria many people have a title.*

Nominative: case of the subject   As you learned in Chapter 1, the nominative is the case of the subject, the person or thing performing the action.

Der Verkäufer kommt jetzt.   *The salesman is coming now.*

Accusative: case of the direct object   The accusative is the case of the direct object, the recipient of the action. You can usually identify the direct object in a sentence by asking, "Who or what is the object of the action?"

Wen kennt Franz? Franz kennt **den** Lehrer.   *Whom does Franz know? Franz knows the teacher.*

Was sieht Enno? Enno sieht **die** Reklame.   *What does Enno see? Enno sees the ad.*

FEMININE

die Frau
Kennen Sie **die** Frau?   *Do you know the woman?*

NEUTER
das Geld
Haben Sie **das** Geld?   *Do you have the money?*

ANWENDUNG   **A.** *Answer the question using the accusative form of each cue expression.*

1. Was sehen Sie? Ich sehe_____.
   (der Bus, die Platte, das Mädchen, die Bank, der Regenschirm,
   die Straße, die Straßenbahn, der Wein, der Zug, die Mädchen)
2. Was haben Sie? Ich habe_____.
   (eine Frage, ein Auto, ein Regenmantel, ein Haus, eine Platte,
   keine Zeit, kein Regenschirm, kein Mann, keine Platten, kein Bier,
   kein Lippenstift)
3. Wen kennen Sie? Ich kenne_____.
   (der Amerikaner, die Amerikanerin, kein Professor, ein Schweizer,
   eine Schweizerin, kein Österreicher, eine Studentin)

5. The accusative of personal pronouns

Pronouns, like articles, change their form to show case.

Beispiele

Ich liebe Kristine und sie liebt **mich.**	*I love Kristine and she loves me.*
Ja, du verstehst Kristine und sie v ersteht **dich.**	*Yes, you understand Kristine and she understands you.*
Er liebt **sie** und sie liebt **ihn.**	*He loves her and she loves him.*
Wir kennen **sie** und sie kennen **uns.**	*We know them and they know us.*

Overview of forms　The following table shows all the forms of the personal pronouns in the nominative and accusative cases. Note that the nominative and accusative forms are the same in four instances.

	SINGULAR					PLURAL			
NOMINATIVE	ich	du	er	sie	es	wir	ihr	sie	Sie
ACCUSATIVE	mich	dich	ihn	sie	es	uns	euch	sie	Sie

ANWENDUNG   **A.** *Complete the sentence using the accusative form of the personal pronoun shown in the cue.*

1. (er) Wir kennen_____.
2. (wir) Er kennt_____.
3. (ich) Sie kennen_____.

4. (Lotte) Ich kenne_____.
5. (Herr und Frau Schürmann) Wir kennen_____.
6. (du) Hans kennt_____.

B. *Ask the question, then say that you will visit each person tomorrow.*

Beispiel   Hast <u>du</u> morgen Zeit? Ich besuche° <u>dich</u> morgen.   visit

1. Haben Sie morgen Zeit? Ich besuche_____ morgen.
2. Habt ihr morgen Zeit? Ich besuche_____ morgen.
3. Hat sie morgen Zeit? Ich besuche_____ morgen.
4. Hat er morgen Zeit? Ich besuche_____ morgen.
5. Haben sie morgen Zeit? Ich besuche_____ morgen.
6. Hast du morgen Zeit? Ich besuche_____ morgen.

Gender and case of third-person pronoun   As you learned in Chapter 1, the gender of a personal pronoun is the same as that of the noun it stands for. Its case, however, is determined by *its own* function in the sentence.

Beispiele

NOMINATIVE	ACCUSATIVE
Wie heißt **der** Wein? **Er** ist gut.	Kennst du **ihn?**
What is the wine called? It is good.	*Do you know it?*
Wie alt ist **die** Tradition? **Sie** ist wichtig.	Kennen Sie **sie?**
How old is the tradition? It is important.	*Do you know it?*
Wie heißt **das** Geschäft? **Es** ist neu.	Kennen Sie **es?**
What is the store called? It is new.	*Do you know it?*
Wer sind **die** Leute? **Sie** kommen aus Amerika.	Kennst du **sie?**
Who are the people? They come from America.	*Do you know them?*

Ihn, sie, es, and **sie** in the accusative column are accusative forms because they function as the direct object of **kennen**. Note that only the masculine accusative form **(ihn)** is different from the nominative.

ANWENDUNG   **C.** *Complete each sentence with personal pronouns standing for the cue noun shown in parentheses.*

1. (das Beispiel) _____ ist falsch und ich finde _____ schlecht.
2. (das Auto) _____ fährt prima° und ich liebe _____.   super
3. (der Wein) _____ ist gut und ich trinke _____ gern.
4. (die Traditionen) _____ sind anders und ich verstehe _____ nicht.
5. (der Walzer) _____ ist populär und ich tanze _____ gern.

6. (der Zug) _____ ist pünktlich und ich finde _____ gemütlich.
7. (die Frage) _____ ist interessant und ich finde _____ gut.
8. (das Bier) _____ ist billig und ich kaufe _____ oft.
9. (die Milch) _____ ist kalt und ich trinke _____ gern.

D. *Answer the questions, using the appropriate personal pronouns.*

1. Kennt Peter die Studentin? Ja, _____.
2. Trägt Fritz die Lederhosen? Ja, _____.
3. Liebt Elke das Dirndl? Ja, sie _____.
4. Nimmt Gustav den Bus? Ja, er _____.
5. Verwenden Sie den Lippenstift? Ja, _____.
6. Kennt Marion das Hotel? Ja, _____.
7. Studiert Herr Braun die Karte? Ja, _____.
8. Heiratet Heidi Hans? Ja, _____.
9. Trinken Sie den Wein? Ja, _____.
10. Finden Sie Irene nett? Ja, _____.
11. Fragen Sie oft den Professor? Ja, _____.
12. Nehmen Sie die Straßenbahn? Ja, _____.
13. Heiratet dich Fritz? Ja, _____.
14. Liebt mich Monika? Ja, _____.

6. The present tense of wissen *to know*

Beispiele

Wissen Sie die Antwort? Ja, ich **weiß** sie.

Do you know the answer? Yes, I know it.

Weiß er den Namen? Ja, er **weiß** ihn.

Does he know the name? Yes, he knows it.

Forms

ich **weiß**	wir **wissen**
du **weißt**	ihr **wißt**
er (sie, es) **weiß**	sie (Sie) **wissen**

Note that the stem vowel in the singular is **ei**, but in the plural it is **i**. Also note that the **er**-form does not end in **-t**.

⚠ **Vorsicht!**   Fehlergefahr!

> German has two equivalents for the English verb *to know.* **Kennen** is used with concrete things, places, and persons (in the sense of *being acquainted with).* **Wissen** is used with abstract things and ideas (in the sense of *knowing factually).*
>
> | | |
> |---|---|
> | Ich **kenne** den Mann. | *I know the man.* |
> | Ich **kenne** die Stadt. | *I know the city.* |
> | Ich **weiß** die Wahrheit. | *I know the truth.* |
> | Ich **weiß,** wie er heißt. | *I know his name.* |

ANWENDUNG

A. *Restate the sentence, changing the subject from the singular to the plural, or vice versa.*

1. Ich weiß es nicht. _____ es nicht.
2. Du weißt die Antwort. _____ die Antwort.
3. Weiß sie es? _____ es?
4. Wissen sie nichts? _____ er nichts?

> Was ich nicht weiß,
> macht mich nicht
> heiß.[1]

B. *Supply the correct form of* **wissen** *or* **kennen.**

1. Erika _____ nichts.
2. Er _____ mich gut.
3. Ich _____ viel.
4. Ihr _____ die Platte nicht?
5. _____ Sie die Antwort?
6. _____ Sie das Kaffeehaus?
7. Du _____ warum.
8. _____ sie die Tradition?
9. Ich _____ die Wahrheit.
10. Ich _____ sie gut.

Ich weiß, daß
ich nichts weiß.[2]

7. es gibt *there is, there are*

The expression **es gibt** is derived from the verb **geben** *to give,* but it has little else to do with **geben.** It corresponds to English *there is* and *there are.* **Es gibt** is always followed by the accusative case.

Beispiele

Es gibt hier **keinen** Bus.	*There is no bus here.*
Gibt es **einen** Charter-Flug?	*Is there a charter flight?*

[1]*What I don't know doesn't bother me* (literally, *doesn't make me hot*).
[2]*I know that I know nothing.*

ANWENDUNG   **A.** *Answer the questions as indicated.*

1. Gibt es heute ein Konzert? Ja, _____ .
2. Gibt es hier einen Amerikaner? Ja, _____ .
3. Gibt es hier eine Bank? Nein, _____ .
4. Gibt es eine Straßenbahn? Nein, _____ .
5. Gibt es hier eine Kant-Straße? Ja, _____ .
6. Gibt es dort alte Traditionen? Ja, _____ .

8. Verbal nouns

Infinitive →
noun

Almost any German infinitive can be used as a noun. This construction is known as a verbal noun. Verbal nouns are neuter in gender, and are always capitalized. In speaking, the article **das** is often omitted. Verbal nouns in English end in *-ing.*

arbeiten — das **Arbeiten**
Arbeiten ist schwer.   *Working is difficult.*

spielen — das **Spielen**
Macht **das Spielen** Spaß?   *Is playing fun?*

ANWENDUNG   **A.** *Complete with the verbal noun that corresponds to the cue infinitive.*

1. (sparen) _____ ist immer gut.
2. (wandern) Wo ist _____ populär?
3. (studieren) Ist _____ schwer?
4. (trinken) Warum ist _____ schlecht?
5. (tanzen) _____ macht immer Spaß.

⚠ **Vorsicht!**   Fehlergefahr!

German **man** is not a

German **man** can be a real troublemaker. It looks like, but is never the equivalent of, English *man.* It corresponds to English *one, people, you,* or *they.*

Man vergleicht oft die USA mit anderen Nationen. | *One often compares the USA with other nations.*

In Österreich hat **man** immer Zeit. | *In Austria, people always have time.*

German **also** is another troublemaker. It looks like English *also,* but means *therefore, so.*

Nennen Sie **also** Heinz Schneider: "Herr Professor Schneider". | *Therefore call* (or address) *Heinz Schneider as "(Mr.) Professor Schneider."*

LESESTÜCK   Was ist anders—was ist gleich?

1. „Supermarkt"—gibt es das in Deutschland und Österreich?

Ja, es gibt viele Supermärkte in Deutschland und Österreich. Aber sie sind nicht immer so groß wie in Amerika. Über den Supermarkt gibt es viele Meinungen. Viele Leute finden ihn praktisch, andere finden den Supermarkt unpersönlich° und ungemütlich°. In den kleinen Städten liebt man das kleine Geschäft. Hier kennt der Verkäufer den Kunden oder die Kundin; und hier kennen die Kunden den Verkäufer oder die Verkäuferin. Man spricht miteinander°. Der Einkauf ist oft ein kleiner Besuch.

impersonal/uncomfortable

with each other

2. Wohin fahren die Deutschen in den Ferien?

Viele fahren ans Meer; meistens nach Italien°, Griechenland°, oder Spanien°. Dort suchen sie Sonne. Wer Berge liebt, fährt in die Alpen°. Und wer Geld hat—und viele Deutsche haben es—reist nach Afrika, Asien oder Amerika. Überall trifft man heute deutsche Touristen. Man sieht sie in Kairo, in Tokio und in San Francisco. Wie ist das möglich? Es gibt viele Charterflüge, und sie sind billig.

Italy

Greece/Spain

the Alps

How is it possible?

3. Welchen Titel?

Sie kennen in Deutschland, Österreich oder in der Schweiz einen Universitätsprofessor. Er heißt Heinz Schneider. Wie nennen Sie ihn? Herr Schneider, Herr Doktor Schneider, Herr Professor oder Herr Professor Dr. (Doktor) Schneider? Schwer, nicht wahr?

Vielleicht fragen Sie jetzt: Warum ist das wichtig? In Deutschland—und besonders in Österreich—ist der Titel sehr wichtig. Der Titel „Professor" bedeutet mehr als der Titel „Doktor". Herr Schneider heißt also: „Herr Professor Schneider".

In Österreich nennt man auch den Oberschullehrer° „Herr Professor"; aber dieser° Professor ist kein Universitätsprofessor. In Deutschland heißt der Oberschullehrer „Herr Studienrat° oder Frau Studienrätin"; er lehrt Schüler, nicht Studenten.

teacher in a secondary school this

teacher's title in a "Gymnasium"

4. Gibt es ein Alkoholikerproblem in Deutschland?

Natürlich kennt man auch in Deutschland den Trinker und die Trinkerin. Wo es Alkohol gibt, gibt es auch Alkoholiker. Aber man trinkt in Deutschland und Österreich Bier und Wein und nicht so viele „harte Drinks". Die Deutschen, Österreicher und Schweizer trinken gern „mäßig°", aber regelmäßig°" (so sagt   *moderately/regularly* eine populäre Reklame).

5. Kennt man in Deutschland „Jeans"?

Ja, viele Jungen und Mädchen (und auch Männer und Frauen) tragen heute die amerikanischen Jeans. Man sieht sie *almost* fast überall. Jeans sind heute in Deutschland so populär wie früher Lederhosen und Dirndl. Schon 1850 (achtzehnhundert-fünfzig) tragen die Goldgräber° in Kalifornien blaue Hosen.   *prospectors* Schon damals nennt man sie Blue jeans. Wie heißt der Ver-käufer? Sie kennen ihn: Er heißt: Levi Strauß. Und woher kommt er? Aus Bayern°.   *German tailor*   *Bavaria*

Was tragen die drei Mädchen? Hosen oder Jeans?

Was kauft die Frau? Fisch oder Fleisch?

Wortschatz zum Lesestück

new nouns (active vocabulary)

der **Berg, -e**	mountain		der **Schüler, -**	pupil
der **Besuch, -e**	visit		die **Sonne, -n**	sun
die **Ferien** (pl. only)	vacation		die **Stadt, ̈-e**	city
der **Flug, ̈-e**	flight		der **Supermarkt, ̈-e**	supermarket
das **Geschäft, -e**	shop, store; business		der **Titel, -**	title
der **Junge, -n**	boy		der **Verkäufer, -**	salesman
der **Kunde, -n**	customer (male)		der **Wein, -e**	wine
die **Leute** (pl. only)	people			

nouns (for recognition)

der **Alkoholiker, -**	alcoholic, drunk		die **Reklame, -n**	advertisement
der **Einkauf**	shopping, purchase		der **Tourist, -en**	tourist
die **Hose, -n**	pants, trousers		der **Trinker, -**	alcoholic (male)
die **Kundin, -nen**	customer (female)		die **Trinkerin, -nen**	alcoholic (female)
das **Meer, -e**	sea, ocean		die **Verkäuferin, -nen**	saleswoman
die **Meinung, -en**	opinion			

new verbs (active vocabulary)

bedeuten	to mean		**sprechen (spricht)**	to speak
lehren	to teach		**tragen (trägt)**	to wear
reisen	to travel		**treffen (trifft)**	to meet

other new words (active vocabulary)

also	therefore, so		**ihn**	him; it	**überall**	everywhere
auf	on		**klein**	small, little	**vielleicht**	perhaps, maybe
aus	from		**mehr**	more	**welch-**	which
billig	cheap, inexpensive		**nach**	after; to	**wichtig**	important
frei	free		**schwer**	difficult	**woher**	from where
groß	large, big		**über**	about, concerning	**wohin**	where (to)

other words (for recognition)

ans=an das	to the		**fast**	almost	**möglich**	possible
besonders	especially		**früher**	earlier, formerly	**natürlich**	naturally, of course
blau	blue		**gleich**	the same	**populär**	popular
damals	back then, at that time		**hart**	hard	**regelmäßig**	regular
dies-	this		**meistens**	mostly	**wer**	whoever

special and idiomatic expressions

Ferien haben	to take a vacation		**noch nicht**	not yet
nicht wahr?	isn't it?		**so...wie**	as...as

<table>
<tr><td>FRAGEN
ZUM
LESESTÜCK</td><td>Antworten Sie auf deutsch!</td></tr>
</table>

Antworten Sie auf deutsch!

1. Wie finden viele Leute in Deutschland oder Österreich den Super-
markt?
Sie finden ihn_____.
2. Warum liebt man in kleinen Städten das kleine Geschäft?
Hier kennt_____.
3. Wohin fahren viele Deutsche in den Ferien?
Viele Deutsche fahren_____.
4. Warum fahren viele Deutsche nach Italien, Griechenland oder
Spanien?
Sie_____.
5. Wo trifft man heute deutsche Touristen?
Man trifft sie in_____.
6. Wo ist der Titel sehr wichtig?
In Österreich_____.
7. Wie nennt man in Deutschland einen Oberschullehrer und eine
Oberschullehrerin?
Man nennt sie_____.
8. Was trinkt man in Deutschland und Österreich?
Man_____.
9. Was sagt eine populäre Reklame?
Man trinkt_____.
10. Wer trägt heute die amerikanischen Jeans? Und wo?
Viele_____.

SITUATIONEN

1. You are Herr Wertheim. You can't believe that your wife knows the bus
schedule. She says: „Der Bus fährt alle fünfzehn Minuten." You admit
that she is right.
2. You don't own a car. A German neighbor says: „Sie haben kein Auto?"
What do you reply?
3. You are in Germany and are hoping for good weather. You look out of
the window and exclaim_____!
4. You are a teacher at a German Oberschule. An American exchange
student addresses you as „Herr Professor" or „Frau Professor". You
correct him/her.

SCHRIFTLICH
WIEDERHOLT

A. *Supply the correct form of* **wissen** *or* **kennen** *to complete the question. Then
complete the response, replacing the noun with the appropriate personal
pronoun.*

Beispiel   Kennst du den Österreicher? Ja, ich kenne ihn.

1. _____ Sie die Verkäuferin? Ja, ich_____.
2. _____ er die Antwort? Ja, er_____.

3. _____ ihr die Wahrheit? Ja, wir _____ .
4. _____ du das Geschäft? Ja, ich _____ .
5. _____ Sie Berlin? Ja, ich _____ .
6. _____ sie die Tatsachen? Ja, sie _____ .
7. _____ er den Schüler? Ja, er _____ .
8. _____ ihr die Reklame? Ja, wir _____ .

B. *With the help of the cues, write an answer to the question.*

1. Warum fahren viele Deutsche nach Italien oder Spanien?
   billig sein   Sonne suchen   das Meer lieben   Geld haben
2. Warum gehen Sie heute zu Fuß?
   kein Geld haben   gern gehen   kein Auto haben   viel Zeit haben
   der Bus fährt nicht

C. *Complete each question in a meaningful way.*

1. Wer reist _____ ?   4. Wer spricht _____ ?
2. Wohin fährt _____ ?   5. Wo trifft _____ ?
3. Was sieht _____ ?   6. Wer trägt _____ ?

D. *Express in German.*
1. I don't have an umbrella.   4. Where do you meet her?
2. He takes the bus.   5. They don't know him.
3. She speaks German.   6. He asks them, but not me.

Sprechen leicht gemacht!

To practice verbs with a change in the stem vowel...

Wer macht was?   **A.** *Match the subject with a correct verb form and create a sentence that makes sense.*

Man	trifft viele Touristen.
Der Staat	fährst nach München.
Wir	gibt viel Arbeit.
Er	sehen euch morgen.
Du	tragt immer Jeans.
Vater	tragen immer Lederhosen.
Der Professor	treffe dich heute.
Lotte und Doris	gibt immer falsche Auskunft.
Ich	nehmen den Bus.
Ihr	spricht Deutsch.
Es	siehst alles falsch.
?	nimmt viel Geld.
	?

Was macht Ihr
Freund oder Ihre
Freundin gern?[3]

B. *Make a sentence using the cue expressions, according to the example.*

(Deutsch sprechen)
(Jeans tragen)
(nach Deutschland fahren)
(eine Party geben)
(viele Leute treffen)   Er/Sie spricht gern Deutsch.
(Kuchen essen)
(Reklamen lesen°)   read ads
(die Berge sehen)
        ?

To practice **ein, eine** in the accusative...

Was brauchen Sie?[4]

C. *You offer something to a friend — but then you realize your friend already has it.*

eine Karte.
ein Regenschirm.
eine Platte.
ein Tennisball.
Hier ist   ein Lippenstift.   Ach, Sie haben schon _____.
eine Lederhose.
ein Bier.
ein Dirndl.
ein Rucksack.
        ?

To practice **der, die, das** in the accusative.

Wo ist, was Sie
suchen?[5]

D. *Ask your classmates whether they see the following things and say that you see them.*

das Auto?
der Wein?
die Platte?
die Mädchen?
der Fernseher?
das Programm?
Sehen Sie   der Verkäufer?
Siehst du   die Leute?   Ja, ich sehe _____ !
der Professor
der Supermarkt?
der Schüler?
das Geschäft?
der Berg?
die Bank?
der Zug?
das Geld?
die Verkäuferin?
        ?

[3]*What does your (male or female) friend like to do?* [4]*What do you need?*
[5]*Where is what you are looking for?*

To practice the accusative of personal pronouns...

Warum nicht? **E.** *Student A gives the statement. Student B responds by asking the question.*

Ich verstehe dich nicht.	verstehst du _____ nicht?
Wir schreiben euch nicht.	schreibt ihr _____
Sie sucht ihn nicht.	sucht sie _____
Ich frage dich nicht.	fragst du _____
Er kennt sie nicht.	kennt er _____
Ich treffe Sie nicht.	treffen Sie _____
Sie heiratet ihn nicht.	heiratet sie _____
Ich liebe dich nicht.	liebst du _____

Warum {

To practice **kein** in the accusative...

Wir haben es nicht. **F.** *Ask your classmates whether they have the things below (Student A to Student B, Student B to Student C, and so on).*

Hast du / Haben Sie {

Geld?
Zeit?
eine Frage?
ein Auto?
einen Freund°? — friend
eine Freundin?
einen Regenmantel?
einen Titel?
ein Radio?
Kinder°? — children
einen Mann?
eine Frau?
einen Regenschirm?
ein Geschäft?
ein Haus?
einen Volkswagen/ Porsche/BMW?
eine Tochter°? — daughter
einen Sohn°? — son
eine Schwester°? — sister
einen Bruder°? — brother
?

Nein, ich habe _____.
Ja, ich habe _____.

0782

Ankunft/Arrival — Ausland/International

Flugtag Day	Ankunft Arrival	Abflug Departure	Flug-Nr. Flight-No.	über via	Bem. Rem.
Madrid (MAD)				Barajas	
1 2 3 4 5 6 7	15.10	11.30	IB 628	1 Stop	
1 2 3 4 5 6 7	13.10	08.30	SR 657/SR 554	via ZRH	
1 2 3 4 5 6 7	14.05	09.35	IB 682/LH 963	via FRA	
1 2 3 4 5 6 7	17.35	13.10	LH 161/LH 968	via FRA	
1 2 3 4 5 6 7	20.15	16.10	SR 651/SR 558	via ZRH	
1 2 3 4 5 6 7	21.35	16.20	IB 684/LH 971	via FRA	

To practice **wissen** ...

Wer weiß was?   **G.** *Match the subject with the correct verb form. Make sure your sentence makes sense.*

Die F.B.I.	wissen es nicht oft.
Ich	weißt viel.
Die Professoren	wissen nichts.
Ein Dummkopf	wißt es nie.
Du	weiß viel.
Der Computer	weiß es nicht.
Ihr	weiß nichts.
Mein Vater	weiß das besser.
Meine Eltern°	wissen es immer. parents
?	?

To practice classroom expressions ...

Erweitern Sie Ihren Wortschatz![6]   **H.** *Say what you are doing as you do it or point to it! (But don't rely on the translation.)*

Ich
- gehe an das Fenster.
- nehme die Kreide in die Hand.
- schreibe an die Tafel.
- gehe an die Tür.
- nehme den Papierkorb in die Hand.
- sehe die Karte.
- ?

- I see the map.
- I go to the window.
- I pick up the wastepaper basket.
- I write on the chalkboard.
- I go to the door.
- I take the chalk in my hand.
- ?

Your personal views ...

Was ist Ihre Meinung?[7]   **I.** *React to the statements below with one of the sentences on the right, or with one of your own.*

Es gibt zu viele Touristen. Man trifft sie überall.	Das macht nichts.
Der Titel für Professoren ist wichtig.	Sie haben recht.
Das Alkoholikerproblem ist nicht groß.	Das ist gut.
Zu viele Mädchen tragen heute Hosen.	?
?	

[6]*Increase your vocabulary.*   [7]*What is your opinion?*

Was ich denke... **J.** *Create sentences that reflect your personal feelings, and say them out loud.*

Ich finde den Supermarkt	schwer.
Ich lebe gern in	nicht gut.
In den Ferien fahre ich immer	zu unpersönlich.
Gott sei Dank sind Charter-Flüge	keine Goldgräberin°. female prospector ("golddigger")
Ich habe Titel	gern.
„Regelmäßig mäßig trinken" finde ich	billig.
Das Wahlrecht finde ich	an das Meer.
Ich glaube, Alkohol ist	kleinen Städten.
Ich trage Jeans, aber ich bin	nicht gern.
Ich glaube, Milch	auch ein Rauschgift°. drug
?	auch problematisch.
	ist gesund°. healthy
	richtig.
	falsch.
	wichtig.
	gemütlich.
	?

Just for fun...

Bier-Liedchen[8] **K. Liedchen aus der alten Zeit**
(nicht mehr zu singen)[9]

Eins. Zwei. Drei. Vier.
Vater braucht° ein Bier. needs
Vier. Drei. Zwei. Eins.
Mutter braucht keins.
—*Bertolt Brecht*

[8]*Beer ditty* [9]*Ditty from olden times (not to be sung anymore)*

Wann fährt der Zug nach Nürnberg?

Kapitel 3

Kleine Krise (oder: Wenn man den Fahrplan nicht richtig liest)

1. The three word orders: an overview
2. Subject-Verb word order
3. Verb-Subject word order
   In questions
   In formal commands
   After front field
4. Verb-Last word order
   After **daß, weil, wenn**
5. Separable-prefix verbs

Mini ABC für Touristen

DIALOG **Kleine Krise**
(oder: Wenn man den Fahrplan nicht
richtig liest)

Personen: Fritz Richter
              ein Passant _passerby_
              ein Fräulein im Auskunftsbüro _(Information bureau)_
Ort: Der Bahnhof in Nürnberg
                      station

Herr Richter hat es sehr eilig. Er sieht, daß auf Gleis 1 (eins)
ein Zug steht. Er fragt einen Passanten.

Herr Richter	Bitte, ist das der Zug nach Köln?
Der Passant	Der Zug nach Köln? Das weiß ich nicht. Sehen Sie dort das Schild „Auskunft"? Fragen Sie dort.
Herr Richter	Wo? _(sieht nach links)_ Ich sehe kein Schild.
Der Passant	Nein, nicht da, dort. Sehen Sie nach rechts, nicht nach links.
Herr Richter	Ach ja, jetzt sehe ich es. Vielen Dank. _(läuft schnell weiter; findet das Auskunftsbüro)_ Guten Tag! Bitte, wo steht der Schnellzug nach Köln? Er fährt um 20 (zwanzig) Uhr ab.
Das Fräulein	Schnellzug nach Köln? Heute fährt kein Schnellzug nach Köln.
Herr Richter	Das ist nicht möglich! Hier ist der Fahrplan. Da, lesen Sie, bitte: Schnellzug nach Köln. Abfahrt: Nürnberg 20 Uhr.
Das Fräulein	_(liest den Fahrplan)_ Es tut mir leid. Aber der Zug fährt nur an Wochentagen. Heute ist Sonntag.
Herr Richter	Ach, du lieber Gott! Was mache ich jetzt?
Das Fräulein	Fliegen Sie doch, wenn Sie es so eilig haben.
Herr Richter	Wieviel kostet es?
Das Fräulein	120 (hundertzwanzig) Mark.
Herr Richter	Gibt es heute noch einen Flug nach Köln?
Das Fräulein	_(sieht auf die Uhr)_ Ja, in 40 (vierzig) Minuten.
Herr Richter	Glauben Sie, daß ich noch einen Platz bekomme?
Das Fräulein	Vielleicht. Moment mal, bitte. Ich rufe die „Lufthansa" an. _(Sie telefoniert.)_ Ja, Lufthansa Flug 219 (zweihundertneunzehn) hat noch Plätze.
Herr Richter	Habe ich noch Zeit? Der Flughafen ist ziemlich weit von hier, nicht wahr?
Das Fräulein	Kein Problem, wenn Sie ein Taxi nehmen.
Herr Richter	Vielen Dank!
Das Fräulein	Guten Flug!

Wortschatz zum Dialog

new nouns (active vocabulary)

die **Abfahrt**	departure	der **Sonntag**	Sunday
der **Bahnhof, ̈-e**	railroad station	die **Uhr, -en**	clock, watch
der **Flughafen, ̈-**	airport	der **Wochentag, -e**	weekday
die **Person, -en**	character, person	der **Zug, ̈-e**	train
der **Platz, ̈-e**	seat		

nouns (for recognition)

das **Auskunftsbüro, -s**	information office	der **Ort, -e**	place
der **Fahrplan, ̈-e**	schedule, timetable	der **Passant, -en**	passer-by
das **Gleis, -e**	track	das **Problem, -e**	problem
Köln	Cologne	das **Schild, -er**	sign
die **Krise, -n**	crisis	der **Schnellzug, ̈-e**	express train
Nürnberg	Nuremberg	das **Taxi, -s**	taxi, cab

new verbs (active vocabulary)

ab·fahren (fährt ab)	to depart, leave	**brauchen**	to need; to use	**lesen (liest)**	to read
an·rufen	to call up, phone	**fliegen**	to fly	**stehen**	to stand
bekommen	to get	**kosten**	to cost	**telefonieren**	to phone

other new words (active vocabulary)

bitte	please, pardon, excuse me	**links**	left	**schnell**	quick(ly)
da	here	**noch**	still, yet	**wenn**	if, when
daß	that (conjunction)	**rechts**	right	**wieviel**	how much
im = in dem	in the				

special and idiomatic expressions

Ach, du lieber Gott!	Oh, my God!	**es tut mir leid**	I am sorry
ach ja	oh, yes; yeah	**Guten Flug!**	Have a good flight!
an Wochentagen	on weekdays	**Moment mal, bitte.**	Just a moment, please.
es eilig haben	to be in a hurry	**um 20 Uhr**	at 8 P.M.
Fliegen Sie doch!	Why don't you fly![1]		

FRAGEN ZUM DIALOG   *Lesen Sie die Fragen und geben Sie die richtige Antwort![2]*

1. Wieviel Personen sind am° Bahnhof?   °at the
   (Zwei/Drei/Vier)
2. Warum sieht Herr Richter das Schild nicht?
   (Er sieht nach links/Es gibt kein Schild/Er ist blind)
3. Warum fährt heute kein Schnellzug nach Köln?
   (Es ist Montag/Der Zug ist nicht pünktlich/Es ist Sonntag)

[1]Germans use **doch** as a "flavor" word, just as in English we use well. Literally it means: Well, fly.
[2]Read the questions and give the correct answer.

Taxi, bitte!

4. Wann gibt es einen Flug nach Köln?
   (In vierzig Minuten/Am Wochenende/In ein paar Minuten)
5. Was macht das Fräulein?
   (Sie läuft schnell weiter/Sie ruft die Lufthansa an/Sie sagt nichts)
6. Warum nimmt Herr Richter ein Taxi?
   (Der Bahnhof ist weit von hier/Der Flughafen ist weit von hier/Er hat viel Zeit)
7. Was bedeutet 20 Uhr?
   (Acht Uhr am Morgen/Acht Uhr am Abend/Zwei Uhr)

Flug ginie
Familie

PERSÖNLICHE FRAGEN

1. Haben Sie ein Telefon? Ja, _____ . Nein, _____ .
2. Telefonieren Sie viel? Ja, _____ . Nein, _____ .
3. Was ist Ihre° Telefonnummer?   your
   (null/eins/zwei/drei/vier/fünf/sechs/sieben/acht/neun)
4. Haben Sie ein Auto? Was ist es? Es ist ein _____ .
   (Ford/BMW/VW/Audi/Porsche/Le Car/Mercedes/?)
5. Ist das Auto oft kaputt? Ja, _____ . Nein, _____ .
6. Fliegen Sie gern? Ja, _____ . Nein, _____ .

AUSSPRACHE ÜBUNG

Long **o** versus short **o**

LONG		**SHORT**	
rote Blumen	*red flowers*	die **Rotte**	*gang*
ich **wohne**	*I reside, live*	die **Wonne**	*delight*
die **Sohlen**	*soles*	**sollen**	*to have to*
dem **Sohne**	*to the son*	die **Sonne**	*sun*
der **Schoß**	*lap*	ich **schoß**	*I shot*
der **Ofen**	*oven*	**offen**	*open*
der **Schrot**	*buckshot*	der **Schrott**	*scrap metal*

GRAMMATIK Theorie und Anwendung

Alle guten Dinge sind drei.[3]

1. The three word orders: an overview

German has three basic word orders.

a) Subject-Verb (normal) word order

    S   V
Ich kaufe etwas.   *I buy something.*

b) Verb-Subject (inverted) word order

      V   S
Heute kaufe ich etwas.   *Today I am buying something.*

c) Verb-Last (transposed or dependent) word order

Ich bekomme eine Quittung,   *I obtain a receipt when I buy some-*

      S   V
wenn ich etwas kaufe.   *thing.*

2. Subject-Verb word order

You are already familiar with S-V word order. The sentence begins with the subject, and the verb follows.

      S   V
Ein Eilzug fährt schnell.   *An express train travels fast.*

  S   V
Ich reise durch Europa.   *I am traveling through Europe.*

  S   V
Man braucht D-Mark.   *One needs German marks.*

3. Verb-Subject word order

In questions You learned in Chapter 1 that V-S word order is used in questions.

    V   S
Wo ist die Haltestelle?   *Where is the bus stop?*

    V   S
Scheint die Sonne?   *Is the sun shining?*

[3]All good things come in threes.

In commands   V-S word order is also used for formal commands. A formal command (also known as the "imperative") is formed by placing the pronoun **Sie** or **wir** after the infinitive.

	v	s

Schreiben Sie eine Postkarte!   *Write a postcard.*

Rauchen Sie bitte nicht!   *Don't smoke, please.*

Sprechen wir Deutsch!   *Let's speak German.*

Intonation   In a question, the voice rises toward the end (see Chapter 1). In a command, however, the voice is sharp and the intonation goes down. Commands in German are usually followed by an exclamation point.

ANWENDUNG   **A.** *If the sentence is a question, restate it as a command, and vice versa.*

1. Fahren Sie nach Köln!
2. Studieren Sie hier?
3. Nehmen wir ein Taxi?
4. Lesen Sie den Fahrplan!

B. *Tell the person indicated to do whatever the cue says.*

1. Herr Richter, (das Auskunftsbüro fragen)!
2. Fräulein, (eine Antwort geben)!
3. Frau Levi, (nach links sehen)!
4. Herr Professor, (nicht so schnell sprechen)!
5. Fräulein Schulz, (die Straßenbahn nehmen)!

After a front field   V-S word order is used in a third situation: when the main verb is preceded by an element that is not the subject. This element is known as the "front field." It may consist of a single word, a phrase, or a dependent clause. In questions, it is the question word.

FRONT FIELD

	v	s	
Heute	fahre	ich nach Bern.	*Today I'm going to Bern.*
Am Wochenende	fahre	ich nach Bern.	*This weekend I'm going to Bern.*
Wenn ich Geld habe,	fahre	ich nach Bern.	*If I have money, I'm going to Bern.*
Wann	fährt	er nach Bern?	*When is he going to Bern?*
Warum	fährst	du nach Bern?	*Why are you going to Bern?*

ANWENDUNG **C.** *Begin the sentence with the underlined words.*

1. Es gibt Supermärkte <u>in Deutschland</u>.
2. Man trifft <u>deutsche Touristen</u> in Tokio.
3. Kein Zug fährt <u>heute</u>.
4. Viele Touristen fragen <u>das</u>.
5. Man nennt den Gymnasiallehrer <u>in Österreich</u> „Herr Professor".
6. Es gibt Alkoholiker, <u>wo es Alkohol gibt</u>.
7. Ich kaufe den Fernseher, <u>wenn er billig ist</u>.

D. *Begin the sentence with the subject.*

1. Heute bin ich zu Fuß.
2. Von dort gibt es einen Bus.
3. Am Wochenende stört mich der Regen.
4. Hoffentlich werden Sie nicht naß!
5. Leider ist das Wetter wieder schlecht.
6. Alle fünfzehn Minuten geht ein Bus.
7. In Amerika liebt man die Supermärkte.

4. Verb-Last word order

Verb-Last word order is one of the most striking features of German. Mark Twain, commenting on it, once quipped that he had read a German novel 257 pages long, yet had no idea what the action was until he came to the last page, where he found all the verbs.

Beispiele

Weil **der Kuchen** so gut **schmeckt,** nimmt man zu.

Because the cake tastes so good one gains weight.

Wenn **der Tourist** etwas **einkauft,** macht das Geschäft ein „Geschäft".

When the tourist goes shopping, the store does good business.

Das Reisebüro ist wichtig, weil **Sie** dort Informationen **bekommen.**

The travel office is important because you get information there.

Er sagt, daß **der Hotelportier** Briefmarken **verkauft.**

He says that the desk clerk sells stamps.

In dependent clauses

V-L word order is used in dependent clauses. A dependent clause is one that does not make sense by itself, but depends on a main clause for its meaning.

MAIN   DEPENDENT
Ich weiß, daß die Züge eine große Rolle spielen.
I know that trains play a big role.

MAIN   DEPENDENT

Im Kaffeehaus trifft man Freunde,   weil es dort gemütlich ist.
You meet friends in the coffeehouse because it is cozy there.

Verb goes to end   Dependent clauses frequently begin with **daß** *that,* **weil** *because,* or **wenn** *whenever, if.* These words are known as subordinating conjunctions, because they subordinate one clause to another. V-L word order is always used in the dependent clauses they introduce.

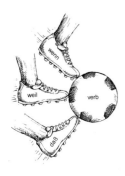

Glauben Sie, daß der Zug   *Do you believe that the train is on*
   pünktlich ist?   *time?*

Watch that comma!   A sentence consisting of two clauses may begin with either the main clause or the dependent clause. In German, these clauses are always separated by a comma, which indicates a shift in structure. If the main clause is the second clause, it begins with the verb and the subject follows. (This is another example of the principle mentioned above: When the verb in the main clause is preceded by an element that is not the subject, V-S word order is used. Here, the dependent clause is that element.)

      s   v

Wenn Sie nach Deutschland fliegen,   *When you fly to Germany you*

     v   s

landen Sie in Frankfurt.   *land in Frankfurt.*

s   v

Sie landen in Frankfurt, wenn   *You land in Frankfurt when you*

   s   v

Sie nach Deutschland fliegen.   *fly to Germany.*

ANWENDUNG **A.** *Begin each clause with* **Ich weiß, daß ...** *and complete the sentence.*

1. Die Amerikaner spielen gern Football.
2. Die Deutschen spielen gern Fußball.
3. Die Österreicher tragen oft Lederhosen.
4. Die Schweizer haben viele Banken.
5. Die Züge in Deutschland sind immer pünktlich.
6. Man hat in Österreich immer Zeit.
7. Es gibt in Amerika alte Traditionen.

B. *Complete the sentence as suggested by the cue, using the appropriate word order.*

1. (ich habe keine Zeit)   Ich komme nicht, weil _____ .
2. (er hat kein Auto)   Er geht zu Fuß, weil _____ .
3. (sie sind billig)   Viele Leute tragen Jeans, weil _____ .
4. (sie suchen Sonne)   Viele Deutsche fahren nach Spanien, weil _____ .
5. (er ist praktisch und billig)   Ich habe den Supermarkt gern, weil _____ .
6. (die Deutschen trinken nicht so viele „harte drinks")   Es gibt nicht so viele Alkoholiker, weil _____ .
7. (der Einkauf ist oft ein kleiner Besuch)   Das kleine Geschäft ist gemütlich, weil _____ .

C. *Complete with the cue expression, using V-L word order.*

1. (die Verkäuferin kennt die Kunden)   Der Einkauf ist ein kleiner Besuch, wenn _____ .
2. (man reist in Afrika, Asien oder Amerika)   Überall trifft man heute deutsche Touristen, wenn _____ .
3. (Sie haben es eilig)   Nehmen Sie den Schnellzug, wenn _____ .
4. (ich bekomme noch einen Platz)   Ich fliege mit Lufthansa, wenn _____ .
5. (es gibt noch einen Flug nach Köln)   Wir kommen heute, wenn _____ .
6. (das Wetter ist schön)   Ich wandere gern, wenn _____ .
7. (ich störe Sie nicht)   Ich komme um fünf Uhr, wenn _____ .

D. *Restate the sentence, reversing the order of the two clauses.*

1. Wenn das Wetter schön ist, spielen wir Tennis.
2. Wir nehmen ein Taxi, wenn wir es eilig haben.
3. Heute fährt kein Schnellzug, weil es Sonntag ist.
4. Weil es heute regnet, gehen wir nicht zu Fuß.
5. Viele Leute fliegen jetzt, weil die Charter-Flüge billig sind.

⚠ **Vorsicht!**   Fehlergefahr!

Do not confuse **wenn** and **wann. Wann** is used only for questions concerning time.	
Wann kommst du?	*When are you coming?*
Wenn usually implies a condition.	
Wenn ich Zeit habe, komme ich.	*If I have time, I'll come.*
Do not confuse **das** and **daß. Das** is the neuter definite article or a demonstrative pronoun.	
Das Hotel ist billig.	*The hotel is not expensive.*
Das ist richtig.	*That is right.*
Daß is a subordinating conjunction.	
Ich weiß, **daß** das Hotel billig ist.	*I know that the hotel is inexpensive.*

5. Separable-prefix verbs

Beispiele   Many German words are formed by a stem with a prefix.

anrufen *to call up*
Ich **rufe** jetzt die Lufthansa **an.**   *I'll call up Lufthansa now.*
aufstehen *to get up*
Er **steht** immer um sieben Uhr **auf.**   *He always gets up at seven o'clock.*
einkaufen *to shop*
Wir **kaufen** oft im Supermarkt **ein.**   *We often shop at the supermarket.*
anfangen *to begin*
Viele Wörter **fangen** mit „Verkehr"   *Many words begin with "traffic."*
  an.

When is the
prefix separated?   Many German verbs begin with a prefix. Seven prefixes[4] never separate
from the verb, but many others do in certain conditions. Some common
separable prefixes are **an, auf, aus, ein, mit,** and **zu.** In the infinitive, the
prefix is part of the verb: **ankommen** *to arrive,* **aufstehen** *to get up.*

The prefix is separated from the verb and comes at the *end* of the clause
in:

a) A main clause in the present tense
Er **steht** immer sehr früh **auf.**   *He always gets up very early.*

b) A main clause in the past tense[5]
Er **stand** heute früh **auf.**   *He got up early today.*

c) A command
Stehen Sie morgen früh **auf!**   *Get up early tomorrow.*
The prefix is not separated in the following situations:
d) An infinitive
Ich muß immer früh **aufstehen.**   *I must always get up early.*

e) A dependent clause
Hören Sie den Wetterbericht,   *Do you listen to the weather report*
  wenn Sie **aufstehen?**   *when you get up?*

---

[4]See Reference Grammar, p. 452.   [5]The past tense will be discussed in Chapter 8.

Meaning changes   Verbs with separable prefixes have different meanings than the root verb. For this reason, the stress falls on the prefix in spoken German.

fáhren *to travel*	**ábfahren** *to depart*
háben *to have*	**aúfhaben** *to have an assignment*
hören *to hear*	**aúfhören** *to stop*
kómmen *to come*	**ánkommen** *to arrive*
	mítkommen *to come along*
	wíederkommen *to come back*
máchen *to make*	**aúfmachen** *to open*
	zúmachen *to close*
séhen *to see*	**wíedersehen** *to see again*
stéhen *to stand*	**aúfstehen** *to get up*

Mae West   This famous actress once gave a striking example how a prefix may change the meaning of a verb when she quipped: "I'd rather be looked over than overlooked."

In the vocabularies to this book, separable-prefix verbs are listed with a dot between the prefix and the verb: **an•fangen** *to begin.*

The separable prefix verbs listed above are used in the five exercises below.

ANWENDUNG   **A.** *Complete the statement with a separable prefix that makes sense.*

1. Machen Sie bitte das Buch _auf_ !
2. Wann stehen Sie _auf_ ?
3. Wann fährt der Zug _ab_ ?
4. Das Konzert hört um zehn Uhr _auf_ .
5. Wo kommt der Bus _wieder_ ?
6. Wir sehen uns heute abend _wieder_ .
7. Wann hört der Regen _auf_ ?

B. *Answer the question. Say that the event takes place „um sieben Uhr".*

1. Wann kommt der Zug an? Er _____ .
2. Wann stehst du auf? Ich _____ .
3. Wann fängt das Konzert an? Es _____ .
4. Wann rufen Sie uns an? Ich _____ .
5. Wann kommt er wieder? Er _____ .
6. Wann fährt Marianne ab? Sie _____ .
7. Wann hört der Film auf? Er _____ .

C. *Tell the person to do the action suggested by the cue.*

1. (die Arbeit heute anfangen)   _____ Sie die Arbeit heute _____ !
2. (das Fenster aufmachen)   _____ Sie das Fenster _____ !
3. (die Tür zumachen)   _____ Sie _____ !
4. (um acht Uhr aufstehen)   _____ Sie um acht Uhr _____ !
5. (schnell wiederkommen)   _____ Sie _____ !

6. (heute abend anrufen) _____ Sie _____ !
7. (jetzt aufhören) _____ Sie _____ !

D. *Ask whether the person is doing the action suggested by the cue.*

1. (heute abfahren)   Fahren Sie heute _____ ?
2. (heute ankommen)   _____ Sie _____ ?
3. (Willi heute anrufen) _____ Sie Willi heute _____ ?
4. (das Geschäft um neun Uhr aufmachen) _____ Sie _____ ?
5. (wiederkommen) _____ du _____ ?
6. (immer früh aufstehen) _____ Sie _____ ?

E. *Complete the sentence with the cue statement.*

1. (Sie steht früh auf.)   Sie sagt, daß sie früh _____ .
2. (Er kommt nach Berlin mit.)   Ich weiß, daß er _____ .
3. (Du rufst um sechs Uhr an.)   Du störst mich nicht, wenn _____ .
4. (Ich sehe ihn heute wieder.)   Ich bin glücklich°, weil ich _____ .   happy
5. (Das Semester hört auf.)   Ich bin glücklich, weil _____ .
6. (Sie haben viel auf.)   Sie kommen nicht mit, weil _____ .

⚠ **Vorsicht!**   Fehlergefahr!

> Do not confuse **nach Haus(e)** and **zu Haus(e)**. Nach Haus(e) signals *motion toward* home.
>
>   Ich gehe **nach Haus(e).**   *I am going home.*
>
> **Zu Haus(e)** signals *being at* home.
>
>   Ich bin **zu Haus(e).**   *I am at home.*

zu Haus

nach Haus

LESESTÜCK   Mini ABC für Touristen

A Die Apotheke

Wir hoffen, daß Sie keine Apotheke brauchen, wenn Sie reisen.
Aber wenn Sie zu viel essen und trinken—oder krank sind—
dann bekommen Sie dort Medikamente.

B Der Bahnhof

Wissen Sie, daß in Deutschland oft auch kleine Städte einen
Bahnhof haben? Und daß dort täglich viele Züge ankommen
und abfahren? Viele junge Leute haben einen Eurailpaß und
reisen durch ganz Europa.

C Das Camping

Das Camping, so heißt das auch auf deutsch. Viele Touristen
campen, weil das nicht so teuer ist. Nehmen Sie ein Zelt mit,
wenn Sie nicht gern in Hotels wohnen.

D D-Mark

Wer in die BRD (Bundesrepublik Deutschland) fährt, braucht
D-Mark. Das Geld in Österreich heißt „Schilling". Für die
Schweiz brauchen Sie „Franken" und für die DDR (Deutsche
Demokratische Republik) nur „Mark".

E Der Eilzug

Ein Eilzug fährt schnell und hält nicht sehr oft. Wenn Sie
sehr weit fahren, nehmen Sie einen Schnellzug, den Intercity-
Zug oder den TEE (Trans-European Express). Züge spielen in
Europa eine große Rolle; sie fahren schnell, sind meistens
pünktlich und nicht zu teuer.

F Der Flughafen

Der Flughafen ist ein „Bahnhof" für Flugzeuge. Wenn Sie nach
Deutschland fliegen, landen Sie vielleicht in Frankfurt. Der
Frankfurter Flughafen hat einen Bahnhof. Züge fahren von dort
in 12 (zwölf) Minuten in das Zentrum° von Frankfurt.   center

G Das Geschäft

In Deutschland und Österreich gibt es viele kleine Geschäfte.
Kaufen Sie gern ein? Vergessen Sie nicht: Am Wochenende
schließen fast alle Geschäfte um 6 Uhr (18 Uhr).

H Die Haltestelle

Wo ist die Haltestelle für den Bus oder die Straßenbahn? Ein „H-Schild" zeigt, wo sie halten.

I Die Information

Wie gut, daß die deutsche Sprache auch solche Wörter hat! Ein großes „I" zeigt, wo das Auskunftsbüro ist.

J Die Jugendherberge

Sie sind jung, Sie haben wenig Geld, aber Sie reisen gern: Dann ist die Jungendherberge sehr wichtig für Sie, weil man dort billig wohnt und viele junge Menschen trifft. In Deutschland und Österreich gibt es viele Jugendherbergen.

K Die Konditorei

Wer gern Kuchen oder Eis ißt, liebt die Konditorei. Dort trifft man Freunde, sitzt gemütlich, liest die Zeitung und trinkt Kaffee. Und weil der Kuchen oft so gut schmeckt, nimmt man zu ...

L Die Luftpost

Schreiben Sie oft nach Haus? Dann senden Sie die Briefe und die Postkarten per° Luftpost. Es gibt Luftpostmarken° und Luftpostbriefe°. Und wer verkauft Briefmarken? Die Post, Hotelportiers und in Österreich auch die Tabaktrafiken°.

*via/airmail stamps
aerograms
state tobacco stores*

M Die Mehrwertsteuer°

value-added tax

Weil der Staat auch in Deutschland immer Geld braucht, gibt es die Mehrwertsteuer. Sie ist eine Art° „value added tax".

kind of

N Der Nichtraucher

Ein Nichtraucher sucht immer ein Nichtraucherabteil, wenn er reist. Dort raucht man nicht, weil dort „Rauchen verboten" ist.

O Die Oper

Viele Städte in Deutschland und Österreich haben eine Oper. Wenn Sie nach Wien kommen, besuchen Sie die Staatsoper°. Und wenn Sie in Ost-Berlin sind, gehen Sie in die Komische Oper°.

*State Opera

Comic Opera*

Was bekommt man hier?

Der Campingplatz: zu viele Zelte,
zu viele Autos, zu viele
Wohnwagen, zu viele Leute.

Was bedeutet das H-Schild?

Kuchen schmeckt gut!

Opernball in Wien.

Die U-Bahn in
München—schnell
und leise.

Ein Kiosk in Berlin: Was
verkauft man hier?

Immer wieder Verkehrsstau.

P Die Post

In Deutschland gibt es keine „Western Union" oder „General Telephone Company". Aber es gibt natürlich die Post. Die Post verkauft nicht nur Briefmarken; dort telefoniert man und telegrafiert man auch.

Q Die Quittung

Wenn Sie etwas kaufen, bekommen Sie eine Quittung.

R Das Reisebüro

Das Reisebüro ist wichtig, weil man dort Flüge bucht° und Plätze für den Zug reserviert. books

S Der Stadtplan

Der Stadtplan zeigt, wo die Straßen, die Autobahn, der Bahnhof, die Post, das Museum usw. (und so weiter) sind. Für eine Autoreise braucht man eine Straßenkarte°. road map

T Das Trinkgeld

Wieviel Trinkgeld gibt man? In Deutschland—und fast überall in Europa—ist das Trinkgeld inbegriffen°, wenn Sie eine Rechnung bezahlen. Man gibt 10 (zehn) Prozent° bis 15 (fünfzehn) Prozent. included percent

U Die Untergrundbahn (U-Bahn)

In Deutschland baut man jetzt viele Untergrundbahnen. Die moderne U-Bahn fährt schnell, leise und ist „umweltfreundlich"°. friendly toward the environment

V Der Verkehr

Viele Wörter fangen mit „Verkehr" an: Die Verkehrsampel; sie ist wie in Amerika: grün = [6] fahren; gelb = Vorsicht; rot = stop. Der Verkehrsstau: Wo es viel Verkehr gibt, gibt es oft Verkehrsstau.

W Der Wetterbericht

Wie ist heute das Wetter? Regnet es oder scheint die Sonne? Ist es morgen warm oder kalt? Lesen Sie oder hören Sie den Wetterbericht, wenn Sie aufstehen?

X Xenophil° a liking for what is foreign

Ein schweres Wort! Es bedeutet „Liebe für das Fremde°". Wenn Sie gern reisen, sind Sie vielleicht xenophil. the foreign, unknown

[6]The "equal sign" is expressed in German by **gleich.**

Y Der Yankee

So heißt der Amerikaner in Südamerika°. Die Deutschen nennen   South America
den Amerikaner „Ami".

Z Die Zeitung

Die Zeitung bringt nicht nur Nachrichten. Dort liest man
auch: Besuchen Sie den Zoo, offen täglich von 9 (neun) bis
19 (neunzehn) Uhr—Die Oper fängt um 20 (zwanzig) Uhr an.

Wortschatz zum Lesestück

new nouns (active vocabulary)

der **Brief, -e**	letter	die **Nachricht, -en**	news
die **Briefmarke, -n**	stamp	die **Rechnung, -en**	bill
das **Eis**	ice cream; ice	die **Untergrundbahn, -en**	subway
das **Flugzeug, -e**	airplane	(=**U-Bahn**)	
der **Freund, -e**	friend	der **Verkehr**	traffic
der **Kuchen, -**	cake	der **Wetterbericht, -e**	weather report
die **Liebe**	love	das **Wort, ̈-er**	word
der **Mensch, -en**	person; pl. people	die **Zeitung, -en**	newspaper

nouns (for recognition)

die **Apotheke, -n**	pharmacy	das **Nichtraucher-**	
die **Autobahn, -en**	interstate highway	**abteil, -e**	nonsmoking compartment
die **Autoreise, -n**	car trip	die **Oper, -n**	opera (house or
die **D-Mark, -**	German Mark (currency of the		composition)
	Federal Republic of Germany)	die **Post**	post office; mail
der **Eilzug, ̈-e**	express train	die **Postkarte, -n**	postcard
der **Franken, -**	Swiss franc	die **Quittung, -en**	receipt
die **Haltestelle, -n**	bus or streetcar stop	das **Reisebüro, -s**	travel agency
der **Hotelportier, -s**	hotel clerk	die **Rolle, -n**	role
die **Jugendherberge, -n**	youth hostel	der **Schilling, -e**	shilling (currency of Austria)
der **Kaffee**	coffee	der **Stadtplan, ̈-e**	city map
die **Konditorei, -en**	pastry shop	das **Trinkgeld**	tip
die **Mark, -**	Mark (currency of the DDR)	die **Verkehrsampel, -n**	traffic light
das **Medikament, -e**	medicine, drug	der **Verkehrsstau, -e**	traffic jam
das **Museum, -seen**	museum	**Wien**	Vienna
der **Nichtraucher, -**	nonsmoker	das **Zelt, -e**	tent

new verbs (active vocabulary)

an·fangen (fängt an)	to begin	**ein·kaufen**	to shop	**schreiben**	to write
an·kommen	to arrive	**essen**	to eat	**sitzen**	to sit
auf·stehen	to get up	**hoffen**	to hope	**vergessen (vergißt)**	to forget
besuchen	to visit	**hören**	to hear	**verkaufen**	to sell
bezahlen	to pay	**rauchen**	to smoke	**wohnen**	to live, reside
bringen	to bring; to take				

verbs (for recognition)

bauen	to build	schließen	to shut, to close
halten (hält)	to stop	schmecken	to taste
landen	to land	senden	to send
mit·nehmen (nimmt mit)	to take along	telegrafieren	to telegraph
scheinen	to shine	zu·nehmen (nimmt zu)	to gain weight

other new words (active vocabulary)

bis	until, to	krank	ill, sick	verboten	prohibited
dann	then	morgen	tomorrow	weil	because of (conjunction)
durch	through	täglich	daily	warm	warm
etwas	something	teuer	expensive	wenig	little, not much
kalt	cold				

other words (for recognition)

gelb	yellow	leise	quiet(ly)	von	of
gewöhnlich	usually	rot	red	wie	like
grün	green	solche	such		

special and idiomatic expressions

nach Haus(e) *to home*   **zu Haus(e)** *at home*
so heißt das   *that's what it's called*

FRAGEN ZUM LESESTÜCK   *Antworten Sie auf deutsch!*

1. Wann braucht man eine Apotheke?
2. Was machen viele Touristen?
3. Warum ist die Jugendherberge für junge Touristen wichtig?
4. Was bedeutet ein „H-Schild"?
5. Wer verkauft in Österreich Briefmarken?
6. Warum suchen Nichtraucher immer Nichtraucherabteile?
7. Wann bekommt man eine Quittung?
8. Wieviel Trinkgeld gibt man gewöhnlich in Europa?
9. Wie heißt das Geld in Österreich?
10. Wie sind Verkehrsampeln in Deutschland und Österreich? (**grün**, usw.)
11. Wie ist das Wetter heute?

SITUATIONEN

1. *You are working in the Auskunftsbüro. A traveler asks you:* „Wann fährt ein Schnellzug nach Zürich?" *You explain why there is no express train and advise the traveler what to do.*
2. *You and a German-speaking friend are discussing the advantages of railroad travel in Europe. Your friend says:* „Hier in Amerika spielen die Autos eine große Rolle im Verkehr." *You defend travel by train.*
3. *You are sitting in the TEE Hamburg-Basel and paid dearly for your* „Nichtraucherabteil." *A man — he looks British — comes in at the Bonn*

stop, sits down, and lights up a cigarette. You tell him what you think about this, in German.

4. *You are Herr Dr. Stein in Hildesheim. Your distant relative, Billy Stone, visits you, while searching for his roots. He complains that he could not find a Western Union to telegraph his German-speaking wife:* „Ich bin hier. Wünsche du wärest hier."[7] *You explain to him where he can go to send a telegram.*

SCHRIFTLICH WIEDERHOLT

A. *Rewrite each sentence using the verb in parentheses.*

1. Bitte telefonieren Sie. (anrufen)   *Bitte rufen Sie an*
2. Er reist nicht gern. (aufstehen)
3. Ich rauche zuviel. (zunehmen)   *Ich nehmen zuviel zu.*
4. Was haben wir? (aufhaben)   *Was haben wir auf?*
5. Fritz fragt ihn. (wiedersehen)
6. Dort steht der Zug. (abfahren)

Wednesday

B. *Imagine you are a tourist. You have just arrived at the railroad station. You need to know if there is a train which goes to Berlin, or if there is a plane you could take. Write a dialog between yourself and the person in the information booth. Some useful words are listed below.*

der Zug	bitte	stehen
der Flug	da	abfahren
das Gleis	wo	es gibt
der Fahrplan	heute	bekommen
der Platz	hier	finden
das Taxi	jetzt	fliegen
die Abfahrt	wann	kosten
der Flughafen	kein	lesen
um 20 Uhr	noch	anrufen
in 40 Minuten	vielleicht	warten
vielen Dank	wenn	nehmen
an Wochentagen	daß	machen
	viel	fahren
	nach	glauben
	wieviel	landen

C. *Write a command or a question as appropriate.*

1. Eurailpass/Sie/kaufen/!
2. mitkommen/ins Konzert/Sie/heute/!
3. ankommen/der/Schnellzug/pünktlich/?
4. brauchen/das Medikament/Sie/jetzt/?
5. einkaufen/am Wochenende/Sie/!

[7]Wish you were here.

D. *Complete each sentence as you wish.*

1. Er sucht ein Nichtraucherabteil, weil . . .
2. Ich weiß, daß . . .
3. Wenn ich zu oft in die Konditorei gehe, . . .
4. Wir brauchen einen Regenschirm, weil . . .
5. Sie fliegt nach Köln, weil . . .
6. Karl hört, daß . . .
7. Ich rufe dich an, wenn . . .

⚠ **Vorsicht!**   Fehlergefahr!

Do not confuse **die Art** *way, type, kind* with English *art* (German: **die Kunst**).

Die Mehrwertsteuer ist eine **Art** „sales tax".

The value-added tax is a kind of sales tax.

Wo ist das **Kunst**museum?

Where is the art museum?

Sprechen leicht gemacht!

To practice V-S word order in formal commands . . .

Alle Macht den Studenten![8]

A. *Order your instructor to do any of the following things. Be sure to be polite and add* „**bitte**".

Herr
Frau   (Doktor) _____ ,
Fräulein

uns ein A geben!
uns keine Prüfung° geben!   exam
nicht zu schnell sprechen!
nur Deutsch sprechen!
keine Zigaretten rauchen!
das Wort schreiben!
nach Haus gehen!
keinen Wein trinken!
pünktlich anfangen!
?

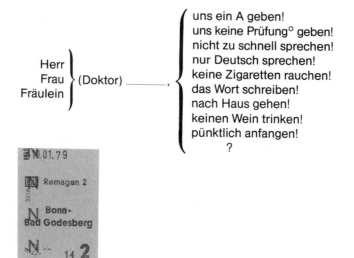

[8]All power to the students!

To practice V-S word order in questions . . .

Neugierig[9]   **B.** *Ask someone in your class anything from the suggestions below.*

Herr
Frau
Fräulein

viel Geld haben?
viel Geld sparen?
Tennis spielen?
immer pünktlich sein?
rauchen?
viel arbeiten?
gern tanzen?
Bier/Wein/Kaffee/trinken?
Kinder haben?
einen Freund/eine Freundin haben?
wann aufstehen?
?

To practice V-S word order after a front field . . .

Bei uns ist
alles besser[10]   **C.** *Everything is bigger and better at home. Or is it? Restate each claim as you see it.*

Bei uns in

Deutschland
Österreich
Amerika
Japan
England
?

man denkt nur an Geld
alle Leute arbeiten Tag und Nacht
es ist immer gemütlich
wir haben es besser
man hat nie Zeit
es gibt zu viele Reklamen im Radio
es gibt Freiheit für alle
alle spielen gern Football
die Mädchen heiraten jung
man lebt billig
die Züge sind immer pünktlich
es regnet zuviel
die Leute trinken nur Milch
es ist anders
?

[9]Nosy
[10]At home everything is better

To practice V-L word order after **daß** . . .

Meine Meinung[11]   **D.** *Make up a sentence by combining items from the columns below.*

Practice in class

ich lerne viel   *verb is last*
ich habe recht
es ist überall schlecht
ich habe kein Geld
Ich {denke, finde, glaube, hoffe, ?} daß {ich bekomme eine gute Note°   grade
    in Deutsch
weiß *-hope* ich arbeite zuviel
ich heirate bald°   soon
ich finde einen Mann/eine Frau
ich fahre bald nach Haus
ich bekomme mehr Geld
ich habe viele Freunde
ich finde hier Freunde
?}

To practice V-L word order after **wenn** . . .

Ja, wenn . . .   **E.** *Tell what you would do or be by combining items from the columns below.*

ich habe Geld
das Wetter ist gut
ich bekomme ein A in Deutsch
Ich {reise gern, kaufe es, bin glücklich,} wenn {ich finde einen Job
es ist billig
wir bekommen einen Platz
wir haben keine Prüfung
ich bekomme Besuch
es ist nicht zu teuer
?}

To practice V-S word order after a dependent clause as front field.

Ja, wenn . . .   **F.** *Say what you do when you have money.*

ich mache nichts
ich kaufe viel Gold
ich esse gut
ich spiele Tag und Nacht
Wenn ich viel Geld habe, {ich reise nach Deutschland
ich arbeite nicht
ich denke nicht an Geld
ich heirate vielleicht
ich fahre nach Haus
?}

[11]My opinion

To practice V-L word order after *weil* . . .

Warum nicht?   **G.** *Ask your classmates why they don't go to Germany (A to B, B to C, and so on).*

Warum { fahren Sie / fährst du } nicht nach Deutschland?   Weil {

ich spreche kein Deutsch
das Wetter ist immer schlecht
ich habe kein Geld
ich habe keine Zeit
der Flug ist nicht billig
ich fliege nach Israel/Japan/usw.
es kostet zuviel
ich fliege nicht gern
ich habe Angst
ich habe keine Ferien
?

To practice separable-prefix verbs in main clauses [12] . . .

Alles verkehrt! [13]   **H.** *The separable prefixes on the right are all mixed up. Complete the sentence with the correct prefix.*

Know ✗

Ich rufe meine Kundin _an_ .   ab
Wann fährst du _ab_ ?   wieder
Machen Sie bitte die Tür _zu oder auf_   an
Wann hört das Konzert _auf_ ?   auf
Was kauft ihr heute _ein_ ?   ein
Warum fängt er nicht _an_ ?   wieder
Ich komme um sechs Uhr _mit oder an_   auf
Hoffentlich sehen wir uns morgen _wieder_   zu
Warum stehen Sie immer so früh _auf_ ?   mit
Wann macht das Geschäft _zu, an_ ?   an
Bitte, nehmen Sie uns in die Oper _mit_ !   auf
Was haben wir für morgen _auf_ ?   auf

Endlos! [14]   **I.** *Expand the sentence, each time adding one cue expression. Make sure the separable prefix stays at the end.*

1. Ich fahre ab.
        heute
            um sechs Uhr
                mit Fritz
                    nach München

2. Ich rufe an.
        immer _time before place_
        um zwanzig Uhr _direct time_
            am Wochenende _time_
                aus Hamburg _place_
                    zu Haus _place_

Time before place

[12]For a list of separable-prefix verbs, see p. 62.   [13]What a mix-up!   [14]No end in sight!

Time, manner, place

3. Kommt er an?

wirklich° really

heute abend

um zehn Uhr

in Nürnberg

To practice separable-prefix verbs in dependent clauses . . .

Schwer zu verstehen[15]

J. *You are on the phone, but the connection is bad. You repeat so you can be understood. (A to B, B to C, and so on)*

Ich verstehe nicht.	Ich sage, daß	ich komme nicht mit ich rufe Sie morgen wieder an ich komme um acht Uhr an Bonn ich fahre am Sonntag ab ich mache morgen das Geschäft auf wir sehen uns morgen wieder ich nehme Fritz im Auto mit ich komme am Wochenende wieder ?

Was paßt zusammen?[16]

K. *Read the completed statement out loud as soon as you have found a matching phrase.*

Man braucht eine Apotheke,
Die Züge
Wenn es regnet,
Der Flughafen ist
Ein „H-Schild" zeigt,
Für eine Autoreise
Die Konditorei
Für einen Luftpostbrief
Der Staat bekommt viel Geld
Dort ist „Rauchen verboten".
Der Stadtplan
Das Trinkgeld
Die Untergrundbahn ist umweltfreundlich°,
Xenophil bedeutet,
Ein „Ami"

macht das Essen teuer.
daß man das Fremde° liebt. *what is foreign*
wenn man krank ist.
braucht man Luftpostmarken.
braucht man eine Straßenkarte.
kommen im Bahnhof an.
wo eine Haltestelle ist.
braucht man ein Zelt.
ist ein Amerikaner.
braucht man einen Regenschirm.
Das Nichtraucherabteil.
ist eine Karte für die Stadt.
ein Bahnhof für Flugzeuge.
friendly toward the environment
Dort ißt man Kuchen und trinkt Kaffee.
weil sie Benzin° spart. *gas*
durch die Mehrwertsteuer° *value-added tax*

[15]Hard to understand
[16]What goes together?

Was paßt nicht?[17]   **L.** *Which word is not related to the other three? Pronounce all words.*

Stamp

1. Das Trinkgeld/die Rechnung/das Restaurant/~~die Briefmarke~~
2. der Verkehr/die Zeitung/die Autobahn/~~die Ampel~~
3. das Gleis/der Bahnhof/~~die Autobahn~~/die Züge
4. der Schilling/die D-Mark/der Franken/das Zelt
5. der Verkehr/das Geschäft/der Preis/~~das Souvenir~~
6. die Nachrichten/~~der Ausweis~~/das Radio/der Wetterbericht

News   *ID*

Hörübung[18]   **M.** *Hören Sie zu,[19] und sagen Sie „Richtig" oder „Falsch"!*

1. Der Zoo zeigt den Film „King Kong".
2. In Deutschland heißt der Amerikaner „Yankee".
3. Die Oper spielt heute „Die Zauberflöte"°.   *The Magic Flute*
4. „Xenophil" ist ein schweres Wort.
5. Gelb bedeutet „Stop".
6. Das Wort „Information" fängt mit „I" an.
7. Man nimmt den Zug, wenn man kein Auto hat.
8. Ein Schnellzug fährt nicht sehr schnell.
9. In Deutschland ist die „Western Union" die Post.

To practice travel vocabulary . . .

Reisen macht
Spaß, aber
verursacht auch
Probleme![20]   **N.** *Use your own experience to say what some of the problems of traveling are.*

Ein Problem für Touristen ist, daß {

es gibt zu viele Touristen
das Reisebüro gibt falsche Auskunft
die Campingplätze sind oft voll°   full
man bekommt keine Karten°   tickets
  für die Oper
sie sprechen nur eine Sprache
man braucht immer mehr Geld
man bekommt Briefe
man ißt und trinkt zuviel
man hat es immer eilig
es gibt keine McDonald's
die Züge sind nie pünktlich
man findet nie eine Toilette
man ist manchmal krank°   sick
es regnet immer
das Wetter ist immer schlecht
                    ?

[17]Which word doesn't fit?
[18]*Listening exercise*
[19]Listen
[20]Traveling is fun but has its problems.

Wieviel kostet ein
Häppy Mäc? Und
wieviel kostet ein Bier?

Kleine
Sprachkrise[21]

O. *Sie sind in Frankfurt. Sie fragen einen Passanten, wo etwas ist. Der Passant ist auch ein Tourist, und spricht kein Deutsch. Er/Sie sagt nur „Ich verstehe Sie nicht." (A to B, B to C, etc.)*

Wo ist _____, bitte?

- die Jugendherberge
- die Post
- der Flughafen
- eine Apotheke
- eine Konditorei
- die Haltestelle
- ein Reisebüro
- ein Plattengeschäft
- das Nichtraucherabteil
- die Toilette
- die U-Bahn
- ?

[21]A small linguistic crisis

Was machen Sie,
wenn Sie reisen?

P. *Ask your classmates what they do when they travel, and say what you do (A to B, B to C, and so on). Begin your answer with „**Wenn ich reise, . . .**"*

Was { machen Sie, wenn Sie reisen?
      machst du, wenn du reist?

viele Fotos°   pictures, photographs
viel Wein/Bier trinken
viele Souvenirs kaufen
meistens im Kaffeehaus sitzen
junge Amerikaner/innen suchen
immer früh° aufstehen   early
oft in die Oper gehen
viel Geld brauchen
immer billig essen
Schnellzüge nehmen
              ?

Just for fun . . .

Zungenbrecher[22]   **Q.** *Wer kann es schnell sagen?*[23]

Fischers Fritz fischt frische Fische,
Frische Fische fischt Fischers Fritz.

Rätsel[24]   **R.** *Mit was fängt der Tag an und hört die Nacht auf?*

Antwort

Mit „t".

---

[22]Tongue twister
[23]Who can say it fast?
[24]Riddle

Wie weit ist es nach Wildbad?

Kapitel 4

Wie groß, wie weit, wieviel...?

1. Prepositions requiring the accusative
2. Separable-prefix verbs: review and expansion
3. Negation with **nicht**
4. Function of adverbs
5. **hin** and **her**
6. Compound nouns
7. Cardinal numbers
8. **mein** and the possessive adjectives: Preview

Das metrische System: Ach, du lieber ...!

DIALOG   **Wie groß, wie weit, wieviel...?**[1]

A. Wie gut kennen Sie das metrische System?

B. Ich glaube ziemlich gut.

A. Na, zum Beispiel: Was glauben Sie, wie groß ist ein Aspirin im Durchmesser? In Millimeter, natürlich.

B. Oh, das weiß ich nicht.

A. Raten Sie.

B. Ich glaube etwa [...] Millimeter.

A. Entschuldigen Sie, bitte. Was glauben Sie: Wie groß ist Fräulein..., Herr [...], Frau [...]? In Meter und Zentimeter, natürlich.

B. Stehen Sie bitte auf.—Hm, ich glaube Sie sind [...] groß.

A. Messen wir sie (ihn). Nicht schlecht: Sie/Er ist [...] groß.

A. Schwimmst du gern?

B. Oh ja, wenn das Wasser nicht zu kalt ist; und die Luft auch nicht!

A. Ist es zu kalt für dich, wenn die Wassertemperatur 20 (zwanzig) Grad Celsius ist? Und die Lufttemperatur 25 (fünfundzwanzig) Grad Celsius? Wie kalt oder warm ist das in Fahrenheit?

B. *(verwendet den Taschenrechner)*
   Moment mal, ich weiß [...]! 20 Grad Celsius sind [...] Grad Fahrenheit. Und 25 Grad Celsius sind [...] Grad Fahrenheit.

A. Zu kalt?

B. Nein, das geht.

A. Sehen Sie den Volkswagen dort?

B. Ja, ich sehe ihn.

A. Der VW braucht eine Gallone für 30 (dreißig) Meilen. Wieviel ist das in Liter und Kilometer?

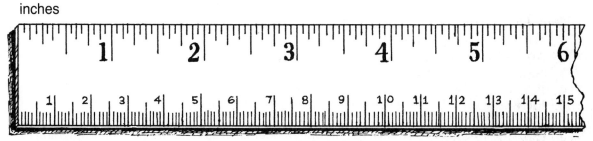

inches

centimeters

[1]Bring to class a metric ruler or tape measure, a pocket calculator, and a simple table of conversion.

B.   Moment mal, wie rechne ich das aus?
A.   Eine Gallone hat etwa 3,7 (drei Komma sieben) Liter.
B.   ... Und eine Meile ist etwa 1,6 (ein Komma sechs) Kilometer.
A.   Richtig!
B.   Das bedeutet also: Der VW braucht 3,7 Liter für 30 x (mal) 1,6 Kilometer. Das sind 48 (achtundvierzig) Kilometer. Also 7,4 (sieben Komma vier) Liter für nicht ganz 100 (hundert) Kilometer. Oder genau: 96 (sechsundneunzig) Kilometer.

WORTSCHATZ ZUM DIALOG

new nouns (active vocabulary)

Celsius	Celsius (degree)	das **System, -e**	system
Grad	degrees (temperature)	der **Taschenrechner, -**	pocket calculator
das **Kilo(gramm)**	kilogram	die **Temperatur, -en**	temperature
der **Kilometer, -**	kilometer	der **Wagen, -**	car, automobile
der **Liter, -**	liter	das **Wasser**	water
die **Luft**	air		

nouns (for recognition)

das **Aspirin**	aspirin	das **Meterband, ̈-er**	tape measure
der **Durchmesser, -**	diameter	der **VW (Volkswagen), -**	Volkswagen
die **Lufttemperatur, -en**	temperature of the air	die **Wassertemperatur, -en**	temperature of the water
die **Meile, -n**	mile		

new verbs (active vocabulary)

aus·rechnen	to compute, figure out	**raten**	to guess
messen (mißt)	to measure	**schwimmen**	to swim

other new words (active vocabulary)

etwa	approximately	**heiß**	hot
ganz	quite, completely	**metrisch**	metric

special and idiomatic expressions

das geht	that's all right, that'll do	**zum Beispiel (z.B.)**	for example

PERSÖNLICHE FRAGEN
1. Wie gut kennen Sie das metrische System?
2. Wieviel Gallonen braucht Ihr (your) Auto für 100 Meilen? Wieviel Liter?
3. Wieviel Grad Fahrenheit oder Celsius ist heute die Lufttemperatur?
4. Wie groß sind Sie in Zentimeter?
5. Wieviel wiegen° Sie in Kilo?

weigh

6. Haben Sie einen Taschenrechner? Wie groß ist er? Kommt er aus Japan oder Amerika?
7. Ist das metrische System gut oder schlecht? Was denken Sie?
8. Wo gibt es heute noch das „amerikanische System"?

AUSSPRACHE
ÜBUNG

Long **i** versus short **i**

LONG		**SHORT**	
ich **biete**	*I offer*	**bitte**	*please*
bieten	*to offer*	**bitten**	*to request*
der **Schiefer**	*slate*	der **Schiffer**	*boatman*
du **liest**	*you read*	die **List**	*trick*

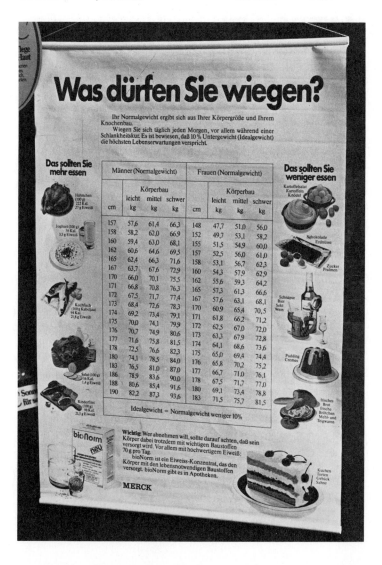

LONG		SHORT	
das **Lied**	song	er **litt**	he suffered
wir	we	das ist **wirr**	that is confused
der **Stil**	style	es ist **still**	it is quiet
die **Bienen**	bees	**binnen**	within
ihn	him	**in**	in

GRAMMATIK   Theorie und Anwendung

1. Prepositions requiring the accusative

Five to memorize

A preposition is a word that shows the relationship of a noun or pronoun to other elements in the sentence. A number of prepositions always require the use of the accusative case. Here are the main ones.

durch	*through*	**ohne**	*without*
für	*for*	**um**	*around, at*
gegen	*against*		

Beispiele

Wir gehen **durch den** Bahnhof.

Für wen ist der Brief? — **Für mich.**

Haben Sie etwas **gegen den** Arzt?

Ich reise **ohne meinen** Freund.

Warum fährst du **um den** Flug-hafen?

We are going through the railroad station.

For whom is the letter? — For me.

Do you have something against the doctor?

I am traveling without my friend.

Why are you driving around the airport?

ANWENDUNG

A. *Complete the sentence as suggested by the cue, using the accusative case.*

1. (der Campingplatz)   Wir laufen durch _____.
2. (die Stadt)   Wir fahren durch _____.
3. (ein Professor)   Ich arbeite für _____.
4. (ein Amerikaner)   Ich kaufe es für _____.

5. (die Grippe)   Was gibt es gegen _____?
6. (der Verkehr)   Um 4 Uhr fahren wir gegen _____.
7. (ein Regenschirm)   Ich reise immer ohne _____.
8. (der Zoo)   Fahren Sie bitte um _____!
9. (das Haus)   Er läuft um _____.
10. (das Rauchen)   Haben Sie etwas gegen _____?

B. *Complete the sentence, putting the cue pronoun into the accusative.*

1. (du)   Ich fahre ohne _____.

2. (ich)   Ich kaufe das Buch für _____!

3. (er)   Wir sind gegen _____.
4. (sie)   Er ist gegen _____.
5. (Sie)   Wir spielen die Musik für _____!

6. (wir)   Machen Sie es ohne _____!

7. (ihr)   Sie sind alle gegen _____!

8. (er)   Wir sitzen um _____.
9. (du)   Hier, das ist für _____.
10. (Sie)   Hier, das ist für _____.

C. *Restate, substituting the cue expression for the direct object.*

1. (der Professor)   Der Brief ist für das Fräulein.
2. (die Sonne)   Er fährt gegen den Wind.
3. (das Geschäft)   Wir gehen durch den Supermarkt.
4. (die Stadt)   Er arbeitet für den Staat.
5. (der Park)   Er läuft um das Haus.

Contractions   In everyday speech, **durch, für,** and **um** are contracted with the definite article **das** when they occur together with a neuter noun: **durchs, fürs, ums.**

Was kaufen wir **fürs** Wochenende?

*What are we going to buy for
the weekend?*

ANWENDUNG   **D.** *Restate the sentence, contracting the preposition and the definite article.*

1. Ich kaufe es für das Auto.
2. Wir laufen um das Büro.

3. Er geht durch das Geschäft.
4. Wir sind für das metrische System.

⚠ **Vorsicht!**   Fehlergefahr!

In idiomatic expressions, prepositions often have a meaning different
from their usual one. **Um** does not always mean *around.*

Hier geht es **um** Geld.
Er bittet **um** Geld.
Er kommt **um** zwei Uhr.

Here it is a matter of money.
He is asking for money.
He is arriving at two o'clock.

2. Separable-prefix verbs: review and expansion

Separable prefixes may be derived from various parts of speech, such as:

a) preposition: **durchfahren** *to travel through*
b) adverb (a word that modifies a verb, adjective, or another adverb): **zurückfahren** *to travel back*

Below are some more common separable-prefix verbs.

abfahren *to leave, depart*
abholen *to pick up*
anfangen *to begin*
anschauen *to look at*
aufhören *to stop, cease*
aufpassen *to pay attention*
aussehen *to look, appear*
aussteigen *to get out*

einladen *to invite*
einsteigen *to get in, board*
vorlesen *to read aloud*
vorschlagen *to suggest, propose*
vorstellen *to introduce*
zuhören *to listen*
zurückfliegen *to fly back*
zurückgehen *to go back, return*

ANWENDUNG   **A.** *Restate, substituting the cue verb.*

1. (abfahren)   Wann fahren Sie nach England?
2. (anfangen)   Wann beginnt das Semester?
3. (anschauen)   Was sehen Sie?
4. (vorlesen)   Lesen Sie die Zeitung!
5. (zurückfliegen)   Wir fliegen morgen nach Kanada.

B. *Complete the sentence as suggested by the cue. Use V-L word order!*

1. (Du siehst sehr gut aus.) Ich finde, daß _____.
2. (Ich komme an.) Bist du zu Haus, wenn _____?
3. (Er paßt immer auf.) Er lernt viel, weil _____.
4. (Sie laden mich ein.) Das ist nett, daß _____.
5. (Sie steht früh auf.) Sie ist immer pünktlich, weil _____.
6. (Er fährt morgen nach Haus zurück.) Er ist glücklich, weil _____.

3. Negation with nicht

nicht *and* **kein**   In Chapter 2, you learned that German **kein** is equivalent to English *not, not a, not any,* or *no* followed by a noun.

Ich habe **keine Zeit**.   *I don't have (any) time.*
Er ist **kein** Freund.   *He is not a friend.*

More particularly, when the direct object is a noun with an indefinite article (**ein, eine, einen**), or a noun with no article at all, **kein** (not **nicht**) must be used for negation.

Er hat **ein** Auto. Ich habe **kein** Auto.	*He has a car. I have no car. (I don't have a car.)*
Ich kenne **eine** Apotheke hier.	*I know a pharmacy here.*
Er kennt **keine** Apotheke hier.	*He doesn't know a pharmacy here.*
Hast du Geld?	*Do you have money?*
Nein, ich habe **kein** Geld.	*No, I have no money.*

The word **nicht**, corresponding to English *not,* is used when the noun is preceded by a definite article and in many other situations.

Ich kenne die Zeitung **nicht.**	*I don't know the newspaper.*
Ich komme **nicht.**	*I am not coming.*

Position of **nicht**   The position of **nicht** may vary. Here are some guidelines.

a) Nicht usually stands *at the end* of the sentence (or as near as word order rules permit) if it negates the verb or the entire sentence. When the sentence has a direct object, **nicht** usually follows the object.

Wir glauben **es nicht.**	*We don't believe it.*
Ich kenne **ihn nicht.**	*I don't know him.*
Verstehen Sie **mich nicht?**	*Don't you understand me?*
Er braucht das Geld **nicht.**	*He doesn't need the money.*
Er sagt, daß wir **ihn nicht verstehen.**	*He says that we don't understand him.*
Wir nehmen **dich nicht mit.**	*We aren't taking you along.*

b) Nicht *precedes* that element of a sentence which it specifically negates, provided that this does not run counter to word order rules. This element may be an adverb, an adjective, a pronoun, a verb or a noun.

Fahren Sie bitte **nicht schnell.**	*Please don't drive fast.*
Das ist **nicht klar.**	*That is not clear.*
Wir fragen **nicht ihn,** wir fragen sie.	*We don't ask him, we ask her.*

c) Nicht usually *precedes* expressions of place and prepositions.

Ist das **nicht Frankfurt?**	*Isn't that Frankfurt?*
Sie fährt **nicht nach Österreich.**	*She isn't going to Austria.*

d) Nicht usually *follows* expressions of time.

Ich bin **heute nicht** zu Haus.	*I am not home today.*
Wir fahren **morgen nicht** ab.	*We don't leave tomorrow.*

⚠ **Vorsicht!**   Fehlergefahr!

Do not confuse **nicht** and **nichts**. **Nicht** means *not,* and **nichts** means *nothing* or *not anything.*

Ich weiß es **nicht**.	*I don't know it.*
Ich weiß **nichts**.	*I don't know anything.*
	(I know nothing.)

ANWENDUNG   **A.** *Restate the sentence with* **nicht** *in an appropriate position.* **Nicht** *may be shifted for emphasis. Where applicable, negate the dependent clause.*

1. Ich treffe sie.
2. Ich treffe sie oft.
3. Er ruft mich heute an.
4. Wir fahren heute ab.
5. Fährst du heute in die Stadt?
6. Er sagt, daß er heute ankommt.
7. Sie sagt, sie kommt heute an.
8. Ich verstehe Sie.
9. Verstehen Sie mich?
10. Wir fahren nach Österreich.
11. Fahren Sie bitte schnell!
12. Ich weiß, daß Sie immer aufpassen.

B. *Supply* **kein-, nicht,** *or* **nichts,** *whichever is appropriate.*

1. Wir kaufen es _____.
2. Heute kaufen wir _____.
3. Ich habe _____ Zeit.
4. Haben Sie _____ Geld?
5. Ich habe das Geld _____.
6. Warum sagst du _____?
7. Zahlen Sie die Rechnung _____?
8. Wir bekommen _____ Briefe aus Deutschland.
9. Bekommen Sie _____ für die schwere Arbeit?
10. Warum senden Sie die Briefe _____ per Luftpost?
11. Holst du sie _____ ab?
12. Haben Sie _____ Regenschirm?

4. The function of adverbs

What are adverbs?   An adverb modifies or communicates further information about a verb, an adjective, or even another adverb. This information usually pertains to *time* (**heute, morgen, jetzt,** etc.), *manner* (**gut, gern, leider,** etc.), or *place* (**hier, da, dort,** etc.).

Beispiele   **TIME**
Wir sind **heute abend** zu Haus.   *We are home this evening.*

MANNER

Ich verstehe **leider** kein Deutsch.   *Unfortunately, I don't understand German.*

PLACE

Da ist die Haltestelle.   *Here is the bus stop.*

ANWENDUNG   **A.** *Complete the sentence with an appropriate adverb from the list below. Several choices may be possible.*

gut	**hier**	**links**	**oft**
heute	**leider**	**pünktlich**	**überall**

1. Was sagt der Wetterbericht _____? (*time*)
2. Ich wohne _____. (*place*)
3. Ich bin _____ nicht zu Haus. (*manner*)
4. Er spielt _____. (*manner*)
5. Er kommt immer _____. (*manner*)
6. _____ sieht man Touristen. (*place*)
7. Sehen Sie nach _____! (*place*)

German adverbs: no ending— **Gott sei dank!**   In English, adverbs are often formed by adding *-ly* to the corresponding adjective. In German, however, adverbs never have an ending.

ADJECTIVE

Das Wetter ist **schlecht.**   *The weather is bad.*

ADVERB

Du spielst **schlecht.**   *You play badly.*

Sequence of adverbs: **wann— wie—wo** *(note alphabetical order)*   When a sentence contains several adverbs, they usually occur in the following word order: *time—manner—place*. In English, in contrast, *place* usually precedes *time*. compare the examples below.

Ich bin morgen dort. (T, P)   I'll be there tomorrow. (P, T)

Wir fliegen morgen leider (T, M) nach Haus. (P)   Unfortunately, we are flying home (M, P) tomorrow. (T)

For emphasis or if there are many adverbs, an adverb may begin the sentence.

Morgen fliegen wir leider nach Hause (*or* **Leider** fliegen wir morgen nach Hause).

Summary   While T–M–P is the usual sequence, it may vary for communicative emphasis.

⚠ **Vorsicht!**   Fehlergefahr!

> In English, an adverb may be placed between the subject and the verb. In German, however, this does not normally happen.
>
> Gisela kommt immer pünktlich nach Haus.
> (V) (T) (M) (P)
>
> *Gisela always comes home punctually.*
> (M) (V) (P) (T)

ANWENDUNG   **B.** *Complete the sentence, arranging the adverbial modifiers in an appropriate order.*

1. (pünktlich/hier/immer) Ist der Bus _____?
2. (schnell/morgen/nach Haus) Er fährt _____.
3. (leider/links/heute noch) In England fährt man _____.
4. (heute abend/sicher/ins Konzert) Wir gehen _____.
5. (dort/oft/schlecht) Das Wetter ist _____.

5. hin **and** her

here and *there*   **Hin** and **her** are adverbs used to indicate direction. **Hin** shows direction *away from* the speaker. **Her** shows direction *toward* the speaker.

Er fährt heute **hin**.	*He is going there today.*
Kommen Sie bitte **her**!	*Please come here.*

Hin and **her** may also function as separable prefixes.

Sie sagt, daß sie bald **hin**fährt.	*She says she'll go there soon.*
Ich weiß nicht, wann er **her**kommt.	*I don't know when he is coming here.*

ANWENDUNG   **A.** *Complete the sentence with* **hin** *or* **her,** *whichever is appropriate.*

1. Ich bin hier. Kommen Sie bitte _____!
2. Dort ist das Auskunftsbüro. Gehen Sie bitte _____!
3. Wo gehst du _____?
4. Ich bin jetzt zu Haus. Kommen Sie also _____?
5. Der Tennisball fliegt _____ und _____.
6. Ich kenne ihn nicht. Ich weiß nicht, wo er _____ kommt.

wohin *and* **woher**   In questions, **hin** and **her** may be combined with **wo.**

Wohin reist sie?	*Where is she traveling to?*
Woher kommt ihr?	*Where are you coming from?*

Wohin?

Wo?

Wo?

⚠ **Vorsicht!**   Fehlergefahr!

German has several equivalents for the English word *where?* **Wohin?** indicates movement toward a goal, but **wo?** does not. Literally, **wohin?** means *where to?* (in Old English, *whither?*). **Woher** means *from where?* (Old English *whence?*).

MOVEMENT TOWARD A GOAL
Wohin gehen Sie?   *Where are you going?*

MOVEMENT FROM A PLACE
Woher kommen Sie?   *Where are you coming from?*

NO MOVEMENT TOWARD A GOAL
Wo tanzen Sie?   *Where do you dance?*

NO MOVEMENT AT ALL
Wo wohnen Sie?   *Where do you live?*

ANWENDUNG   **B.** *Supply* **wo, wohin,** *or* **woher** *to complete the question. Several choices may be possible.*

1. _____ sendest du das Telegramm?
2. _____ haben Sie all das Geld?
3. _____ wissen Sie das?
4. _____ fahren Sie in den Ferien?
5. _____ kommen Sie?
6. _____ gehen Sie?
7. _____ wohnst du?
8. _____ fährt der Zug?

6. Compound nouns

Many German nouns consist of two or more words joined together. They are usually written as one word. While English has similar compound nouns, the parts often continue to be written separately, even though they are often pronounced as a single unit.

der **Campingplatz** *campground*
die **Verkehrsampel** *traffic light*
das **Auskunftsbüro** *information office*

Gender of compound nouns

In German, compound nouns take their gender from that of the *final* component.

der Untergrund + die Bahn = die **Untergrundbahn** *subway*
das Quadrat + der Kilometer = der **Quadratkilometer** *square kilometer*

In some cases, a linking **-s-**, **-es-**, **or -n-** is inserted between the components.

die Straße + die Bahn = die **Straßenbahn** *streetcar*
das Geschäft + die Zeit = die **Geschäftszeit** *business hours*

Mark Twain observed that "one of the most curious and notable features" of the German language is the length of its words. "Some German words are so long that they have a perspective." Among the examples he gave were these.

Stadtverordnetenversammlungen   *city council meetings*
Waffenstillstandsunterhandlungen   *cease-fire negotiations*
Altertumswissenschaften   *studies of antiquity*

ANWENDUNG   **A.** *Say each component. Then form the compound noun. Give the English equivalent of each component and of the compound noun.*[2]

1. der Kaffee/das Haus
2. das Haus/die Frau
3. das Leder/die Hose
4. die Grippe/die Zeit
5. der Regen/der Mantel
6. die Woche/das Ende
7. die Straße/die Bahn (-n-)
8. das Auto/die Bahn
9. der Tee/der Löffel
10. das Motorrad/der Fahrer
11. der Tag/die Temperatur (-es-)
12. der Apfel/der Kuchen
13. das Auge/der Blick (-n-)
14. die Auskunft/das Büro (-s-)
15. die Woche/der Tag (-n-)
16. der Flug/der Hafen
17. die Bahn/der Hof
18. das Wetter/der Bericht
19. das Hotel/der Portier
20. die Stadt/der Plan
21. der Verkehr/der Stau (-s-)
22. der Verkehr/die Ampel (-s-)
23. das Auto/die Bahn/der Verkehr
24. der Staat/die Universität (-s-)

7. Cardinal numbers

Cardinal numbers (*one, two, three,* and so on) are used in **counting.** Ordinal numbers (*first, second, third,* and so on) show the **rank** of an item in a series. (The latter are discussed in Chapter 11.)

[2]The English equivalents of most words are in the end vocabulary.

0 null	14 vierzehn	60 sechzig
1 eins	15 fünfzehn	70 siebzig
2 zwei	16 sechzehn	80 achtzig
3 drei	17 siebzehn	90 neunzig
4 vier	18 achtzehn	100 hundert
5 fünf	19 neunzehn	101 hunderteins
6 sechs	20 zwanzig	102 hundertzwei
7 sieben	21 einundzwanzig	103 hundertdrei
8 acht	22 zweiundzwanzig	145 hundertfünfundvierzig
9 neun	23 dreiundzwanzig	200 zweihundert
10 zehn	30 dreißig	300 dreihundert
11 elf	40 vierzig	600 sechshundert
12 zwölf	50 fünfzig	700 siebenhundert
13 dreizehn		1000 tausend

Measures, Weights and Temperature

American Measures and the Metrical System

Lengths

1 mm	=	0.039 in	1 in	=	2.54 cm
1 cm	=	0.394 ft	1 ft	=	30.48 cm
1 m	=	1.094 yds	1 yd	=	91.44 cm
1 km	=	0.621 mile	1 mile	=	1.609 km

Areas or Surfaces

1 sq mm	=	0.002 sq in	1 sq in	=	6.45 sq cm
1 sq cm	=	0.155 sq in	1 sq ft	=	929.03 sq cm
1 sq m	=	1.196 sq yds	1 sq yd	=	0.836 sq m
1 ha	=	2.471 acres	1 acre	=	4047 sq m
1 sq km	=	0.386 sq miles	1 sq mile	=	2.59 sq km
	=	247.11 acres		=	259 ha

Weights

1 mg	=	0.015 grain	1 grain	=	0.065 g
1 g	=	15.432 grains	1 oz	=	28.35 g
1 kg	=	2.205 lb	1 lb	=	453.59 g
1 t	=	2205 lb	1 net cwt	=	45.34 kg
	=	1.102 net t	1 net t	=	907.185 kg
				=	0.907 t

Capacities

1 l	=	2.114 liquid pt	1 liquid pt	=	0.473 l
	=	1.057 liquid qt	1 liquid qt	=	0.946 l
	=	0.264 liquid gal	1 liquid gal	=	3.785 l
1 hl	=	26.418 liquid gal	1 bu	=	35.238 l

mm
= millimeter, cm = centimeter, m = meter, km = kilometer;
sq mm = square millimeter, sq cm = square centimeter, sq
m = square meter, sq km = square kilometer, ha = hectare;
mg = milligram, g = gram, kg = kilogram, t = ton (metric);
l = liter, hl = hectoliter.

Conversion formula for temperature

° Fahrenheit (F)   ° Celsius (C)

$$° F = \frac{18C}{10} + 32 \qquad ° C = \frac{10(F-32)}{18}$$

⚠ **Vorsicht!**   Fehlergefahr!

> a) **Eins** has an **-s** when it stands alone as a cardinal number, but has no -s in compounds: **einundvierzig, es ist ein Uhr.**
>
> b) **Dreißig** is spelled with an **ß**, not a **z.**
>
> c) **Sechs** is pronounced **seks,** but in **sechzehn** and **sechzig,** the **ch** sound is the same as in **ich.**
>
> d) The **-en** in **sieben** is dropped in **siebzehn** and **siebzig.**
>
> e) When spoken or written out in full, units precede the tens. They are connected by **und.** After multiples of **hundert,** however, no connecting **und** occurs.
>
> | | |
> |---|---|
> | **zweiundzwanzig** | *twenty-two* |
> | **zweihundertzwanzig** | *two hundred and twenty* |
> | **zweihundert-zweiundzwanzig** | *two hundred and twenty-two* |
>
> f)   In decimal fractions German uses a comma where English uses a period.
>
> | | |
> |---|---|
> | **3,40 (drei Komma vierzig)** | *3.40   (three   point   forty)* |
> | **Zentimeter** | *centimeters* |
>
> g) Conversely, where English uses a comma to separate groups of three figures, German uses a period (or a space).
>
> | | |
> |---|---|
> | **20.000 (20 000)** | *20,000* |

ANWENDUNG   **A.** *Zählen Sie!*

1. Von null bis zwanzig vorwärts. *(From zero to twenty forwards.)*
2. Von zwanzig bis null rückwärts. *(From twenty to zero backwards.)*
3. Sagen Sie alle geraden Zahlen bis zwanzig! *(Say all even numbers up to twenty.)*
4. Sagen Sie alle ungeraden Zahlen bis zwanzig! *(Say all uneven numbers up to twenty.)*

B. *Antworten Sie!*

1. Welche Zahl kommt vor 17, 28, 35, 41, 62, 77, 86, 93?
2. Welche Zahl kommt nach 19, 25, 37, 42, 51, 66, 79, 82, 93?

C. *Rechnen Sie![3]*

1. (4 x 4) vier mal vier ist sechzehn.
   3 x 5   10 x 10   9 x 7   8 x 5   6 x 3
2. (3 + 4) Drei plus vier ist sieben.
   4 + 10   9 + 18   27 + 3   14 + 5   8 + 20

[3]Calculate.

3. (10 − 2) Zehn minus zwei ist acht.
      12 − 2   125 − 3   467 − 7   672 − 100   788 − 12
4. (12 : 4) Zwölf durch vier ist drei.
      10 : 2   80 : 4   1000 : 10   144 : 12   35 : 7

D. *Ergänzen Sie bis einhundert![4]*

11, 21 . . . ; 11, 22, 33 . . . ; 16, 22, 26 . . .

DIE FARBEN *Colors[5]*

blau	*blue*	**rosa**	*pink*
braun	*brown*	**rot**	*red*
gelb	*yellow*	**schwarz**	*black*
grün	*green*	**weiß**	*white*

ANWENDUNG   **A.** *Point to an object or garment in the classroom and say: "Das ist _____!"*
                                                             (color)

8. The possessive adjectives: Preview

„Ich bin dein, du bist mein"   Possessive adjectives communicate ownership. Their usage is more fully discussed in Chapter 8. For the present, because you may want to use them, note the following forms:

mein	*my*		**unser**	*our*
dein	*your* (familiar sing.)		**euer**	*your* (familiar pl.)
sein	*his, its*		**Ihr**	*your* (polite form, sing. and pl.)
ihr	*her, its*		**ihr**	*their*

In their case endings the possessive adjectives behave just like **ein** or **kein** and in fact „**mein, dein, sein**" rhyme exactly with **ein** and **kein.**

Beispiele

Mein Bruder spielt Tennis.	*My brother plays tennis.*
Meine Schwester lernt Deutsch.	*My sister learns German.*
Unser Zug fährt um acht Uhr.	*Our train leaves at eight.*
Ist Ihre Tochter zu Hause?	*Is your daughter at home?*
Wo ist dein Auto?	*Where is your car?*
Ist das ihr Freund?	*Is that her friend?*
Sein Professor ist Österreicher.	*His professor is an Austrian.*
Unser Auto ist kaputt.	*Our car is kaput (has had it, is out of commission).*

---

[4]Complete the sets up to one hundred.
[5]If you don't find your own favorite color in the list, ask your instructor.

LESESTÜCK   Das metrische System: Ach, du lieber...!

Dezember 1975, Washington, D.C.: Die Vereinigten Staaten führen das metrische System ein. Amerika adoptiert offiziell Meter, Celsius, Liter usw. Der Wechsel zum metrischen System findet nicht von heute auf morgen statt. Langsam, aber sicher verwenden jedes Jahr mehr Amerikaner das metrische System.

Was bedeutet es für Sie, wenn Sie ein Schild sehen: „Geschwindigkeit 110km (=Stundenkilometer)"? Wenn eine Reklame sagt: „Der Audi braucht nur 13 Liter per 100 Kilometer". Oder wenn Sie lesen: „Zugspitze 2885 Meter"? Wenn der Arzt sagt: „Sie haben 39,7 Fieber"? oder wenn Sie den Wetterbericht hören: „Tagestemperaturen zwischen 12 und 16 Grad"?

Sie haben jetzt viele Informationen; sehr präzise, sehr klar. Aber was bedeuten sie für uns Amerikaner, für Sie und für mich? Haben wir wirklich schon eine klare Idee, wieviel 13 Liter Benzin und wie hoch 2885 Meter sind? Wie warm oder kalt 12 bis 16 Grad Celsius[6] sind?

Wie groß ist ein Quadratkilometer? Wie schwer ist ein Kilo Äpfel? Wie weit sind 270 Kilometer? Wie kalt sind minus fünf Grad Celsius? Wieviel Limonade enthält eine 10 Deziliterflasche? Und wie sieht eine Schönheitskönigin° aus, wenn die Zeitung schreibt: Sie ist 165 Zentimeter groß, wiegt 51 Kilo und hat die Maße 90-60-90?   beauty queen

Das metrische System ist praktisch und international. Schulkinder lernen es schnell und leicht. Und vergessen Sie nicht: Das Geld in Amerika ist schon dezimal, wie das metrische System. Amerikanische Wissenschaftler verwenden das metrische System. Heute sind für uns Meter, Liter und Celsius noch ein wenig fremd; aber morgen ist das metrische System schon Gewohnheit. Bald gibt es auch für uns keinen „meter shock" mehr.

[6]As of January 1, 1978, the official international metric unit is the "kelvin," based on a scale beginning at "absolute" zero. The units in the kelvin scale, named after the British physicist Lord Kelvin, and abbreviated "K," are the same as those of the Celsius scale, except that it has no minus numbers. The kelvin scale is used by science, but the Celsius scale will be used in most other situations.

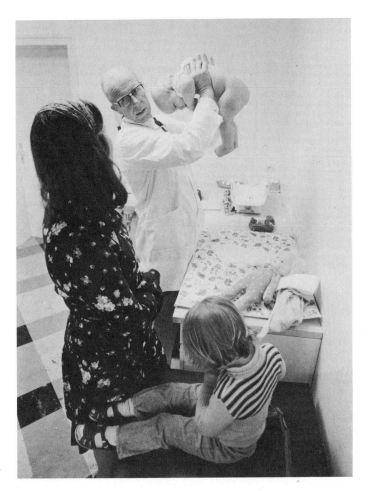

"Wieviel wiegt mein Baby?"

Wortschatz zum Lesestück

new nouns (active vocabulary)

der **Apfel**, ¨	apple	die **Gewohnheit**, -en	habit
der **Arzt**, ¨-e	physician	das **Kilo** (gramm)	kilogram
das **Benzin**	gasoline	das **Schulkind**, -er	school child
das **Fieber**	fever	der **Wissenschaftler**, -	scientist
die **Flasche**, -n	bottle		

nouns (for recognition)

die **Geschwindigkeit**, -en	speed	die **Tagestemperatur**, -en	today's temperature
die **Limonade**, -n	lemonade, soft drink	der **Wechsel**, -	change
das **Maß**, -e	measurement	der **Zentimeter**	centimeter
der **Quadratkilometer**, -	square kilometer	die **Zugspitze**	the Zugspitze (highest mountain in Germany)
Stundenkilometer	kilometers per hour		

new verbs (active vocabulary)

adoptieren *to adopt*   **enthalten (enthält)** *to contain*   **aus·sehen (sieht aus)** *to look, appear*

verbs (for recognition)

ein·führen *to introduce*   **statt·finden** *to take place*

new other words (active vocabulary)

fremd	*strange, alien*	**lang**	*long*	**präzis**	*precise*
hoch	*high*	**langsam**	*slow(ly)*	**wirklich**	*really*
klar	*clear*	**leicht**	*easy, simple*	**zwischen**	*between*

special and idiomatic expressions

schon lange *for a long time*   **langsam, aber sicher** *slowly but surely*
von heute auf morgen *overnight, all of a sudden*

FRAGEN
ZUM
LESESTÜCK

Antworten Sie auf deutsch!

1. Wer verwendet schon heute das metrische System in den Vereinigten Staaten?
2. Was sagt die Audi-Reklame?
3. Bei° wieviel Grad Celsius hat man Fieber?   at, with
4. Was kostet eine Gallone Benzin an Ihrer Tankstelle? Oder zeigt Ihre Tankstelle schon Liter?
5. Wieviel Liter Kaffee, Cola, Wasser, usw. trinken Sie pro Woche?
6. Wie schnell fahren Sie auf der Autobahn? In Meilen? In Kilometer?
7. Wie viele Kilometer ist es von Ihrem Haus bis zum Universitätsparkplatz?
8. Finden Sie, daß die Maße für eine Schönheitskönigin dumm sind? Warum?
9. Sind Sie für oder gegen das metrische System? Warum?

SITUATIONEN

1. *You are driving on the Autobahn from Heidelberg to München. You see a sign reading „110." You ask your German friend who is driving. „Was bedeutet 'hundertzehn'?" He explains.*
2. *You are in favor of the metric system, but your American friend is against it. You argue about its benefits and shortcomings. Your*

Wie hoch fliegt der Luftballon? Wie hoch sind die Berge?

friend says: „Das metrische System ist nicht leicht. Das amerikanische System ist besser." *How do you react?*

3. *You are a German scientist and read the headline in the Frankfurter Allgemeine Zeitung:* „USA adoptieren das metrische System." *You exclaim:* _____ .

4. *You are in Munich and plan to go to the Zugspitze. It is June. The Wetterbericht says:* „Zugspitze Temperatur Null bis drei Grad Celsius." *You turn to your German friend and say:* _____ .

SCHRIFTLICH WIEDERHOLT

A. *Write a response using the cue words. Use* **nicht** *or* **kein** *as appropriate.*

1. Fritz ist nie hier. (wir/ihn/kennen/gut)
2. Es ist heute zu kalt. (er/schwimmen/heute)
3. Er heißt William Taylor. (Deutscher/sein)
4. Sie fährt 30 Stundenkilometer. (sie/fahren/schnell)
5. Hier ist Bier. (Danke/wir/trinken/Bier)
6. Ursula wartet schon lange. (der Bus/kommen)
7. Was bedeutet das? (wir/wissen/es)

B. *Write as much as you can about the following.*

1. Describe one of your friends (height, weight, etc.). What does he/she look like?

2. What can you say about your car (size, gas mileage, speed, etc.)?

C. *Each of the following compound nouns is missing its first part. Add it, then use the compound noun in a sentence.*

1. die _____ ampel
2. das _____ haus
3. die _____ herberge
4. der _____ bericht

5. der _____ hof
6. das _____ geld
7. der _____ rechner
8. die _____ temperatur

D. *Rewrite each sentence, substituting the separable-prefix verb.*

1. (einladen)   Wir fragen ihn.
2. (mitnehmen)   Erika verwendet keinen Lippenstift.
3. (anschauen)   Sie vergißt es nie.
4. (mitbringen)   Ich bezahle das Bier.
5. (vorlesen)   Schreibst du jetzt die Postkarte?

Sprechen leicht gemacht!

To practice prepositions governing the accusative . . .

Für oder gegen?

A. *There are no bugs (Wanzen) in the classroom. So feel free to say whether you are for or against!*

Ruf doch mal an!

das metrische System
die Banken
der Humor
die Wahrheit
das Rauchen
der Alkohol
der Staat
die Polizei

Ich bin { für / gegen }

das Fernsehen
der Lippenstift
die Professoren
der Supermarkt
die Titel
das Wahlrecht
das Trinkgeld
die Liebe
der Verkehrsstau
die Reklame
?

Wirklich?   **B.** *Can you live with or without the things below? Say what you really feel.*

Ich kann ohne { Kaugummi / Auto / Elvis-Platten / Freunde / Frau/Mann / Liebe / Kaffee / Geld / Bier / Sonne / Fernsehen / Partner/Partnerin / ? } { gut / nicht } leben.

To practice separable-prefix verbs . . .

C. *Fragen Sie Ihre Klassenkameraden . . .*[7]

Wann (er/sie) aufsteht.

Wen (er/sie) am Wochenende abholt.

Was (er/sie) gerne anschaut.

Ob° (er/sie) immer aufpaßt.   whether

Wo (er/sie) aussteigt.

Wen (er/sie) am Wochenende einlädt.

Was (er/sie) einkauft.

Wie die Schönheitskönigin aussieht.

Warum (er/sie) Sie nicht einlädt.

Wann (er/sie) wiederkommt.

Wann (er/sie) Sie anruft.

Was (er/sie) in Deutsch aufhat.

Warum (er/sie) nicht nach Österreich mitkommt.

Wo das Konzert stattfindet.

?

To practice **nicht, kein, nichts** . . .

Wir spielen Polizei[8]   **D.** *Student A to student B, but student B vehemently denies the question* (**Nein, ich....**). *Then B to C, and so on.*

Studieren Sie Deutsch?

Ist das die Wahrheit?

Arbeiten Sie für den CIA?

Trinken Sie nur Bier?

Haben Sie viel Geld?

Haben Sie Geld?

Haben Sie Elvis-Platten?

Kaufen Sie *Mad* oder den *Harvard Lampoon?*

Trinken Sie oft Alkohol?

Rauchen Sie Zigaretten?

Verkaufen Sie Rauschgift°?   drugs

Spielen° Sie in Las Vegas oder Monte Carlo?   here: gamble

Tanzen Sie Tag und Nacht?

Kaufen Sie ohne Geld ein?

Wissen Sie zuviel?

Verstehen Sie das metrische System?

Laden Sie Terroristen zu Hause ein?

Trinken Sie Kaffee?

Schreiben Sie anonyme Briefe?

Rufen Sie die FBI an?

?

[7]Ask your classmates.   [8]We play "Third Degree"—police interrogation.

To practice the use of adverbs . . .

E. *Expand each statement with an adverb from the list below that fits your personal situation.*

früh	**immer**	**nie**	**oft**	**?**
gern	**leider**	**nur**	**zu Hause**	

Ich lerne Deutsch.   Ich habe kein Geld.
Ich passe auf.   Ich gehe ins Kino°.   to the cinema
Ich stehe um sechs Uhr auf.   Ich sage die Wahrheit.
Ich wohne hier.   Ich stehe für eine Frau auf.
                                                         ?

To practice cardinal numbers . . .

Ich bin keine
Nummer

F. *Turn to a classmate and say the numbers that govern your life. Then add:*
„*Und was ist Ihre/deine* _____ ?"

Meine Autonummer ist _____ .
Meine Sozialversicherungsnummer° ist_____ .   social security
                                                        number

Meine Bank-Kontonummer ist _____ .
Meine Immatrikulationsnummer° ist _____ .   (university) student
                                                       (ID) number

Meine Hausnummer ist _____ .
Meine Telefonnummer ist _____ .

Wer weiß es?

G. *Ein Intelligenz-Quiz für Besserwisser*[9]
Antworten Sie auf deutsch!

Wieviele Staaten gibt es in den Vereinigten Staaten? (13/48/50)
Was ist die Zahl für Pi? (5, 177/ 3, 1416/ 3, 1417)
Wieviele Spieler hat eine Fußballmannschaft°?   soccer team
     (11,21,16)
Was ist die Unglückszahl°? (7/13/9)   unlucky number
Wie alt sind die Vereinigten Staaten? (75/500/über 200) Jahre.
Wie hoch ist Mount Everest? (2 222/8 848/29.028) Meter.
Wann arbeitet man nicht mehr? Mit (19/30/65).
Wann hat man in den U.S.A. das Wahlrecht? Mit (5/18/21).
Wieviele Frauen hatte° Heinrich der Achte?   had
     (11/6/ keine)
Die Firma Heinz verkauft (10/57/2) Produkte.
Es gibt (7/9/15) Sinfonien von Beethoven.
Das amerikanische Sternenbanner° hat (13/48/50)   Stars and Stripes
     Sterne.
Von New York bis Paris sind es ungefähr (300/6000/14.000) Kilometer.
Wieviele Leben hat eine Katze? (9/3/13)

[9]An IQ test for smart alecks

Wer hat Angst vor dem metrischen System?[10]

H. *Say the cue number in German to complete the sentence.*

(37) Die normale Körpertemperatur° ist etwa _____ Grad Celsius. — body temperature

(0) Wasser gefriert bei° _____ Grad Celsius. — freezes at

(100) Wasser kocht° bei _____ Grad Celsius. — boils

(1,6) Eine Meile ist _____ Kilometer.

(3) Ein Meter ist etwa _____ Fuß.

(2,2) Ein Kilo ist etwa _____ Pfund°. — pounds

(1) Ein Liter ist ungefähr° _____ „quart". — about

(37,4) Mit _____ Grad Celsius hat man Fieber.

(20) Die normale Zimmertemperatur° ist ungefähr _____ Grad Celsius. — room temperature

(?) Ich bin _____ Meter _____ Zentimeter groß.

(?) Ich wiege _____ Kilogramm.

(?) Meine Maße sind _____, _____, _____ Zentimeter.

To practice the parts of the body . . .

Die Körperteile[11]   **I.** *Wie heißen sie?*

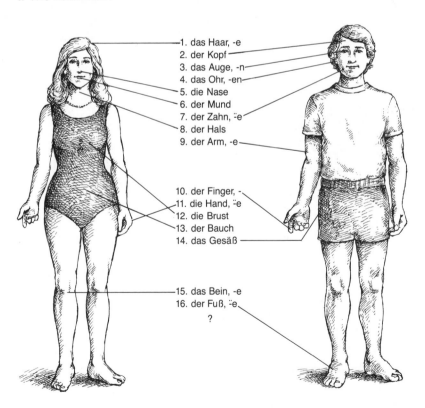

1. das Haar, -e
2. der Kopf
3. das Auge, -n
4. das Ohr, -en
5. die Nase
6. der Mund
7. der Zahn, ⸚e
8. der Hals
9. der Arm, -e
10. der Finger, -
11. die Hand, ⸚e
12. die Brust
13. der Bauch
14. das Gesäß
15. das Bein, -e
16. der Fuß, ⸚e
?

[10]Who's afraid of the metric system? [11]The parts of the body

Was sagt er? Was antwortet sie?

Kapitel 5

Sind Heiratswünsche seriös?

1. The dative of the definite and indefinite articles
2. The dative of personal pronouns
3. Prepositions governing the dative
4. Verbs governing the dative
5. Two-way prepositions
6. Familiar commands
7. Word order of direct and indirect objects

Wie finde ich einen Partner?

DIALOG **Sind Heiratswünsche seriös?**

Petra Fischer, eine junge deutsche Studentin, und John Taylor, ein junger Amerikaner, sitzen an einem Tisch in einer Konditorei.

John	Das ist unglaublich! Petra, machen die Leute Spaß? (Er zeigt ihr eine Zeitung und schüttelt den Kopf.)
Petra	Von was sprichst du? Von wem sprichst du?
John	Von den Heiratswünschen in der Zeitung. Bei uns in Amerika gibt es das nicht.
Petra	Meinst du, daß es bei euch gar keine Heiratswünsche gibt? In keiner Zeitung?
John	Ach ja, es gibt sie schon. Aber Heiratswünsche in der Zeitung scheinen uns nicht sehr seriös.
Petra	Nicht seriös? Hängt das nicht von der Zeitung ab — und von der Annonce? Bei uns findet man Heiratswünsche in der „Welt", im „Tagesspiegel" und in den „Salzburger Nachrichten". Das sind doch seriöse Zeitungen, nicht wahr?
John	Sicher, aber ich verstehe nicht, warum die Leute durch die Zeitung Partner suchen.
Petra	Warum nicht?
John	Was ist los mit ihnen? Haben sie Komplexe?
Petra	Du tust den Leuten unrecht.
John	Nein, nein, so meine ich es auch nicht. Aber Heiratswünsche in den Zeitungen ... Sie gehören nicht in eine Zeitung!
Petra	Andere Länder, andere Sitten!
John	Ich finde es auch nicht schön, wenn Frauen so annoncieren.
Petra	Aha, typisch! Männer-Chauvinismus: das Mädchen wartet geduldig auf den Prinzen.
John	Es tut mir leid, wenn du das so verstehst. Aber glaubst du wirklich, daß Heiratswünsche den Frauen helfen?
Petra	Nicht nur den Frauen, auch den Männern! Wer allein ist, sucht Kontakt.
John	Ja, ich weiß ...

Wortschatz zum Dialog

new nouns (active vocabulary)

der **Kopf**, ̈-e	*head*	die **Sitte**, -n	*custom*	der **Tisch**, -e	*table*
das **Land**, ̈-er	*land, country*	der **Spaß**, ̈-e	*fun*	der **Wunsch**, ̈-e	*wish, request*

nouns (for recognition)

die **Annonce, -n**	*ad*	der **Komplex, -e**	*complex*	der **Partner, -**	*partner*
der **Heiratswunsch, ̈-e**	*matrimonial ad*	der **Kontakt, -e**	*contact*	der **Prinz, -en**	*prince*

new verbs (active vocabulary)

gehören	*to belong*	**verstehen**	*to understand*
meinen	*to mean*	**warten (auf)** + acc.	*to wait for*
scheinen	*to seem*		

verbs (for recognition)

ab·hängen (von)	*to depend on*	**annoncieren**	*to advertise*	**schütteln**	*to shake*

other new words (active vocabulary)

allein	*alone*	**ihr**	*(to) her*	**schön**	*beautiful, nice, pretty*
ihnen (dat.)	*(to) them*	**mir**	*(to) me*	**seriös**	*decent, proper*

other words (for recognition)

doch	*after all*	**so etwas**	*something like that*
gar keine	*no, none at all*	**typisch**	*typical*
geduldig	*patient(ly)*	**unglaublich**	*unbelievable*

special and idiomatic expressions

bei euch	*in your country*
bei uns	*in our country*
Die Salzburger Nachrichten	*The Salzburg News* (Austrian newspaper)
Der Tagesspiegel	*The Daily Mirror* (Berlin newspaper)
Die Welt	*The World* (German newspaper)
(ach ja) es gibt sie schon	*it's true, we have them, too*
Spaß machen	*to kid*
unrecht tun	*to do injustice*
von wem	*about, of whom*
Was ist los?	*What's the matter? What's going on?*

Lesen Sie die Fragen und geben Sie die richtige Antwort!

FRAGEN ZUM DIALOG

1. Wo sitzen Petra und John?
   (In einem Restaurant/In einem Kaffeehaus/In einer Konditorei)
2. Was liest John in der Zeitung?
   (Den Wetterbericht/Die Heiratswünsche/Die Nachrichten)
3. Wo findet man Heiratswünsche in Deutschland?
   In Sex-Magazinen/In seriösen Zeitungen/In keiner Zeitung)
4. Warum glaubt John, daß die Leute Komplexe haben?
   (Er versteht andere Sitten nicht/Er findet die Annoncen nicht schön/
   Es gibt keine Heiratswünsche in amerikanischen Zeitungen)

5. Was tut John leid? Es tut ihm leid, daß _____ .
   (Petra glaubt, er ist ein Männer-Chauvinist/die Annoncen den Frauen
   helfen/es andere Sitten gibt)
6. Warum sagt John am Ende: „Ja, ich weiß…"
   (Er hat Komplexe/Er ist allein/Er sucht keinen Kontakt)

PERSÖNLICHE FRAGEN

1. Was denken Sie von Heiratswünschen in Zeitungen?
2. Wo findet man Heiratswünsche in den Vereinigten Staaten?
3. Glauben Sie, daß man durch eine Annonce den richtigen Partner
   findet?
4. Lesen Sie Heiratswünsche?
5. Sind sie oft allein? Wie finden Sie Kontakt?

AUSSPRACHE ÜBUNG

Long **u** versus short **u**

LONG		SHORT	
er **sucht**	*he searches*	die **Sucht**	*addiction*
das **Mus**	*jam*	ich **muß**	*I must*
er **flucht**	*he curses*	die **Flucht**	*flight*
rußig	*sooty*	**russisch**	*Russian*
der **Ruhm**	*fame*	der **Rum**	*rum*
er **bucht** es	*he books it*	die **Bucht**	*bay*
auf dem **Stuhle**	*on the chair*	die **Stulle**	*sandwich*

Was liest er? Den Wetterbericht oder die Heiratsannoncen?

GRAMMATIK Theorie und Anwendung

1. The dative of the definite and indefinite articles

Dative: case of the indirect object

You have already learned the nominative and accusative cases. The dative case is used mainly to identify the indirect object, the person or thing for whom or on whose behalf an action is carried out. You can usually identify the indirect object by asking "To whom?" or "For whom?". (See also Overview of Cases in Reference Grammar.)

Beispiele

Wem gehört die Zeitung?	*To whom does the paper belong?*
Sie gehört **der Frau** dort.	*It belongs to the woman there.*
Nein, sie gehört **dem Mann** hier.	*No, it belongs to the man here.*
Wem geben wir die Karte? Wir geben **dem** Touristen die Karte.	*To whom are we giving the map? We are giving the tourist the map.*

Contrast with English

English usually signals the indirect object in one of two ways: by a preposition, or by word order.

Preposition
*He gives the letter **to** the man.*

Word order
*He gives **the man** the letter.*

Er gibt **dem Mann** den Brief.

German, however, usually signals the indirect object by *inflection* — that is, by changing the *form* of the article, pronoun, or noun. In the above examples, **der Brief** becomes **den Brief** (the direct object) and **der Mann** becomes **dem Mann** (the indirect object) to show that the letter is given to the man.

Forms

	MASCULINE	FEMININE	NEUTER	PLURAL
NOMINATIVE	der ein	die eine	das ein	die keine
DATIVE	**dem** **einem**	**der** **einer**	**dem** **einem**	**den** **keinen**

Note: the consonant **m** is the characteristic ending for both the masculine and neuter dative forms, and for the question word **wem**. Also, the dative feminine form **der** looks and sounds like the nominative masculine form.

ANWENDUNG **A.** *Restate the sentence with the cue noun in the dative.*

Ich gebe dem Mann das Geld. (die Frau, das Mädchen, das Kind, der Verkäufer, ein Freund, der Schweizer, der Sohn, der Hotelportier, ein Fräulein, der Staat, der Arzt, eine Freundin, der Partner, der Professor, die Verkäuferin)

Noun ending
-(e)n in
dative plural

In the dative plural most German nouns end in **-n** (or **-en** with a linking **-e-** to facilitate pronunciation). Exceptions are the nouns that form their plural by adding **-s**.

Nominative Singular	Nominative Plural	Dative Plural
der **Mann**	die **Männer**	**Geben Sie den Männern** das Geld! *Give the money to the men!*
die **Frau**	die **Frauen**	Ich sage es **den Frauen.** *I am saying it to the women.*
das **Kind**	die **Kinder**	Wir zeigen es **den Kindern.** *We are showing it to the children.*
But: das **Foto**	die **Fotos**	Ich spreche von **den Fotos** in der Zeitung. *I am talking about the photos in the paper.*

ANWENDUNG **B.** *Restate the sentence with the cue noun in the dative plural.*

Ich kaufe den Männern etwas. (das Kind, die Frau, das Mädchen, der Amerikaner, die Amerikanerin, der Freund)

Studenten-
type nouns

Most German nouns do not change their form in the dative *singular*. There are, however, a few important exceptions which add **-(e)n** in *all* cases after the nominative. Among these irregular masculine nouns are: **der Student, der Tourist, der Mensch, der Kunde, der Herr.**

Beispiele	Nominative Singular	Nominative Plural	Dative Singular
	der **Student**	die **Studenten**	Ich schreibe **dem Studenten.** *I am writing to the student.*
	der **Herr**	die **Herren**	Sagen Sie es **dem Herrn** dort! *Tell it to the gentleman there!*

ANWENDUNG   **C.** *Restate the command with the cue noun in the dative singular.*

Geben Sie dem Touristen die Rechnung! (der Student, der Kunde, der Junge, der Herr.)

Summary   How do nouns end in the dative?

Singular
In the *singular* **der, die, das** nouns do not change.
The exceptions are **Studenten**-type nouns; that is, most masculine nouns that form their plural in **-en.** In the dative singular they also have an **-en** ending.

Plural
In the dative plural almost all nouns end in **-(e)n.**
The exception are nouns that form their plural in **-s.** They simply end in **-s.**

Synopsis Exercise   *Restate the sentence, making the indirect object singular if plural, or vice versa. The exercise combines der, die, das nouns; nouns that form their plural in* **-s,** *and* **Studenten**-*type nouns.*

1. Ich zeige dem Schweizer die Stadt. Ich zeige _____ .
2. Er gibt den Touristen Auskunft. Er gibt _____ .
3. Ich kaufe dem Kind eine Limonade. Ich kaufe _____ .
4. Der Staat gibt der Frau das Wahlrecht. Der Staat _____ .
5. Er verkauft den Kunden ein Auto. Er verkauft _____ .
6. Geben Sie dem Studenten kein "F"! Geben sie _____ .
7. Sagen Sie es dem Amerikaner dort! Sagen Sie es _____ .
8. Schreibst du der Kundin? Schreibst _____ .

2. The dative of personal pronouns

Beispiele   Petra schreibt **mir.**   *Petra writes to me.*

Was schreibe ich **ihr?**   *What do I write to her?*

Ich schreibe **ihm** gern.   *I gladly write him.*

Schreiben Sie **ihnen?**   *Do you write to them?*

Wir schreiben **Ihnen** gern, Frau   *We gladly write to you, Mrs. Stern.*
Stern.

Forms   Here are the nominative and dative forms of the personal pronouns.

	SINGULAR					PLURAL			
NOMINATIVE	ich	du	er	sie	es	wir	ihr	sie	Sie
DATIVE	mir	dir	**ihm**	ihr	**ihm**	uns	**euch**	ihnen	Ihnen

Note that the **er-** and **es-**forms are identical in the dative and have the characteristic dative ending **-m.** The **wir-** and **ihr-**forms are identical in the accusative and the dative. (See Overview of Forms in Reference Grammar, p. 38.)

ANWENDUNG   **A.** *Restate the sentence with the dative pronoun cued in English.*

1. Schreibst du uns? (me, her him, them, you [*fam. pl.*], us)
2. Ich sage es euch. (you [*formal*], her, you [*fam. sing.*], them, you [*fam. pl.*])

B. *Complete the command with the dative form of the appropriate personal pronoun.*

1. Wir haben keinen Tisch. Geben Sie _____ einen Tisch, bitte!
2. Herr Klein hat keinen Platz. Zeigen Sie _____ einen Platz, bitte!
3. Fritz hat keine Briefmarke. Geben Sie _____ eine Briefmarke, bitte!
4. Ich habe kein Geld. Geben Sie _____ Geld, bitte!
5. Wir suchen ein Taxi. Finden Sie _____ ein Taxi, bitte!
6. Elke braucht ein Dirndl. Kaufen sie _____ ein Dirndl, bitte!

3. Prepositions requiring the dative

Eight to memorize   The following prepositions always require the use of the dative case.

aus *out of, from*   **nach** *after, toward, according to*

außer *except for*   **seit** *since, for* (referring to time)

bei *near, at*   **von** *from* ~except~

mit *with*   **zu** *to, at*

Schultz © 1979 United Features Syndicate, Inc.

Beispiele   Er ist Arzt. Wenn ich ihn heirate,   *He's a doctor. If I marry him, people*
                 sagen die Leute **zu mir** „Frau   *will call me "Mrs. Doctor."*
                 Doktor".

                 Wie nett **von ihm.**   *How nice of him.*

                 Wie er wohl aussieht? **Aus dem**   *What might he look like? From the*
                 Brief weiß man das nicht.   *letter one can't tell.*

                 Was ist los **mit ihnen?**   *What's the matter with them?*

Contractions   When the prepositions **bei, von,** and **zu** are followed by **dem,** the two words
                 usually contract to form **beim, vom,** and **zum. Zu** may also contract with
                 der to form **zur.**

ANWENDUNG   **A.** *Restate, contracting the preposition with the definite article.*

1. Er kommt von dem Flughafen. Er kommt _____.
2. Wir gehen zu dem Supermarkt. Wir gehen _____.
3. Ich wohne bei dem Bahnhof. Ich wohne _____.
4. Kommst du mit zu der Diskothek? Kommst du mit _____?

B. *Complete the sentence as suggested, using the dative. If the definite article and the preposition can be contracted, complete the sentence in both ways.*

1. (der Bahnhof) Wir kommen jetzt von _____. *vom*
2. (das Wochenende) Ich kenne sie seit _____.
3. (die Bank) Wir fahren jetzt zu _____. *zur*
4. (eine Antwort) Ich suche nach _____. *einer*
5. (der Bus) Er fährt mit _____. *dem*
6. (der Amerikaner) Außer _____ sind sie alle hier. *dem*
7. (die Freunde) Er wohnt immer noch bei _____. *einer*
8. (das Haus) Wenn es regnet, gehe ich nicht aus _____.
9. (eine Party) Wir kommen von_____.
10. (eine Freundin) Er wohnt bei _____.
11. (ein Freund) Sie tanzt mit _____.
12. (die Leute) Ich spreche mit _____. *den Leuten*

C. *Restate the sentence, substituting the cue expression for the dative object.*

1. (ein Tag) Stella kommt nach einer Woche wieder.
2. (ein Mann) Erika spielt mit einem Mädchen Tennis.
3. (der Student) Wer kommt außer der Studentin?
4. (der Flughafen) Ich fahre jetzt zur Bank.
5. (die Apotheke) Er kommt jetzt aus dem Haus.
6. (die Autobahn) Wir wohnen bei dem Campingplatz.

7. (die Kopfschmerzen°)   Seit den Ferien rauche ich nicht mehr.   headache
8. (das Konzert)   Nach dem Film gehen wir in die Stadt.   (always plural)

dem Konzert

D. *Complete with the dative of the personal pronoun cue.*

1. (er)   Sprechen Sie mit _____!
2. (sie *she*)   Wohnst du bei *Ihnen*?
3. (ich)   Kommen Sie heute abend zu _____.
4. (Sie)   Ich tanze gern mit _____.
5. (sie *they*)   Wir sprechen von _____.
6. (du)   Alle Leute tanzen außer _____.
7. (ihr)   Ich gehe mit _____ einkaufen.
8. (wir)   Bei _____ gibt es heute viel Spaß.

Er + Sie
Heirats- und
Bekanntschaftswünsche

4. Verbs governing the dative

Beispiele

Hoffentlich **gefällt** er **Ihnen**.	*I hope you will like him.*
Das **paßt mir!**	*That suits me!*
Es **tut ihr** leid.	*She is sorry.*
Es **geht uns** gut.	*We are fine.*
Es **scheint mir**...	*It seems to me*...
Gehört dir das Buch?	*Does the book belong to you?*

The dative must be used after certain verbs. In the end vocabulary, verbs
that govern the dative are so indicated: **helfen** *dat.* Here are some common
verbs that govern the dative.

antworten *to answer*	**glauben** *to believe*
danken *to thank*	**helfen (hilft)** *to help*
gefallen (gefällt) *to like, please*	**leid tun (tut)** *to be sorry*
gehören *to belong*	**scheinen** *to seem*

ANWENDUNG   **A.** *Give the German equivalent.*

1. *I am answering him.* Ich _____.
2. *We believe her.* Wir _____.
3. *Help me, please!* _____ Sie _____, bitte!
4. *I like that.* Das _____.
5. *This belongs to me.* Das _____.
6. *I thank you, Miss Wallenstein.* Ich _____, Fräulein Wallenstein.
7. *We are sorry.*   Es _____ leid.
8. *It seems to me I know you.* Es _____, ich kenne Sie.

No motion: dative

Motion towards goal: accusative

5. Two-way prepositions

Beispiele

Wo sitzt Gretchen? **An dem** Tisch.

Where is Gretchen sitting? At the table.

Wohin geht sie? **An den** Tisch.

Where is she going? To the table.

Wo wartet Petra auf uns? **In einer** Konditorei.

Where is Petra waiting for us? In a pastry shop.

Wohin geht sie? **In eine** Konditorei.

Where is she going? Into a pastry shop.

Wo bist du jetzt? **Im** Büro.

Where are you now? At the office.

Wohin fährst du jetzt? **Ins** Büro.

Where are you going now? To the office.

Accusative or dative?

In addition to the two groups of prepositions that *always* require the accusative (p. 84) or the dative (p. 108), nine prepositions govern *either* the accusative *or* the dative. These prepositions, listed below, are easy to remember because they all indicate locations.

Nine to memorize

an at the side of, at, on, to
auf on top of, on, to
hinter in back of, behind
in inside of, in, into
neben next to, beside
über over, above, about
unter under, among
vor in front of, before
zwischen between

Dative: location. Accusative: motion

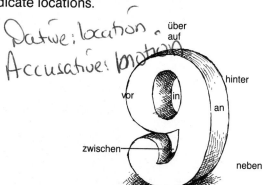

Motion toward or into: accusative

These nine prepositions take the accusative when they indicate motion *from one place to another* and when they answer the question **Wohin?** *Where to?*.

Wohin fährt er? **In die** Stadt.   *Where is he driving (to)? Into town.*

Position in: dative

The same nine prepositions take the dative when they express *position in a place* and when they answer the question **Wo?** *Where?*.

Wo wohnt er? **In der** Stadt.   *Where does he live? In town.*

Motion within: dative

When the verb indicates *action or motion within a place* and thus answers the question **Wo?** *Where?*, these prepositions also take the dative.

Wo arbeitet er? **In der** Stadt.   *Where is he working? In town.*

Contractions

In everyday speech, **an, hinter, in, über, unter,** and **vor** are contracted with the definite article **dem** when they occur in the dative with a masculine or neuter singular noun.

an + dem = am   **über + dem = überm**
hinter + dem = hinterm   **unter + dem = unterm**
in + dem = im   **vor + dem = vorm**

The same prepositions are often contracted with the definite article **das** when they occur in the accusative with a neuter singular noun: **ans, hinters, ins, übers, unters, vors.**

ANWENDUNG

A. *Restate the sentence, contracting the preposition and the definite article.*

1. Ich arbeite in dem Supermarkt.
2. Ich gehe jetzt in das Geschäft.
3. Bist du jetzt in dem Geschäft?
4. Wir fahren an dem Wochenende an das Meer.
5. Wir wohnen an dem Meer.
6. Der Hund liegt unter dem Tisch.
7. Schreiben Sie Ihren Namen unter das Foto!

wo? *and* **wohin?**

As discussed in Chapter 4 (p. 91), German has two equivalents for English *where?:* **wo?** and **wohin?. Wo?** *Where?* indicates *position,* and **wohin?** *where to?* indicates *motion toward a goal.* These questions tell whether to use the accusative or dative after a two-way preposition.

ANWENDUNG   **B.** *Form questions using* **wo?** *or* **wohin?** *to elicit the cue as an answer.*

1. (Ich wohne in den Vereinigten Staaten.) _____ wohnst du?
2. (Ich fliege in die Vereinigten Staaten.) _____ fliegst du?
3. (Fritz steht an der Tür.) _____ steht Fritz?
4. (Karl geht an die Tür.) _____ geht Karl?
5. (Ich bringe den Brief auf die Post.)_____bringen Sie den Brief?
6. (Der Brief liegt auf der Post.) _____ liegt der Brief?

C. *Complete using the cue in the accusative or the dative as appropriate. Contract preposition and definite article when appropriate.*

1. (das Haus)   Die Garage ist hinter _____.
   Fahren Sie hinter _____ zur Garage!
2. (das Meer)   Das Haus steht direkt an _____.
   Kommen Sie mit, wir fahren morgen an _____!
3. (die Tafel)   Was schreibt der Student an _____?
   Was steht an _____?
4. (der Fernseher)   Das Programm liegt neben _____.
   Legen Sie das Programm neben _____, bitte!
5. (der Flughafen)   Das Flugzeug fliegt über _____.
   Das Flugzeug ist jetzt über _____.
6. (das Hotel)   Kommen Sie in _____!
   Wir warten hier in _____.
7. (die Zugspitze)   Auf _____ gibt es ein Restaurant.
   Am Sonntag fahren wir auf _____.
8. (der Berg)   Wir wohnen auf _____.
   Wir wandern am Wochenende auf _____.
9. (das Sofa)   Legst du das Buch wieder unter _____?
   Ja, es liegt schon unter _____.
10. (das Geschäft)   Fahren Sie vor _____!
   Wir warten hier vor _____.

D. *Restate the sentence, substituting the correct form of the cue verb and making any other necessary changes.*

1. (wohnen)   Wir fahren in die Stadt.
2. (gehen)   Die Jungen spielen hinter dem Haus.
3. (laufen)   Die Kinder stehen auf der Straße.
4. (fahren)   Hält ein Bus in der Stadt?
5. (fahren)   Das Auto wartet vor dem Bahnhof.
6. (kommen)   Warten Sie unter dem Regenschirm!
7. (bringen)   Schreiben Sie den Brief auf der Post!
8. (sehen)   Warten Sie auf der Straße!
9. (reisen)   Sie lebt in der Schweiz.

Note: Certain verbs plus a preposition do not follow the two-way preposition rule. They are usually used in an abstract sense rather than indicating a location. For examples see Reference Grammar, p. 452.

6. Familiar commands

Beispiele   Hans, **komm** bitte!   *Hans, please come.*

Hans und Brigitte, **kommt** bitte!   *Hans and Brigitte, please come.*

No pronoun in **du**-*commands*   In Chapter 3, you learned that the formal command form consists of the infinitive + **Sie: Frau Schmidt, kommen Sie, bitte!** In familiar commands, however, the pronouns (**du, ihr**) are both dropped.

Karl, **fang** jetzt an!   *Carl, begin now!*

Karl und Fritz, **fangt** jetzt an!   *Carl and Fritz, begin now!*

As the above examples show, the **du**-command for most verbs consists of the stem of the verb without ending. However, if the verb stem ends in **-t** or **-d** (that is, is a verb that inserts a linking **-e-**), the **du**-command adds the ending **-e.**

antworten (du antwort**est**)   Hans, **antworte** auf deutsch!

Verbs with a stem-vowel change from **e** to **i** or **ie** (sprechen, lesen, geben, nehmen) have the same change in the **du**-command.

sprechen (du, er, sie spricht)   Fritz, **sprich** Deutsch!

The **ihr**-command is the same as the **ihr**-form of the present tense, with the pronoun omitted.

ihr **sprecht**   **Sprecht** nicht, bitte!

ANWENDUNG   **A.** *Complete the sentence with the appropriate command form of the cue verb.*

1. (gehen)   Herr Baumann, _____ bitte nicht nach Haus!
2. (fragen)   Fritz, _____ den Lehrer°!   teacher
3. (antworten)   Lilo, _____ heute auf den Brief!
4. (geben)   Vater, _____ mir mehr Geld!
5. (spielen)   Willi und Gerd, _____ nicht unfair!
6. (sprechen)   Herr Professor, _____ nicht so schnell!
7. (essen)   Paul, _____ nicht so viel Kuchen!
8. (essen)   Gabi und Paul, _____ nicht so viel Apfelstrudel!
9. (nehmen)   Ulrike, _____ nicht so viel!

command forms
of **sein**

The verb **sein** has special forms in the imperative.

Fritz, **sei** anständig!

Fritz, be decent!

Jungs, **seid** nett!

Boys, be nice!

Fräulein, **seien Sie** geduldig!

Miss, be patient!

SYNOPSIS
EXERCISE

Complete with the appropriate command form.

1. *Paul and Petra, get up!* Paul und Petra, _____ auf!
2. *Mother, wait for me!* Mutti, _____ auf mich!
3. *Excuse me, Mr. Mayer.* _____, Herr Mayer!
4. *Kids, be on time.* Kinder, _____ pünktlich!
5. *Dear friends, please believe me.* Liebe Freunde, bitte _____ mir!
6. *Waitress, bring me a beer.* Fräulein, _____ mir ein Bier!
7. *Driver, don't drive so fast!* Fahrer, _____ nicht so schnell!
8. *Hänschen, walk!* Hänschen, _____ zu Fuß!
9. *Marlene, call me up tomorrow.* Marlene, _____ mich morgen _____!
10. *Lassie, come here!* Lassie, _____ her!

7. Word order of direct and indirect objects

Beispiele

Ich schicke **dem Mann** ein Foto von mir.

I am sending a picture of myself to the man.

Ich schicke **es** dem Mann.

I am sending it to the man.

Ich schicke **ihm** ein Foto von mir.

I am sending him a picture of myself.

Ich schicke **es** ihm.

I am sending it to him.

In German, the indirect object usually precedes the direct object. When the direct object is a pronoun, however, this word order is reversed. As a basic principle remember: All pronouns precede all nouns. Accusative pronoun precedes dative pronoun.

ANWENDUNG

A. *Restate, replacing the underlined units with the appropriate direct or indirect object pronoun.*

1. Du gibst der Studentin die Platten. Du gibst _____.
2. Ich kaufe dem Jungen ein Radio. Ich kaufe _____.
3. Der Verkäufer bringt den Kunden die Hosen. Der Verkäufer bringt _____.
4. Der Arzt gibt dem Alkoholiker das Medikament. Der Arzt _____.
5. Zahlst du dem Verkäufer die Rechnung? Zahlst du _____?
6. Gib dem Hotelportier das Trinkgeld! Gib _____!
7. Das Fräulein gibt dem Touristen die Auskunft. Das Fräulein gibt _____.
8. Der Polizist zeigt dem Passanten die Post. Der Polizist zeigt _____.

... Zeit für Coca-Cola

⚠ **Vorsicht!**   Fehlergefahr!

Do not confuse **bekommen** *to receive, get* with English *to become, get* **werden.**

Ich **bekomme** viele Briefe.	*I get a lot of letters.*
Ich **werde** fast nie krank.	*I almost never get sick.*
Erika **wird** Polizistin.	*Erika is going to be (is becoming) a policewoman.*
Bekommst du viele Briefe?	*Do you get many letters?*

Getränke   Beverages[1]

das **Bier**	*beer*		das **Mineralwasser**	*mineral water* (bottled)
der **Fruchtsaft**	*fruit juice*		der **Schnaps, ¨-e**	*hard liquor, brandy*
der **Kaffee**	*coffee*		der **Tee**	*tea*
die **Limonade**	*soft drink, lemonade*		der **Wein, -e**	*wine*
die **Milch**	*milk*			

[1]If you don't find your own favorite beverage in the list, ask your instructor.

LESESTÜCK Wie finde ich einen Partner?

I. Heirat

*Arzt, 38, ledig, möchte heiraten, auch Mutti[2] oder werdende° Erbitte°
Foto, Ch. B 6632[3]*

    expectant mother/
request

So, Arzt ist er. Und gar nicht sehr alt; 38 Jahre. Ärzte verdienen
gut. Das paßt mir. Wenn ich ihn heirate, sagen alle Leute „Frau
Doktor" zu mir. Ist er vielleicht geschieden? Warum ist er noch
ledig . . . ?

Es scheint mir, daß er auch tolerant ist. Er heiratet sogar° eine   even
„werdende Mutti". Wie nett von ihm. Aber das Problem hat er
mit mir nicht. Ich bin weder geschieden noch schwanger°   pregnant
(Und ich bin auch nicht verheiratet!) Es ist Zeit, daß ich ihn
kennenlerne!

Wie sieht er aus? Aus dem Brief weiß man das nicht. Er
möchte ein Foto von mir. Den Wunsch erfülle ich ihm gern. Ich
schicke ihm ein Foto von mir. Und wenn er nicht gut aussieht?
Wenn er mir unsympathisch ist? Was dann? . . .

Na, hoffentlich gefällt er mir. So, was schreibe ich ihm? Wie
fange ich an . . . ?

II. Heirat

*Freundliche attraktive Lehrerin, 25, ev.°, möchte netten, aufgeschlos-
senen°, gebildeten° jungen Mann kennenlernen. Bei Zuneigung° spätere
Heirat. Ch. B 6638*

    ev. = evangelisch
open-minded/educated/
affection

Vielleicht schreibe ich ihr. Es scheint mir, sie ist nicht aggressiv. Das gefällt mir°. Hoffentlich ist sie wirklich so freundlich   I like that
wie sie schreibt. Unfreundliche Menschen gehen mir auf die
Nerven. Mit ihnen habe ich im Büro genug zu tun. Schade, sie
ist evangelisch, und ich bin katholisch. Aber sie ist aufgeschlossen, und ich bin es ja auch.

Attraktiv und gebildet ist sie auch. Ich glaube, sie paßt zu
mir. Ja, ich möchte sie kennenlernen. Ich schreibe ihr jetzt.
Ach, ich schreibe ihr morgen. Morgen, wenn ich Zeit habe . . .

---

[2]diminutive of **Mutter** mother

[3](**Ch=Chiffre**) a code "box number" to which anyone who answers the ad refers.

III. Freundschaft

München—junger Mann, 29, 1,68, schlank, ledig; mit solidem Beruf, sucht nette, aufgeschlossene Freundin, für Freizeit und Ferien. Bildzuschrift°   letter including photo
an Ch. B 6631

Geht es ihm wie mir? Wer möchte allein auf Ferien gehen.

Die Annonce ist interessant: 29 Jahre, 1,68 m groß, schlank. Na, sehr groß ist er nicht, aber schlank. Das gefällt mir.

Aber was meint er mit „aufgeschlossene Freundin"? Hoffentlich ist er nicht wie der Freund von Brigitte, der Walter.[4] Den Typ kenne ich! Er möchte von ihr nur Sex—und manchmal auch Geld. So einen Kerl° brauche ich nicht. Nein, danke.—So,   guy
was steht in den anderen Annoncen . . .

Heirat

German girl (22), blond, schlank, geschieden, Tochter (5), Sohn (1), sucht deutsch sprechenden, zärtlichen Amerikaner bis 40 zwecks Heirat. Ch. B 6629

Arzt, 38, ledig, möchte heiraten, auch Mutti oder werdende. Erbitte Foto. Ch. B 6632

Schiffsoffizier (Kapitänspatent), 32, dunkel, Bartträger, gutaussehend, schlank, unkonventionell, z. Z. auf weltweiter Fahrt, sucht nette Partnerin, die auch mitfährt. Bildzuschrift wird garantiert beantwortet. Ch. B 6633

Freundliche, attraktive Lehrerin, 25, ev., möchte netten, aufgeschlossenen, gebildeten jungen Mann kennenlernen. Bei Zuneigung spätere Heirat. Ch. B 6637

Zahnarzthelferin aus Westf., 26 Jahre, möchte netten, seriösen Herrn kennenlernen. Bildzuschrift an Ch. B 6638

Stenotypistin, 26/170, schlank, sportlich, sucht intelligenten, gutaussehenden Partner. Bildzuschrift erbeten an Ch. B 6641

Architekt, 38/180, schlank, dunkelblond (gut erhalten), m. 9jähriger Tochter, sucht fröhliche, intelligente Lebenspartnerin. Gerne Bildzuschrift u. Telefon-Nr. Ch. B 6643

Wortschatz zum Lesestück

new nouns (active vocabulary)

der **Beruf**, -e	*profession, job*	die **Freundschaft**	*friendship*
die **Freizeit**	*leisure time*	die **Lehrerin**, -nen	*teacher* (female)
die **Freundin**, -nen	*girlfriend*	die **Mutter**, ¨	*mother*

---

[4]In colloquial language, proper names are often used with the article, even if there is no modifying adjective.

nouns (for recognition)

das **Büro, -s** *office*   **München** *Munich*   der **Nerv, -en** *nerve*

new verbs (active vocabulary)

bleiben	*to remain*	**scheinen**	*to seem*
gefallen (gefällt) + dat.	*to please, like*	**schicken**	*to send*
heiraten	*to marry*	**tun (tut)**	*to do*
kennen·lernen	*to become acquainted with*	**verdienen**	*to earn*
ich (er, sie) möchte	*I (he, she) would like*		

verbs (for recognition)

erfüllen *to fulfill, grant*   **passen** *to suit*   **passen zu**   *to be compatible with*

other new words (active vocabulary)

evangelisch	*Protestant*	**manchmal**	*sometimes*	**verheiratet**	*married*
freundlich	*friendly*	**schade ...**	*too bad*	**weder ... noch**	*neither ... nor*
genug	*enough*	**spät**	*late*		
katholisch	*Catholic*	**später**	*later (on)*		

other words (for recognition)

geschieden	*divorced*	**solid**	*steady, respectable*	**unsympathisch**	*uncongenial*
ledig	*single*	**sympathisch**	*likable*		
schlank	*slender*	**unfreundlich**	*unfriendly*		

special and idiomatic expressions

auf die Nerven gehen (with dative of person)	*to get on one's nerves*
das paßt mir	*that suits me*
Geht es ihm wie mir?	*Does he feel the same as I do?*
was steht in ...?	*what's written in ...?*

SITUATIONEN   1. *You are an American student sitting in a pastry shop in Vienna and browsing through the newspapers. You come across the Heiratswünsche and exclaim to your Austrian friend:* _____

2. *You and your friend are arguing the pros and cons of Heiratswünsche. Your friend asks:* „Glaubst du wirklich, daß Heiratswünsche helfen?" *What do you say?*

3. *You and your friend are discussing how nice your friend's sister/brother is. You don't know her/him, but would like to meet her/him. You say:* _____ .

4. *Your friend is disappointed that you have not called or written. He/She says on the phone:* „Wann kommst du wieder?" *You reply:* _____

SCHRIFTLICH WIEDERHOLT   **A.** *Write three sentences in each group, using the direct or indirect objects and providing all other grammatical elements.*

1. Ich schicke ___   es
                       ein Foto
                       euch
                       einen Brief
                       ein Telegramm
                       dem Freund
2. Er zeigt _____   dir
                       den Leuten
                       eine Heiratsannonce
                       dem Mädchen
                       das Haus
                       die Stadt
                       ihnen

3. Wir verkaufen ___   das Haus
                        dem Mann
                        einen Regenschirm
                        ihr
                        der Studentin
                        den Volkswagen
                        euch
4. Hans bringt ___   mir
                      die Zeitung
                      die Einladung
                      uns
                      der Frau
                      dem Polizisten
                      das Foto

B. *Express in German.*

1. Ursula is standing next to the car.
2. We are living in the United States.
3. Hans is driving into the city.
4. She goes to the blackboard.
5. I work in a supermarket.
6. We like the book.
7. It seems to me we know her.
8. Gisela is sending him the photo.
9. Brigitte, please come to us.
10. Does the car belong to him?

C. *Write a response to the question, using the personal pronoun of the cue noun.*

Beispiel   Wem glaubst du?   (die Frau)
                Ich glaube ihr.

1. Wem erfüllt er den Wunsch?
   (der Student)
   Er _____.
2. Wem zeigt sie es?   (der Ärztin)
   Sie _____.
3. Wem gefällt es?   (das Mädchen)
   Es _____.
4. Wem tut es leid?   (die Leute)
   Es _____.
5. Wem gehört das Haus?   (der Professorin)
   Es _____.

DER TAGESSPIEGEL

D. *Write a short* Heiratswunsch *for yourself or for someone you know. The cues below may be helpful, but use other words and expressions too, if you like.*

warten auf	der Partner	allein
bleiben	die Freizeit	seriös
verdienen	die Freundschaft	schlank
passen (zu)	(das) Tennis	geschieden
erfüllen	die Freundin	ledig
suchen	der Freund	katholisch
finden	der Spaß	evangelisch
lieben	am Wochenende	freundlich
tanzen	an Wochentagen	gern
spielen	der Brief	ziemlich
lesen	das Museum	das macht nichts
möchten	der Beruf	ganz
kennenlernen	die Oper	auch
wiegen	das Fernsehen	nett
rauchen	der Alkohol	weder . . . noch
besuchen	der Kontakt	verheiratet
trinken		

Sprechen leicht gemacht!

To practice the dative of definite and indefinite articles . . .

Fundbüro[5]   **A.** *You are a clerk at a crazy Lost and Found Office. Dozens of people are claiming lost articles. You feel generous and are giving everything away. Ask a question from the list in column one, and match it out loud with an appropriate answer from column two.*

Wem gehört
{
der Taschenrechner hier?
das Geld hier?
der Regenschirm hier?
der Tennisschläger hier?
die Lederhose hier?
die Flasche hier?
der Revolver hier?
der Lippenstift hier?
der Wein hier?
das Dirndl hier?
der Stadtplan hier?
das Buch?
die Hose?
die Platte?
?
}

Dem
Der
Den
Einem
Einer
Keinen

{
Mädchen da!
Frau da!
Jungen da!
Männern da!
Arzt da!
Leuten da!
Fräulein da!
Studenten da!
Studentin da!
Amerikaner da!
Amerikanerin da!
Touristen da!
Professor da!
Polizisten da!
?
}

[5]*Lost and Found Office*

To practice the dative of personal pronouns...

B. *Answer the question with the appropriate pronoun from the list below.*

mir ihm uns ihnen
dir ihr euch Ihnen

Wem gehört die Zeitung? Monika?	Ja, sie gehört _____.
Wem glauben wir nicht? Den Politikern?	Nein, wir glauben _____ nicht.
Wem helfen wir gern? Dem Professor?	Ja, wir helfen _____ gern.
Wem gefällt die Rolling Stones-Platte? Fritz?	Ja, sie gefällt _____.
Wem schmeckt das Vanille-Eis? Den Kindern?	Ja, es schmeckt _____.
Wem gibt der Professor immer gute Noten°? Den Studenten und Studentinnen?	Ja, er gibt _____ immer gute Noten. grades
Wem gehört das Motorrad° da? Dir?	Nein, es gehört _____ motorcycle nicht.
Wem geben wir das Wienerschnitzel? Dem Hund hier?	Nein, wir geben es _____ nicht.
Wem dankst du für die Einladung? Der Amerikanerin?	Ja, ich danke _____.
Wem verkaufen wir die Brooklyn-Brücke°? Einem Dummkopf?	Ja, wir verkaufen sie _____. bridge

To practice the dative with prepositions:

Umweltschutz oder Umweltschmutz?[6]

C. *Concerned about the environment? Say what you are doing to help protect it.*

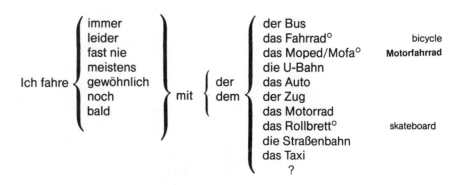

| Ich fahre | { immer
leider
fast nie
meistens
gewöhnlich
noch
bald } | mit | { der
dem } | { der Bus
das Fahrrad°   bicycle
das Moped/Mofa°   **Motorfahrrad**
die U-Bahn
das Auto
der Zug
das Motorrad
das Rollbrett°   skateboard
die Straßenbahn
das Taxi
? } |

[6]*Environmental protection or pollution?*

To practice the dative articles after **zu** . . .

Arbeitsplatz[7]   **D.** *Say where the people below are most likely to go.*

der Pilot			die Universität
die Kellnerin°			die Apotheke waitress
der Arzt			das Hotel
der Wissenschaftler			der Flughafen
der Lehrer			die Konditorei
der Bankdirektor			das Geschäft
der Hotelportier			die Bank
die Sportlehrerin	geht	zum	das Laboratorium
der Student	fährt	zur	der Sportplatz
die Opernsängerin			der Bahnhof
der Schweizer			das Krankenhaus° hospital
das Auskunftsfräulein			das Auskunftsbüro
der Journalist			die Oper
?			das Büro
			das Flugzeug
			das Kaffeehaus
			?

In der Straßenbahn:
alt und jung.

[7]*Workplace*

To practice the dative of definite articles after **von** and **zu** ...

Es tut mir leid

E. *You are the hotel clerk at the Hotel zum Löwen in Munich. An American tourist asks you how to get from one place to another. You are too busy, and besides, he is a bad tipper. So you say,* „**Es tut mir leid. Ich weiß nicht, wie man vom ... zu ... kommt.**"

Wie komme ich von
{
das Museum
die Post
der Flughafen
die Autobahn
die Oper
der Zoo
die Bismarck-Straße
?
}
zu
{
der Bahnhof
das Hofbräuhaus
die Jugendherberge
der Geschwister-Scholl-Platz
der Campingplatz
die Straßenbahn
die U-Bahn
die Stadt
die Frauenkirche
?
}

To practice the dative after **seit** ......

Seit wann?[8]

F. *Pretend that you aren't doing the things below anymore. (Student A to student B, B to C, and so on.)*

Seit wann
{
rauchst
studierst
verdienst
tanzt
trinkst
läufst
?
}
du nicht mehr?

Seit
{
eine Woche (zwei ...)
ein Tag (vielen ...)
ein Monat° (drei ...)   month
ein Jahr (fünf ...)
das Wochenende
die Ferien
?
}

To practice two-way prepositions ...

Wohin?

G. *Ask a classmate where he or she likes to go.*

Wohin
{
gehst du
gehen Sie
}
gern?

In ... die Oper?
Auf ... eine Party?
In ... der Zoo?
An ... das Meer?
Auf ... die Universität?
Auf ... der Fußballplatz?
Auf ... das Land?
In ... die Konditorei?
In ... das Kaffeehaus?
In ... eine Diskothek?
In ... die Stadt?
In ... der Supermarkt?
In ... das Kino°?   movie theater
?

[8]*Since when?*

Wo?   **H.** *Ask a classmate where he or she likes to live.*

Wo { wohnst du / wohnen Sie } gern?

In . . . Stadt
Auf . . . Land
An . . . Meer
Über . . . Diskothek
In . . . Haus
In . . . Schweiz
Neben . . . Kaffeehaus
Hinter . . . Sportplatz
Auf . . . Berg
In . . . Vereinigten Staaten
In . . Wohnung°   apartment
In . . . Wohnwagen°   camper

Motion? Or not?   **I.** *Complete the sentences with the appropriate verb or verbs from the list below.*

essen	gehen	leben	sitzen	wohnen
fahren	hängen°	liegen°	stehen	to hang/to lie
fliegen	laufen	senden	steigen°	to climb

Der Hund _____ unter dem Tisch.
Das Foto _____ an der Wand°.
Die Annonce _____ in der Zeitung.
Ich _____ den Brief an die Zeitung.
Das Auto _____ auf der Autobahn.
Wir _____ in der Konditorei.
Wir _____ in die Oper.
Das Medikament _____ hinter der Flasche.
Ich _____ das Foto an die Wand.

Er _____ auf den Berg.
Wir _____ in die Alpen.   wall
Er _____ neben der Apotheke.
Der Tennisplatz _____ zwischen den Häusern.
Wir _____ in den Vereinigten Staaten.
_____ Sie in die Schweiz?
Er _____ im Restaurant.
Ich _____ über einem Restaurant.

To practice familiar commands . . .

Sie kommandieren.[9]   **J.** *Make up all the **ihr**-commands you want by combining items from the two columns. Act like a big shot (**ein hohes Tier**)!*

studieren   viel!
antworten   pünktlich!
fragen   schnell!
rauchen   nie!
vergessen   nicht!
heiraten   alles°!   everything
spielen   richtig!
arbeiten   nicht zu viel!
sein   auf deutsch!
?   ?

[9]*You give the orders.*

K. *Now give a command to a classmate with whom you are on* **du** *terms. Make sure it makes sense!*

besuchen	die Rechnung!
bringen	mich zur Party!
sprechen	Deutsch!
stören	mich heute abend!
sein	mich nicht immer!
fahren	mir, bitte!
glauben	uns die Annoncen!
warten	mir einen Brief, bitte!
schreiben	nach Hause!
telefonieren	bis ich komme!
lesen	nicht so schnell!
zahlen	nett zu mir!
?	?

In den Alpen: Berchtesgadener Land.

Was ist das
Gegenteil?[10]

L. *Match the word in the first column with its antonym in the second.*

ledig	früher
freundlich	untreu
geschieden	schlecht
treu	intolerant
gut	unfreundlich
aufgeschlossen	dick
später	verheiratet
schlank	immer noch verheiratet

Der ideale Partner

M. *How would you like your "ideal partner" to be?*

1. Beruf: Er/Sie ist (Apotheker, -in/Lehrer, -in/Pilot, -in/Arzt,
   -in/Kellner°, -in/Journalist, -in/Verkäufer, -in/?).   waiter
2. Er/Sie ist (schlank/gebildet°/jung/alt/nett/treu/   educated
   anständig/aggressiv/katholisch/evangelisch/jüdisch°/   Jewish
   aufgeschlossen/attraktiv/nicht verheiratet/sexy/?).

Schon gehört?[11]

N. *To enjoy German cultural tidbits . . .*

Ulrike, 7 Jahre alt: „Du, ich weiß schon, wie man Kinder bekommt!"
Grete, 5 Jahre alt: „So? Ich weiß schon, wie man keine bekommt!"

> Vater werden ist nicht schwer,
> Vater sein, dagegen° sehr!   on the other hand
> —Wilhelm Busch[12]

Spielen macht
Spaß!

O. Absurder Dialog[13]
*Copy the following on a separate sheet of paper and write a short sentence to fill
in the first blank. Then fold it over, so that your neighbors cannot see what you
have written, and pass it on. Continue until all three blanks are filled. Then read
the results aloud.*

Er sagt: _____
                (Hier falten!°)   Fold here!

Sie sagt: _____
                (Hier falten!)

Er sagt: _____

---

[10]*What is the antonym?*   [11]*Have you heard this one?*   [12]Er ist der Vater des Comic strips.
[13]*Dialog of the Absurd.*

„Du, wenn wir zusammenwohnen, dann können wir Geld sparen."

Kapitel 6

Schwere Entscheidungen

1. Modal auxiliaries
2. **möchte**
3. More on subordinating conjunctions
4. Question words as subordinating conjunctions
5. Coordinating conjunctions
6. The genitive case
7. Telling time

Drei Briefe

DIALOG   **Schwere Entscheidungen**

Gisela und Karin sitzen an einem Tisch im Studentenheim.

Gisela	Ihr wollt also im nächsten Semester zusammenwohnen, du und Walter.
Karin	Vielleicht. Das ist Walters Idee. Er will, daß ich bei ihm wohne.
Gisela	Und du? Möchtest du nicht?
Karin	Ich weiß nicht. . . . Vielleicht sollen wir noch warten.
Gisela	Zusammenwohnen hat sicher auch Vorteile für euch: Ihr könnt dann zusammen studieren, ihr könnt viel mehr zusammen sein, ihr. . . .
Karin	Ja, ja, das ist richtig. Und Geld können wir auch sparen. Aber denk' an das Problem mit den Eltern. Ich weiß nicht, ob sie das akzeptieren können.
Gisela	Warum nicht? Ihr wollt doch später heiraten.
Karin	Moment mal. Zusammenwohnen bedeutet noch nicht, daß man heiraten muß.
Gisela	Aber Walter möchte dich doch heiraten.
Karin	Sicher, aber ich weiß nicht, ob ich schon will. Ich möchte noch unabhängig bleiben.
Gisela	*(Sieht auf die Uhr).* Du, Karin, ich muß jetzt gehen. Bis später!

Herbert und Walter sitzen in Walters Zwei-Zimmerwohnung.

Herbert	Du, Walter, stimmt es: Karin wohnt im nächsten Semester bei dir? Toll!
Walter	Ja, vielleicht. Sie will bei mir wohnen.
Herbert	Und was sagen Karins Eltern? Darf sie das?
Walter	Was weiß ich? Wir wollen Geld sparen.
Herbert	Klar, wenn ihr nur eine Wohnung und ein Auto braucht, dann könnt ihr Geld sparen. Ihr wollt doch bald heiraten, nicht wahr?
Walter	Heiraten? Das kann noch warten. Das ist Karins Idee.
Herbert	Moment mal, sie ist doch ein so nettes Mädchen.
Walter	Das stimmt. Aber ich möchte noch unabhängig bleiben!

Wortschatz zum Dialog

new nouns (active vocabulary)

die **Eltern** *pl*	parents	der **Vorteil, -e**	advantage
die **Entscheidung, -en**	decision	die **Wohnung, -en**	apartment
die **Idee, -n**	idea	das **Zimmer, -**	room
das **Semester, -**	semester	das **Zusammenwohnen**	living together
das **Studentenheim, -e**	dormitory		

new verbs (active vocabulary)

akzeptieren	to accept	**müssen (muß)**	must, have to
dürfen (darf)	to be allowed, may	**sollen**	should, be supposed to, ought to
heiraten	to marry	**stimmen**	to be true, correct
können (kann)	can, to be able to	**wollen (will)**	to want, wish
mögen (mag)	to like to	**zusammen·wohnen**	to live together

other new words (active vocabulary)

also	therefore, so	**gewiß**	certainly	**unabhängig**	independent
bei	with	**nächst-**	next	**vor allem**	above all
doch	after all (flavor word)	**ob**	if, whether	**zusammen**	together

special and idiomatic expressions

klar *sure*   **Toll!** *It's great!*

FRAGEN ZUM DIALOG *Correct the statements according to the information in the dialog.*

f 1. Gisela und Karin sitzen an einem Tisch im Kaffeehaus.
F 2. Gisela möchte mit Walter zusammenwohnen.
3. Das Problem sind die anderen Studenten.
4. Karin will nicht unabhängig sein.
5. Herbert und Walter sitzen in Walters Ein-Zimmerwohnung.
6. Karins Eltern sagen, daß Karin nicht mit Walter zusammenwohnen soll.
7. Walter will Karin bald heiraten.

PERSÖNLICHE FRAGEN *Change the statement to reflect your own views.*

1. *I would like to* Ich möchte mit keinem Mann/keinem Mädchen zusammenwohnen.
2. Wenn man zusammenwohnt, kann man kein Geld sparen.
3. Ich finde es nicht gut, wenn junge Leute zusammenwohnen.
4. Zusammenwohnen bedeutet, daß man heiraten muß.
5. Ich möchte gern unabhängig bleiben.
6. Für mich ist das Zusammenwohnen eine Frage der Moral.
7. Eine Ein-Zimmerwohnung ist zu klein für zwei Menschen.
8. Ich kann nur mit einem Partner/einer Partnerin zusammenleben, wenn wir wirklich verliebt° sind.   *in love*

AUSSPRACHE
ÜBUNG

German **a** versus German **ä**

sagen	*to say*		**sägen**	*to saw*
er **naht**	*he is approaching*		er **näht**	*he sews*
sie **hatten**	*they had*		sie **hätten**	*they would have*
ein **alter** Mann	*an old man*		er ist **älter**	*he is older*
wir **waren**	*we were*		wir **wären**	*we would be*
mahnen	*to warn*		die **Mähnen**	*manes*
die **Sage**	*legend*		die **Säge**	*saw*

GRAMMATIK   Theorie und Anwendung

1. Modal auxiliaries

Function of modals

German, like English, has a small group of verbs that express the subject's feeling, attitude, or desire about an action or that state a condition affecting the performance of an action. These verbs are known as modal auxiliaries, or simply modals. They are usually used together with the infinitive of another verb.

Beispiele

Ich **darf** jetzt nicht heiraten.	*I am not allowed to get married now.*
kann	*can't*
mag	*don't care to*
muß	*don't have to*
soll	*am not supposed to*
will	*don't want to*

Six modals

Many English modals lack an infinitive form—for example, *may, can, must, ought.* To express them in an infinitive, English resorts to circumlocutions, such as *to be able to, to have to.*

INFINITIVE	BASIC ATTITUDE	POSSIBLE ENGLISH EQUIVALENTS
dürfen	permission	*may, to be allowed (to)*
können	ability	*can, to be able (to)*
mögen	liking	*to like (to), to prefer*
müssen	duty	*must, to have (to)*
sollen	imposed obligation	*ought (to), to be supposed (to)*
wollen	intention	*to want (to)*

Forms

	dürfen	können	müssen	sollen	wollen	mögen[1]
ich	darf	kann	muß	soll	will	mag
du	darfst	kannst	mußt	sollst	willst	magst
er, sie, es	darf	kann	muß	soll	will	mag
wir	dürfen	können	müssen	sollen	wollen	mögen
ihr	dürft	könnt	müßt	sollt	wollt	mögt
sie, Sie	dürfen	können	müssen	sollen	wollen	mögen

Note: Except for **sollen,** each modal has a stem vowel change in all singular forms. The vowel of the plural forms is the same as that of the infinitive.

ANWENDUNG

A. *Restate the cue sentence with the new subject.*

Wir **wollen** noch nicht heiraten.
1. Ich _____ noch nicht heiraten.
2. Susi _____ noch nicht heiraten.
3. Warum _____ Sie nicht heiraten?

Wir **können** nie Geld sparen.
4. Er _____ nie Geld sparen.
5. _____ ihr nie Geld sparen?
6. Was, du _____ nie Geld sparen?

Was **sollen** wir machen?
7. Was _____ ich machen?
8. Du, Fritz, _____ es machen?
9. Sie _____ es machen?

Wir **müssen** jetzt leider gehen.
10. _____ ihr jetzt schon gehen?
11. Ich _____ leider gehen.
12. _____ du jetzt schon gehen?

Wir **dürfen** hier rauchen.
13. Man _____ hier rauchen.
14. _____ Sie hier rauchen?
15. Ich _____ hier rauchen.

Modal + infinitive

Infinitive to the end!

The six modals are normally combined with an infinitive. The modal is conjugated in accord with the subject. In a main clause with a modal and an infinitive, the infinitive stands at the end of the clause.

M   I
Wir **sollen** nicht **zusammenwohnen.** *We are not supposed to live together.*

M   I
Ich **kann** das nicht **verstehen.**   *I can't understand this.*

Infinitive to end!

If the infinitive does not occur, it is usually implied or understood.

Ich **kann** Deutsch [**sprechen**].   *I can speak German.*
Wir **müssen** nach Haus [**gehen**].   *We must go home.*

[1]See next section in this chapter.

ANWENDUNG   **B.** *Restate the sentence, adding the cue modal.*

1. (wollen) Ich studiere heute nicht.
2. (müssen) Wir arbeiten am Wochenende.
3. (sollen) Wann fange ich mit der Arbeit an?
4. (dürfen) Sie sagt „du" zu mir.
5. (können) Wo kauft man hier Lederhosen?
6. (wollen) Wohin fahren wir heute?
7. (können) Ich stehe nicht um sechs Uhr auf.
8. (sollen) Rauchen Sie nicht so viel!

Modal to the end!   In a dependent clause with a modal and an infinitive, the modal stands at the end of the clause since it is now the conjugated verb. The infinitive immediately precedes it.

Ich weiß gar nicht, ob ich Euch   *I am not at all sure whether I should*

das **schreiben soll.**   *write you this.*

Wir hoffén, daß ihr uns   *We hope that you can understand us.*

verstehen könnt.

⚠ **Vorsicht!**   Fehlergefahr!

> Remember: In a *main* clause with a modal, the <u>infinitive</u> stands at the end. In a *dependent* clause with a modal, the <u>modal</u> stands at the end, immediately after the infinitive.

Heidelberg:
Das Schloß und
die Brücke über
den Neckar.

ANWENDUNG   **C.** *Student B responds, incorporating what student A says in a dependent clause, rearranging word order as appropriate.*

STUDENT A	STUDENT B
1. Ihr könnt zusammen studieren?	Ja, wir wollen zusammenwohnen, weil wir dann _____ .
2. Du sollst Geld sparen.	Du mußt mir helfen, wenn ich _____ .
3. Wir müssen bald heiraten.	Wer sagt, daß _____ ?
4. Sie wollen mit Ingrid/Walter zusammenwohnen?	Ja, es stimmt, daß ich _____ .
5. Können die Eltern das akzeptieren?	Ich weiß nicht, ob die _____ .
6. Ich will immer unabhängig bleiben.	Du kannst nie heiraten, wenn du immer _____ .

soon (handwritten)

⚠ **Vorsicht!**   Fehlergefahr!

consciously wanting to (handwritten)

> German **will** is a booby trap for English-speaking students of German. It is never the equivalent of the English future *will,* but always corresponds to *want.*
>
> | | |
> |---|---|
> | Ich **will** es tun. | *I want to do it.* |
> | Was **willst** du? | *What do you want?* |
> | Was **will** er? | *What does he want?* |

2. möchte: **always means** *would like (to)*

gern haben *vs.* **mögen**   The modal **mögen** *to like to* is rarely used in the present tense. Rather than **Ich mag das nicht** *I don't like that,* Germans would usually say **Ich habe das nicht gern.**

On the other hand, the subjunctive form of **mögen** (**möchte,** etc.) is used frequently.[2] For practical purposes, you need only remember that any form of **möchte** corresponds to English *would like to.*

Beispiele

Ich **möchte,** daß wir zusammen wohnen.	*I would like us to live together.*
Möchtest du nicht?	*Wouldn't you like to?*
Walter **möchte** dich heiraten.	*Walter would like to marry you.*
Was **möchten Sie?**	*What would you like?*

[2]The subjunctive is explained in Chapters 15 and 16.

Forms

ich **möchte**	wir **möchten**
du **möchtest**	ihr **möchtet**
er, sie, es **möchte**	sie, Sie **möchten**

Note the ending **-e** in the **ich** and **er** forms and the linking **-e-** in the **du** and **ihr** forms.

ANWENDUNG   **A.** *Say that the subject would like to do whatever the cue says. Use the correct conjugated form of* **möchte**.

1. (nach Deutschland reisen)   Ich _____ .
2. (gut Deutsch sprechen)   Er _____ .
3. (viele Freunde haben)   David und Ruth _____ .
4. (Fritz kennenlernen)   _____ du _____ ?
5. (mitkommen) Möchtet ihr _____ ?
6. (jetzt nach Hause gehen)   Wir _____ .
7. (essen)   Wo _____ Sie _____ ?
8. (ein Bier, bitte!)   Ich _____ !

⚠ **Vorsicht!**   Fehlergefahr!

> In English, the preposition *to* can be used to connect an infinitive to some modals. In German, in contrast, **zu** is never used for this purpose.
>
> | | |
> |---|---|
> | **Er will** nicht **heiraten.** | *He does not want to marry.* |
> | **Wir möchten** noch keine Kinder **haben.** | *We would not like to have any children yet.* |

ANWENDUNG   **B.** *Give the German equivalent.*

Freitag

1. *You want to work.* Ihr _____ .
2. *I am not able to help you.* Ich _____ .
3. *He is supposed to come.* Er _____ .
4. *They would like to invite us.* Sie _____ .
5. *We have to go now.* Wir _____ .
6. *You are not allowed to do that.* Du _____ .

3. More on subordinating conjunctions

In Chapter 3 you learned that the subordinating conjunctions **daß**, **weil**, and **wenn** require V-L word order.

| **Beispiele** | Ich kann gut verstehen, **daß** ihr stolz **seid.** | *I can well understand that you are proud.* |
| | Ich schreibe Ihnen, **weil** es um Ingrids Zukunft **geht.** | *I am writing to you, because it concerns Ingrid's future.* |

The most common subordinating conjunctions are:

als	*when, as*	**obwohl**	*although, even though*
bevor	*before*	**seit, seitdem**	*since (temporal)*
bis	*until*	**sobald**	*as soon as*
da	*since (casual), because*	**solange**	*as long as*
damit	*so that*	**während**	*while, whereas*
daß	*that*	**weil**	*because*
ob	*whether*	**wenn**	*if, whenever*

ANWENDUNG

Freitag

A. *Complete as suggested by the cue, using V-L word order.*

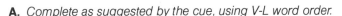

1. (ich liebe sie/ihn)   Ich möchte sie/ihn heiraten, weil *ich ihn liebe ...*
2. (wir haben Geld)   Wir heiraten, sobald _____ .
3. (wir haben keine Wohnung)   Wir heiraten, obwohl _____ .
4. (er will unabhängig bleiben)   Er heiratet nicht, da _____ .
5. (sie können zusammenwohnen)   Karl und Heidi heiraten, damit _____ .
6. (du verdienst Geld)   Ich kann warten, bis _____ .

B. *Combine the clauses with the German equivalent of the cue conjunction.*

1. *(until)*   Wir warten. Wir finden eine Wohnung.
2. *(although)*   Ich liebe sie/ihn. Sie/Er ist nicht tolerant.
3. *(so that)*   Ich sage ihm/ihr die Wahrheit. Wir verstehen uns.
4. *(since)* Ich bin glücklich. Ich kenne sie/ihn.
5. *(whether)*   Ich frage mich. Er/Sie liebt mich.
6. *(while)*   Er/Sie sagt, daß er/sie mich liebt. Er/Sie sucht einen anderen Partner/eine andere Partnerin.

C. *Combine the clauses with either* **daß, weil,** *or* **da.**

1. Wir essen zu Haus. Die Restaurants sind zu teuer.
2. Wer sagt, die Schweizer haben zu viele Banken?
3. Ich fahre nicht oft mit dem Auto. Das Benzin ist zu teuer.
4. Es stimmt, in Österreich ist es immer gemütlich.
5. Der Journalist schreibt. Die Deutschen haben keinen Humor.
6. Viele Leute glauben, die Amerikaner sind alle Millionäre.

⚠ **Vorsicht!**   Fehlergefahr!

> Do not confuse the abverb **da** *here, there, then* with the subordinating conjunction **da** *since, because.*
>
> | | |
> |---|---|
> | Wir wohnen **da.** | *We are living here.* |
> | Wir heiraten nicht, **da** wir unabhängig sein möchten. | *We are not getting married because we would like to be independent.* |

ANWENDUNG   **A.** *Translate into German, using* **da.**

1. It is here.
2. I can't come because I don't have any time.
3. There she comes!
4. Since/Because he would like to marry, he is saving money.

4. Question words as subordinating conjunctions

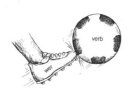

Question words (also known as interrogatives) may also function as subordinating conjunctions. They introduce indirect questions and require V-L word order.

DIRECT QUESTION

Wann heiraten sie?	*When are they getting married?*

INDIRECT QUESTION

Ich weiß nicht, **wann** sie heiraten.	*I don't know when they are getting married.*

Here are the most common question words.

wann?	*when?*	**wie?**	*how?*
warum?	*why?*	**wieviel?**	*how much? how many?*
was?	*what?*	**wo?**	*where?*
wer?	*who?* (nominative)	**woher?**	*from where?*
wen?	*who? whom?* (accusative)	**wohin?**	*where* (to)?
wem?	*to whom?* (dative)		

ANWENDUNG   **B.** *Turn the direct question into an indirect question.*

1. Wo gibt es hier einen Campingplatz? Ich kann Ihnen leider nicht sagen, _____ .

2. Wieviel kostet ein Taxi zum Bahnhof? Ich weiß nicht, _____ .
3. Wem gehört der Eurail-Paß? Warum fragen Sie mich, _____ .

4. Wie ist das Wetter morgen? Kein Mensch weiß, _____ .
5. Wohin fährt der Zug? Steht auf dem Schild, _____ ?
6. Wann kommt der Bus an? Warum fragst du mich, _____ .
7. Warum muß man so viel Trinkgeld geben? Frag' mich nicht, _____ !
8. Was ist hier los? Wer weiß, _____ ?

5. Coordinating conjunctions

Coordinating vs. subordinating conjunctions

Coordinating conjunctions can connect two clauses to each other. Subordinating conjunctions can connect <u>dependent</u> clauses to <u>main</u> clauses. Whereas subordinating conjunctions cause V-L word order, coordinating conjunctions do not affect word order.

s v Du mußt eine Stelle finden, **oder** 　s v **wir können nicht heiraten.**	*You have to (must) find a job or* 　*we can't get married.*
s v　　　　　s v Ich schreibe ihnen, **denn es geht** 　**um Ingrids Zukunft.**	*I am writing to you, for it is a* 　*matter of Ingrid's future.*
s v Aber ich habe es nicht gern, 　　s **wenn man Moral mit zweierlei** 　v Maß mißt.	*But I don't like it when one* 　*judges (measures) morality* 　*with a double standard.*

Here are the most common coordinating conjunctions.

aber	*but*	**sondern**	*but instead, but on the*
denn	*because, for*		*contrary*
oder	*or*	**und**	*and*

Sondern rather than **aber** is used to connect a negated word or clause to a correction following it.

Nicht Ingrid, **sondern** die Eltern sind gegen das Zusammenwohnen.	*Not Ingrid but the parents are against living together.*

ANWENDUNG **A.** *Join the two sentences with the coordinating conjunction that corresponds to the English cue.*

1. *(and)* Ich bin Student. Sie ist Apothekerin.
2. *(but)* Das Trinkgeld ist inbegriffen°. Man soll vielleicht etwas mehr geben.   included

3. *(but instead)* Sie will nicht Hausfrau sein. Sie möchte Ärztin werden.
4. *(because)* Wir nehmen den Zug. Er ist bequem und billig.
5. *(or)* Schreiben Sie uns? Rufen Sie uns an?
6. *(for)* Kommen Sie schnell! Ich habe nicht viel Zeit.
7. *(but)* Ich komme zur Party. Peter muß heute abend arbeiten.
8. *(but on the contrary)* Er gibt mir kein Geld. Er nimmt Geld von mir.
9. *(or)* Kommst du mit? Bleibst du zu Haus?

⚠ **Vorsicht!**   Fehlergefahr!

Denn and **weil** both correspond to English *because*. **Weil** causes V-L word order, but **denn** does not affect word order.

Ich komme nicht,   **weil** ich keine Zeit habe.
                    denn ich habe keine Zeit.

I'm not coming because I haven't got time.

Do not confuse **denn** *for, because* with **dann** *then.*

Ich bleibe zu Haus, **denn** es regnet.	*I am staying home because it is raining.*
Wenn es regnet, **dann** bleibe ich zu Haus.	*When it rains, (then) I stay home.*

---

entweder... oder   **Entweder... oder** *either... or* is a two-part conjunction.

Entweder du findest eine Stelle, **oder** wir heiraten nicht.   *Either you find a job or we won't get married.*

Ist noch ein Platz frei? Oktoberfest in Bayern.

ANWENDUNG   **B.** *Complete with* **aber, denn, oder, weil, dann, sondern,** *or* **entweder ... oder,** *whichever is appropriate.*

1. Möchten Sie Kaffee _____ Tee?
2. Ich kann nicht bleiben, _____ ich muß noch studieren.
3. Ich kann nicht kommen, _____ ich studieren muß.
4. Bezahlst du, _____ bezahle ich die Rechnung?
5. Das Geld in der Schweiz ist nicht der Schilling, _____ der Schweizer Franken.
6. Wir heiraten im Juni, und _____ fliegen wir nach Mexiko.
7. Er verdient viel Geld, _____ er spart keinen Pfennig.
8. Ich kann kein Geld sparen, _____ ich zu viel kaufe.
9. Er kann viel Geld sparen, _____ er verdient gut.
10. _____ Sie wissen es, _____ Sie wissen es nicht.

C. *Restate the sentence with the cue coordinating or subordinating conjunction.*

1. Er heiratet sie, weil er sie liebt. (denn)
2. Sie schläft und er liest die Zeitung. (während)
3. Schreiben Sie uns und kommen Sie. (bevor)
4. Er wartet, denn er will sie mitnehmen. (weil)
5. Ich sage es, damit er es hört. (und)

D. *If the sentence uses* **weil,** *change it to* **denn,** *and vice versa.*

1. Man lernt das metrische System leicht, denn das Geld in Amerika ist schon dezimal.
2. Wir müssen das metrische System kennen, weil man es international verwendet.

6. The genitive case

The fourth—and last—German case is the genitive. The genitive usually expresses possession or a relationship in which something is a part of something else.

Beispiele

Und was sagen **Karins** Eltern?	*And what do Karin's parents say?*
Wir sind nicht **der Meinung** ...	*We are not of the opinion ...*
Sie müssen an **Ingrids** Ruf denken.	*You must think of Ingrid's reputation.*
Ich kann die Reaktion **der Eltern** gut verstehen.	*I can well understand the reaction of the parents.*
Wir heiraten am Ende **des Jahres.**	*We'll marry at the end of the year.*

Forms   The characteristic genitive endings for the definite and indefinite articles are **-es** for the masculine and neuter singular, and **-er** for the feminine singular and the plural.

	MASCULINE	FEMININE	NEUTER	PLURAL
NOMINATIVE	der ein	die eine	das ein	die keine
GENITIVE	**des** **eines**	**der** **einer**	**des** **eines**	**der** **keiner**

Common nouns: **a) der-** and **das-** nouns add the ending **-s** in the singular genitive if they
What is the   are polysyllabic, **-es** if they are monosyllabic.
ending?
b) die-nouns add no ending.

c) plural nouns add no ending to their plural form.

Beispiele   der Freund **des Vater-s** ... der Mutter ... des Mädchen-s
der Freund **des Mann-es** ... **der Frau** ... **des Kind-es**
der Freund **der Männer** ... **der Frauen** ... **der Kinder**

Note: **die-**nouns use **der** to signal the genitive case for feminine nouns and for all plural ones.

ANWENDUNG   **A.** *Restate, using the genitive form of the cue nouns.*

Beispiel   Der Beruf (der Mann) Der Beruf des Mannes.
Der Beruf (der Vater, die Mutter, das Mädchen, die Eltern)
Der Name (die Stadt, das Land, der Arzt, die Leute)
Die Adresse (ein Reisebüro, eine Universität, ein Wissenschaftler, meine Eltern)

There is always   As learned in Chapter 5, many masculine nouns that form the plural in **-en**
an exception: add **-(e)n** in the dative singular. We can now expand this rule and state:
Studenten-*type*   These nouns add **-(e)n** in *all cases,* singular and plural, except for the
nouns   nominative singular.[3]

	SINGULAR	PLURAL
NOMINATIVE	der Student	die Student**en**
ACCUSATIVE	den Student**en**	die Student**en**
DATIVE	dem Student**en**	den Student**en**
GENITIVE	des Student**en**	der Student**en**

[3]A few exceptions occur which add **-s** to the **-en** ending in the genitive singular: **des Namens, des Professors.**

ANWENDUNG   **B.** *Restate, using the genitive form of the cue nouns.*

Die Adresse (der Student, die Jungen, der Herr, die Studenten, der Tourist, die Touristen, der Junge, die Herren)

SYNOPSIS
EXERCISE   *Restate the sentence or question, replacing the noun in the genitive with the cue noun. Watch for **Studenten**-type nouns!*

1. (das Mädchen)   Was ist die Adresse der Frau?
2. (die Studentin)   Ich bin ein Freund des Studenten.
3. (die Eltern)   Wo ist die Wohnung des Mädchens?
4. (eine Konditorei)   Hier ist die Adresse eines Reisebüros.
5. (die Ärztin)   Wissen Sie den Namen des Arztes?
6. (der Junge)   Wer sind die Eltern des Mädchens?
7. (die Wohnung)   Was ist der Preis des Hauses?
8. (der Student)   Wie heißt der Professor des Mädchens?
9. (der Tourist)   Was ist der Beruf der Frau?
10. (ein Haus)   Was ist der Preis eines Volkswagens?
11. (ein Dummkopf)   Das ist die Antwort eines Idioten!
12. (ein Schweizer)   Das ist das Auto eines Amerikaners.
13. (die Studenten)   Hier sind die Tests der Schüler.
14. (die Platte)   Was ist der Titel des Professors?

Proper names   Proper names generally add **-s** in the genitive. If the noun already ends in an **s**-sound, an apostrophe is added.

Ingrids Mann   *Ingrid's husband*
Strauß' Walzer   *Strauss' waltz*

Because of the pronunciation, the genitive with the apostrophe is avoided in speaking. Germans would say instead **der Walzer von Strauß.**

⚠ **Vorsicht!**   Fehlergefahr!

Native speakers of English often make two errors in using the German genitive. Note these contrasts.

a) English always uses an apostrophe to indicate possession, but German uses none—unless the noun ends in an **s**-sound.

Roberts Verlobte   *Robert's fiancée*
Hans' Idee   *Hans' idea*

b) In English, the "possessor" almost always precedes the common noun possessed, but in German the possessor generally follows.

der Ruf **des Mädchens**   *the girl's reputation*
die Meinung **der Eltern**   *the parents' opinion*
der Titel **des Buches**   *the book's title*

ANWENDUNG   **C.** *Complete with the genitive form of the cue word.*

    1. (Erika)   Ist das _____ Foto?
    2. (Frau Müller)   Wie alt ist _____ Mann?
    3. (Sokrates)   Man sagt, _____ Philosophie ist unmoralisch.
    4. (Karl)   Wer ist_____ Freundin?

D. *Complete with the German equivalent of the cue.*

    1. *(the girl's car)* _____ ist grün.
    2. *(the student's parents)* _____ sind sympathisch.
    3. *(the woman's profession)* Was ist _____ ?
    4. *(the professor's address)* Was ist _____ ?

E. *Express in German.*

    1. This is Walter's decision.
    2. Where is Karin's car?
    3. Who is Karl's doctor?
    4. Is this Ingrid's room?

7. Telling time

Wieviel Uhr ist es?
What time is it?

In telling time, Germans increasingly use the 24-hour system (discussed below). This is a system students of German should learn and use. Nevertheless, the following special aspects should be noted.

a) The preposition **um** meaning *at* is used in expressions of time.

Ich komme **um** drei Uhr.	*I am coming at three o'clock.*

b) Half hours are expressed in terms of the *following* hour.

Es ist **halb sechs.**	*It is half past five (i.e., "halfway to six").*

c) The prepositions **vor** and **nach** are also used.

Es ist **viertel nach zwei.**	*It is a quarter after two.*
Es ist **viertel vor neun.**	*It is a quarter to nine.*

Beispiele

Es ist 9.35 **(neun Uhr fünfunddreißig).**		*It is 9:35.*
1.20 Uhr	Es ist **ein Uhr** zwanzig.	*It is 1:20.*
12.40 Uhr	Es ist zwanzig vor **eins.**	*It is 12:40.*
1.15 Uhr	Es ist viertel nach **eins** (or Es ist **ein Uhr** fünfzehn).	*It is 1:15.*

ANWENDUNG   **A.** *Read the sentences below, and complete the second of each pair according to the pattern.*

1. 5.00 Uhr   Es ist fünf Uhr.
   2.00 Uhr   Es ist _____ .
2. 5.10 Uhr   Es ist fünf Uhr zehn (*oder*... zehn nach fünf).
   5.06 Uhr   Es ist _____ (*oder* _____).
3. 7.15 Uhr   Es ist viertel nach sieben (*oder*... sieben Uhr fünfzehn).
   8.15 Uhr   Es ist _____ (*oder* _____).
4. 6.30 Uhr   Es ist sechs Uhr dreißig (*oder*... halb sieben).
   9.30 Uhr   Es ist _____ (*oder* _____).
5. 10.50 Uhr   Es ist zehn vor elf.
   11.55 Uhr   Es ist _____ .
6. 12.45 Uhr   Es ist zwölf Uhr fünfundvierzig (*oder*... viertel vor eins).
   3.45 Uhr   Es ist _____ (*oder* _____).

Wie späht ist es.

⚠ **Vorsicht!**   Fehlergefahr!

> When telling time do not use **Zeit** for English *time.* The correct equivalent is **Uhr.**
>
> **Wieviel Uhr** ist es?   *What time is it?*
>
> When **ein** is used alone, without **Uhr,** it adds an **-s.**
>
> Es ist **ein Uhr.**   *It is one o'clock.*
> Es ist zehn vor **eins.**   *It is ten to one.*

Studieren sie oder lesen sie die Zeitung?

The 24-hour clock   In Germany, "official" time (the 24-hour system) is used in official announcements, train schedules, on the radio, and even in conversation. This method eliminates any need for "AM" and "PM" in telling time.[4]

MAN LIEST	MAN SAGT	
2.13	Zwei Uhr dreizehn	*2:13 AM*
9.30	Neun Uhr dreißig	*9:30 AM*
12.00	Zwölf Uhr	*noon*
13.40	Dreizehn Uhr vierzig	*1:40 PM*
17.15	Siebzehn Uhr fünfzehn	*5:15 PM*
23.55	Dreiundzwanzig Uhr fünfundfünfzig	*11:55 PM*
0.10	Null Uhr zehn	*10 past midnight*

ANWENDUNG   **B.** *Complete the sentence, expressing the cue in official time.*

1. (8.07)   Der Bus aus Unterüberlingen kommt um _____ an.
2. (4.30)   Lufthansa Flug 14 aus Kairo landet um _____ .
3. (0.13)   Der Zug nach Hohenlimburg kommt um _____ an.
4. (14.30) Der Orientexpreß Paris-Bukarest fährt um _____ ab.
5. (13.50) Der Schnellzug aus Baden-Baden hält hier um _____ .
6. (17.45) Der Film fängt um _____ an.

C. *Give the German equivalent.*

1. What time is it now?
2. I am coming at eight o'clock.
3. At what time?
4. At eleven o'clock.
5. It is a quarter to five.
6. Is it already half past eleven?

⚠ **Vorsicht!**   Fehlergefahr!

> German **vor** usually corresponds to English *before, of,* or *in front of.* But when it is used with an expression of time, it may mean *ago.* Do not be confused by the fact that it sounds similar to English *for.*
>
> Ich warte **vor** dem Haus.   *I am waiting in front of the house.*
>
> **But:**
>
> **Vor** einem Jahr...   *A year ago...*

[4]The equivalent of AM and PM is still used, however, in conversation: **9 Uhr vormittags** *9:00 AM;* **4 Uhr nachmittags** *4:00 PM;* **9 Uhr abends** *9:00 PM.*

LESESTÜCK   Drei Briefe

Personen: Ingrid Fichtner—eine Studentin
Frau Hilde Fichtner—Ingrids Mutter
Walter Heller—Ingrids Freund, ein Student

Brief Nr.° 1: Ingrid an die Mutter   Nr. = Nummer

Liebe Mutti!

Wie geht es Vater? Muß er noch immer liegen? Soviel° ich   So far as
weiß, sollen Patienten jetzt nach einem Herzanfall bald wieder
aufstehen.

Seit Vaters Herzanfall denke ich oft: Wie gut, daß ich in zwei
Semestern fertig bin. Wenn alles gut geht und ich bei keiner
Prüfung durchfalle! Dann habe ich endlich einen Beruf. Ich
kann gut verstehen, daß Ihr[5] stolz seid, wenn ich das Staatsexamen mache. Ihr denkt sicher: Jetzt kann Ingrid tun, was sie
will. Wie glücklich sie jetzt sein muß. Es ist aber nicht so.

Ich muß Dir etwas sagen: Ich habe zum ersten Mal Angst vor
der Zukunft. Ich weiß nicht, was ich wirklich will. Zum
Beispiel, das Problem mit der Stelle an der Pestalozzi-Schule. Es
kann sein, daß ich sie bekomme. Aber ich weiß wirklich nicht,
ob ich sie will. Walter findet dort sicher keine Stelle. Dann sitze
ich dort und er bleibt hier.

Heiraten wollen wir noch nicht. Wir verdienen beide noch
kein Geld, wir wissen noch nicht, wo und ob wir eine Stelle bekommen. Und wir möchten auch noch keine Kinder.

Apropos° Walter (ich weiß gar nicht, ob ich Dir das schreiben   Concerning
soll): Er möchte gern, daß wir zusammenwohnen, wenn das
Semester zu Ende ist. Ich will Euch nicht schockieren. Ihr sollt
auch nicht glauben, daß wir unmoralisch sind. Verliebte und
Verlobte leben heute oft unverheiratet zusammen. Viele junge
Leute tun das, weil sie wie wir sparen müssen.

Bitte sage Vater noch nichts. Aufregung ist jetzt nicht gut
für ihn.

Alles Liebe,

Ingrid

[5]Forms of **du** and **ihr** are capitalized in letters.

Brief Nr. 2: Frau Fichtner an Walter Heller

Sehr geehrter Herr Heller!

Ich bin Ingrids Mutter. Ich schreibe Ihnen heute, weil es um Ingrids Zukunft geht.

Wir sind nicht der Meinung, daß junge Leute zusammenwohnen sollen, bevor sie verheiratet sind. Daß Sie und Ingrid viel zusammensein wollen, können wir verstehen (wir waren auch einmal jung!). Aber zusammenwohnen, bevor Sie verheiratet sind—das geht zu weit. Das können wir als Ingrids Eltern nicht akzeptieren.

Wenn Sie Ingrid wirklich lieben, dann müssen Sie auch an Ingrids Ruf denken. Wir hoffen, daß Sie uns verstehen können.

Mit freundlichen Grüßen,°   Sincerely yours

Brief Nr. 3: Walter an Ingrid

Liebe Ingrid!

Also: Wir sollen nicht zusammenwohnen, solange° wir   as long as
nicht verheiratet sind. Ich kann die Reaktion der Eltern verstehen, aber ich bin anderer Meinung. Wir leben doch nicht mehr im Mittelalter! Wenn man offen zeigt, was man denkt, dann sind die Leute schockiert.

Ingrid, bitte verstehe, wenn ich Dir das heute schreibe. Aber ich habe es nicht gern, wenn man Moral mit zweierlei Maß mißt. Dir darf ich das doch offen sagen.

Bis Dienstag bei mir,

Was steht in dem Brief?

Wortschatz zum Lesestück

new nouns (active vocabulary)

das **Ende**	end	die **Nummer, -n**	number	die **Stelle, -n**	position, job
der **Herzanfall, ̈-e**	heart attack	die **Prüfung, -en**	examination	der **Vater, ̈-**	father
das **Kind, -er**	child	die **Schule, -n**	school	die **Zukunft**	future

nouns (for recognition)

die **Aufregung, -en**	excitement	der **Ruf**	reputation
das **Mittelalter**	Middle Ages	das **Staatsexamen, -**	state certification exam
die **Moral**	morality	der/die **Verliebte, -n**	lover
der **Patient, -en**	patient	der/die **Velobte, -n**	fiancé(e)
die **Reaktion, -en**	reaction		

new verbs (active vocabulary)

durch·fallen (fällt durch)	to fail (an exam)	**zusammen·leben**	to live together
liegen	to lie, to be in bed	**zusammen·sein**	to be together
schockieren	to shock		

other new words (active vocabulary)

alles	everything	**fertig**	finished, done	**offen**	open(ly)
als	as	**glücklich**	happy		
beide	both (of us)	**lieb-**	dear		

other words (for recognition)

einmal	once	**stolz**	proud	**unmoralisch**	immoral
endlich	finally	**unverheiratet**	unmarried	**weit**	wide, far

special and idiomatic expressions

alles Liebe	(with much) love
Angst haben vor (+ dat.)	to be afraid of
ein Examen (eine Prüfung) machen	to take an exam
es geht um	it's a matter of, it concerns
mit zweierlei Maß messen	to measure with two different yard-sticks, to apply a double standard
Sehr geehrter Herr!	Dear Sir:
wir sind nicht der Meinung	we are not of the opinion
wir waren auch einmal jung	we were once young, too
zu Ende sein	to be over, to come to a close
zum ersten Mal	for the first time

FRAGEN
ZUM
LESESTÜCK

Antworten Sie auf deutsch!

1. Wer sind die Personen im Lesestück?
2. Was sollen Patienten nach einem Herzanfall tun?
3. Was kann Ingrid nach dem Staatsexamen tun?
4. Warum hat Ingrid zum ersten Mal Angst vor der Zukunft?
5. Was ist Ingrids Problem mit der Stelle an der Pestalozzi-Schule?
6. Warum wollen Walter und Ingrid noch nicht heiraten?
7. Wer lebt heute oft unverheiratet zusammen?
8. Warum schreibt Frau Fichtner an Walter Heller?
9. Was denken Herr und Frau Fichtner?
10. Was kann Walter gut verstehen?
11. Was hat Walter nicht gern?

SITUATIONEN

1. *You are a student in the Cucamonga College Study-Abroad Program in Rothenburg. The program has a* Studentenheim, *but you want to convince a friend to share a two-room apartment. Your friend asks: „Was sind die Vorteile?" You explain.*
2. *You are about to graduate and are discussing the future with some friends. Someone in the group says: „Ich habe Angst vor der Zukunft." What do you say?*
3. *You are a mother/father. Your son/daughter says: „Ich will nie heiraten!" How do you react?*

SCHRIFTLICH
WIEDERHOLT

A. *Another weekend is coming up. What will you do, or what will you and your friend(s) do? Write a complete sentence using an appropriate modal from the list below.*

mögen	können	müssen
dürfen	sollen	wollen

1. für eine Prüfung studieren
2. eine Wohnung finden
3. nach Haus fahren
4. den Eltern helfen
5. viel schlafen°
6. einen Brief schreiben
7. nach_____fahren
8. in ein Konzert gehen
9. _____ kaufen
10. Tennis spielen
11. einen Freund/eine Freundin besuchen   sleep
12. am Wochenende wandern

B. *Tell someone what he/she can, should, or ought to do when he or she visits Germany. Write sentences using either the* **Sie-, du-,** *or* **ihr**-*form with a suitable modal.*

1. nur Schnellzüge nehmen
2. nicht per Autostop° reisen   hitchhiking
3. auf der Post telefonieren
4. in der Apotheke Medikamente kaufen

5. in der Jugendherberge billig wohnen
6. immer einen Stadtplan haben
7. viele Museen besuchen
8. oft den Wetterbericht hören
9. im Nichtraucherabteil reisen
10. vor dem Wochenende einkaufen

C. *Express in German.*

1. Erika is staying home because it is raining.
2. I don't know if I can come at eight o'clock.
3. Hans works in Mannheim, but he lives in Heidelberg.
4. Is he single or married?
5. Is Mrs. Fichtner Ingrid's mother?
6. What time is it now?

Sprechen leicht gemacht!

To practice modals . . .

Was möchten
Sie gern?

A. *Tell about your secret hopes and dreams.*

Ich möchte gern
{
ein Prinz sein.
mehr Humor haben.
immer glücklich sein.
allen Leuten gefallen.
Millionen verdienen.
mehr Freizeit haben.
schlank bleiben.
den Professor verstehen.
fliegen können.
keine Probleme haben.
Präsident von Amerika werden.
immer pünktlich sein.
?

Was darf ich
(nicht) tun?

B. *Use the modals below to create sentences that reflect your feeling or situation.*

Ich
{
wollen
dürfen
können
}
(nicht)
{
Deutsch sprechen.
viel Geld verdienen.
tun, was ich will.
viel reisen.
immer essen.
Tag und Nacht arbeiten.
wieder heiraten.
aggressiv sein.
schnell fahren.
?

Im Studenten-
Wohnheim.

Was darf man
und was darf
man nicht?

C. *Join the items below according to your own opinion.*

| In der Deutsch-
stunde
Im Bett
Im Studenten-
heim
Auf der Auto-
bahn
In der
Bibliothek°
In einem
eleganten
Restaurant
In einer
Demokratie
Im Super-
markt
Auf dem Cam-
pingplatz
Im Zoo
Zu Haus
In England
Im Museum
? | darf man
darfst du
dürfen Sie | kein
keine
keinen
nicht
nichts | Lederhosen
tragen.
rechts fahren.
laut sprechen.
Wein trinken.
rauchen.
fotografieren.
Englisch
sprechen.
sagen, was man
will.
schmutzig°
machen.
schnell fahren.
andere Leute
stören.
tun, was man will.
mitnehmen.
? |

library

dirty

Du sollst
(nicht) . . .

D. *Say what you ought or ought not to do.*

Ich { soll / soll nicht } {

mehr studieren.
immer die Wahrheit sagen.
immer unfreundlich sein.
viel Schnaps trinken.
immer alles vergessen.
armen Leuten helfen.
mehr Zigaretten rauchen.
die Polizei respektieren.
unfair sein.
mehr zu Fuß gehen.
früher aufstehen.
immer nett zu anderen Leuten sein.
immer geduldig sein.
?

Psychologisches
Profil

E. *One of your classmates plays Dr. Sigmund Freud. Answer his/her questions by free association from your unconscious mind* **(aus dem Unterbewußtsein).**

Was möchten Sie gerne tun, aber dürfen es nicht?
Was wollen Sie nicht tun, aber müssen es tun?
Was möchten Sie gerne tun, aber können es nicht tun?
Was sollen andere Menschen tun, obwohl Sie es nicht tun?
Was dürfen Sie nicht tun, tun es aber?
Was müssen Sie tun, tun es aber nicht gern?
?

To practice modals in V-L word order . . .

Selbstsicher[6]

F. *Say what you know.*

Ich weiß, { wo / wann / wie / daß / wen / was } {

ich muß unabhängig sein.
ich möchte viele Kinder haben.
ich soll nicht zunehmen.
ich kann neue Freunde kennenlernen.
ich möchte heiraten.
ich will reich werden.
ich soll nicht so viel rauchen.
zuviel Salz kann nicht gut für mich sein.
man kann schnell Deutsch lernen.
ich darf nicht zu viel fragen.
ich will wohnen.
ich will in der Zukunft tun.
?

[6]*Self-assured*

Klischees!

To practice subordinating conjunctions . . .

G. *Whoever can combine the best clichés wins the First Prize for Prejudice!*

Wir wissen, daß alle	Professoren	sind Bürokraten.
	Schweizer	sind Rebellen.
	Deutschen	arbeiten nie.
	Studenten	fahren Cadillacs.
	Männer	gehören zur Mafia.
	Frauen	denken nur an Sex.
	Mexikaner	sind autoritär.
	Italiener	haben viel Geld auf der Bank.
	Franzosen	sind Männer-Chauvinisten.
	Amerikaner	haben es immer eilig.
	?	arbeiten auch am Wochenende.
		?

Ja, warum?[7]

To practice V-L word order . . .

H. *Tell why you are going to college. (A to B, B to C, etc.)*

Warum studierst du? Weil	ich will Arzt/Ärztin werden.
	ich will Lehrer/Lehrerin werden.
	ich möchte Deutsch lernen.
	die Eltern wollen es.
	eine Freundin studiert hier.
	ein Freund studiert hier.
	ich will eine Frau finden.
	ich will einen Mann finden.
	der Staat zahlt für alles.
	ich kann keinen Job finden.
	?

Kleine Worte, große Konsequenzen[8]

To practice coordinating conjunctions . . .

I. *Make a statement about yourself by joining items from each column.*

Ich kann Deutsch gut verstehen,		auch Volleyball.
Ich liebe alle Mädchen,		ich verdiene kein Geld.
Ich liebe nicht nur einen Menschen,		ich bekomme kein „A".
Entweder ich studiere mehr,	aber	es macht viel Spaß.
Ich spiele gern Tennis	oder	viele Menschen.
Ich zahle keine Rechnungen,	sondern	ich spreche es nicht.
Ich wohne nicht allein,	denn	ich möchte ihn (sie)
Ich bin noch ledig,	und	einladen.
Ich möchte ihn (sie) kennenlernen,		ich will noch unabhän-
?		gig bleiben.
		das ist zu teuer.
		?

Parodie

To practice vocabulary . . .

J. *Do you have a satiric vein? How would your mother and father respond if you said the following?*

[7]*Why, indeed?*   [8]*Little words, big consequences.*

1. Sie: „Vater, ich wohne jetzt mit einem Mädchen/Jungen zusammen."
   Vater: „_____!"
2. Sie: „Mutter, ich will nie heiraten!"
   Mutter: „_____."

Was ist das
Gegenteil?

K. *The student who first calls out the correct antonym from the B column gets to say the next word in the A column.*

A		B	
froh	schwer	nie	nach
erlaubt	genug	unglücklich	verboten
lieb	falsch	leicht	richtig
vor	nichts	böse	sicher
zusammen	immer	antworten	allein
vielleicht	fragen	zu wenig	alles

To practice word order after conjunctions.

Ganz persönlich

L. *Complete the sentences as you wish.*

Ich bin heute glücklich, weil_____.
Ich liebe Musik, denn_____.
Fragen Sie mich bitte nicht, was_____!
Ich weiß nicht, warum_____.
Ich bin immer glücklich, obwohl_____.
Ich will nicht heiraten, sondern_____.
Es tut mir leid, daß_____.
Ich habe keine Angst, weil_____.
Ich bin immer pünktlich, denn_____.
Ich frage oft, wie_____.
Ich weiß nicht, wen_____.
Wer weiß, wem_____?
Es tut mir leid, wenn_____.
Ich bin stolz, weil_____.
Es gefällt mir nicht, daß_____.
Entschuldigen Sie bitte, aber_____.
Das macht nichts, wenn_____.
?

To practice telling time . . .

Leben Sie nach
der Uhr?

M. *Do you live by the clock? Tell us your timetable.*

1. Ich stehe um_____auf.
2. Ich esse um_____Frühstück°.   breakfast
3. Ich gehe um_____auf die Universität/aufs College.
4. Die Deutschstunde beginnt um_____.
5. Um_____esse ich zu Mittag°.   eat lunch
6. Um_____gehe ich nach Haus.
7. Um_____esse ich zu Abend°.   eat dinner
8. Ich gehe um_____ins Bett°.   bed
9. ??????

„Du willst doch später Kinder haben. Oder nicht?"

Kapitel 7

Wir haben es nicht so eilig

Bevölkerungsexplosion kontra Nullwachstum (vom „Babyboom" zum „Pillenknick")

DIALOG Wir haben es nicht so eilig

Personen   Frau Elisabeth Keller (Liselottes Mutter)
            Frau Liselotte Stein (Frau Kellers verheiratete Tochter)

Mutter   Liselotte, wie lange seid ihr jetzt schon verheiratet?

Tochter Im Herbst sind es drei Jahre.

Mutter   Was, so lange schon? Wie die Zeit vergeht!
             Hast du diesen Artikel gelesen? *(zeigt auf die Zeitung).*

Tochter Welchen?

Mutter   Da, über das „Nullwachstum".

Tochter Nullwachstum?

Mutter   Ja, letztes Jahr hat die Bevölkerung in Deutschland wieder
             abgenommen.

Tochter Aha, jetzt verstehe ich! Da hast du wohl an Klaus und mich
             gedacht.

Mutter   Nicht direkt, aber ich habe nach drei Jahren schon zwei Kinder
             gehabt.

Tochter Das bedeutet aber nicht, daß jedes Ehepaar nach drei Jahren
             schon Kinder haben muß.

Mutter   Das habe ich auch nicht gesagt, aber ihr wollt doch eine
             Familie haben. Oder nicht?

Tochter Glaub' mir, Mutti, Klaus und ich haben über dieses Thema
             schon oft gesprochen.

Mutter   Und ...?

Tochter Wir haben es nicht so eilig. Bis jetzt haben wir andere
             Pläne gehabt. Ich habe mitverdient, wir haben für ein neues
             Auto gespart, wir sind viel gereist und ...

Mutter   ... und ich habe noch keine Enkel bekommen!

Tochter *(mit dem Arm um die Mutter)* Mutti, du kennst doch das
             Sprichwort: „Was nicht ist, kann noch werden ..."

Wortschatz zum Dialog

new nouns (active vocabulary)

der **Arm, -e**	arm	der **Herbst**	autumn
der **Artikel, -**	article	das **Nullwachstum**	zero population growth
die **Bevölkerung**	population	der **Plan, -̈e**	plan
das **Ehepaar, -e**	married couple	das **Sprichwort, -̈er**	proverb, saying
der **Enkel, -**	grandchild m	das **Thema, die Themen**	subject, topic, theme
die **Familie, -n**	family	die **Tochter, -̈**	daughter

new verbs (active vocabulary)

ab·nehmen (nimmt ab), *to decrease*   **mit·verdienen,** *to earn* (additional   **vergehen,** *to pass (by)*
pp. **abgenommen**   pp. **mitverdient**   family income)   pp. **ist vergangen**

other words (active vocabulary)

direkt   *direct(ly)*   **letzt-** *last*
jede (jeder, jedes) *every, each*   **wohl**   *probably, apparently*

special and idiomatic expressions

das habe ich auch nicht gesagt   *I didn't say that, did I?*
was nicht ist, kann noch werden   *what hasn't happened yet can still happen (All*
                                            things come to those who wait.)
wir haben es nicht so eilig   *we are in no hurry*

FRAGEN ZUM DIALOG   *Close your books and listen to what your instructor reads aloud. Then say whether the correct answer is A, B, or C.*

1. Seit wann ist Liselotte verheiratet?
   A. Seit fünf Jahren.
   B. Seit zwei Jahren.
   C. Seit drei Jahren.

2. In der Zeitung steht ein Artikel über
   A. die Untergrundbahn.
   B. die Autobahn.
   C. die Bevölkerungszahl.

3. Die Bevölkerung
   A. nimmt ab.
   B. nimmt mit.
   C. nimmt zu.

4. Liselotte und Klaus wollen
   A. nie Kinder haben.
   B. nur ein Kind haben.
   C. vielleicht später Kinder haben.

5. Frau Keller ist Mutter von
   A. vier Kindern.
   B. zwei Kindern.
   C. drei Kindern.

6. Liselotte
   A. bleibt immer zu Haus.
   B. verdient Geld.
   C. hat ein Haus.

7. Die Mutter möchte
   A. Kinder bekommen.
   B. Enkel bekommen.
   C. Besuch bekommen.

PERSÖNLICHE FRAGEN

1. Wieviele Kinder sind in Ihrer° Familie?   your
2. Möchten Sie Kinder haben? Wenn ja, warum? Wenn nein, warum nicht?
3. Glauben Sie, daß es zu viele Menschen auf der Welt gibt? Wo, zum Beispiel?

4. Sparen Sie Geld? Was wollen Sie mit dem Geld machen? Was möchten Sie mit dem Geld kaufen?
5. Sind Sie schon viel gereist? Wohin, zum Beispiel?

AUSSPRACHE
ÜBUNG

German **o** versus German **ö**

schon	*already*	**schön**	*beautiful*
die **Tochter**	*daughter*	die **Töchter**	*daughters*
er **konnte**	*he was able*	er **könnte**	*he could*
der **Ofen**	*oven*	die **Öfen**	*ovens*
der **Gote**	*the Goth*	**Goethe**	*(German poet)*
die **Toten**	*the deceased*	**töten**	*to kill*
ich **stoße**	*I push*	die **Stöße**	*blows*

GRAMMATIK   Theorie und Anwendung

1. Present perfect: conversational past

Beispiele

Haben Sie diese Reklame **gesehen?**

Have you seen this ad?

Die Bevölkerungsexplosion **ist** ein Problem **geworden.**

The population explosion has become a problem.

Die Lösung des Problems **hat** man bis jetzt nicht **gefunden.**

The solution to the problem has not yet been found.

In der BRD **ist** die Bevölkerungs- zahl nicht mehr **gestiegen.**

In the FRG the population has no longer increased.

What are the tenses? German, like English, has five major tenses—present, past, present perfect, past perfect, and future. So far, we have been dealing with the present tense. The table gives an overview of the tenses.

a) *Present* (Chapter 1) Die Reklame **spielt** eine große Rolle.	*Advertising* plays *a major role.*
b) *Past* (Chapter 8) Die Reklame **spielte** eine große Rolle.	*Advertising* played *a major role.*
c) *Present Perfect* (Chapter 7) Die Reklame **hat** eine große Rolle **gespielt.**	*Advertising* has played *a major role* (played *a major role*).
d) *Past Perfect* (Chapter 12) Die Reklame **hatte** eine große Rolle **gespielt.**	*Advertising* had played *a major role.*
e) *Future* (Chapter 10) Die Reklame **wird** eine große Rolle **spielen.**	*Advertising* will play *a major role.*

Importance of present perfect To describe an event in the past, German usually uses the present perfect, unlike English, which generally uses the past tense. As a result, the German present perfect is known as the "conversational" past. It is, therefore, a key tense in learning German, one you will be using more frequently than the actual past tense.

Compound tense The present perfect in German, as in English, is a "compound" tense formed with an auxiliary plus a past participle. Most German verbs form their present perfect with the auxiliary **haben**. Some, however, require **sein** as the auxiliary.

AUXILIARY	**PAST PARTICIPLE**
Die Debatte **hat**	erst **begonnen.**
The debate has	*only begun.*

2. Position of the past participle

In a *main* clause, the past participle is placed at the end of the clause.

Was **hat** in Deutschland zum Null- wachstum **geführt?**	*What* [has] *led to zero population growth in Germany?*

In a *dependent* clause, the past participle comes immediately before the conjugated verb. The conjugated verb comes at the very end of the clause. (See Chapter 3 for a discussion of word order in dependent clauses.)

Wer weiß, was in Deutschland zum Nullwachstum **geführt hat?**	*Who knows what* [has] *led to zero population growth in Germany?*

ANWENDUNG   **A.** *Form a sentence by rearranging all the units below in their correct word order.*

1. du/hast/?/diesen Artikel/gelesen/
2. gedacht/Sie/an Klaus/haben/
3. haben/wir/gesprochen/schon oft/über dieses Thema/
4. bekommen/haben/nach drei Jahren/sie/endlich/ein Kind/

B. *Complete the sentence or question, making any necessary changes in the word order of the cue statement.*

1. Wir haben für ein Haus gespart.
   Du weißt, daß _____ .
2. Sie hat nach drei Jahren schon zwei Kinder gehabt.
   Sie ist glücklich, daß _____ .
3. Wir haben geheiratet.
   Warum wollen Sie wissen, wann _____ ?
4. Er hat geheiratet.
   Warum glaubst du, daß _____ ?

3. haben or sein as auxiliary in the present perfect

Which auxiliary? The King James Version of the Bible sometimes uses the verb *to be* as the auxiliary in the present perfect ("Christ *is* come," "Christ *is* risen"). In modern English, however, the present perfect tense is always formed with the auxiliary *to have*. Although most German verbs also use the auxiliary **haben** *to have,* some require the use of the auxiliary **sein** *to be.* The verbs that require **sein** are easy to remember because, like the antiquated English in the examples above, almost all of them denote either *a change of place* or *a change in condition.*

Conjugate the auxiliary in the present tense form

haben

Die Anti-Baby Pille **hat** eine große Rolle gespielt.

The Pill [has] played an important role.

sein

1,5 Millionen Deutsche **sind ausgewandert.** (Change of place)

Die Bevölkerungszahl **ist größer geworden.** (Change in condition)

1.5 million Germans [have] emigrated.

The population [has] increased.

Sein: *Verb must be intransitive*

An additional factor also determines whether a German verb is conjugated with **haben** or **sein.** To be conjugated with **sein,** a verb must be intransitive—that is, it must never take a direct object.

NO DIRECT OBJECT

Ich **bin** mit dem Auto **gefahren.**   *I went by car.*

WITH DIRECT OBJECT

Ich **habe** den BMW **gefahren.**   *I drove the BMW.*

ANWENDUNG   **A.** *Supply the correct form of* **haben** *or* **sein.**

1. Wann _____ Fräulein Schwarz gekommen?
2. Ich _____ den Film noch nicht gesehen.
3. Er _____ am Wochenende gearbeitet.
4. Viele Deutsche _____ nach Amerika ausgewandert.
5. Leider _____ die Preise wieder gestiegen.
6. Sie _____ heute Mutter geworden.
7. Wo _____ du heute Tennis gespielt?
8. Wir_____nur zwei Tage in Hamburg gewohnt.
9. _____ ihr den Kindern geholfen?

We, too!
bleiben,
geschehen,
passieren,
gelingen, sein

Five verbs that do not meet all conditions for requiring **sein** as the auxiliary, but are also conjugated with **sein,** are the following.

bleiben *to remain*

Nicht alle diese Flüchtlinge **sind** in der BRD **geblieben.**

Not all these refugees have remained in the FRG.

geschehen, passieren *to happen*

Was **ist geschehen (passiert)?**

What has happened?

gelingen *to succeed*

Nur wenigen Menschen ist die Flucht **gelungen.**

Only a few people have succeeded in the escape/in escaping.

sein *to be*

Diese Frage **ist** schon immer von Interesse **gewesen.**

This question has always been of interest.

4. Formation of the past participle

Like English verbs, German verbs fall into two basic groups: regular, or weak verbs, and irregular, or strong verbs. The difference lies in how these verbs form their past tense and past participle.[1]

Group 1
ge + *stem* + **-(e)t**

a) *Regular, or weak verbs.* The past participle of most German weak verbs is formed by adding to the stem the prefix **ge-** and the suffix **-t** (**-et** for verbs with stems ending in **t** or **d**).

[1]See Reference Grammar for a list of all common strong verbs. In the Wörterverzeichnis an asterisk (*) indicates that the verb is conjugated with **sein.**

Frankfurt am Main:
die alte und die
neue Stadt.

hören *to listen* **ge**hört		**landen** *to land* **ge**landet
zeigen *to show* **ge**zeigt		**antworten** *to answer* **ge**antwortet

Weak verbs do not change their stem vowel in the past participle.

lernen *to learn*	Ich habe es gelernt.	*I [have] learned it.*
sparen *to save*	Wir haben Geld gespart.	*We [have] saved money.*
reisen *to travel*	Bist du viel gereist?	*Have you traveled a lot?*

ANWENDUNG   **A.** *Restate in the present perfect.*

1. Ich habe keine Zeit.
2. Er tanzt gern.
3. Spielst du Tennis?
4. Ihr antwortet richtig.
5. Wann arbeiten Sie?
6. Ich frage ihn.
7. Wir landen in Frankfurt.
8. Es regnet hier oft.

Group 2
ge + *stem*
vowel change
+ **-(e)n**

b) *Irregular, or strong verbs.* The past participle of strong verbs is formed by adding the prefix **ge-** and the suffix **-(e)n** to the stem.

kommen *to come*   **ge**kommen   **geben** *to give*   **ge**geben

A vowel change occurs in the past participle of most strong verbs.[2] This vowel change cannot easily be predicted.

[2]But *all* strong verbs undergo a vowel change in the past tense. (See Chapter 8, p. 189.)

finden *to find*
Ich habe es gefunden.   *I have found it. (I found it.)*

sprechen *to speak*
Ich habe über dieses Thema   *I have spoken (I spoke) about this*
  gesprochen.   *topic.*

schreiben *to write*
Ich habe einen Brief geschrieben.   *I have written (I wrote) a letter.*

ANWENDUNG   **B.** *Restate in the present perfect. Try to form the past participle without referring to the list below. Some verbs require* **sein.**

1. Wir vergleichen die Annoncen.   7. Er trinkt nie Bier.
2. Ich bin in der BRD.   8. Liest du das Lesestück?
3. Aspirin hilft mir immer.   9. Was gibt es hier?
4. Ich nehme nie Aspirin.   10. Ich finde eine Wohnung.
5. Er spricht mit dem Piloten.   11. Sie schreibt mir oft.
6. Du läufst zu schnell!   12. Wie heißt der Film?

finden, gefunden   laufen, gelaufen   sein, gewesen
geben, gegeben   lesen, gelesen   sprechen, gesprochen
heißen, geheißen   nehmen, genommen   trinken, getrunken
helfen, geholfen   schreiben, geschrieben   vergleichen, verglichen

SYNOPSIS   *Restate in the present perfect. The exercise includes both weak and strong verbs.*
EXERCISE
1. Kaufen Sie ein Auto?
2. Ich warte schon lange.
3. Es tut mir leid.
4. Wo sitzen Sie im Konzert?
5. Wir sprechen oft Deutsch.
6. Was essen Sie heute?
7. Macht er das immer?

essen, gegessen   sprechen, gesprochen
sitzen, gesessen   tun, getan

5. Mixed verbs

In the English sentences *I bring it today, I brought it yesterday,* or *I catch it today, I caught it yesterday,* you will notice that the English verbs *bring* and *catch* combine in their past forms both the characteristic "strong" vowel change and the characteristic "weak" ending in a dental sound (-*t* or -*d*). In German, verbs that "mix" these two characteristics are known as "mixed verbs."

Bravo! Bravo! Konzert in der Berliner Philharmonie.

German has six major mixed verbs.[3]

PRESENT	PRESENT PERFECT	
kennen *to know*	Ich habe sie **gekannt.**	*I have known her.*
nennen *to name, call*	Er hat mich einen Dummkopf **genannt.**	*He has called me stupid.*
rennen *to run*	Wir sind zwei Kilometer **gerannt.**	*We have run two kilometers.*
bringen *to bring*	Ich habe es **gebracht.**	*I brought it.*
denken *to think*	An das habe ich nie **gedacht.**	*I never thought of that.*
wissen *to know*	Das habe ich nicht **gewußt.**	*I didn't know that.*

ANWENDUNG

A. *Restate in the present perfect.*

1. Ich kenne Karin gut.
2. Er nennt mich einen Dummkopf.
3. Er rennt in zwei Minuten um den Campingplatz.
4. Ich bringe Renate nach Haus.
5. Ich denke immer an dich.
6. Das weißt du nicht?

[3]The past participle of the modals, except for **wollen** and **sollen**, is "mixed": **dürfen— gedurft; können—gekonnt; mögen—gemocht; müssen—gemußt.** The past participle of modals is rarely used.

6. Principal parts of verbs

The principal parts of a German verb are the infinitive, the past tense, and the past participle. Dictionaries usually indicate the principal parts by listing only the infinitive and (in the case of strong verbs) the vowel changes that occur in the past and in the past participle.

INFINITIVE	PAST	PAST PARTICIPLE
kommen, a, o	**kam**	**gekommen**

A vowel change in the **du-** and **er/sie/es**-forms of the present tense (see Kapitel 12) is usually indicated in parentheses right after the infinitive.

INFINITIVE	PRESENT	PAST	PAST PARTICIPLE
sprechen (i), a, o	er **spricht**	er **sprach**	**gesprochen**

ANWENDUNG

A. *Restate in the present perfect. Use the vowel cue in forming the past participle.*

1. (finden, a, u)   Ich finde das Buch gut.
2. (geben [i], a, e)   Er gibt ihr das Geld.
3. (fliegen, o, o)   Wir fliegen oft nach Europa.
4. (bleiben, ie, ie)   Wir bleiben nicht lange.
5. (tun, a, a)   Ich tue es gern.
6. (sprechen, [i], a, o)   Ich spreche immer Deutsch.

Other changes

A few verbs change more than the stem vowel. Some (like **stehen, nehmen**) change the entire stem. Others (like **essen**) add an extra letter.

stehen, stand, ge**stand**en
essen (ißt), aß, ge**g**essen
nehmen (nimmt), nahm, ge**nomm**en
gehen, ging, ge**gang**en

When in doubt, it is best to look up the principal parts of a new verb in the list in the Reference Grammar, where the complete forms are indicated.

7. Separable and inseparable prefix verbs in the present perfect

Separable prefix verbs
*prefix + **ge** + stem*

The past participle of verbs with separable prefixes (see Chapter 3) is formed by placing **-ge-** between the prefix and the stem of the past participle.

zunehmen

Die Bevölkerung hat zuge-
nommen.

The population has increased.

auswandern

Viele sind aus**ge**wandert.

Many emigrated.

ANWENDUNG   **A.** *Complete with the past participle of the cue verb and give the English equivalent.*

1. (nehmen [i], a, o)   Ich habe den Zug _____ .
2. (zunehmen [i], a, o)   Die Bevölkerung hat wieder _____ .
3. (kommen, a, o)   Wann ist die Post _____ ?
4. (ankommen, a, o)   Der Zug ist pünktlich _____ .
5. (rufen, ie, u)   Karl, man hat dich _____ !
6. (anrufen, ie, u)   Wer hat dich _____ ?

Inseparable
prefix verbs
*No **ge**-!*

Other German verbs are formed with inseparable prefixes. The most common inseparable prefixes are **be-, emp-, ent-, er-, ge-, ver-,** and **zer-.** Verbs with inseparable prefixes do not use **ge-** in forming their past participle. Compare the following examples.

gehen *to go*

Er ist ins Kino **gegangen.**

He went to the movies.

fortgehen *to leave* (separable prefix)

Er ist eben **fortgegangen.**

He just went away.

vergehen *to pass* (inseparable prefix)

Die Zeit ist schnell **vergangen.**

Time passed quickly.

Beispiele

Die Flucht nach dem Westen ist **ge**lungen.

The flight to the West (has) succeeded.

Die Debatte hat **be**gonnen.

The debate has begun.

Mit dieser Reklame hat die Firma viel Kunstdünger **ver**kauft.

Through this ad the firm has sold a lot of fertilizer [artificial manure].

Wir haben den kritischen Punkt **er**reicht.

We have reached the critical point.

ANWENDUNG   **B.** *Restate in the present perfect.*

1. Ich komme gern.
2. Ich bekomme einen Brief.
3. Der Artikel steht in der Zeitung.
4. Sie versteht den Artikel.
5. Ich suche dich.
6. Ich besuche dich.
7. Wo kaufen Sie diese Platte?
8. Wo verkauft man die Platte?

C. *Supply the past participle of the cue infinitive.*

1. (gehören)   Dieses Auto had mir früher_____.
2. (verdienen)   Ich habe viel Geld_____.
3. (enthalten [ä], ie, a)   Wieviel Deziliter hat die Flasche_____?
4. (bedeuten)   Es hat nichts_____.
5. (bekommen, a, o)   Das habe ich nie_____.
6. (vergessen [i], a, e)   Ich habe das Wort_____!
7. (erreichen)   Haben Sie Karl am Telefon_____?
8. (vergleichen, i, i)   Hast du die Preise_____?
9. (zerstören°)   Ein Atomkrieg hat alles_____.   destroy

Verbs ending in
-ieren
No **ge-***!*

Verbs whose infinitive ends in **-ieren** do not use the prefix **ge-** in forming the past participle. This is a small group of verbs; they are generally of Latin or French origin.

Beispiele

Man **hat** viel über die Bevölke-rungsexplosion **diskutiert**.

The population explosion has been discussed a lot.

Viele Leute **haben** für das Null-wachstum gut **argumentiert**.

Many people have argued well for zero population growth.

ANWENDUNG

D. *Restate using the present perfect tense.*

1. Ich studiere in Heidelberg.
2. Wieviele Uhren produziert die Schweiz dieses Jahr?
3. Man identifiziert das Problem.
4. Ich annonciere für eine Partnerin/einen Partner in der Zeitung.
5. Die Eltern akzeptieren das Zusammenwohnen nicht.

Summary of past
participle
formation

Both weak and strong verbs use the prefix **ge-**. Weak verbs add the ending **-(e)t**. Strong verbs add the ending **-(e)n**, and often change the stem vowel.

WEAK VERBS   **ge-** + no vowel change + **-(e)t**

STRONG VERBS   **ge-** + possible vowel change + **-(e)n**

Verbs with an inseparable prefix, and verbs ending in **-ieren**, do not use **ge-**. Verbs with a separable prefix insert **-ge-** between the prefix and the stem.

SYNOPSIS
EXERCISES

A. *Supply the past participle. This exercise contains strong, weak, and mixed verbs, verbs that do not use the* **ge-** *prefix, and verbs with separable and inseparable prefixes.*

1. (lesen)   Hast du diesen Artikel _____?
2. (denken)   Ich habe nur an dich _____.
3. (verstehen)   Endlich habe ich _____!
4. (haben)   Haben Sie wieder Kopfschmerzen _____?

5. (sein)   Sie ist Pilotin _____ .
6. (reisen)   Er ist nach Japan _____ .
7. (studieren)   Wo hast du _____ ?
8. (bekommen)   Wann habt ihr ein Kind _____ ?
9. (ankommen)   Ist der Brief _____ ?
10. (diskutieren)   Wann habt ihr die Frage _____ ?
11. (mitnehmen)   Er hat die Zeitung _____ .
12. (bringen)   Has du ihr das Buch _____ ?

B. *Now show your expertise in word order and in whether to use* **sein** *or* **haben.**
Restate each sentence or question in the present perfect.

1. Wann steht Karl auf?
2. Er spielt oft Tennis.
3. Hoffentlich falle ich bei der Prüfung nicht durch!   durchfallen (ä), ie, a
4. Das weiß ich nicht.
5. Kennst du ihn auch?
6. Die Idee des Zusammenwohnens schockiert mich nicht.
7. Sie kommen nicht mit.
8. Was annoncieren Sie in der Zeitung?

C. *Answer as shown in the model.*

> Ich diskutiere oft mit ihm. (du)
> Hast du oft mit ihm diskutiert?

1. Du kennst ihn. (er)
2. Wir stellen das Bier auf den Tisch. (Hans)
3. Der Preis steigt wieder. (die Temperatur)
4. Er nimmt fünf Kilo ab. (du)
5. Wir denken oft an sie. (ihr)
6. Wir verdienen auch mit. (Erika)
7. Ihr sprecht nie über ihn. (der Arzt)
8. Ich bekomme die Auskunft von ihm. (ihr)

D. *Now answer as shown in the model using* **schon.**

> Spielen Sie heute Tennis? (ich)
> Nein, ich habe schon Tennis gespielt.

1. Habt ihr heute die Prüfung? (wir)
2. Kaufen Sie das Haus? (die Eltern)
3. Liest du das Buch? (ich)
4. Öffnest° du den Brief? (Ingrid)   to open
5. Bekommen sie das Geld? (sie)
6. Sprechen Sie über das Nullwachstum? (wir)
7. Antwortet Erika auf die Frage? (ihr)
8. Studiert ihr heute? (wir)
9. Bezahlst du die Rechnung? (Günter)

8. der-words

Beispiele

Haben Sie **diese** Reklame gesehen?	*Have you seen* this *ad?*
Es gibt viele Meinungen zu **dieser** Frage.	*There are many opinions regarding* this *question.*
Die Firma will mit **solchen** Reklamen viel mehr verkaufen.	*The firm wants to sell more with* such *ads.*
Die Bevölkerungsexplosion ist für **jedes** Land ein Problem.	*The population explosion is a problem for* every *country.*
Die BRD gehört zu **diesen** Ländern.	*The FRG belongs to* these *countries.*
Welchen Artikel hast du gelesen?	*Which* article did you read?

Forms   German has a group of determiners known as **der**-words or **dieser**-words which change their endings exactly like **der, die, das**.[4] **Dieser** is a prime example. The ending to use with **dieser** depends on the gender, number, and case of the noun it modifies. The stem of **dieser** is **dies-;** to it add the **der**-word endings, illustrated in the following table.

	MASCULINE	FEMININE	NEUTER	PLURAL
NOMINATIVE	dies**er**	dies**e**	dies**es**	dies**e**
ACCUSATIVE	dies**en**	dies**e**	dies**es**	dies**e**
DATIVE	dies**em**	dies**er**	dies**em**	dies**en**
GENITIVE	dies**es**	dies**er**	dies**es**	dies**er**

der Mann—dies**er** Mann   das Kind—dies**es** Kind
die Frau—dies**e** Frau   die Kinder—dies**e** Kinder

To find the stem of any **der**-word, drop **-er.** Here are the stems of all common **der**-words.

dies-   *this, that, these; the latter*
jed-   *each, every* (used only in singular)
jen-   *that, those; the former* (occurs rarely)
manch-   *many a, several, some*
solch-   *such, such a*
welch-   *which*

[4]"Determiner" is a linguistic term. It is a word that usually precedes a noun and helps to "determine" it, that is, to show gender, number, and case. See Chapter 2, p. 37 for a declension of the definite article.

ANWENDUNG   **A.** *Replace the underlined definite article by the appropriate form of the cue* **der**-*word.*

1. (dies)   Hast du den Artikel gelesen?
2. (dies)   Haben Sie über das Thema gesprochen?
3. (jed)   Das Ehepaar darf nur ein Kind haben.
4. (jed)   Wir haben mit dem Ehepaar gesprochen.
5. (solch)   Was machen wir bei dem Wetter?
6. (manch)   In den Fragen hat sie recht.
7. (welch)   Das Sprichwort kennst du nicht?
8. (welch)   Den Plan habt ihr?
9. (dies)   Was ist die Adresse des Herrn?
10. (dies)   Was ist der Name der Frau?

9. Prepositions governing the genitive

Four major prepositions require the use of the genitive: **anstatt** (often shortened to **statt**) *instead of*, **trotz** *in spite of*, **während** *during*, and **wegen** *because*.

Beispiele

Anstatt eines Kindes haben sie einen Hund.	*Instead of a child they have a dog.*
Sie wohnen **trotz** des Protests der Eltern zusammen.	*They live together in spite of the parents' protest.*
Während des Semesters wohnt er bei den Eltern.	*During the semester he lives with his parents.*
Sie dürfen **wegen** der Eltern nicht zusammenwohnen.	*They may not live together because of the parents.*

Note: Germans have a growing tendency to use the dative with **wegen** and **statt**. It is quite common to hear **Wegen dem Regen** ... instead of **Wegen des Regens** ... *Because of the rain* ...

ANWENDUNG   **A.** *Complete the sentences with an appropriate preposition.*

1. Wir sind _____ des Verkehrs pünktlich.
2. _____ des Semesters arbeite ich nicht.
3. Wir können _____ der Inflation nicht viel kaufen.
4. Ich will Benzin sparen. So habe ich ein Motorrad _____ eines Autos.
5. Ich kann _____ des schlechten Wetters nicht kommen.

B. *Answer the question by giving the genitive of the cue expression. Follow the format Student A to Student B, B to C, and so on.*

1. (der Sommer)   Wann verdienst du Geld? Während _____ .

2. (der Zucker°) Warum hast du Kaugummi nicht   sugar
gern? Wegen _____ .
3. (das Wetter) Du fliegst heute? Ja, ich muß. Trotz _____ .
4. (die Butter) Wie kommt es, daß du so schlank bist? Statt _____ hier
esse ich Margarine.

⚠ **Vorsicht!**   Fehlergefahr!

> Do not confuse the preposition **während** *during* with the subordinating conjunction **während** *while, whereas*. **Während** *during* is followed immediately by a noun in the genitive. **Während** *while* is followed by a subject and verb, and causes V-L word order.
>
> | | |
> |---|---|
> | **Während des Tages** arbeite ich. | *During the day I work.* |
> | **Während** sie Tag und Nacht arbeitet, tut er nichts. | *While she works day and night, he does nothing.* |

ANWENDUNG   **C.** *Complete the sentences, rearranging the cue words in the correct order.*

1. Fritz ist sehr sympathisch, _____ .
(Karl/unsympathisch/während/ist)
2. Fritz _____ .
(die Nacht/während/angekommen ist)
3. Du findest die Preise teuer, _____ .
(während/sie/billig/ich/finde)
4. Ich _____ .
(der Sommer/während/fahren/nach Haus)

Substitute for   The genitive indicating possession is frequently replaced by **von** + dative.
genitive
Das ist **Ingrids** Freund.
Das ist der Freund **von Ingrid.**

ANWENDUNG   **D.** *Replace the genitive with a* **von** *construction.*

1. Wissen Sie die Adresse der Kinder?
2. Das ist das Auto meines Freundes.
3. Das Dirndl dieser Frau gefällt mir.

LESESTÜCK   Bevölkerungsexplosion kontra Nullwachstum (vom „Babyboom" zum „Pillenknick"°

sharp drop (due to pill)

Haben Sie diese Reklame im Fernsehen gesehen? Auf einem großen Feld steht ein langer Tisch. Die Reklame sagt: „... und 219.000 neue Gäste kommen heute zum Essen." Eine Firma will mit solchen Reklamen mehr Kunstdünger° verkaufen.

artificial fertilizer

Aber es geht hier um mehr, um sehr viel mehr! Die „Bevölkerungsexplosion" ist ein großes Problem geworden. Für Wissenschaftler, aber auch für Philosophen und Theologen, ist die Frage „wieviel Menschen sind zuviel Menschen" schon seit vielen Jahren von Interesse gewesen. Jetzt fragen auch die Politiker: „Wann erreichen wir den kritischen Punkt dieser Bevölkerungsexplosion?"

Ist das Nullwachstum eine Lösung des Problems? Nullwachstum bedeutet, daß die Bevölkerung eines Landes konstant bleibt. Während die Bevölkerung der Erde in den letzten Jahren täglich um etwa 200.000 Menschen zugenommen hat, gibt es

Türken? Italiener? Jugoslaven? Es gibt über vier-Millionen Gastarbeiter in der Bundesrepublik.

einige Länder, wo das Nullwachstum Wirklichkeit geworden ist. Die Bundesrepublik Deutschland ist eines dieser Länder.

Was hat zum Nullwachstum geführt? Die Antibaby-Pille hat hier eine große Rolle gespielt. Seit den Sechziger Jahren haben Millionen deutscher Frauen die Pille genommen. Die Lebenskurve° der Deutschen in der Bundesrepublik (siehe Bild) zeigt das Ende des „Babybooms" und den Anfang des „Pillenknicks".   longevity curve

Aber es gibt auch andere Gründe für diese Entwicklung.° Bis 1960 sind Millionen von Flüchtlingen aus den früheren Gebieten Deutschlands und aus der Deutschen Demokratischen Republik in die Bundesrepublik gekommen. In den Sechziger Jahren ist dann die Bevölkerung durch Gastarbeiter aus dem Ausland noch größe° geworden.   development   larger

All das hat jetzt ein Ende gefunden. Seit dem Bau° der Berliner Mauer im Jahre 1961 ist nur noch wenigen Menschen die Flucht nach dem Westen gelungen. Die Zahl von Gastarbeitern in der Bundesrepublik hat seit 1974 nicht mehr zugenommen. Und seit 1974 hat es auch Geburtendefizite gegeben.   construction

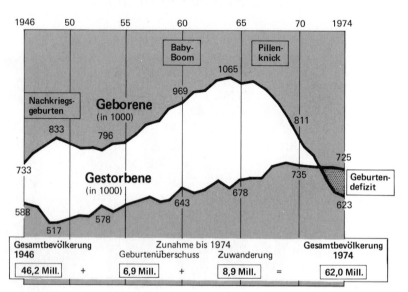

LEBENSKURVEN DER DEUTSCHEN
in der Bundesrepublik Deutschland

Die Berliner Mauer: Nur wenigen
Menschen gelingt die flucht
nach dem Westen.

Viele junge Ehepaare stehen vor der Entscheidung: Soll die Frau zu Hause bleiben oder soll sie mitverdienen? „Kleine (oder keine) Familie =° hoher Lebensstandard"—nach dieser Formel° leben heute viele deutsche Ehepaare. Über 40% aller Frauen in der BRD arbeiten außer Haus; mehr und mehr Frauen können und wollen heute Geld verdienen.

    gleich equals

    formula

Für manche Deutsche ist das Bevölkerungsproblem ein ethisches Problem geworden. Sie stellen die Frage: Warum wollen wir Kinder haben, wenn es in dieser Welt Energiekrisen, Umweltverschmutzung° und vielleicht Atomkrieg gibt?

    environmental pollution

Wie argumentiert man für das Nullwachstum? Im Jahre 1877 haben auf dem Gebiet der Bundesrepublik 20,4 Millionen Menschen gelebt; heute sind es 62 Millionen. Die Bevölkerung ist von 82 Menschen pro Quadratkilometer auf 247 Menschen gestiegen. Deutschland ist ein übervölkertes° Land. Die Lebensqualität ist in Gefahr. Es gibt nicht mehr genug Energie und Rohstoffe° für so viele Menschen. Wohin soll das führen?

    overpopulated

    raw materials

Und wie argumentiert man gegen das Nullwachstum? Wollen wir ein „sterbendes° Deutschland"? In den Siebziger Jahren hat es schon für sechs arbeitende Deutsche einen Rentner° gegeben. Wollen wir ein Land von Rentnern werden? Wer arbeitet für uns, wenn wir alt sind?

    dying

    retired person, retiree

Bevölkerungsexplosion oder Nullwachstum—die Debatte° hat erst begonnen ...

    debate

Aus *Kritisches Lesen,*
ein Lesebuch für das
7. Schuljahr.

Wortschatz zum Lesestück

new nouns (active vocabulary)

das **Ausland**	abroad, foreign countries	das **Gebiet**, -e	area
		die **Gefahr**, -en	danger
das **Bild**, -er	picture	der **Grund**, -̈e	reason
die **Energiekrise**	energy crisis	das **Interesse**, -n	interest
die **Erde**	earth	der **Krieg**, -e	war
das **Fernsehen**	television	die **Lösung**, -en	solution, answer
der **Gast**, -̈e	guest	die **Million**, -en	million
der **Gastarbeiter**, -	foreign worker (in the FRG)	die **Pille**, -n	pill, "the Pill"
		die **Zahl**, -en	number, figure

nouns (for recognition)

der **Anfang**, -̈e	beginning	die **Milliarde**, -n	billion
das **Feld**, -er	field	der **Politiker**, -	politician
die **Firma**, die **Firmen**	firm, company	der **Punkt**, -e	point
die **Flucht**	escape, flight	die **Wirklichkeit**	reality
der **Flüchtling**, -e	refugee		

new verbs (active vocabulary)

beginnen, pp **begonnen**	*to begin*	**gelingen,** pp **ist gelungen**	*to succeed*
erreichen, pp **erreicht**	*to reach*	**steigen,** pp **ist gestiegen**	*to rise, climb*
führen, pp **geführt**	*to lead*	**stellen,** pp **gestellt**	*to put*

verbs (for recognition)

argumentieren, pp **argumentiert**   *to argue*
(not "quarrel")

diskutieren, pp **diskutiert**   *to discuss*

The following strong verbs have been used in previous chapters. However, they appear for the first time as past participles in this chapter.

pp **gefunden (finden)**	*to find*	pp **ist gewesen (sein)**	*to be*
pp **gegeben (geben)**	*to give; to be (with* **es***)*	pp **ist geworden (werden)**	*to become*
pp **genommen (nehmen)**	*to take*	pp **zugenommen (zunehmen)**	*to increase*

other new words (active vocabulary)

einige *some, several*

zuviel(e) *too much, too many*

other words (for recognition)

außer (dat.)	*outside, out of*	**früher**	*former, formerly*	**kritisch**	*critical*
erst	*only now*	**konstant**	*constant, stable*	**manch-**	*many a, some*
ethisch	*ethical*				

special and idiomatic expressions

die Sechziger Jahre	*the Sixties*	**im Fernsehen**	*on television*
eine Frage stellen	*to ask a question*	**immer mehr**	*more and more*
für sechs arbeitende Deutsche	*for six working Germans*	**vor einer Entscheidung stehen**	*to face a decision*
		zum Essen	*to eat, to dinner*

FRAGEN ZUM LESESTÜCK

Antworten Sie auf deutsch!

1. Was sagt die Reklame im Fernsehen?
2. Für wen ist die „Bevölkerungsexplosion" von Interesse?
3. Was fragen jetzt die Politiker?
4. Was bedeutet „Nullwachstum"?
5. Was wissen wir über die Bevölkerungszahl in der Bundesrepublik seit 1974?
6. Wer ist bis 1960 in die Bundesrepublik gekommen?
7. Warum gibt es jetzt ein Nullwachstum in der Bundesrepublik?
8. Vor welcher Entscheidung stehen viele junge Ehepaare?
9. Welche Frage stellen manche Deutsche zum Bevölkerungsproblem?
10. Was sind Argumente für das Nullwachstum?
11. Was sind Argumente gegen das Nullwachstum?

SITUATIONEN

1. *You have been married to a German for two years. It is your wedding anniversary and your mother-in-law proposes a toast over dinner:* „Ich hoffe, bald Enkel zu bekommen!" *You reply with a toast of your own.*
2. *You are discussing the population explosion with a group of students. One says:* „Wir haben nicht genug Energie und Rohstoffe für so viele Menschen auf der Welt." *You give your opinion.*
3. *You are explaining population problems in Germany to a German. He asks:* „Was hat zu dem Nullwachstum geführt?" *You cite several reasons.*
4. *You are a politician running for the* Bundestag, *the West German parliament. After your speech against* „ein sterbendes Deutschland", *somebody asks you:* „Sind Sie für oder gegen die Pille?" *You reply, remembering that you want to get elected.*

SCHRIFTLICH WIEDERHOLT

A. *Was haben Sie über die Bevölkerungsexplosion gelesen oder gehört? Complete each sentence, using a verb in the present perfect tense.*

1. Die Bevölkerung ...
2. Das Nullwachstum ...
3. Die Gefahr eines Atomkrieges ...   .
4. Die Antibaby-Pille ...
5. Die Zahl der Gastarbeiter ...
6. Die Debatte über dieses Problem ...

B. *Write a sentence or question using the present perfect tense.*

Beispiel   Erika/bereits/haben/andere Pläne
              Erika hat bereits andere Pläne gehabt.

1. es/gelingen/uns/nicht
2. die Preise/immer/steigen/letztes Jahr
3. viele Österreicher/auswandern/nach dem Krieg
4. während/zunehmen/einer Reise°/ich/immer   *trip*
5. wir/zu Haus/bleiben/am Wochenende
6. in Amerika/finden/er/viele Freunde
7. in der Konditorei/Kuchen/wir/essen
8. diese Frage/stellen/du/warum/immer wieder/?

C. *Express in German.*

1. Where did you *(formal singular)* read this article?
2. Not every refugee remained in the Federal Republic.
3. We haven't had such problems.
4. She has answered every question.
5. This salesperson helped every customer.

D. *Complete each sentence with the German equivalent of the English cue phrase.*

1. *(instead of a telegram)*   Ich sende einen Brief _____ .

2. *(because of the rain)* Sie kommen nicht _____ .
3. *(during vacation)* Er reist immer _____ .
4. *(in spite of the exam)* Du gehst zur Party _____ ?
5. *(because of the heart attack)* _____ darf er jetzt nicht Tennis spielen.

Sprechen leicht gemacht!

To practice the present perfect . . .

Generations-konflikt

A. *Student A plays the stern father* **(Typ: alte Schule).** *Student B plays the prospective son-in-law. Student B then plays the father, and so on. Be sure to select a past participle from the second column that appropriately answers the question. (Not all the suggested answers are appropriate.)*

Herr _____,
haben Sie
meine Tochter

{
geliebt?
geheiratet?
angerufen?
gesehen?
besucht?
bezahlt?
gesprochen?
eingeladen?
vergessen?
geküßt°?
?
}

Das hab' ich nicht
Das bin

{
gemacht.
verdient.
versucht°.   tried
gesagt.
verstanden.
gewesen.
getan.
?   kissed
}

. . . und jetzt umgekehrt[5]: Mutter und Tochter

Hast du ihn
schon

{
eingeladen?
geküßt?
besucht?
gefragt?
geheiratet?
vergessen?
geliebt?
?
}

Ja, das hab' ich
Nein, das hab' ich
nicht

{
versucht.
gekonnt.
gemacht.
getan.
?
}

Gesagt, getan![6]

B. *You are annoyed. Somebody — you know best who it is — is harassing you about doing certain things. He or she is in the living room, and you are in the kitchen making a peanut butter sandwich* **(Erdnußbuttersandwich).** *So he or she is yelling at you, and you yell back. Student A and Student B take alternate roles, in a chain drill.*

Beispiel Wann schreibst du endlich den Brief an
Großmutter°?   grandmother
Ich hab' ihn schon geschrieben!

---

[5] *. . . and now the other way around*   [6]*Said and done!*

Wann studierst du endlich Deutsch?	Ich hab' es schon _____ !
Wann rufst du endlich Mutter an?	Ich hab' sie schon _____ !
Wann liest du endlich ein Buch?	Ich hab' schon zwei Bücher _____ !
Wann bezahlst du endlich das Ferngespräch°?	Ich hab' es schon _____ ! long-distance call
Wann ißt du endlich den Käse?	Ich hab' ihn schon _____ !
Wann rauchst du endlich nicht mehr Zigaretten?	Ich hab' keine _____ !
Wann verdienst du endlich etwas Geld?	Ich hab' schon zwei Dollar _____ !
Wann gehst du endlich fort?	Jetzt sofort! Ich bin schon _____ !
?	Auf Wiedersehen! ?

Was haben Sie noch getan?

C. *Say what you did. Be sure to match words that make at least some sense.*

Gestern° { habe / bin } ich

{
mit der Katze
im Garten
nichts
Rock und Roll
kein Geld
einen Film
es eilig
keine Zigaretten
zu viel
ein gutes Geschäft
zum Arzt
zu schnell
einen Strafzettel[8]
die Schule
aggressiv
mit einem Hund
?
}

{
gegessen.
gespielt.
getanzt.
getan.
gegangen.
geschwänzt.[7]
bekommen.
gelacht°.   laughed
gearbeitet.
gedacht.   yesterday
geraucht.
gefahren.
gespart.
gemacht.
gehabt.
gesehen.
gewesen.
?
}

To practice the genitive with prepositions ...

Was mache ich?

D. *Say what you do by combining the items that reveal your secret life.*

Ich

{
tanze
wandere
arbeite
spiele
träume°
tue nichts
reise
?
}

während

{
die Deutschklasse.
die Nacht.
das Semester.
die Woche.
die Arbeit.   dream
die Ferien.
der Tag.
?
}

[7]**die Schule schwänzen** *to skip school*   [8]*traffic ticket* (**die Strafe** *penalty;* **der Zettel** *piece of paper*)

Vorliebe[9]   **E.** *What do you prefer?*

Statt {
ein Auto
eine Uhr
das Geld
ein Apfelstrudel
ein Wienerschnitzel
die Dollars
?
} möchte ich {
einen Sauerbraten.
einen Käsekuchen.
einen Hund.
einen Fernseher.
ein Moped/Mofa.
viel Freizeit.
?
}

wegen   **F.** *Say what it is that makes you act or feel the way you do.*

Wegen {
der Regen
die Prüfung
die Touristen
die Eltern
das Konzert
die Heiratsannonce
?
} {
trinke ich keine Limonade
muß ich pünktlich sein.
bin ich so unglücklich.
reise ich nicht gern.
studiere ich die ganze Nacht.
bin ich jetzt verheiratet.
bleibe ich heute zu Haus.
?
}

Trotzkopf   **G.** *Pretend you are a pigheaded character* (**Trotzkopf**) *who does things in spite of it all.*

Trotz {
die Polizei
das Verbot°
das Wetter
die Eltern
die Professoren
die öffentliche°
    Meinung
der Wein
die Sitte
?
} {
gebe ich nie Trinkgeld.
habe ich keine Angst.   ban/prohibition
stehe ich immer spät auf.
rauche ich in der Klasse.
mache ich, was ich will.
lebe ich in Alaska   public
habe ich lange Haare.
habe ich keine
    Kopfschmerzen.
?
}

To practice vocabulary . . .

Verliebt, verlobt, verheiratet, geschieden[10]   **H.** *Answer the questions with complete sentences. Select a word from the list, or choose some other appropriate word.*

1. Was suchen Sie in einem Mädchen/einer Frau?
    A. Intelligenz
    B. Scharm
    C. Liebe
    D. ?

---

[9]*Preference*   [10]*In love, engaged, married, divorced*

2. Was suchen Sie in einem Mann?
   A. Kraft°   strength
   B. Geld
   C. Zärtlichkeit°   tenderness
   D. alle drei und noch mehr

3. Was suchen Sie in der Ehe°?   marriage
   A. Kinder
   B. Gemütlichkeit°   coziness
   C. Treue°   faithfulness
   D. ?

4. Was suchen Sie im Leben?
   A. Sicherheit°   security
   B. Freiheit
   C. Geld
   D. Liebe

5. Was wollen Sie nicht?
   A. eine Scheidung°   divorce
   B. Kinder
   C. heiraten
   D. allein sein im Leben
   E. ?

Welches Wort paßt?

I. *Read the sentence out loud, completing it with the most appropriate word.*

Es gibt auch andere (Ehepaare/Gründe/Verlobte) für diese Entwicklung.
Die Flucht aus der DDR hat fast (aufgehört/erkannt/gefunden).
Die Qualität des Lebens ist (in Gefahr/außer Haus/kontra Nullwachstum).
Das hat jetzt ein Ende (begonnen/geführt/gefunden).

Richtig oder Falsch?

J. *Wie gut haben Sie das Lesestück gelesen? Sagen Sie „Richtig" oder „Falsch"!*

Deutschland ist ein übervölkertes Land.
Ein sterbendes Deutschland ist ein lebendes Deutschland.
Ein Rentner arbeitet nicht mehr.
Die Welt hat genug Rohstoffe.
Alle Flüchtlinge aus der DDR sind in der BRD geblieben.
Alle Gastarbeiter sind aus dem Ausland gekommen.
60% der deutschen Frauen sind Hausfrauen.
Die Berliner Mauer hat den Flüchtlingen geholfen.
In der BRD gibt es jetzt ein Nullwachstum.

Das Falkenhaus in Würzburg. Was entdeckte ein Professor an der Universität Würzburg?

Kapitel 8

Ein kleiner Quiz
1. The past tense: weak, strong, mixed verbs
2. The past tense of modals
3. Uses of the infinitive
4. Possessive adjectives and **ein**-words. Review and expansion.
5. Months of the year, seasons

Heinrich Schliemann: Er fand Troja

DIALOG Kennen Sie diese berühmten Leute? Ein kleiner Quiz[1]

A. Diese Österreicherin schrieb 1889 ein berühmtes Buch. Der Titel war: „Die Waffen nieder".

B. War dieses Buch ein Protest gegen den Krieg?

A. Richtig. Und ich gebe Ihnen noch einen Tip: Die Autorin kannte auch Alfred Nobel, den Erfinder des Dynamits.

C. Nobel? Gab er nicht später das Geld für den Nobelpreis?

A. Sie haben recht. Diese Frau gab Alfred Nobel die Idee für den Friedensnobelpreis.

D. Bekam sie nicht den Friedensnobelpreis? Ich glaube, das war im Jahr 1905.

A. Stimmt!

D. Jetzt weiß ich ihren Namen: Diese Frau hieß . . .

A. Dieser Deutsche war Professor der Physik an der Universität Würzburg. Dort entdeckte er unbekannte Strahlen.

B. Wann lehrte er dort?

A. Von 1888 bis 1899. Seine Entdeckung machte er im November 1895.

C. War es eine wichtige Entdeckung?

A. Ja, besonders für die Medizin.

D. Aha, wollte er diese Strahlen finden oder war seine Entdeckung ein Zufall?

A. Ich glaube, es war ein Zufall. Und er hatte auch Glück!

E. Gab man später diesen Strahlen den Namen des Professors?

A. Ja, das stimmt. Der Professor wurde berühmt.

E. Na, dann ist alles klar. Wir sprechen von Professor . . .

Wortschatz zum Dialog

new nouns (active vocabulary)

das **Buch**, ¨-er	book	die **Universität**, -en	university
die **Entdeckung**, -en	discovery	die **Waffe**, -n	weapon
der **Frieden**	peace	der **Zufall**, ¨-e	coincidence
der **Protest**, -e	protest		

[1]Antworten auf Seite 187.

Bertha von Suttner. Welchen Nobelpreis bekam sie?

Wilhelm Röntgen. Was entdeckte er?

nouns (for recognition)

das **Dynamit**	dynamite	der **Preis, -e**	prize
der **Erfinder, -**	inventor	der **Quiz**	quiz
der **Friedensnobelpreis, -e**	Nobel Peace Prize	der **Strahl, -en**	ray
der **Nobelpreis, -e**	Nobel Prize	der **Tip, -s**	hint
die **Physik**	physics	**Würzburg**	Wurzburg (city in Germany)

new verb (active vocabulary)

entdecken   *to discover*

other new words (active vocabulary)

berühmt *famous*   **nieder** *down*   **unbekannt** *unknown*

special and idiomatic expressions

Sie haben recht *you are right*	**stimmt** (= **das stimmt**) *(that's) right*
er hatte auch Glück *he was lucky, too*	

AUSSPRACHE
ÜBUNG

German **u** versus German **ü**

die **Mutter**	mother	die **Mütter**	mothers
ich **mußte**	I had to	ich **müßte**	I should/would have to
tuten	to honk	die **Tüten**	paper bags
er **fuhr**	he traveled	**für**	for
er **wurde**	he became	er **würde**	he would
die **Gute**	the good one (female)	die **Güte**	goodness
im **Zuge**	in the train	die **Züge**	trains

GRAMMATIK Theorie und Anwendung

1. The past tense: weak, strong, mixed verbs

So far you have learned the preferred way of expressing past-time situations—the conversational past (or present perfect). Another way of expressing past time in German is the past tense (also known as the narrative past).

Beispiele

Sein Vater **erzählte** ihm die Geschichte Trojas.	*His father told him the story of Troy.*
Heinrich **fuhr** nach Amerika.	*Heinrich traveled to America.*
Heinrich **mußte** die Schule verlassen.	*Heinrich had to leave school.*
Er **arbeitete** fünf Jahre lang.	*He worked for five years.*
Der **Handel** brachte der Firma viel Geld.	*(This) Trade brought the firm much money.*

Usage

The past tense is used primarily in telling a story or reporting on past events. One almost seems to be watching the events as they unfolded in the past. Hence it is also called the "narrative past."

Weak verbs

Like English weak verbs, German weak verbs form their past tense with the help of a dental sound: in English -d-, in German -t-.

Er **lernte** Englisch.	*He learned English.*
Er **wanderte** von Hügel zu Hügel.	*He wandered from hill to hill.*

-t- + personal ending

In the past tense, weak verbs add -t- to the stem and the personal endings shown below. Compare the present and past tense forms of the verb **sagen** *to say.*

PRESENT TENSE	PAST TENSE	
ich sag **e**	ich sag t **e**	*I said*
du sag **st**	du sag t **est**	*you said*
er/sie sag **t**	er/sie sag t **e**	*he/she said*
wir sag **en**	wir sag t **en**	*we said*
ihr sag **t**	ihr sag t **et**	*you said*
sie, Sie sag **en**	sie, Sie sag t **en**	*they said, you said*

The important thing is that in the past tense of weak verbs, there is no vowel change in the stem. The dental sound **-t** signals the past tense.

You must hear the **-t-***!*   When the stem of a weak verb ends in the dental sounds **-d** or **-t,** a linking **-e-** is inserted between the stem and the ending so the past-tense signal **-t-** will be clearly audible.[2]

arbeiten *to work*   ich arbeit**e**te *I worked*
verwenden *to use*   er verwend**e**te *he used*

ANWENDUNG   **A.** *Restate, changing the present tense to the past tense.*

1. Ich höre es gern.
2. Du fragst zu viel.
3. Er wandert gern.
4. Wir studieren nicht.
5. Es regnet oft.
6. Wann arbeiten Sie?
7. Er erzählt die Geschichte.
8. Röntgen entdeckt die Strahlen.

Strong verbs   Like many of their English counterparts, German strong verbs form their past tense by changing the stem vowel. The personal endings are the same as for weak verbs, except that there is 1) *no* ending in the **ich-** and **er-**forms, and 2) *no* **-e-** in the ending for the **du-** and **ihr-** forms.

WEAK	STRONG	
lachen *to laugh*	**beginnen** *to begin*	
ich lacht**e**	ich begann	*I began*
du lacht**e**st	du begann **st**	*you began*
er/sie/es lacht**e**	er/sie/es begann	*he/she began*
wir lacht**en**	wir begann **en**	*we began*
ihr lacht**e**t	ihr begann **t**	*you began*
sie, Sie lacht**en**	sie, Sie begann **en**	*they began, you began*

A few strong verbs change not only the stem vowel, but also the stem. Compare English: *go-went.*

gehen *to go*   er **ging** *he went*
stehen *to stand*   er **stand** *he stood*
tun *to do*   er **tat** *he did*

Linking **-e-**   When the stem ends in **-d** or **-t,** a linking **-e-** is inserted between the stem and the ending in the **du-** and **ihr-** forms.

finden *to find*   du fand**e**st *you found*

[2]A linking **-e-** is also inserted with **atmen** *to breathe,* **öffnen** *to open.*

Vowel change not predictable: Trust English! Memorize the rest

You learned in Chapter 7 that the vowel change for the past participle cannot easily be predicted. The same holds true for the vowel change in the past tense of strong verbs. However, many German cognate verbs follow the same vowel-change pattern as their English counterparts.

kommen, kam, gekommen	*come, came, come*
sehen, sah, gesehen	*see, saw, seen*
trinken, trank, getrunken	*drink, drank, drunk*

Vowel change in past participle

Note that the vowel change in the past tense is not necessarily maintained in the past participle.[3]

INFINITIVE		PAST	PAST PARTICIPLE
fahren	*to travel*	**fuhr**	**gefahren**
kommen	*to come*	**kam**	**gekommen**
nehmen	*to take*	**nahm**	**genommen**
rufen	*to call*	**rief**	**gerufen**
schreiben	*to write*	**schrieb**	**geschrieben**
stehen	*to stand*	**stand**	**gestanden**

ANWENDUNG

B. Weak verbs. *Restate the sentence, putting the verb into the past tense.*

1. Er entdeckt neue Strahlen.
2. Die Strahlen spielen eine große Rolle.
3. Er arbeitet im Laboratorium.
4. Die Ärzte verwenden die Strahlen.
5. Ich studiere in Würzburg.
6. Wir antworten auf die Fragen.

C. Strong verbs. *Restate in the past tense. (The vowel changes in the past tense and in the past participle are indicated in parentheses.)*

1. (a, o)   Wir sprechen über große Entdeckungen.
2. (a, e)   Wir lesen „Die Waffen nieder".
3. (ie, ei)   Sie heißt Berta von Suttner.
4. (ie, ie)   Sie schreibt ein Buch.
5. (a, o)   Sie bekommt den Nobelpreis.
6. (a, e)   Ich gebe Ihnen einen Tip.

D. Weak and strong verbs. *Restate in the past tense, substituting the cue verb.*

1. (lesen)   Er schrieb viele Bücher.
2. (kommen)   Wir gingen nach Haus.
3. (entdecken)   Er fand die Strahlen.
4. (bekommen)   Beide erhielten den Nobelpreis.
5. (arbeiten)   Wir spielten zusammen.

[3]See Principal Parts of Strong and Irregular Verbs, p. 458.

E. Weak and strong verbs. *Restate the sentence. If the verb is in the present tense, change it to the past tense, or vice versa.*

1. Ich verstehe es nicht.
2. Wir besuchten sie.
3. Ich vergesse es nicht.
4. Er antwortete uns.

5. Sie flog nach Deutschland.
6. Er tat es gern.
7. Sie gibt uns das Geld.
8. Er spricht immer Deutsch.

Mixed verbs: weak and strong at the same time! In Chapter 7 (p. 166), we discussed mixed verbs. In the past tense, these "hybrid" verbs undergo a change in the stem vowel, like strong verbs; but they take the dental signal **-t-** and the endings of weak verbs. Note the same pattern in some of the corresponding English verbs.

INFINITIVE	PAST	PAST PARTICIPLE	
bringen	ich **brachte**	gebracht	*to bring, brought*
denken	ich **dachte**	gedacht	*to think, thought*
kennen	ich **kannte**	gekannt	*to know, knew*
nennen	ich **nannte**	genannt	*to name, named*
rennen	ich **rannte**	gerannt	*to run, ran*
wissen	ich **wußte**	gewußt	*to know, knew*

ANWENDUNG   **F.** *Restate in the past tense.*

1. Alfred Nobel kennt Frau von Suttner.
2. Man nennt die Strahlen auf englisch „x-rays".
3. Ich weiß die Antwort.
4. Ich denke, die Antwort ist richtig.
5. Wissen Sie den Namen?
6. Wer bringt das Buch?

Past tense of **haben, sein, werden.** *Memorize!* The past tense of the auxiliaries **haben, sein,** and **werden** must be memorized.

	HABEN	SEIN	WERDEN
ich	**hatte**	war	wurde
du	**hattest**	warst	wurdest
er/sie	**hatte**	war	wurde
wir	**hatten**	waren	wurden
ihr	**hattet**	wart	wurdet
sie, Sie	**hatten**	waren	wurden

ANWENDUNG   **G.** *Restate in the past tense.*

1. Ich habe Zeit.
2. Ich bin zu Haus.
3. Ich werde krank.
4. Sie wird schnell fertig.
5. Er ist reich.

6. Du hast nie Zeit für mich.
7. Wir sind verheiratet.
8. Sind Sie pünktlich?
9. Sind sie zu Haus?
10. Sie wird Ärztin.

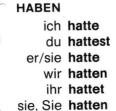

⚠ **Vorsicht!**   Fehlergefahr!

> In the past tense, the **er**-form of *weak* verbs never ends in **-t**.
>
> **PRESENT**   **PAST**
> er **hört**   er **hörte**
>
> The **ich**- and **er**-forms of *strong* verbs have no ending in the past tense.
>
> **PRESENT**   **PAST**
> ich **sehe**   ich **sah**
> er **sieht**   er **sah**

2. The past tense of modals

Always add "t"
but have no
umlaut

The modals have the regular personal endings of weak verbs in the past tense; none has an umlaut.[4]

dürfen *to be allowed to*
ich, er/sie/es **durfte**
            du **durftest**
wir/sie, Sie **durften**
          ihr **durftet**

müssen *to have to*
ich, er/sie/es **mußte**
            du **mußtest**
wir/sie, Sie **mußten**
          ihr **mußtet**

wollen *to want to*
ich, er/sie/es **wollte**
            du **wolltest**
wir/sie, Sie **wollten**
          ihr **wolltet**

können *to be able to*
ich, er/sie/es **konnte**
            du **konntest**
wir/sie, Sie **konnten**
          ihr **konntet**

sollen *to be obligated*
ich, er/sie/es **sollte**
            du **solltest**
wir/sie, Sie **sollten**
          ihr **solltet**

ANWENDUNG **A.** *Restate in the past tense.*

1. Wir dürfen es nicht sagen.
2. Ich darf es nicht sagen.
3. Sie können nicht kommen.
4. Sie kann nicht kommen.
5. Du mußt es nicht kaufen.
6. Wir müssen es nicht kaufen.

7. Wir wollen das Geld haben.
8. Er will das Auto haben.
9. Sie soll es nicht bezahlen.
10. Sie sollen es studieren.
11. Er muß die Wahrheit sagen.
12. Sie will nach Haus gehen.

[4]**Mögen** *to like to* is rarely used in the past tense. The **g** of the stem changes to **ch**: ich, er/sie/es **mochte**; du **mochtest**; wir/sie, Sie **mochten**, ihr **mochtet**.

⚠ **Vorsicht!**   Fehlergefahr!

> All German modals have a past-tense form, but most of their English
> counterparts do not. In English, circumlocutions must be used.
>
> | | |
> |---|---|
> | Ich **muß** gehen. | *I must go.* |
> | Ich **mußte** gehen. | *I had to go. (I musted go* does not exist.) |
> | | |
> | Ich **darf** es tun. | *I may do it.* |
> | ich **durfte** es tun. | *I was allowed to do it. (I mayed do it* does not exist.) |

Separable-prefix verbs in past tense

In Chapter 3 (p. 61), you learned that the separable prefix stands at the end of a main clause in the present tense. It is also separated from the verb in the past tense.

Schliemann **kam** als amerika-nischer Staatsbürger **zurück.**	*Schliemann came back as a U.S. citizen.*
Er **grub** die Stadt Troja **aus.**	*He dug up the city of Troy.*

ANWENDUNG   **B.** *Restate in the past tense.*

1. Wen rufst du an? *riefst*
2. Der Zug fährt um sechs Uhr ab. *fuhr*
3. Wir kommen um fünf Uhr an. *kamen*
4. Der Regen hört nicht auf. *hörte*
5. Ich bringe das Geld mit. *brachte*
6. Er macht das Buch zu. *machte*

In dependent clauses

In a dependent clause in the past tense, as in the present tense, the verb and the separable prefix are not separated, but stand together at the end of the clause.

Seine Frau half ihm, als er Troja **ausgrub.**	*His wife helped him, when he excavated Troy.*

ANWENDUNG   **C.** *Complete the sentence, turning the cue statement into a dependent clause..*

1. Sie stand immer um sieben Uhr auf. Sie sagte, daß _____ .
2. Der Bus kam um acht Uhr an. Ich glaube, daß _____ .
3. Er rief an. Ich weiß nicht, wann _____ .
4. Er nahm es mit. Sie hat das Buch nicht, weil _____ .
5. Du fielst bei der Prüfung durch. Ich verstehe nicht, warum _____ .
6. Er brachte das Geld mit. Ich war immer froh, wenn _____ .

Inseparable-prefix verbs in past tense

The inseparable-prefix verbs function the same in the past tense as in the present tense: the prefix is never separated. (See p. 169 for a discussion of inseparable prefixes.)

Sein Vater **erzählte** die Geschichte von Troja.

His father told the story of Troy.

Heinrich war fasziniert, als sein Vater ihm die Geschichte **erzählte.**

Henry was fascinated when his father told him the story.

ANWENDUNG   **D.** *Complete as suggested by the cue, changing the cue verb to the past tense.*

1. Er versteht die Frage gut.   *verstand*
   Ich glaube, daß _____.

2. Wir verdienen nicht viel Geld. ·
   Ich weiß, daß _____. *verdienten*

3. Er erkennt das Problem.
   Er sagte, daß _____. *erkante*

4. Sie bekommt einen Nobelpreis.
   Ich hörte, daß _____. *bekam*

3. Uses of the infinitive

Beispiele   Ich **will** Troja **ausgraben.**

I want to excavate Troy.

Er **mußte** die Schule **verlassen.**

He had to leave school.

Sie **können** in unserem Geschäft mehr **verdienen.**

You can earn more in our business.

Schliemann **wollte** seine Theorie **beweisen.**

Schliemann wanted to prove his theory.

With modals   In Chapter 6, you learned that modals are normally combined with the infinitive of another verb and that the infinitive stands at the end of a main clause. In a dependent clause, however, the modal stands at the very end, after the infinitive.

Schliemann wollte die Stadt Troja **ausgraben.**

Schliemann wanted to excavate the city of Troy.

Schliemann sagt, daß er Troja **ausgraben wollte.**

Schliemann says that he wanted to excavate Troy.

helfen, hören, lassen, lernen, sehen *too*

In addition to the modals, the infinitive is also used with the following verbs: **helfen** *to help,* **hören** *to hear,* **lassen** *to let,* **lernen** *to learn,* and **sehen** *to see.*

Der Chef **läßt** Schliemann die Briefe **schreiben.**

The boss lets Schliemann write the letters.

Frau Schliemann **hilft** Troja **aus- graben.**

Mrs. Schliemann helps (to) ex- cavate Troy.

ANWENDUNG   **A.** *Restate each sentence with the introductory cue words.*

Berta von Suttner wollte gegen den Krieg protestieren.
Ich weiß, daß _____.
Mit den Röntgenstrahlen kann man das Herz° sehen.   heart

Der Arzt ist froh, wenn _____ .
Professor Röntgen mußte auch lehren.
Professor Röntgen hatte oft keine Zeit, weil _____ .
Wir dürfen ihn im Krankenhaus° besuchen.   hospital
Ich weiß nicht, ob _____ .

4. Possessive adjectives and ein-words. Review and expansion.

Beispiele

Schliemann und **seine** Frau gruben immer tiefer.

Sein Vater erzählte ihm die Geschichte Trojas.

Sie können in **unserem** Geschäft mehr verdienen.

Er übernahm das Geschäft **seines** Bruders.

Seine griechische Frau half ihm.

Was machen Sie mit **Ihrem** Schatz?

Schliemann and his wife dug deeper and deeper.

His father told him the story of Troy.

You can earn more in our business.

He took over his brother's business.

His Greek wife helped him.

What are you doing with your treasure?

*Why **ein**-words?*

Below are the possessive adjectives.[5] Possessive adjectives are called **ein**-words because they take the same endings as the indefinite article **ein**, and **kein**.[6]

mein	*my*	**unser**	*our*
dein	*your* (familiar singular)	**euer**	*your* (familiar plural)
sein	*his, its*	**ihr**	*their*
ihr	*her*	**Ihr**	*your* (formal)

How to determine the ending

The declension of the possessive adjectives is easy: Just take the stem and add the **ein/kein** endings. The ending to use depends on the gender, number, and case of the noun that the **ein**-word modifies.

mein

Ich sehe **einen** Mann.
Ich sehe **meinen** Mann.

Ich sehe **eine** Frau.
Ich sehe **meine** Frau.

Ich gebe es **einem** Kind.
Ich gebe es **meinem** Kind.

I see a man.
I see my husband.

I see a woman.
I see my wife.

I give it to a child.
I give it to my child.

[5]A preview of possessive adjectives was introduced in Chapter 4.   [6]The indefinite article was discussed in Chapter 2.

unser

Es gehört **einem** Freund.	*It belongs to a friend.*
Es gehört **unserem** Freund.	*It belongs to our friend.*

Ihr

Sehen Sie **keine** Kinder?	*Don't you see any children?*
Sehen Sie **Ihre** Kinder?	*Do you see your children?*

Choice determined by possessor

The *ending* of the possessive adjective, like that of **ein** and **kein**, is determined by the gender and case of the noun that immediately follows it. But the *choice* of the possessive adjective itself (**sein** or **ihr**, for example) is determined by the possessor, not by the noun possessed.

der **Mann** und **sein** Sohn	*the man and his son*
die **Frau** und **ihr** Sohn	*the woman and her son*
der **Mann** und **seine** Tochter	*the man and his daughter*
die **Frau** und **ihre** Tochter	*the woman and her daughter*
die **Jugendherberge** mit **ihren** Zimmern.	*the youth hostel with its rooms*
das **Haus** mit **seinen** Zimmern	*the house with its rooms*

Declension of possessive adjective

	SINGULAR			PLURAL
	Masculine	*Neuter*	*Feminine*	*All genders*
NOMINATIVE	ein mein unser	ein mein unser	eine meine uns(e)re	keine meine uns(e)re
ACCUSATIVE	einen meinen uns(e)ren[7]	ein mein unser	eine meine uns(e)re	keine meine uns(e)re
DATIVE	einem meinem uns(e)rem	einem meinem uns(e)rem	einer meiner uns(e)rer	keinen meinen uns(e)ren
GENITIVE	eines meines uns(e)res	eines meines uns(e)res	einer meiner uns(e)rer	keiner meiner uns(e)rer

[7]When **unser** and **euer** take an ending, the **e** is frequently omitted.

The declension of the possessive adjective follows *the same pattern* as the indefinite article.

The masculine and neuter forms are alike in all cases, except for the masculine accusative.

The feminine and plural forms are alike in all cases, except for the dative plural.

Mein and **unser** are used as examples in the table above. Although **unser, euer,** and **ihr** do not sound like **ein,** they are nevertheless declined like it.

ANWENDUNG   **A.** *Supply the correct form of the possessive adjective to complete the sentence.*

1. *(her)*   Karin möchte mit _ihrem_ Freund zusammenwohnen. *dependent on the gender of the noun*
2. *(her)*   Aber _ihre_ Eltern akzeptieren das nicht.
3. *(his)*   _seine_ Eltern möchten auch, daß sie zuerst heiraten.
4. *(their)*   Karin und Walter haben _ihre_ eigene *(own)* Meinung.
5. *(his, his)*   Der Vater will _seiner_ Tochter _seinen_ Meinung sagen.
6. *(his, his)*   Walter versteht _seinen_ Vater und _seine_ Mutter nicht.
7. *(of his, of his)*   Walter ist über die Reaktion _seines_ Vaters und _seiner_ Mutter schockiert.

Berlin. Die Gedächtnis-Kirche.

*3. Unserer Verkäuferin
Unseres Lehrers*

B. *Complete the sentence with each of the cue nouns and the corresponding form of the possessive adjective.*

1. (Eltern/Vater/Mutter)   Ich wohne bei mein_____.
2. (Tochter/Freund/Kind)   Ich besuche sein_____.
3. (Verkäuferin/Lehrer/Freunde)   Das ist die Tochter unser_____.
4. (Kind/Freundin/Gast)   Dort kommt Ihr_____.

⚠ **Vorsicht!**   Fehlergefahr!

personal acquaintance   *to know how to do something*   *to know a fact*

Do not confuse **kennen, können,** and **wissen.**	
Wir **kennen** ihn.	We know him. (we are acquainted with, familiar with)
Ich **kenne** Berlin gut.	I know Berlin well.
Wir **können** es tun.	We can do it.
Ich **kann** es nicht verstehen.	I can't understand it.
Wir **wissen** es.	We know it. (information)
Ich **weiß**, daß ich nichts **weiß.**	I know that I know nothing.

5. Months of the year, seasons

Below are the months (**Monate**) of the year and the seasons (**Jahreszeiten**) in German. Both the months and the seasons have a masculine gender.

Januar	**Mai**	**September**	der **Frühling**	*spring*
Februar	**Juni**	**Oktober**	der **Sommer**	*summer*
März	**Juli**	**November**	der **Herbst**	*fall*
April	**August**	**Dezember**	der **Winter**	*winter*

ANWENDUNG   **A.** *Complete the sentences.*

1. Februar kommt nach dem Monat _____.
2. September kommt vor dem Monat _____.
3. April liegt zwischen dem Monat _____ und dem Monat_____.
4. Der letzte Monat heißt _____.
5. Die Sommermonate sind _____, _____, _____.
6. Die Wintermonate sind _____, _____, _____.
7. Die Herbstmonate heißen _____, _____, _____.
8. Die Frühlingsmonate sind _____, _____, _____.
9. Ich bin im _____ geboren.
10. Das Semester fängt im _____ an.

LESESTÜCK   Heinrich Schliemann: Er fand Troja

„Wenn ich groß bin, will ich Troja ausgraben", sagte der achtjährige Heinrich, als ihm sein Vater Homers Geschichte von der Stadt Troja erzählte. Vater Schliemann lächelte° und sagte: „Heinrich, ich glaube, das ist nicht möglich. Niemand kann Troja finden, denn Homer hat diese Geschichte nur erfunden.°"   *smiled* ... *made up*

Die Geschichte der alten Griechen faszinierte Heinrich schon in der Schule. Aber weil seine Familie arm war, mußte er sie bald verlassen. Fünf Jahre lang arbeitete er täglich 12 bis 15 Stunden bei einer Firma in Amsterdam. Als sein Chef sah, daß der junge Schliemann eine sehr gute Handschrift hatte, machte er ihn zum Schreiber.° „Und wenn Sie gut Englisch lernen", sagte eines Tages der Chef, „dann können Sie in unserem Geschäft noch mehr Geld verdienen."   *clerk*

Heinrich lernte nun Englisch. Er erkannte sehr bald, daß er durch Fremdsprachen mehr Geld verdienen konnte. Englisch war für ihn nur ein Anfang. Drei Monate später begann er mit Französisch; und dann folgten Spanisch, Portugiesisch° und Russisch.   *Portuguese*

„Ihr Russisch ist jetzt gut genug", sagte eines Tages sein Chef. „Wir schicken Sie jetzt nach St. Petersburg[8], wo unsere Firma ein Büro hat." Das war im Jahre 1846. Der Handel mit Indigo brachte der Firma viel Geld; und Schliemann hatte in Rußland großen Erfolg. 1847 gründete° er seine eigene Firma. Als sein Bruder Ludwig 1850 in Kalifornien starb, fuhr Heinrich nach Amerika und übernahm das Geschäft seines Bruders. Schon nach einem Jahr kam er mit 50.000 Dollar und als amerikanischer Staatsbürger nach Europa zurück. Bald wurde er Millionär.   *founded*

Geld allein machte ihn nicht glücklich. Aber jetzt konnte er endlich tun, was er immer wollte: Troja suchen—und finden. Seine junge griechische Frau half ihm beim Studium der griechischen Sprache und Geschichte. Aus dem Millionär Schliemann wurde nun der Archäologe.°   *archaelogist*

Im Jahre 1864 reiste Heinrich Schliemann zum ersten Mal nach Kleinasien.° Schliemann dachte an Homers „Ilias": Dort   *Asia Minor*

---

[8]Heute Leningrad. **St. = Sankt** *saint.*

Heinrich Schliemann. Was
fand er?

erzählte der Dichter von einem Hügel zwischen zwei Flüssen
nicht weit vom Meer. Schliemann wanderte von Hügel zu
Hügel. Und als er 1871 auf dem Hügel Hissarlik stand, sagte
Schliemann: „Hier hat Troja gestanden. Unter diesem Hügel
liegt Troja."

Er begann mit der Ausgrabung.° Zuerst fand man die
Ruinen einer griechischen Stadt. Dann fand man Krüge und
Vasen.° Und schließlich Mauern, genau wie sie Homer in der
„Ilias" beschrieb.° Man konnte noch die Spuren eines Brandes°
sehen. Flohen° die Trojaner nicht aus einer brennenden
Stadt . . .?

Elf Monate lang gruben Schliemann und seine Frau mit
über hundert Arbeitern immer tiefer in den Hügel Hissarlik.

Eines Morgens fand Schliemann einen großen Topf.° Der
Topf war aus Gold! Und was er jetzt fand, bewies noch einmal
seine Theorie: Das antike Troja lag vor ihm! Wem gehörten
diese wunderbaren Schätze? War es der legendäre Schatz° des
Königs Priamus?

Über die Theorien Schliemanns haben Wissenschaftler in
den letzten hundert Jahren viel diskutiert. Doch über die
Tatsache, daß Homers Sage geschichtliche Realität war, gibt es
keinen Zweifel mehr. Schliemann hat es der Welt bewiesen.

excavation

jugs, vases

described/traces of a fire

escaped

pot

legendary treasure

Wortschatz zum Lesestück

new nouns (active vocabulary)

der **Anfang**	beginning		der **Handel**	trade
der **Arbeiter, -**	worker		die **Mauer, -n**	wall
der **Bruder, ̈-**	brother		der **Monat, -e**	month
der **Chef, -s**	boss		**Rußland**	Russia
der **Dichter, -**	poet		der **Schatz, ̈-e**	treasure
der **Erfolg, -e**	success		das **Studium, die Studien**	study
der **Fluß, Flüsse**	river		die **Stunde, -n**	hour
die **Geschichte, -n**	story; history		der **Zweifel, -**	doubt

nouns (for recognition)

(das) **Europa**	Europe		**Priamus**	Priam (king of Troy)
die **Fremdsprache, -n**	foreign language		die **Ruine, -n**	ruin
der **Grieche, -n**	Greek		**Russisch**	Russian
die **Handschrift, -en**	handwriting		die **Sage, -n**	saga
Homer	Homer (Greek poet, around 850 B.C.)		**Spanisch**	Spanish
			der **Staatsbürger, -**	citizen
der **Hügel, -**	hill		**Troja**	Troy
der **König, -e**	king		der **Trojaner, -**	Trojan

new verbs (active vocabulary)

beweisen, bewies, bewiesen	to prove
erzählen	to tell, narrate
folgen	to follow
graben, u, a	to dig
sterben (stirbt), starb, ist gestorben	to die
verlassen (verläßt), verließ, verlassen	to leave
zurück·kommen, kam zurück, ist zurückgekommen	to come back

verbs (for recognition)

aus·graben (gräbt aus), grub aus, ausgegraben	to dig out, excavate
faszinieren	to fascinate
übernehmen (übernimmt), übernahm, übernommen	to take over

other new words (active vocabulary)

als	when		**hundert**	hundred
amerikanisch	American		**schließlich**	finally
arm	poor		**tief**	deep
einmal	once, one day		**immer tiefer**	deeper and deeper
griechisch	Greek		**wunderbar**	wonderful

other words (for recognition)

achtjährig	eight-year-old		**brennend**	burning	**geschichtlich**	historical
antik	ancient		**eigen**	own	**zuerst**	first

special and idiomatic expressions

eines Tages (Morgens)	*one day, some day (morning)*
noch einmal	*once more*
noch mehr	*even more*

FRAGEN
ZUM
LESESTÜCK

Antworten Sie auf deutsch!

1. Was sagte der achtjährige Heinrich, als ihm sein Vater Homers Geschichte über Troja erzählte?
2. Warum mußte Heinrich bald die Schule verlassen?
3. Was mußte Schliemann schon mit 14 Jahren tun?
4. Was machte er als junger Mann in Amsterdam?
5. Warum machte ihn sein Chef zum Schreiber der Firma?
6. Welche Sprachen lernte er? Warum?
7. Wohin schickte ihn sein Chef im Jahre 1846?
8. Was machte Heinrich Schliemann in Amerika?
9. Blieb er in Amerika?
10. Wer half Schliemann beim Studium der griechischen Geschichte?
11. Was erzählte Homer in der „Ilias" über Troja?
12. Was fand Schliemann?
13. Wem gehörten vielleicht die wunderbaren Schätze?
14. Worüber gibt es keinen Zweifel mehr?

SITUATIONEN

1. *You are discussing the role of women. Someone claims:* „Eine Frau hat noch nie den Nobelpreis bekommen." *You set the person straight.*
2. *You are sitting at Father Schliemann's feet as he tells you about Troy. He says:* „Homer hat die Geschichte von Troja nur erfunden." *You think aloud to yourself:* _____ .
3. *You and a classmate are discussing foreign languages. Your friend says:* „Andere Sprachen sind leicht. Zum Beispiel, Schliemann hat fünf Sprachen gelernt." *You react, saying:* _____ .
4. *You are Frau Schliemann and are with your husband digging, when suddenly you see a big* „Topf aus Gold". *You turn to him and say:* _____ .

SCHRIFTLICH
WIEDERHOLT

A. *Imagine you are Heinrich Schliemann or his wife, looking back at your life and achievements. Write a short curriculum vitae, using the cues below. Use the past tense.*

Familie arm
mit 14 Jahren Geld verdienen müssen
Fremdsprachen lernen
nach St. Petersburg schicken
eigene Firma gründen
nach Amerika fahren
Geschäft des Bruders übernehmen

nach Europa zurückkommen
Griechin heiraten
Troja suchen
meinem Mann helfen
einen Schatz finden
Homers Sage beweisen

B. *Give the German equivalent of each sentence.*

1. I can't do that.
2. They wanted to excavate Troy.
3. He had to leave school.
4. She wants to help her husband.

C. *Rewrite each sentence, changing the verb from the present tense to the past tense, or vice versa.*

1. Will er uns mitnehmen?
2. Sie gruben immer tiefer in den Hügel.
3. Wie heißt dieser Entdecker?
4. Ute wird Ärztin.
5. Diese Autorin bekommt den Nobelpreis.
6. Sie erkennen diese Handschrift.
7. Wir sprachen von Professor Röntgen.

D. *Express in German. Use the past tense.*

1. Did Ursula become his wife?
2. He spoke with my boss.
3. She received your *(formal singular)* letter.
4. We had to work hard.
5. She paid our bill.
6. It was your *(familiar singular)* handwriting.
7. They didn't get their money.

Sprechen leicht gemacht!

To practice the past tense of weak verbs...

Geständnis[9] **A.** *Student A asks student B the question. Student B answers with a verb in the past tense, in the pattern shown by the sentence on the right.*

Arbeitest du viel?	Jetzt nicht, aber früher _____
Spielen Sie gern?	ich _____ .
Studierst du immer?	
Leben Sie gut?	
Sparst du viel?	
Tanzen Sie oft?	
Wandern Sie oft?	
Rauchen Sie viel?	
Zahlen Sie Ihre Rechnungen?	
?	

[9]*Confession*

To practice the past tense of strong verbs . . .

Immer noch?
Nicht mehr!

B. *Follow the same format as in Exercise A. Try not to look at the past-tense vowel change given on the left. Cover it up and look only if your are in doubt. Do not repeat* **immer noch** *in your response.*

a	Nimmst du immer noch starke Medikamente?	Nein, nicht mehr, aber früher nahm ich starke Medikamente.
a	Kommst du immer noch spät nach Haus?	
a	Finden Sie Deutsch immer noch schwer?	
a	Trinken Sie immer noch so viel Bier?	
a	Nimmst du immer noch täglich Vitamin C?	
ie	Schreiben Sie immer noch viele Briefe?	
a	Sprechen Sie immer noch gut Deutsch?	
u	Trägst du immer noch Lederhosen?	
u	Fährst du immer noch so oft nach Deutschland?	
o	Fliegen Sie immer noch Drachen°?	hang-glider
a	Liest du immer noch Krimis°?	detective novels
a	Essen Sie immer noch zuviel?	
u	Fährst du immer noch Rollbrett°?	skateboard
	?	

To practice the past tense of mixed verbs . . .

C. *Follow the same format as in the preceding exercises. Say no, but a year ago you were doing whatever the question asks. Do not repeat* **immer noch** *in your response.*

Rennst du immer noch täglich drei Kilometer?	Nein, aber vor einem Jahr_____ .
Denken Sie immer noch an Ihre alte Liebe?	
Wissen Sie immer noch meine Telefonnummer?	
Bringen Sie immer noch viel Geld auf die Bank?	
?	

To practice the past tense of **haben, sein,** and **werden** . . .

D. *Ask one of your classmates the questions below.*

Was hatten Sie heute zum Frühstück°?	Ich _____ Kaffee und Kuchen, usw.	breakfast
Was hattest du zum Mittagessen°?	Ich _____ ein Sandwich.	lunch
War dein Mittagessen gut?	Ja, es _____ sehr gut.	
Was hatten Sie zu trinken?	Wir _____ eine Flasche Wein.	
Wo waren Sie heute?	Ich _____ zu Haus usw.	
Was wurde aus Karin?	Sie _____ Ärztin, usw.	
Was hatten wir als Hausaufgabe?	Wir _____ das Lesestück, usw.	
?		

To practice the past tense of modals . . .

E. *Answer the questions below by using the past tense of one of the modals* (**dürfen, können, müssen, sollen,** *or* **wollen**).

Warum {
  kamen Sie nicht?
  blieben Sie zu Haus?
  schrieben Sie ihm/ihr nicht?
  sagten Sie es mir nicht?
  ?

Ich _____ nicht kommen.
Ich _____ zu Haus bleiben.
Ich _____ ihm/ihr nicht schreiben.
Ich _____ es Ihnen nicht sagen.
?

To practice the past tense of separable-prefix verbs in a main clause . . .

F. *Answer the question by putting the verb into the past tense.*

Wann {
  ist Fritz zurückgekommen?
  ist Erika abgefahren?
  haben Sie angerufen?
  hast du angefangen?
  hat er eingekauft?

Er
Sie   _____ schon gestern _____ .
Ich

To practice the past tense of separable-prefix verbs in V-L word order . . .

G. *Student A asks the question. Student B answers.*

Wie lange lebten sie zusammen?
Wann kam er in Amerika an?
Warum ging Brigitte von zu Haus weg?
Wie oft hörte er mit dem Rauchen auf?
Von wo rief Karl an?
Warum fiel er in der Prüfung durch?
Wieviel nahm er/sie in drei Tagen ab?
Wie sah er/sie am Dienstag aus?
Wann grub Schliemann Troja aus?
?

Ich weiß nicht, {
  wie lange _____ .
  wann _____ .
  warum _____ .
  wie oft _____ .
  von wo _____ .
  warum _____ .
  wieviel _____ .
  wie _____ .
  wann _____ .

To practice the infinitive with modals . . .

H. *Student A says the first sentence. Student B adds another phrase, and so on.*

Schliemann will Troja ausgraben.	dieses Jahr
	mit seiner Frau
	in Kleinasien
Schliemann mußte die Schule verlassen.	mit vierzehn Jahren
	schon
	leider
Schliemann sollte das Geschäft übernehmen.	seines Bruders in Kalifornien im Jahr 1850

To practice possessive adjectives . . .

I. *Ask a classmate what the people below do. You may wish to substitute another student's name. Pick an answer from the column on the right.*

Was ist
{
(Karls) Vater?
(Ingrids) Mutter?
(Peters) Sohn?
(Petras) Tochter?
(Johns) Mutter?
(Karins) Onkel?
?
}

Sein _____
Seine _____
Ihr _____
Ihre _____

} ist {

Student/-in
Lehrer/-in.
Mechaniker/-in.
Arzt/-in.
Arbeiter/-in.
Sekretär/-in.
Babysitter.
Verkäufer/-in.
?

Beruf   **J.** *Ask a classmate what his or her relatives do for a living. Pick an answer from the professions on the right.*

Was ist
{
deine/Ihre Mutter?
dein/Ihr Vater?
deine/Ihre Schwester?
dein/Ihr Bruder?
dein/Ihr Mann?
deine/Ihre Frau?
?
}

Mein _____
Meine _____

} ist {

Apotheker/-in.
Lehrer/-in.
Polizist/-in.
Chemiker/-in.
Professor/-in.
Soldat/-in.
Arzt/-in.
Arbeiter/-in/.
Verkäufer/-in.
Hausfrau/Hausmann.
Wissenschaftler/-in.
?

Verwandte[10] **K.** *Pretend you are all relatives. Turn to a classmate and say "You are my aunt, father etc." (A to B, B to C, and so on).*

Du bist	mein meine unser unsere seine sein ihr ihre	Vater. Mutter. Sohn. Tochter. Schwester. Bruder. Onkel. Tante°. Nichte°. Neffe°. Frau. Mann. ?	

aunt
niece
nephew

Wer hat es gestohlen?[11] **L.** *You are looking for a lost object and ask who stole it.*

Mein Radio Sein Regenschirm Meine Uhr Ihr Buch Dein Regenmantel Unser Geld Euer Auto Ihre Zeitung Mein Fernseher ?	ist nicht mehr da!	Wer hat	mein- sein- mein- Ihr- dein- unser- eur- ihr- mein-	Radio Regenschirm Uhr Buch Regenmantel gestohlen? Geld Auto Zeitung Fernseher ?

Zeigefinger[12] **M.** *Your instructor asks you if an item belongs to you. You answer no, and point to a classmate and say it is his or her item.*

Ist das	dein/Ihr deine/Ihre	Buch? Bleistift? Platte? Hausaufgabe? Lippenstift? Kaugummi? Flasche? ?	Nein, das ist_____.

To practice the names of the months . . .

In welchem Monat **N.** *Ask a classmate in which month he or she was born* (**geboren**). *(A to B, B to C, and so on.) Vary with* **Jahr** *and member of family.*

In welchem Monat bist du/sind Sie geboren?   Ich bin im_____ geboren.

In welchem Jahr ist dein/ihr Vater geboren?

[10]*Relatives*   [11]*Who stole it?*   [12]*Index finger*

Was paßt
zusammen?

O. *Welche Wörter passen zusammen?*[13]

der Anfang	die Nacht
die Fremdsprache	das Ende
der Berg	das Wasser
der Fluß	das Ausland
die Entdeckung	das Gold
der Schatz	das Tal
der Traum	der Wissenschaftler

Was ist richtig?

P. *Complete the sentence with the appropriate word.*

Schliemann war amerikanischer (General/Staatsbürger/Archäologe).
Die Farbe von Indigo ist (rot/gelb/blau).
Homer war ein (Trojaner/Dichter/König).

Just for fun . . .

Wer weiß es?

Q. *Can you fill in the correct word?*

1. Der deutsche Titel von *Treasure Island* von Robert Louis Stevenson ist „Die_____insel".
2. Viele Deutsche sagen zu ihrer Freundin oder ihrem Freund „Ich liebe dich, mein_____!"

Heute schon
gelacht?[14]

R. # Der Kalauer der Woche

Wetterbericht: In den Bergen ist die Temperatur siebzehn Grad, am Meer einundzwanzig Grad und in Jugoslawien Belgrad.

[13]*Which words go together? Raise your hand as soon as you know.*
[14]*Had a good laugh today? Many German periodicals and newspapers print "Kalauer" jokes. They are jokes based on an intentionally stupid play on words.*

DDR Studenten und Studentinnen beim Trimm Trab.

Kapitel 9

Tennis oder „trimm-dich"?
1. **da**-compounds
2. **wo**-compounds
3. Reflexive pronouns
4. Reflexive verbs
5. Definite and indefinite time
6. **seit**: past time continued into the present

Die DDR (Deutsche Demokratische Republik):
Großmacht im Sport

DIALOG Tennis oder „trimm-dich"?

Personen Uwe Baumann, *ein Student aus Deutschland. (Er ist seit zwei Wochen in Amerika.)*
Craig Norton, ein amerikanischer Student.
Ort *Im Studentenheim*

Uwe Guten Morgen, Craig! Gut geschlafen?
Craig Danke, ziemlich gut.
Uwe Und wie geht's dir heute? Ich habe gehört, du warst krank.
Craig Ja, ich hatte eine Erkältung. Aber ich spiele schon wieder Tennis.
Uwe Tennis? Seit wann spielst du schon?
Craig Oh, seit einem halben Jahr. Macht Spaß! Spielst du auch?
Uwe Nein, dafür habe ich nicht genug Geld. Tennis kann ich mir nicht leisten. Das ist doch ein teurer Sport!
Craig Ich glaube, da irrst du dich. Vielleicht bei euch in Deutschland, aber nicht hier in Amerika. Du brauchst nur einen Schläger, ein paar Tennisbälle, und dann kannst du spielen.
Uwe Muß man nicht zu einem Klub gehören? Und das kostet ziemlich viel, nicht wahr?
Craig Nein, nein, auf den öffentlichen Plätzen und an der Uni kostet es nichts, oder nicht viel.
Uwe Aber muß man da nicht lange warten, bis ein Platz frei wird? Ach, ich laufe lieber.
Craig Du läufst? Bist du ein „jogger"?
Uwe Ja, damit habe ich schon vor ein paar Jahren in Deutschland angefangen. Dort gibt's jetzt überall „Trimm-dich-Pfade".
Craig Ja, davon habe ich schon gehört. Man läuft durch einen Wald oder einen Park. Und turnt man nicht auch dabei?
Uwe Ja, man macht dabei ein paar Kniebeugen und paar Liegestütze, u.s.w. (und so weiter).
Craig Läufst du jeden Tag?
Uwe Nein, aber dreimal in der Woche. Und früh morgens, bevor ich mich dusche und mich rasiere.
Craig Und wie weit?
Uwe Na, so drei bis vier Kilometer.
Craig Das ist doch langweilig! Ich glaube, ich bleibe bei meinem Tennis.
Uwe Und ich bei meinem Laufen!

Wortschatz zum Dialog

new nouns (active vocabulary)

die **Erkältung**	cold		der **Tennisball, -̈e**	tennis ball
der **Klub, -s**	club		die **Uni=Universität**	university
der **Park, -s**	park		der **Wald, -̈er**	woods, forest
der **Sport**	sport, sports		die **Woche, -n**	week
das **Studentenheim, -e**	dormitory			

nouns (for recognition)

die **Kniebeuge, -n** knee-bend   der **Platz, -̈e** (tennis) court   der **Schläger, -** racket
der **Liegestütz, -e** push-up   der **Trimm-dich-Pfad, -e** fitness trail

new verbs (active vocabulary)

sich duschen	to take a shower		**sich rasieren**	to shave
sich irren	to be mistaken, to err		**schlafen (schläft), schlief, geschlafen**	to sleep
laufen (läuft), lief, ist gelaufen	to run, jog		**sich trimmen**	to stay fit
			turnen	to do gymnastics, to exercise

other new words (active vocabulary)

dreimal	three times		**gar nichts**	nothing at all	**seit**	since
frei	free		**morgens**	in the morning		
früh	early		**öffentlich**	public		

other words (for recognition)

dabei	at the same time, along the way		**damit**	with it/that	**langweilig** boring
dafür	for that		**davon**	of it/that	

special and idiomatic expressions

ich kann es mir nicht leisten	I can't afford it
ich laufe lieber	I'd rather jog, I prefer jogging
jeden Tag	every day
Macht Spaß!	It's great fun
usw. (und so weiter)	and so forth
seit einem halben Jahr	for about half a year

FRAGEN ZUM DIALOG
1. Seit wann ist Uwe in Amerika?
2. Warum konnte Craig nicht Tennis spielen?
3. Seit wann spielt Craig Tennis?
4. Warum kann Uwe nicht Tennis spielen?
5. Warum ist das Tennisspielen nicht teuer in Amerika?
6. Wann hat Uwe mit dem Laufen angefangen?

7. Was macht man auf einem „Trimm-dich-Pfad"?
8. Wieviele Kilometer läuft Uwe?
9. Wie oft läuft er?
10. Wann duscht und rasiert er sich?

PERSÖNLICHE
FRAGEN

1. Welchen Sport finden Sie langweilig?
2. Machen Sie Turnübungen? Wann und welche? Wie viele?
3. Gibt es auf Ihrem Campus einen Deutschen Klub[1]? Wo und wann trifft er sich?
4. Gehören Sie zu einem Sportklub[2]?
5. Gibt es an Ihrer Uni oder Ihrem College öffentliche Tennisplätze?

AUSSPRACHE
ÜBUNG

German **z** versus German **s**

die **Zeit**	time	**seit**	since
der **Zoo**	zoo	**so**	so
der **Zoll**	customs	er **soll**	he should
der **Zinn**	tin	der **Sinn**	sense
die **Zahl**	number	der **Saal**	hall
reizen	to excite	**reisen**	to travel
der **Weizen**	wheat	**weisen**	to direct

GRAMMATIK Theorie und Anwendung

1. da-compounds

Beispiele

Zur Planwirtschaft der DDR gehört nicht nur die Industrie, **dazu** gehört auch der Sport.

Not only industry belongs to the planned economy of the DDR. Sports belongs to it, too.

Warum interessiert sich der DDR-Staat so sehr für den Sport? Er sieht **darin** ein Mittel zur Volksgesundheit.

Why is the DDR so interested in sports? It sees in it a means of (promoting) public health.

[1]oder **Deutschen Verein**   [2]oder **Sportverein**

Forms   **Da**- compounds consist of **da** + a preposition.

da + für = dafür	**da + von = davon**
da + mit = damit	**da + zu = dazu**

If the preposition begins with a vowel, a linking **-r-** is inserted between the two vowels.

da + an = daran	**da + in = darin**
da + auf = darauf	**da + über = darüber**

Compare English   **Da** corresponds to English *there*. English also has equivalents of the **da**-compounds, but they occur for the most part only in legal language. To get a feeling for the structure of German **da**- compounds, substitute the literal translations for the English equivalents of the examples above: *Sports also belongs **thereto**; It sees **therein** a means of public health.* The German **da**-compound, however, does not sound at all formal or archaic.

Never with persons!   **Da**-compounds are used to replace personal pronouns when they are the object of a preposition and refer to an inanimate thing or a concept. They are never used to refer to human beings. For human beings, the preposition is used with the personal pronoun.

Uwe spielt gut Tennis. Ich spiele gern **mit ihm.**	*Uwe plays tennis well. I like to play with him.*
Dieser Tennisschläger ist gut. Ich spiele gern **damit.**	*This tennis racket is good. I like to play with it.*

Here are some of the most common **da**-compounds. (The English equivalents may vary, depending on the context.)

dabei *with, at it*	**damit** *with it*	**darunter** *under it*
dadurch *through it*	**daran** *in that, on that*	**davon** *about it, from it*
dafür *for it*	**darauf** *upon it*	**dazu** *for it, to that*
dagegen *against it*	**daraus** *out of it*	
dahinter *behind it*	**darüber** *over it*	

Translation   The precise English equivalent of the compound often depends on context. Sometimes the compound, though it is necessary in German, need not be translated at all in English.

ANWENDUNG   **A.** *Answer the questions, using a **da**-compound or a preposition plus a personal pronoun, whichever is appropriate.*

1. Fahren Sie mit Ihrem Freund? Ja, ich fahre mit _____.
2. Fahren Sie mit dem Zug? Ja, ich fahre_____.
3. Kaufen Sie die Tennisbälle für Uwe? Ja, ich kaufe die Tennisbälle_____.

4. Wieviel haben Sie für den Schläger gezahlt? Ich habe 150 Mark_____ gezahlt.
5. Liegt Troja unter diesem Hügel? Ja, Troja liegt_____ .
6. Arbeitet Schliemann mit seiner Frau? Ja, er arbeitet_____ .
7. Half ihm seine Frau beim Studium der griechischen Sprache? Ja, sie half ihm_____ .

B. *Replace the underlined phrase with a **da**-compound or, if a **da**-compound cannot be used, with a preposition plus a personal pronoun in the proper case.*

1. Ein langer Tisch steht <u>auf einem großen Feld</u>.
2. Eine Firma will <u>mit dieser Reklame</u> Bier verkaufen.
3. Diese Frage ist <u>für Wissenschaftler</u> sehr wichtig.
4. Viele Leute haben nichts <u>gegen die Bevölkerungsexplosion</u>.
5. Man hat bis jetzt keine Antwort <u>auf diese Frage</u> gefunden.
6. Was hat <u>zum Nullwachstum</u> geführt?
7. Die Bevölkerungsexplosion ist <u>durch die Gastarbeiter</u> noch größer geworden.
8. Man hat in den letzten Jahren viel <u>über dieses Thema</u> diskutiert.

⚠ **Vorsicht!**   Fehlergefahr!

> Do not confuse the **da**-compound **damit** *with that, therewith* with the subordinating conjunction **damit** *so that* (discussed on p. 139). As a **da**-compound, **damit** is usually (but not always) stressed on the first syllable. When **damit** is a subordinating conjunction, however, the stress is always on the last syllable.
>
> **DA-COMPOUND**
>
> Fährst du oft mit dem Bus?   *Do you often ride the bus?*
>   Ja, ich fahre oft **dámit.**   *Yes, I often ride it (with it).*
>
> **SUBORDINATING CONJUNCTION**
>
> Ich fahre mit dem Bus, **damít**   *I ride the bus so that I save gas.*
>   ich Benzin spare.
>
> Never pronounce the subordinating conjunction **damit** like English *damn it,* the way one American student did, and who, Mark Twain wrote, "used to fly to a certain German word for relief when he could bear up under his aggravations no longer,—the only word in the whole language whose sound was sweet and precious to his ear and healing to his lacerated spirit. This was the word *Damit.* It was only the *sound* that helped him, not the meaning; and so, at last, when he learned that the emphasis was not on the first syllable, his only stay and support was gone, and he faded away and died."[3] Twain's student, unfortunately, was not aware of **da**-compounds.

[3]From *The Awful German Language.*

Bei dem DDR-Sportfest
in Leipzig.

2. WO-**compounds**

Beispiele	**Womit** finanziert der Staat den Sport?	*With what does the state finance sports?*
	Wodurch unterscheidet sich der Staatsamateur vom wirklichen Amateur?	*How does the state-paid amateur differ from the true amateur?*

Used in questions   The construction **wo** + preposition is used in questions and when referring to things or ideas. If the preposition begins with a vowel, a linking **-r-** is inserted between the two vowels.[4]

wo + **an** = **woran**
wo + **auf** = **worauf**

Not used with
persons   Like **da**-compounds, **wo**-compounds are never used to refer to human beings. For human beings, German uses a preposition plus a question word referring to a person (**wer, wem, wen,** or **wessen**).

An wen denken Sie? ⎫	*Whom are you thinking of?*
Auf wen wartest du? ⎭	*Whom are you waiting for?*

For things, **wo**-compounds are generally preferred to the use of a preposition followed by the question word **was.**

An was denken Sie? ⎫	*What are you thinking about?*
Woran denken Sie? ⎭	

[4]For use as a relative pronoun, see Chapter 13.

Auf was wartest du? ⎫	*What are you waiting for?*
Worauf wartest du? ⎭	

Here are some of the most common **wo**-compounds.

wodurch? *through what? how?*	**woran?** *of, at what?*
wofür? *what for? why?*	**worauf?** *for what?*
womit? *with what? how?*	**woraus?** *from what?*
	wovon? *of, from what?*

ANWENDUNG   **A.** *Ask a question that refers to the underlined information. Use a **wo**-compound or a preposition plus the personal question word, whichever is appropriate.*

> *Beispiel*   Sie sprechen <u>von dem Sport</u>.
> **Wovon sprechen sie?**
> Sie sprechen <u>mit Karl</u>.
> **Mit wem sprechen sie?**

1. Sie warten <u>auf den Zug</u>.
2. Er fährt <u>mit dem Bus</u> nach Hamburg.
3. Sie geht <u>mit ihrem Freund</u> ins Konzert.
4. Er hat nichts <u>gegen die Gastarbeiter</u>.
5. Wir haben nichts <u>gegen Heiratswünsche</u>.
6. Er fragte <u>nach meiner Meinung</u>.
7. Ich verstehe nichts <u>von Physik</u>.
8. Sie denkt oft <u>an ihren Freund</u>.

*Anticipatory and retrospective **da**-compounds*

The **da**-compounds are also used to refer to a whole idea that has been previously expressed or will be expressed in a following clause.

Wenige Leute zweifeln **daran**, daß der Sport in der DDR populär ist.	*Few people have any doubt (about the fact) that sports are popular in the DDR.*
Woran sollen wir denken? Wir sollen **daran** denken, daß der Sport zur Planwirtschaft gehört.	*What should we think about? We should think about the idea that sports belong to the planned economy.*

ANWENDUNG   **B.** *Translate.*

1. Ich denke oft daran, wie ich Geld verdienen kann.
2. Ich kann nichts dafür, daß ich zu spät komme.
3. Sie hat nie daran gedacht, so jung zu heiraten.
4. Dagegen kann man nichts tun. Das Wetter ist leider schlecht.

dative—direct object (handwritten)

3. Reflexive pronouns

action comes back to the subject (handwritten)

Beispiele	Tennis kann ich **mir** nicht leisten!	I can't afford to play tennis!
	Ich glaube, da irrst du **dich.**	I believe that you are mistaken there.
	Wann duschst du **dich?**	When do you take a shower?
	Bis heute hat **sich** nicht viel daran geändert.	Up to now, nothing much has changed in this situation.
	Warum interessiert **sich** die DDR so sehr für Sport?	Why is the DDR so interested in sports?

Subject and object the same

Reflexive pronouns are used when the subject and the object are the same. In the example below, Karl is both the doer and the object of the action, and **sich** is the reflexive pronoun.

Karl rasiert **sich.**   *Karl shaves (himself).*

Same as the personal pronouns — except for **sich**

A reflexive pronoun is used when either the accusative or the dative object is the same as the subject. The following table compares the reflexive-pronoun forms with those of the personal pronoun.

PERSONAL PRONOUN			REFLEXIVE PRONOUN	
NOMINATIVE	ACCUSATIVE	DATIVE	ACCUSATIVE	DATIVE
ich	mich	mir	mich	mir
du	dich	dir	dich	dir
er	ihn	ihm		
sie	sie	ihr	sich	
es	es	ihm		
wir	uns		uns	
ihr	euch		euch	
sie	sie	ihnen	sich	
Sie	Sie	Ihnen		

Notice that the forms of the reflexive pronoun are the same as those for the accusative and dative of the personal pronoun (see Chapters 2 and 5) — except in the third-person singular and plural, where the reflexive pronoun is **sich.**

Only the **ich-** and **du-**forms of the reflexive pronoun have different forms for the accusative and the dative; all other forms are identical in both cases.

ANWENDUNG   **A.** *Complete the sentence with the accusative form of the reflexive pronoun.*

1. (*himself*) Peter duscht _____ .
2. (*ourselves*) Wir duschen _____ .
3. (*yourselves*) Ihr duscht _____ .
4. (*themselves*) Die Jungen duschen _____ .
5. (*myself*) Ich dusche _____ .
6. (*yourself*) Sie duschen _____ .
7. (*yourself*) Du duschst _____ .
8. (*herself*) Erika duscht _____ .

Dative or accusative?

Although only the **ich-** and **du-**forms of the reflexive pronoun are different in the accusative and the dative, you still should know when to use the accusative and when to use the dative.

a) If there is just one object and it is a reflexive pronoun referring back to the subject, use the accusative.

(sich) anziehen *to dress*
Ich ziehe **mich** an.   *I dress myself.*
(sich) kämmen *to comb*
Du kämmst **dich.**   *You are combing (yourself).*

b) If there is a direct object plus a reflexive pronoun, use the dative form of the pronoun.

Ich ziehe **mir einen Regenmantel** an.   *I am putting on a raincoat.*

Du kämmst **dir die Haare.**   *You are combing your hair.*
Ich putze **mir die Zähne.**   *I am brushing my teeth.*

c) If the verb is one that always requires a dative, use the dative form of the reflexive pronoun.

Ich **helfe mir.**   *I am helping myself.*
Kannst du **dir** ein Auto **leisten?**   *Can you afford a car?*

ANWENDUNG   **B.** *Restate the sentence, substituting the cue pronoun as the subject.*

1. (ich) Er zieht sich Jeans an.
2. (wir) Sie zieht sich an.
3. (du) Sie rasieren sich.
4. (du) Sie kann sich das nicht leisten.
5. (sie) Du irrst dich.
6. (ich) Wir kaufen uns ein Auto.

4. Reflexive verbs

A reflexive verb is one whose subject and object refer to the same person or thing.

Er rasiert sich jeden Tag.   *He shaves (himself) every day.*

Reflexive and non-reflexive usage

Many German verbs can be used either reflexively or non-reflexively. Reflexive usage is more common in German than in English. The English equivalent of German reflexive verbs is often non-reflexive: **sich duschen** *to shower, to take a shower,* **sich interessieren für** *to be interested in,* **sich irren** *to make a mistake.*

(sich) ändern

Wir haben das Programm **geändert.**	*We changed the program.*
Das Wetter hat **sich geändert.**	*The weather has changed.*

(sich) fühlen

Ich **fühle** keine Schmerzen.	*I don't feel any pain.*
Er **fühlt sich** nicht wohl.	*He doesn't feel well.*

(sich) interessieren

Der Sport **interessiert** ihn.	*Sports interest him.*
Ich **interessiere mich** für Sport.	*I am interested in sports.*

(sich) kaufen

Er **kauft** ein Auto.	*He buys a car.*
Er **kauft sich** ein Auto.	*He buys himself a car.*

ANWENDUNG   **A.** *Complete the second of each pair of sentences with the appropriate reflexive pronoun.*

1. *What interests you?*
   What are you interested in? (formal)

   Was interessiert Sie?
   Wofür interessieren_____?

2. *Identify the man.*
   Identify yourself. (familiar)

   Identifizieren Sie den Mann!
   Identifiziere_____!

3. *Wash your car!*
   Wash your hands!

   Wasch dein Auto!
   Wasch_____die Hände!

4. *Do you feel any pains?*
   I feel well.

   Fühlen Sie Schmerzen?
   Ich fühle_____wohl.

Some verbs are always reflexive.

Although some verbs can be used either reflexively or non-reflexively, others are always reflexive. They are listed in the vocabulary with **sich.** Here are some verbs that are always reflexive.

sich ausruhen *to relax, rest*	**sich erkälten** *to catch cold*
sich beeilen *to hurry*	**sich irren** *to be mistaken*
sich duschen *to take a shower*	

Internationales Friedens-Radfahrrennen Warschau-Berlin-Prag.

Some change their meaning.

Many verbs have a different meaning when they are used reflexively.

anziehen *to attract*	**sich anziehen** *to get dressed*
erinnern an *to remind*	**sich erinnern** *to remember*
treffen *to hit; to meet*	**sich treffen** *to meet (each other)*
umziehen *to move, relocate*	**sich umziehen** *to change clothes*

ANWENDUNG

B. *Complete the sentence with the appropriate verb or reflexive pronoun.*

1. *I am hurrying.* (sich beeilen) Ich beeile_____.
2. *I have to change clothes.* (sich umziehen) Ich muß_____umziehen.
3. *We are meeting at 5 o'clock.* (sich treffen) Wir treffen_____um fünf Uhr.
4. *How do you feel?* (sich fühlen) Wie fühlen Sie_____?
5. *I remind him of his brother.* (erinnern) Ich_____ihn an seinen Bruder.
6. *I have to move tomorrow.* (umziehen) Ich muß morgen_____.
7. *I remember his brother.* (sich erinnern) Ich erinnere_____an seinen Bruder.
8. *We meet the winner.* (treffen) Wir_____den Sieger.
9. *Where do we meet?* (sich treffen). Wo_____?

SYNOPSIS EXERCISES

A. *Supply the appropriate reflexive pronoun to complete the sentence.*

1. (sich kaufen) Er kauft_____ein Auto.
2. (sich fragen) Wir fragen_____,warum es so ist.
3. (sich irren) Ich glaube, Sie irren_____.
4. (sich interessieren) Wofür interessiert ihr_____?
5. (sich anziehen) Zieh_____schnell an!
6. (sich treffen) Wo treffen wir_____?
7. (sich erkälten) Erkälten Sie_____nicht!

B. *Restate, substituting the cue subject.*

1. (du) Wie oft rasieren Sie sich?
2. (wir) Sie müssen sich beeilen.
3. (du) Fühlen Sie sich nicht wohl?
4. (du) Wascht euch die Hände!
5. (ich) Sie waschen sich die Hände.
6. (Sie) Sie zieht sich an.

C. *Restate the sentence with a reflexive pronoun and give the English meaning of both sentences.*

Er kauft einen Tennisschläger.
Ich erinnere sie an ihn.
Ziehst du jetzt um?

D. *Express in German.*

I caught a cold
I have to hurry.
He is interested in music.
She doesn't feel well.
Wash your hands!

5. Definite and indefinite time

Accusative: definite

German distinguishes between definite and indefinite time. The accusative is used to express definite time.

Ich laufe fast **jeden Tag.**	*I run almost every day.*
Wir waren **einen Tag** in Dresden.	*We were in Dresden for one day.*
Spielst du **nächstes Jahr** Tennis?	*Are you playing tennis next year?*

Genitive: indefinite

The genitive is used to express indefinite time.

Eines Tages wird sie Olympiasiegerin.	*One day she'll become an Olympic champion.*
Ich laufe gewöhnlich **morgens.**	*I usually jog mornings.*
Eines Nachmittags brachte er sie zum Klub.	*One afternoon he brought her to the club.*

Dative with time

When the two-way prepositions **an, in,** and **vor** are used with expressions of time, answering to the question **Wann?** *When?*, the dative is required.

Wann fährst du ab? **Am** Sonntag.	*When are you leaving? On Sunday.*
In einer Woche.	*In a week.*

Vor einer Stunde.   An hour ago.
Er fährt vor dem Wochenende   He is going home before the
  nach Haus.   weekend.

ANWENDUNG   A. Complete with the appropriate form of the cue article. Contract the pre-
             position and the article when possible.

1. (der) Ich komme an *am* Sonntag.
2. (ein) Vor *einem* Jahr.
3. (die) Ich nehme viel Vitamin C vor *der* Grippezeit.
4. (das) Er kommt immer vor *dem* Wochenende.
5. (der) Sie arbeitet an *dem* Montag.
             am

B. Answer with the German equivalent of the English cue. Give only the time
expression, not a complete sentence.

Beispiel (every day)   Wie oft spielen Sie Tennis?
                Jeden Tag.

1. (someday) Wann möchten Sie heiraten? *eines Tages*
2. (every day) Wie oft arbeitest du?
3. (every morning) Wann ruft dich Fritz an?
4. (some morning) Wann hat sie ihn verlassen?
5. (next year) Wann fahren Sie nach Europa?
6. (one year) Wie lang waren Sie in der Schweiz?

⚠ **Vorsicht!**   Fehlergefahr!

Do not confuse the noun **der Morgen**, *morning*, and the adverb
morgens, *in the morning*, with the adverb **morgen**, *tomorrow*.

Ich fahre **morgen** nach Haus.   *I am going home tomorrow.*
Er arbeitet **morgens**.   *He works in the morning.*
Morgen ist Sonntag.   *Tomorrow is Sunday.*
Wir kommen **morgen** früh.   *We are coming tomorrow*
                                           morning.

Guten **Morgen!**   *Good morning.*

---

6. seit: past time continued into the present

seit + *time* +   To express an action that began in the past but is still going on in the present,
present tense   German uses **seit** *since, for* + an element of time + the present tense. In
                       English, the present perfect tense is used. (Remember that **seit** is a
                       preposition that requires the use of the dative.)

Seit den sechziger Jahren **ist** die DDR eine Großmacht im Sport.	*The DDR has been a major power in sports since the sixties.*
In dem Museum **kann** man **seit** vielen Jahren ein Plakat sehen.	*For many years one has been able to see a poster in the museum.*
Ich **laufe seit** drei Wochen jeden Tag.	*I have been running every day now for three weeks.*

schon *instead* *of* **seit**   The adverb **schon** *already* may often be used instead of **seit** in expressing time. **Schon**, however, is followed by a time expression in the accusative.

Ich wohne **seit** einem Jahr hier. *dative*	*I have been living here for a year.*
Sie wohnt **schon** ein Jahr hier. *accusative*	*She has been living here for a year.*

have already

ANWENDUNG   **A.** *Answer the question by incorporating the cue.*

1. (zwei Monate) Wie lange studierst du schon Deutsch? *Ich studiere schon zwei Monate Deutsch.*
2. (drei Tage) Seit wann kennst du Irene?
3. (ein Jahr) Wie lange wohnen Sie schon hier?
4. (eine Woche) Seit wann arbeitet sie dort? *einer Woche*
5. (ein Jahr) Seit wann gehört dir der Volkswagen? *einem*

Praktische Ausdrücke auf dem Campus	Useful campus expressions[5]
der **Abteilungsleiter**, - (-in)	*department head*
die **Bibliothek**, -en	*library*
der **Buchladen**, -	*bookstore*
der **Dekan**, -e	*dean*
das **Erdgeschoß**	*ground floor*
der **Feiertag**, -e	*holiday*
die **Ferien** *pl*	*vacation*
das **Gebäude**, -	*building*
die **Mensa**	*student dining hall*
der **Parkplatz**, -̈e	*parking lot*
das **Schwimmbad**, -̈er	*swimming pool*
der **Sportplatz**, -̈e	*sports field*
der **Stock**, die **Stockwerke**	*floor, story*
das **Studentenheim**, -e	*dormitory*
die **Turnhalle**, -n	*gym*

ANWENDUNG   **B.** *Form questions with the above campus expressions using question words like* **wer, wann, was, wo, wie oft, warum, u.s.w.**

Beispiel   Wie oft gehen Sie ins Schwimmbad?

[5]You may want to add your own expressions.

LESESTÜCK   Die DDR (Deutsche Demokratische Republik): Großmacht° im Sport

major power

Es war Elkes erster Besuch bei einem großen staatlichen Sportklub in Leipzig. Eine Freundin brachte sie nachmittags zum Trainer° des Klubs. „Na, wofür interessierst du dich", fragte der Trainer. „Ich möchte Schwimmerin werden", antwortete das achtjährige Mädchen. Der Trainer schaute sie von oben bis unten an und sagte: „Dafür sind deine Hände und Füße zu klein. Aber vielleicht wird aus dir eine gute Turnerin°. Geh' zur Gruppe vier im Turnsaal°,B'."

coach

gymnast (fem.)
gymnasium

Ob Elke einmal eine Olympiasiegerin wird, das weiß niemand. Aber der Staat plant schon für sie—genau wie für die anderen drei Millionen Sportler in der Deutschen Demokratischen Republik. Zur Planwirtschaft° dieses Staates gehört nicht nur die Industrie, dazu gehört auch der Sport.

planned economy

Warum interessiert sich der DDR-Staat so sehr für den Sport? Er sieht darin nicht nur ein privates Hobby des Volkes, sondern ein Mittel zur Volksgesundheit°. Und noch mehr: Internationaler Erfolg im Sport bedeutet auch nationales Prestige. In allen Schulen und in den 800 staatlichen Klubs fördert die Regierung den Sport. Seit den sechziger Jahren ist dieser Staat eine Großmacht im internationalen Sport. Bei den Olympischen Spielen der letzten Jahrzehnte „regnete" es Medaillen für die DDR.

health of the people

Diese Erfolge sind kein Zufall. Dahinter steht die Planwirtschaft des DDR-Sports. Experten trainieren Schüler und Schülerinnen schon im Alter von sechs bis neun Jahren; die besten dieser jungen Sportler kommen dann in spezielle Sportschulen. An den Spartakiaden° nehmen bis zu vier Millionen Jungen und Mädchen teil (Die DDR hat eine Bevölkerung von 17 Millionen Menschen!). Sportärzte und Sportlehrer helfen den Anfängern und auch den Spitzensportlern°. Womit finanziert der Staat diese Programme? Mit der volkseigenen° Industrie, das heißt der verstaatlichten° Industrie.

Spartacus Games; sports competitions in the DDR

top athletes
publicly owned
nationalized

Olympiade-Gold für die DDR-Schwimmerin Cornelia Ender.

Eine Siegerin in der Kinder- und Jugend-Spartakiade, Berlin.

    Daß sich Erfolg im Sport mit nationalem Stolz° verbindet, ist nichts Neues. Schon bei den Olympischen Spielen der Antike° feierte man die Sieger als nationale Helden. Daran hat sich bis heute nicht viel geändert. Daß die Olympiade ein Wettkampf zwischen Athleten und nicht zwischen Nationen sein soll, ignorierte man damals genau wie heute.

    Das nationalsozialistische Regime in Deutschland (1933-1945) hat den „Staatsamateur" der modernen Zeit erfunden. Was versteht man darunter und wodurch unterscheidet sich der „Staatsamateur" vom wirklichen Amateur? Der Amateur muß während des Trainings alles selbst bezahlen; für den Staatsamateur bezahlt der Staat alles. Staatsamateure sind offiziell keine Berufssportler° und dürfen also auch an internationalen Wettkämpfen° teilnehmen.

pride
antiquity

professional athlete

sports competitions

Sport, Erziehung und Politik gehen in der DDR Hand in Hand. Im Moskauer Revolutions-Museum kann man seit vielen Jahren ein großes Plakat° sehen: „Arbeitersportler sind Soldaten der Revolution." Sport ist auch für die DDR „ein Mittel zur Integration nach innen und Identifikation nach außen", wie ein Soziologe einmal gesagt hat. [6]

poster

Daß sich im DDR-Sport eine erfolgreiche Mischung von leninistischem Marxismus, starkem Nationalismus und deutscher Gründlichkeit° zeigt, daran zweifeln wenige Leute. Als ein tschechischer Diplomat von den großen Erfolgen der DDR-Athleten hörte, sagte er resigniert: „Bei euch Deutschen funktioniert alles; die Monarchie, der Faschismus, die Demokratie, der Sozialismus—und sogar der Sport . . ."

thoroughness

Wortschatz zum Lesestück

new nouns (active vocabulary)

der **Anfänger,** -	beginner	die **Schülerin, -nen**	pupil (fem.)
die **Erziehung**	education	die **Schwimmerin, -nen**	swimmer (fem.)
die **Gesundheit**	health	der **Sieger,** -	victor, champion, winner
die **Gruppe, -n**	group	das **Spiel, -e**	game; match
die **Hand, ̈-e**	hand	der **Sportlehrer,** -	physical education instructor
die **Olympiade, -n**	Olympic Games	der **Sportler,** -	sports person, athlete (masc.)
die **Regierung, -en**	government	die **Sportlerin, -nen**	athlete (fem.)

nouns (for recognition)

das **Alter**	age	die **Medaille, -n**	medal
der **Arbeitersportler,** -	working-class athlete	die **Mischung**	mixture
der **Athlet, -en**	athlete	das **Mittel,** -	means, way
der **Held, -en**	hero	die **Olympischen Spiele**	Olympic Games
die **Identifikation**	identification	die **Olympiasiegerin, -nen**	Olympic champion (fem.)
die **Integration**	integration	der **Staatsamateur, -e**	amateur supported by the state
Leipzig	Leipzig (city in the DDR)	der **Wettkampf, ̈-e**	competition
der **Marxismus**	Marxism		

new verbs (active vocabulary)

(sich) ändern	to change, alter	**sich interessieren für**	to be interested in
an·schauen	to look at	**planen**	to plan
erfinden, erfand, erfunden	to invent	**teil·nehmen (nimmt teil)**	to participate,
feiern	to celebrate	**nahm teil, teilgenommen**	take part

[6]Christian Graf von Krochow, *Sport—eine Soziologie und Philosophie des Leistungsprinzips* [principle of achievement], Hamburg, 1974.

trainieren	*to train, practice*	**(sich) verbinden, verband,**	*to combine*
(sich) unterscheiden, unter-	*to distinguish, differ*	**verbunden**	
schied, unterschieden		**zweifeln**	*to doubt*

verbs (for recognition)

finanzieren	*to finance*	**funktionieren**	*to function, work*
fördern	*to encourage*	**ignorieren**	*to ignore*

other new words (active vocabulary)

best-	*best*	**sondern**	*but on the contrary*
erfolgreich	*successful*	**staatlich**	*governmental, state-owned*
nachmittags	*in the afternoon*	**stark**	*strong*
niemand	*no one*	**unten**	*at the bottom; below*
oben	*top; above*	**während**	*during*
schmal	*slim, small*		
selbst	*self; himself, herself*		

other words (for recognition)

dahinter	*behind it, behind them*	**dazu**	*to that*	**tschechisch**	*Czech*
daran	*in it, about it/that*	**resigniert**	*resigned(ly)*	**wodurch**	*whereby; how*
darunter	*by that*	**sogar**	*even*	**womit**	*with what*

special and idiomatic expressions

es zeigt sich	*it appears, it shows*	**nach außen**	*outward*
nach innen	*inward*	**von oben bis unten**	*from top to bottom*

FRAGEN ZUM LESESTÜCK   *Antworten Sie auf deutsch!*

1. Warum besuchte Elke den staatlichen Sportklub in Leipzig?
2. Warum soll sie nicht Schwimmerin werden?
3. Was weiß man noch nicht von Elke?
4. Was tut der Staat schon für das achtjährige Mädchen?
5. Warum spielt der Sport in der DDR eine wichtige Rolle?
6. Wo fördert die Regierung der DDR den Sport?
7. Was gab es bei den Olympischen Spielen der letzten Jahrzehnte für die DDR?
8. Warum sind die Erfolge der DDR im Sport kein Zufall?
9. Womit finanziert die DDR-Regierung den Sport?
10. Was hat sich bei den Olympischen Spielen bis heute nicht geändert?
11. Was ignoriert man oft bei den Olympiaden?
12. Wer hat den „Staatsamateur" erfunden?
13. Was tut der Staat für den Staatsamateur?
14. Was zeigt sich im DDR-Sport?
15. Was sagte einmal ein tschechischer Diplomat über den Erfolg der DDR-Athleten?

SITUATIONEN
1. *You are being asked by a friend to play tennis today:* „Wann spielen wir heute Tennis?" *You don't feel too well, so you say:*_____ .
2. *You and a friend are discussing ways of keeping fit. He/She argues in favor of jogging or* „Trimm-dich-Pfade". *You say:*_____ .
3. *You have just returned from an international swimming competition in Berlin, where the DDR won all the gold medals. A friend says:* „Ja, die DDR-Sportler sind viel besser." *You explain:*_____ .
4. *You are a trainer in a sportsclub in Leipzig. A teenager says to you:* „Ich möchte Sportler/Sportlerin werden." *You look him/her over and say:*
_____ .

SCHRIFTLICH WIEDERHOLT
A. *Write a question about the underlined word(s). Use a preposition plus the interrogative, or a* **wo**-*compound, whichever is appropriate.*

| **Beispiel** | Er wartet auf den Zug. | **Worauf wartet er?** |
| | Er wartet auf sie. | **Auf wen wartet er?** |

1. Elke spricht mit dem Trainer.
2. Die DDR hat für den Sport großes Interesse.
3. Von deiner Erkältung hat er nichts gewußt.
4. Wir diskutieren über unseren Sportlehrer.
5. Der Staat verbindet mit dem Sport nationales Prestige.
6. Er wurde durch den Sport sehr populär.
7. Sie haben mit seinen Eltern gesprochen.
8. Sie argumentierten gegen das Nullwachstum.
9. Ursula hat von ihrem Mann einen Brief bekommen.

Sportfest auf der Karl-Marx-Allee in Berlin.

B. *Rewrite the sentences, replacing the underlined words with expressions from the list below, or with others of your own choosing.*

helfen	zusammengehören	6 Monate
bezahlen	sich ändern	Interesse haben für

1. Ich spiele schon seit einem halben Jahr Tennis.
2. Wofür interessierst du dich?
3. Die Regierung fördert den Sport.
4. Womit finanziert die Regierung den Sport?
5. Das Wetter wechselt° oft.   changes
6. Sport und Politik gehen in der DDR Hand in Hand.

C. *Complete the sentences using the appropriate subject pronouns and reflexive pronouns shown below.*

ich	**wir**	**dich**	**uns**
du	**ihr**	**sich**	**euch**
er	**Sie**		

1. Das konnten _____ _____ nicht leisten.
2. _____ duscht _____ früh morgens.
3. Da irrst _____ _____ sicher!
4. Wie oft rasieren _____ _____ ?
5. Trimmt _____ _____ am Trimm-dich-Pfad?

Sprechen leicht gemacht!

To practice when and when not to use **da**-compounds. . . .

Ich auch!⁷   **A.** *Say that you, too, are doing the same thing. (Student A to student B, B to C, and so on.)*

Ich {
freue mich auf das Wochenende.
bin für die Demokratie.
spreche über Nietzsche.
schreibe über Freud.
arbeite an meinem B.A.
arbeite für Professor Schwarz.
habe nichts gegen eine schwere Prüfung.
bin für die Frauenrechtlerinnen°.
fliege mit der Concorde.
laufe mit den Studenten.
?

Ich freue mich
auch darauf.

women's liberationists

⁷*Me too!*

Ja, so ist es.   **B.** *Follow the same format as in Exercise A.*

Spricht Fritz oft über seine Probleme?   Ja, er spricht
Spricht Fritz oft über seine Freundin?   oft _____.
Erzählt Susi viel von ihren Ferien?
Fährt Oskar immer mit seinem Vater?
Hilft Uwe dir bei deinen Hausaufgaben?
Fährt Willi immer mit dem Bus?
Erzählt Helmut viel von seinem Freund?
Wartet Bruno wirklich auf einen Brief von Sabine?
Kauft Peter ein Hi-Fi für sein Auto?
Kauft dein Vater ein Auto für deinen Bruder?

To practice **da**-compounds in the present perfect . . . [8]

Nein, das stimmt   **C.** *Answer in the negative, using a **da**-compound wherever possible. (A to B, B to C,*
nicht!   *and so on.)*

Hast du schon von deiner Reise   Nein, ich habe noch
    erzählt?   nicht _____.
Haben Sie schon für die Einladung
    zur Party gedankt?
Hast du schon von dem neuen
    Studentenheim gehört?
Hast du schon mit deinen Eltern
    gesprochen?
Bist du schon mit dem Porsche gefahren?
Hast du schon mit Georg Tennis gespielt?
Haben Sie schon nach der Adresse gefragt?
                    ?

To practice **wo**-compounds or preposition + a question . . .

Schlechte   **D.** *You are talking on the phone, but you did not understand part of what was said.*
Verbindung[9]
                   Fritz schreibt über seine Reise.   _____ schreibt er?
                   Anna dankt für das Geschenk°.   present
über wen –   Karl wartet auf seine Freundin.
about whom   Professor Grau spricht über Franz Kafka.
                   Fritz beginnt morgen mit einem neuen Job.
                   Ich fahre mit dem Zug.
                   Karin wartet auf die Post.
                   Ich schreibe heute an den Präsidenten.
                   Franz arbeitet an einem Aufsatz°.   composition, essay
                   Frau Strauß ist gegen die Staatsamateure.
                   Ich bin für den Berufssport.
                   Ich fahre mit unserem Sportlehrer.

[8]The following exercises include items where the personal pronoun must be used.
[9]*Bad connection*

To practice reflexive verbs . . .

Was machen Sie?

E. *Ask your classmates what they do in these situations. If they wish, they may answer using the following suggestions.*

sich . . . kaufen *to buy for oneself*
sich ausruhen *to rest*
sich beeilen *to hurry*
sich wohlfühlen *to feel well*
sich identifizieren *to identify oneself*

sich kämmen *to comb oneself*
sich setzen *to sit down*
sich umziehen *to change clothes*
sich waschen *to wash oneself*
?

Was machen Sie, wenn . . .
   ein Polizist Sie fragt, wie Sie heißen?
   Sie schmutzige° Hände haben?   *dirty*
   Ihr Vater Ihre ungekämmten Haare nicht gern hat?
   Sie Deutsch studiert haben und müde° sind?   *tired*
   Sie Tomatensauce auf Ihre neuen Jeans schütten°?   *pour*
   Sie einen freien Platz neben° einem Mädchen/Jungen   *next to*
     in der Klasse sehen?
   man Ihren VW von 1969 nicht mehr reparieren kann?
         ?

Machst du das auch?

F. *Turn to your neighbor and say what you are doing. Ask whether he or she is doing the same. (A to B, B to C, and so on.)*[10]

Ich
{
  kaufe mir ein Moped/Mofa.
  ziehe mich sofort an.
  interessiere mich dafür.
  freue mich auf die Ferien.
  kämme mich zehnmal am Tag.
  erinnere mich an die Party.
  wasche mich jeden Tag.
  wasche mir die Hände vor dem Essen.
     ?
}

Kaufst du _____
auch _____?

Nein, das machen wir nicht!

G. *Deny what a classmate asks you.*

Freust du dich auf die Prüfung?

Kauft ihr euch ein Auto?
Können Sie sich identifizieren?
Treffen sie sich jeden Tag?
Irrst du dich nicht?
Erkälten Sie sich oft?
Ziehst du dich für die Party um?
Interessiert ihr euch für Politik?
    ?

Nein,   ich freue _____.
        wir freuen _____.

[10]The meaning of many reflexive verbs in the next three exercises can be found on pps. 218-220 and in exercise E above.

To practice definite and indefinite time . . .

Morgen, morgen,
nur nicht heute,
sagen alle
faulen Leute.[11]

H. *Do you have a definite or an indefinite time for doing the things below? Combine items from the two columns to reflect your timetable.*

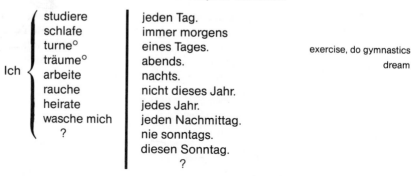

Ich

studiere	jeden Tag.	
schlafe	immer morgens	
turne°	eines Tages.	exercise, do gymnastics
träume°	abends.	dream
arbeite	nachts.	
rauche	nicht dieses Jahr.	
heirate	jedes Jahr.	
wasche mich	jeden Nachmittag.	
?	nie sonntags.	
	diesen Sonntag.	
	?	

To practice listening comprehension . . .

Haben Sie
verstanden?

I. *Listen to what your instructor says but keep your books closed. Then say* **Ich bin dafür** *or* **Ich bin dagegen.**

Trimm-dich-Pfade in jeder Stadt.
Eine Pille gegen Dummheit°.   stupidity
Die fünfundfünfzig Meilen Geschwindigkeit.
Zwei Autos in jeder Garage.
Das Nullwachstum in der ganzen Welt, außer Amerika.
Weniger Reklamen im Fernsehen.
Das Finanzieren des Sports durch den Staat.
Weniger Hausaufgaben in Deutsch.
                                ?

To practice vocabulary . . .

Was ist das
Gegenteil?

J. *Find the antonym of the word in the first column, and say:* **Das Gegenteil von** _____ **ist** _____ .

oben	recht haben
krank	viele
teuer	privat
sich irren	abends
ein paar	unten
richtig	falsch
stehen	interessant
anfangen	aufhören
öffentlich	billig
morgens	gesund
langweilig	sitzen

---

[11]*Tomorrow, tomorrow, but not today, so say all lazy people. (i.e., Do not put off till tomorrow what you can do today.)*

Nur im guten Sportfachhandel.

Endlich wieder kraftvoll fighten!
Mit der Tennisarm-
Bandage von HansaSport.

Trimm Dich durch Sport

Meine Meinung   **K.** *Match items from the two columns to express your view of the sports below.*

Golf	möchte ich versuchen	
Schwimmen	habe ich oft gemacht	
Windsurfen	ist für reiche° Leute	rich
Wandern	das machen nur die Deutschen	
Drachenfliegen°	dazu braucht man Schnee°	hang-gliding/snow skiing
Schilaufen°	ja, aber wo?	
Boxen	ist zu gefährlich°	dangerous
Trimm-dich-Pfade	dazu muß man stark sein	
Tauchen°	ich habe Angst vor Haifischen°	diving/sharks
Radfahren°	ist gesund	bicycling
Turnen°	interessiert mich gar nicht	doing gymnastics
Rollschuhfahren	?	
?		

Nationalsport   **L.** *Viele Länder sind bekannt für einen besonderen Sport. Wo spielt man was besonders gern? Wo hat man welchen Sport besonders gern?*

In {
China
Deutschland
England
Österreich
den USA
der Sowjetunion
Hawaii
Japan
der Schweiz
Frankreich
?
} spielt / hat } man {
Surfen
Baseball
Schilaufen
Radrennen°   bicycle racing
Bergsteigen°   mountain climbing
Pingpong
Cricket
Fußball
Tennis
Turnen
Schwimmen
?
} besonders gern.

Restaurant am Rhein: Wie schön, wenn man mehr Freizeit hat!

Kapitel 10

Test 1 week from 3/11

Was wird das 21. Jahrhundert bringen?
1. The future tense
   Future to express probability
2. The three functions of **werden**
3. **würde:** always means *would*
4. **als, wenn,** and **wann**
5. Adjectival endings: a preview
6. Descriptive adjectives following **der** and **ein**

Deutsche Redensarten

DIALOG Was wird das 21. (einundzwanzigste) Jahrhundert bringen?

Eine deutsche Zeitung stellte diese Frage an Studenten und Professoren auf dem Campus der Universität Bremen. Hier sind ihre Antworten:

Reporter:	Was glauben Sie, was wird uns das 21. Jahrhundert bringen?
Christa Lenz:	Wir werden viel mehr Freizeit als jetzt haben.
Reporter:	Und was wird man mit der Freizeit tun?
Christa Lenz:	Ich glaube, die Menschen werden <u>mehr Zeit für ihre Familien und ihre Hobbies haben</u>. Man wird mehr <u>reisen</u>, aber auch mehr <u>fernsehen</u>—und hoffentlich mehr <u>lesen</u>.
Reporter:	Was ist Ihre Prognose fürs nächste Jahrhundert?
Heinz Loeb:	Ich glaube vor allem, daß man im 21. Jahrhundert neue Planeten erforschen wird. Und Roboter werden die Arbeit in den Fabriken tun.
Reporter:	Und wie denken Sie darüber?
Heinz Loeb:	Das ist gut! Ich glaube wirklich, daß die Menschen ein besseres Leben haben werden. Die Qualität des Lebens wird besser werden.
Reporter:	Und was ist Ihre Meinung über unsere Zukunft im nächsten Jahrhundert?
Professor Schumann:	Als ich ihre Frage hörte, dachte ich zuerst: Wenn's ein 21.Jahrhundert geben wird, müssen wir Glück haben.
Reporter:	Wie soll ich das verstehen?
Professor:	Ich bin nicht sicher, ob wir das 21. Jahrhundert noch erleben werden.
Reporter:	Und warum nicht?
Professor:	Haben Sie noch nie vom Wettrüsten und vom Atomkrieg gehört . . .?
Reporter:	Ach so, ich dachte nicht, daß Sie so pessimistisch über die Zukunft sein würden.

Wortschatz zum Dialog

new nouns (active vocabulary)

die **Fabrik, -en**	*factory*	die **Prognose, -n**	*prognosis, forecast*
das **Glück**	*good luck, fortune*	die **Qualität, -en**	*quality*
das **Jahrhundert, -e**	*century*	der **Roboter, -**	*robot*
das **Leben**	*life*	das **Wettrüsten**	*armament race*
der **Planet, -en**	*planet*		

new verbs (active vocabulary)

erforschen *to explore*
erleben   *live to see*

fern·sehen (sieht fern), *to watch television*
sah fern ferngesehen

other new words (active vocabulary)

einundzwanzigst- *twenty-first*
nächst-   *next*

pessimistisch *pessimistic*

special and idiomatic expressions

Glück haben *to be lucky, to be fortunate*

FRAGEN ZUM DIALOG

1. Wo stellte der Reporter die Fragen?
2. An wen stellte er die Fragen?
3. Was werden die Menschen mit ihrer Freizeit tun? Was glaubt Christa?
4. Was werden die Menschen tun? Was hofft Christa?
5. Was wird man erforschen? Was glaubt Heinz?
6. Wer wird die Arbeit in den Fabriken tun?
7. Wie denkt Heinz über Roboter?
8. Warum ist Professor Schumann nicht sicher, daß wir das 21. Jahrhundert erleben werden?

PERSÖNLICHE FRAGEN

1. Was ist Ihre Prognose für das 21. Jahrhundert? Sind Sie über die Zukunft pessimistisch oder optimistisch?
2. Was tun Sie jetzt in Ihrer Freizeit? Sehen Sie fern? Lesen Sie? Was sind Ihre Hobbies?
3. Sind Sie für oder gegen die Roboter? Warum?
4. Wissen Sie, woher das Wort „Roboter" kommt?

AUSSPRACHE ÜBUNG

German **ich**-sound versus German **ach**-sound

1. **ich**-sound after front vowels (**i, e, eu, ie, ei, ö**)

mich	*me*	schlecht	*bad*
das **Pech**	*bad luck; tar*	zeichnen	*to draw*
euch	*you*	dichten	*to write poetry*
riechen	*to smell*	nichts	*nothing*
die **Eiche**	*oak tree*	du **möchtest**	*you would like*
recht	*right*		

2. **ach**-sound after back vowels (**a, u, o, au**)

der **Bach**	*brook*	das **Loch**	*hole*
die **Sache**	*thing*	doch	*nevertheless*

die **Nacht**	night		**pochen**	to knock
machen⟩	to make		der **Koch**	cook
lachen	to laugh		**hoch**	high
das **Buch**	book		der **Bauch**⟩	belly
die **Buche**	beech tree		**tauchen**⟩	to dive
suchen	to search		**auch**	also
fluchen	to curse		er **raucht**	he smokes

3. **ich**-sound after consonants (**n, l, d, ß, r**)

München	Munich		**bißchen**⟩	little bit
die **Milch**	milk		das **Fläschchen**⟩	small bottle
das **Mädchen**⟩	girl		**durch**	through
welcher⟩	which		der **Storch**⟩	stork
mancher⟩	many a		**solcher**⟩	such a

4. *Pronounce the singular and plural forms in sequence.*

das **Loch**, die **Löcher**	hole		das **Buch**, die **Bücher**	book
der **Spruch**, die **Sprüche**	saying		das **Dach**, die **Dächer**	roof
der **Bach**, die **Bäche**	brook		die **Tochter**, die **Töchter**	daughter
der **Bauch**, die **Bäuche**	belly		der **Brauch**,⟩ die **Bräuche**⟩	custom

GRAMMATIK   Theorie und Anwendung

1. The future tense

Beispiele	Du **wirst** morgen Kopfschmerzen **haben**.	*You will have a headache tomorrow.*
	Sie **werden** solche Redensarten oft **hören**.	*You will often hear such expressions.*
	Öl **wird** nicht immer billig **sein**.	*Oil won't always be cheap.*
	Werden Sie ihm **glauben**?	*Will you believe him? Are you going . . . ?*

werden + *infinitive*   The future tense in German, as in English, is formed with an auxiliary plus an infinitive. In German the auxiliary is **werden**. In contrast to English, however, in German the infinitive goes to the end of a main clause.

Die Bayrischen
Motorenwerke in
München: Die Zukunft
hat schon begonnen.

ANWENDUNG

A. *Express in German.*

1. *He will come.* Er _wird_ kommen.
2. *Will she come?* _Wird_ sie kommen?
3. *I will remain.* Ich _werde_ bleiben.
4. *You (familiar) will pay!* Du _wirst_ zahlen!
5. *We will call.* Wir _werden_ anrufen.
6. *You (formal) will understand.* Sie _werden_.
7. *They will write.* Sie _werden_.

B. *Restate using the future tense.*

1. Ich mache meine Hausaufgabe.
2. Er bringt dich zum Klub.
3. Haben Sie Zeit?
4. Wann besuchst du mich?
5. Morgen hilft sie mir.
6. Er ist immer pünktlich.
7. Ulrike kommt um drei Uhr.
8. Die Roboter tun die Arbeit.

C. *Restate in the future tense. Note that some are separable prefix verbs.*

1. Ich rufe die Lufthansa an. _____ .
2. Er steht um sechs Uhr auf. Morgen _____ .
3. Wann hörst du mit der Arbeit auf? _____ ?
4. Wir sehen uns bald wieder. _____ .
5. Kommen Sie um sieben Uhr an? _____ ?
6. Der Zug fährt um 13 Uhr ab. Am Sonntag _____ .
7. Wir haben mehr Freizeit.
8. Man hat ein besseres Leben.

*And now **werden** to the end*   In dependent clauses, the conjugated verb always moves to the final position. This means that when the future tense is used in a dependent clause, the conjugated form of **werden** occupies the final position.

Er sagt, daß er eines Tages auch Tennis **spielen wird.**

He says that some day he'll also play tennis.

Sie will nichts trinken, damit sie morgen keinen Kater **haben wird.**

She does not want anything to drink so that she will not have a hangover tomorrow.

ANWENDUNG **D.** *Combine the components, changing the original sentence into a dependent clause. Rearrange word order as appropriate.*

1. Das metrische System wird bald Gewohnheit sein.
   Wir hoffen, daß _____.
2. Er wird bald eine Partnerin finden.
   Er schreibt eine Heiratsannonce, damit _____.
3. Was wird die Zukunft bringen?
   Wer weiß, was _____?
4. Politiker werden das Problem der Bevölkerungsexplosion verstehen.
   Ich frage mich, ob _____.
5. Sabine wird nicht heiraten.
   Karin sagt, daß _____.

Modal to the end   When the future tense is used with a modal auxiliary, the infinitive of the modal stands at the end, just after the infinitive of the main verb.

Wird Fritz morgen nicht **kommen können?**

Won't Fritz be able to come tomorrow?

Hoffentlich **werden** Sie nie **sagen müssen:** „Man hat mich übers Ohr gehauen".

It is to be hoped that you will never have to say: "They fooled me."

ANWENDUNG **E.** *Restate the sentence, changing the verb from the present to the future tense.*

1. Ich muß sparen.
2. Du willst bald heiraten.
3. Wir können noch warten.

F. *Restate in the future tense, using the cue modal.*

1. (müssen)   Er wird Geld verdienen.
2. (wollen)   Er wird es nicht sagen.
3. (können)   Was wird man dagegen tun?

Present tense for future time

Like English, German commonly uses the present tense to express a future action, especially when the statement contains a word that denotes future time (such as **morgen, bald,** or **heute abend**).

Ich **kaufe morgen** die Karten fürs Fußballspiel.	*I am buying the tickets for the soccer game tomorrow.*
Wir **kommen bald.**	*We are coming soon.*

ANWENDUNG

G. *Restate the sentence, using the present tense and the cue words instead of the future tense to indicate future action.*

1. (am Wochenende)   Ich werde euch besuchen.
2. (in zwei Tagen)   Sie wird mit der Arbeit fertig sein.
3. (heute abend)   Wir werden ins Konzert gehen.
4. (bald)   Wirst du uns schreiben?
5. (in ein paar Minuten)   Wird der Bus kommen?

SYNOPSIS EXERCISE ON THE FUTURE

Restate the sentence, changing the conjugated verb to the future tense. If the sentence contains a dependent clause, change the verb in the dependent clause.

1. Ich gehe nach Haus.
2. Wir haben Glück.
3. Heute nachmittag bin ich zu Haus.
4. Er sagt, daß manche Menschen nie optimistisch sind.
5. Sie fragt uns, ob Professor Ritter über das Wettrüsten spricht.
6. Bald mache ich keine Fehler mehr. *Bald werde ich keine Fehler mehr machen.*
7. Haben wir mehr Freizeit?
8. Ich glaube nicht, daß die Qualität des Lebens besser ist.
9. Astrid freut sich auf die Ferien.
10. Das glaubt dir niemand.
11. Erinnerst du dich an mich?

this man is very sarcastic

⚠ **Vorsicht!**   Fehlergefahr!

Do not confuse German **will** (from **wollen** *to want to*) with English *will* (the auxiliary for the future tense).

Ich **will** es tun.	*I want to do it.*
Ich **werde** es tun.	*I will do it.*
Er **will** es haben.	*He wants to have it.*
Er **wird** es haben.	*He will have it.*

ANWENDUNG   **H.** *Translate into German.*

1. *Do you want it?* _____ du es haben?
2. *Will you see her?* _____ du sie sehen?

3. *He wants to come along.* Er _____ mitkommen.
4. *He will come along.* Er _____.
5. *I want to buy it.* _____.
6. *I will sell it.* _____.
7. *Will you see her?* _____ ?

2. The three functions of werden

The verb **werden** is used in three different ways.

a) The basic meaning of **werden** is *to become.*

Das Benzin **wird** teuer.	*Gas is becoming more expensive.*
Wollen Sie Ärztin **werden?**	*Do you want to be(come) a doctor?*

b) Werden combined with an infinitive signals the future tense.

Wir **werden** viel Freizeit haben.	*We will have a lot of leisure time.*
Der Roboter **wird** uns **helfen.**	*The robot will help us.*

c) When combined with a past participle, **werden** signals the passive voice, which will be discussed in Chapter 17.

ANWENDUNG   **A.** *Translate into German.*

1. I will receive money.
2. I will become rich.   *reich*
3. Will gas become expensive?
4. The air is getting bad.
5. We don't get enough good air.

3. würde: **Always means** *would*

würde +
infinitive   **Würde,** with an infinitive, is often used to express a hypothetical condition. It always corresponds to English *would.*[1]

ich, er/sie/es **würde**	wir, sie, Sie **würden**
du **würdest**	ihr **würdet**

Beispiele

Wir **würden** das nie **tun.**	*We would never do that.*
Ich **würde** gern mehr Freizeit haben.	*I would like to have more leisure time.*

---

[1]**Würde** is the subjunctive form of **werden.** The subjunctive is discussed in Chapters 15 and 16.

ANWENDUNG   **A.** *Complete the German sentence as suggested by the English equivalent.*

1. *I will gladly do it.* Ich werde es gern tun.
2. *I would like to do it.* Ich würde
3. *What will you tell him?* Was werden Sie ihm sagen?
4. *What would you tell him?* Was würde
5. *He will go home with you.* Er wird mit dir nach Haus gehen.
6. *He would go home with you.* Er würde.

4. als, wenn, **and** wann

Als, **wenn,** and **wann** all correspond to English *when.* They are not inter-changeable, however, and must each be used in a particular way.

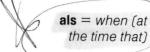

als = *when (at the time that)*

a) Als signals a nonrepetitive event taking place in the past.

Als Heinz keine Karte bekommen konnte, hat er ein langes Gesicht gemacht.	*When Heinz could not get a ticket, he made a long face.*
Sie hatte Kopfschmerzen, **als** ich sie gestern sah.	*She had a headache when I saw her yesterday.*

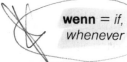

wenn = *if, whenever*

b) Wenn usually signals an *"if*-situation" or a repeated event ("whenever").

Nur noch ein Beispiel, **wenn** Sie Zeit haben.	*Only one more example, if you have time.*
Wenn Sie von einer Sache ge-nug haben, dann haben Sie „die Nase voll".	*If you have had enough of a thing, you are "fed up."*
Wenn ich mit Deutschen spreche, lerne ich viele Redensarten.	*Whenever I speak with Germans, I learn many idioms.*

wann? = *when?*

c) Wann is primarily a question word. It is also used in indirect questions.

Wann haben Sie das Auto gekauft?	*When did you buy the car?*
Ich weiß nicht, **wann** ich den Mund halten soll.	*I don't know when to keep my mouth shut.*

Remember that **als** and **wenn** are subordinating conjunctions requiring V-L word order. **Wann,** when used in indirect questions, requires V-L word order.

⚠ **Vorsicht!**   Fehlergefahr!

> **Als** may also correspond to English *as* or *than*. In such cases, it is not part of a subordinating clause and so does not produce V-L word order.
>
> Man muß die Redensart **als**   *One must understand the idiom*
>   Ganzes verstehen.   *as a whole.*
> Er kam früher **als** ich.   *He came earlier than I.*

ANWENDUNG   **A.** *Complete the sentence or question with* **als, wenn,** *or* **wann.**

1. Ich bleibe immer zu Haus, wenn das Wetter schlecht ist.
2. Als wir in der Schweiz waren, sind wir oft gewandert.
3. Wann haben Sie das Auto gekauft?
4. Ich habe oft Walzer getanzt, als ich in Österreich war.
5. Er fragt, wann die Banken offen sind.
6. Ich habe ihn immer verstanden, wenn er Deutsch sprach.
7. Und wenn er kein Geld hat? Was dann? *if situation*
8. Wissen Sie, wann der Zug ankommt? *is indirect ques.*

B. *Join the two sentences with* **als, wenn,** *or* **wann,** *making any necessary changes in word order.*

Beispiel   Ich fahre mit dir zur Universität. Du willst Professor Grimms Vorlesung hören.

Ich fahre mit dir zur Universität, wenn du Professor Grimms Vorlesung hören willst.

1. Ich wohnte bei Freunden. Ich war in Österreich. als ich in Österreich war
2. Ich wohne immer in Jugendherbergen. Ich reise in Deutschland. wenn ich
3. Sie wollen nächstes Semester heiraten. Die Eltern sind nicht dagegen. wenn
4. Karin und Walter waren froh. Die Eltern verstanden sie. als Du
5. Ich weiß nicht. Sie heiraten. Wann → werden
6. Sie können Geld sparen. Sie wohnen zusammen. wenn
7. Er schockierte Ingrids Mutter. Er erzählte ihr seine Pläne. als

C. *Combine the two sentences. Begin the first clause with or insert* **als, wenn,** *or* **wann.**

Beispiel   Er fuhr nach Rußland. Er konnte schon Russisch.
Als er nach Rußland fuhr, konnte er schon Russisch.

als 1. Professor Röntgen war an der Universität Würzburg. Er entdeckte unbekannte Strahlen.
2. Der Student möchte wissen. Röntgen bekam den Nobelpreis. wann
wenn 3. Man verwendet diese Strahlen. Man kann das Herz° sehen. könnte man das   heart
wenn 4. Ich höre „X-rays". Ich denke immer an Professor Röntgen.

5. Adjectival endings: a preview

German distinguishes between <u>descriptive and limiting adjectives.</u> The distinction influences the choice of adjective endings.

Descriptive adjectives

Descriptive adjectives "describe" the noun they modify. When they *precede* the noun, they almost always add endings to show the noun's number, gender, and case.[2]

ein **gutes** Beispiel	*a good example.*
die **interessante** Redensart	*the interesting idiom*

After the noun: no ending

When descriptive adjectives *follow* the noun they modify, they have no ending.[3] Such adjectives often complete statements begun by verbs like **sein** *to be,* **werden** *to become,* **bleiben** *to remain,* or **scheinen** *to seem.*

Ein **glückliches** Kind. Das Kind ist **glücklich.**	*A lucky child. The child is lucky.*
Die **junge** Frau. Die Frau bleibt **jung.**	*The young woman. The woman remains young.*
Der **seriöse** Herr. Der Herr scheint **seriös** zu sein.	*A decent gentleman. The gentleman seems to be decent.*

Limiting adjectives

Limiting adjectives simply signal that a noun follows, but do not further describe its attributes (*a, the, my, two, which* are examples in English). The German definite and indefinite articles (**der, ein**) are limiting adjectives, as are all **der**-words and **ein**-words (**dieser, mein, alle,** etc.). Most limiting adjectives have endings to show the number, gender, and case of the noun they modify. (The examples below are all in the nominative singular.)

dieser Junge	*this boy*
diese Frau	*this woman*
dieses Auto	*this car*

6. Descriptive adjectives following der and ein

*Ending depends on whether **der** or **ein** precedes*

As we have seen, descriptive adjectives that precede the noun must have endings. The precise ending an adjective takes, however, depends in part on whether the adjective itself is preceded (a) by a definite article (**der,**

[2]Descriptive adjectives that precede the noun are also known as "attributive adjectives."
[3]Such adjectives are also known as "predicate adjectives."

die, das) or **der**-word, or (b) by an indefinite article **(ein, eine)** or **ein**-word. (The examples below are all in the nominative singular.)

de**r** kleine Finger	*the little finger*
ein kleine**r** Finger	*a little finger*
die typische Reklame	*the typical ad*
eine typische Reklame	*a typical ad*
da**s** neue Auto	*the new car*
ein neue**s** Auto	*a new car*

BASIC RULE   Either the *descriptive* adjective or the *limiting* adjective must show a primary ending. If the *limiting* adjective does not show this ending, the *descriptive* adjective that follows it does.

Primary endings on limiting adjectives   As you recall, the German definite article has a complete set of endings, called primary endings.[4] To refresh your memory, the primary endings of **der**-words are illustrated in the following chart.

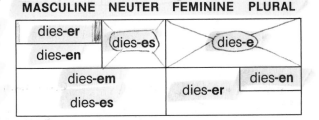

	MASCULINE	NEUTER	FEMININE	PLURAL
NOMINATIVE	dies-**er**	dies-**es**	dies-**e**	
ACCUSATIVE	dies-**en**			
DATIVE	dies-**em**		dies-**er**	dies-**en**
GENITIVE	dies-**es**			

If a *limiting adjective* (that is, a **der**-word or an **ein**-word[5]) that precedes a *descriptive adjective* lacks a primary ending, the following *descriptive adjective* adds a primary ending. In the examples above, **ein** does not show that **Finger** and **Auto** are masculine and neuter, respectively. Therefore **klein** and **neu** show the masculine primary ending **-er** and the neuter primary ending **-es** respectively.

Secondary endings **-e** *or* **-en**   If the *limiting adjective*, on the other hand, shows a primary ending, the following *descriptive adjective* shows only the ending **-e** or **-en**, called secondary endings[6]; these endings do not necessarily reveal the number, gender, or case of the noun.

Endings on descriptive adjectives   The table below illustrates the endings which *descriptive adjectives* take after **der** or **ein**. Note that a choice between two endings must be made only in the masculine and neuter nominative singular, and in the neuter

[4]Also called "strong" endings.   [5]See pp. 172 and 195.   [6]Also called "weak" endings.

accusative singular (shaded areas). Elsewhere, no matter what word precedes the descriptive adjective, only one ending is possible for the descriptive adjective: **-e** for the feminine nominative and accusative singular, and **-en** everywhere else.

Dative, genitive,
and all plurals:
always **-en***!*

The dative and genitive ending in all three genders in both the singular and the plural is **-en** for descriptive adjectives.

ENDINGS OF DESCRIPTIVE ADJECTIVES

	MASCULINE	FEMININE	NEUTER	PLURAL
NOMINATIVE	(der)-e (ein)-er	-e	(das)-e (ein)-es	-en
ACCUSATIVE	-en	-e	(das)-e (ein)-es	-en
DATIVE	-en	-en	-en	-en
GENITIVE	-en	-en	-en	-en

ANWENDUNG

A. *If the limiting adjective is a definite article, restate using the indefinite article, and vice versa. (The exercises are all in the singular.)*

Nominative

1. Dort ist der schöne Park. *ein schöner.*
2. Eine junge Dame möchte Sie sprechen. *Die junge*
3. Was kostet das neue Auto? *ein neues*
4. Das alte Haus ist schön. *Ein altes*

Accusative

5. Er kauft einen billigen Fernseher. *den*
6. Möchte Sie das gute Wienerschnitzel essen? *ein gutes*
7. Ich kenne ein gemütliches Restaurant. *das gemütliche*
8. Haben Sie den neuen Fahrplan? ~~ein neues~~ *einen neuen*

Dative

9. Warum gibst du nicht einem armen Studenten das Geld? *den, armen*
10. Wir helfen einer neuen Studentin. *der neuen*
11. Der Kaugummi° gehört dem kleinen Kind. *einem kleinen* °chewing gum
12. Wir fahren zum neuen Supermarkt. *einem neuen*

Genitive

13. Haben Sie die Adresse des guten Restaurants? ~~einem~~ *eines*
14. Hier sehen Sie noch die Ruinen einer alten Stadt. *der*
15. Wissen Sie die Adresse des amerikanischen Arztes? *eines*
16. Das ist das Auto eines jungen Amerikaners. *des*

LESESTÜCK   Deutsche Redensarten

Karl hat gestern zuviel getrunken. Jemand sagt: „Na, er wird heute einen schönen Kater haben." Wie bitte? Heißt das, daß Karl eine schöne Katze bekommt? Nein, das heißt, daß er sich heute nicht wohl fühlen wird. Daß er Kopfschmerzen haben wird.

Oder: Familie Müller gibt immer zuviel Geld aus. Jemand sagt: „Ich glaube, sie wird auf den Hund kommen." Wohin kommt sie? „Auf den Hund"? Was soll das heißen?

Solche Redensarten werden Sie von Deutschen oft hören. Sie machen eine Sprache lebendig und interessant. Man muß bei Redensarten nicht nur einzelne Wörter lernen. Man muß sie als Ganzes° verstehen.   as a whole

In vielen deutschen Redensarten finden wir die Namen von Tieren oder Körperteilen. Hier sind einige Beispiele, „von Kopf bis Fuß", von „oben bis unten".

Das Haar

Manche Leute werden immer „ein Haar in der Suppe finden". Das heißt, sie kritisieren gern.

Der Kopf

Wenn deine Freundin sagt: „Ich muß dir den Kopf waschen", dann ist der Kopf nicht wirklich schmutzig. Sie will dir den Kopf auch nicht waschen. Nein, sie schimpft.

Das Gesicht

Als Heinz für das Fußballspiel keine Karte bekommen konnte, da hat er „ein langes Gesicht gemacht"; er war enttäuscht.

Das Ohr

Wenn man Ihnen ein schlechtes Auto für viel Geld verkauft hat, dann hat man Sie „übers Ohr gehauen".

Das Auge

Wenn Sie eine Person oft kritisiert, dann ist Ihnen diese Person „ein Dorn im Auge".

Davon kann man einen „Kater" bekommen. Im Hofbräuhaus München.

Die Nase

Wenn Sie von einer Sache genug haben, dann haben sie „die Nase voll".

Der Mund

Wenn man nichts weiß, dann soll man „den Mund halten". Man soll still sein.

Der Hals

Sie sehen täglich die Reklamen für Waschmittel, Toilettenpapier und Deodorantspray. „Hängt Ihnen dies nicht zum Hals heraus?" Das heißt, Sie haben solche Reklamen zu oft gehört oder gesehen.

Die Schulter

Wir dürfen die Wasser- und Energiekrise nicht „auf die leichte Schulter nehmen". Dafür ist sie zu ernst.

Das Herz

Wann „nimmt man sich etwas zu Herzen"? Wenn man etwas ernst nimmt und darüber nachdenkt.

Worüber sie
wohl nachdenkt?

Der Arm

Benzin und Öl werden in Amerika immer billig sein.
Wirklich? Ich glaube, da will uns jemand „auf den Arm
nehmen".

Die Hand

Was er erzählt, hat „weder Hand noch Fuß". Werden Sie
ihm glauben? Hoffentlich nicht!

Der Finger

Wenn Ihnen jemand sagt: „Ich werde keinen Finger für Sie
rühren"°, dann wissen Sie: Dieser Mensch wird Ihnen   to move
nicht helfen.

Der Daumen°   thumb

Wenn jemand „den Daumen für Sie drückt", dann wünscht
er Ihnen Glück.

Wir hoffen, daß Ihnen diese Redensarten nicht „auf die
Nerven gehen".

Wortschatz zum Lesestück

new nouns (active vocabulary)

das **Auge**, -n	eye	der **Körper**	body	die **Schulter**, -n	shoulder
das **Gesicht**, -er	face	der **Mund**, -er	mouth	die **Suppe**, -n	soup
das **Haar**, -e	hair	die **Nase**, -n	nose	der **Teil**, -e	part
der **Hals**, -e	neck	das **Ohr**, -en	ear	das **Tier**, -e	animal
das **Herz**, -en	heart	die **Redensart**, -en	saying, idiom		
die **Katze**, -n	cat	die **Sache**, -n	matter, thing		

nouns (for recognition)

der **Dorn**, -en	thorn
das **Fußballspiel**, -e	soccer game
der **Kater**, -	hangover; tomcat

das **Toilettenpapier**	toilet paper
das **Waschmittel**, -	detergent

new verbs (active vocabulary)

aus·geben (gibt aus), gab aus, ausgegeben	to spend
drücken	to press
fühlen	to feel
sich wohlfühlen	to feel well
hauen, haute or **hieb, gehauen**	to strike, hit

kritisieren	to criticize
nach·denken, dachte nach, nachgedacht	to ponder, to reflect upon
schimpfen	to scold; to swear
(sich) waschen	to wash
wünschen	to wish

other new words (active vocabulary)

einzeln	single, isolated
enttäuscht	disappointed
ernst	serious
gestern	yesterday
jemand	somebody, someone

lebendig	lively
menschlich	human
schmutzig	dirty
still	quiet
wohl	well

special and idiomatic expressions

auf den Arm nehmen	to pull someone's leg
auf den Hund kommen	to go to the dogs
jemand den Kopf waschen	to have a bone to pick with someone
den Mund halten	to shut up, keep one's mouth shut, hold one's tongue
die Nase voll haben	to have had enough of something, had it up to here
ein Dorn im Auge sein	to be a thorn in one's side
ein Haar in der Suppe finden	to find fault
ein langes Gesicht machen	to look disappointed; to make a long face
etwas auf die leichte Schulter nehmen	to take something lightly
etwas hat weder Hand noch Fuß	one can make neither head nor tail of something
sich etwas zu Herzen nehmen	to take something to heart
für jemand den Daumen drücken	to cross your fingers for someone
jemand übers Ohr hauen	to take someone for a ride; to cheat someone
zum Hals heraushängen	to be fed up with something

FRAGEN ZUM LESESTÜCK

Antworten Sie auf deutsch!

1. Was findet man oft in deutschen und amerikanischen Redensarten?
2. Warum sind Redensarten für eine Sprache wichtig?
3. Was bedeutet es, wenn man „einen Kater" hat?
4. Warum wird Familie Müller „auf den Hund kommen"?
5. Was bedeutet die Redensart: „ein Haar in der Suppe finden"?
6. Wann machen Sie „ein langes Gesicht"?
7. Welche Redensart kann man verwenden, wenn man von einer Sache genug hat?

8. Wann soll man „den Mund halten"?
9. Welche Reklamen sieht man zu oft?
10. Was bedeutet es, wenn man für jemand „den Daumen drückt"?

PERSÖNLICHE FRAGEN

1. Ein deutscher Freund möchte gern amerikanische Redensarten lernen. Welche Beispiele würden Sie geben?
2. Welche deutsche Redensart gefällt Ihnen gut? Warum?

SITUATIONEN

1. *You are an exchange student at Oberlin College. You and an American friend are talking about exams. You say:* „Die vielen Tests hängen mir zum Hals raus." *Your American friend asks:* „Was meinst du damit?" *You explain.*
2. *Last night you were at the Roter Ochse in Heidelberg. Next morning your German friend says,* „Warum machst du so ein langes Gesicht?" *You react.*
3. *Your friend says:* „Morgen habe ich wieder eine Prüfung." *You react by wishing him/her good luck.*
4. *Your professor at the Universität München keeps criticizing your work. A friend says:* „Ja, er wird immer ein Haar in der Suppe finden." *You respond with another German* Redensart.
5. *You and your German friend are discussing* Redensarten *and he asks you for one that is used in English. You give several examples, such as* "he gets under my skin" *or* "she is in hot water" *and you explain in German what they mean.*

SCHRIFTLICH WIEDERHOLT

A. *Formulate a question based on each sentence. Use the future tense.*

Beispiel   Er kommt vielleicht morgen.
Wird er vielleicht morgen kommen?

1. Es regnet heute wieder.
2. Die Familie „kommt auf den Hund".
3. Sie nehmen es auf die „leichte Schulter".
4. Du freust dich über° deine Note.

5. Er besucht Inge morgen.
6. Ich vergesse es wieder.
7. Wir sehen euch im Konzert.

° to be happy about

? Für unsern Rätselfreund

Welche Redensart stellt dieses dar?

(Lösung: Den Kopf hängen lassen!!!!)

B. *Was würden Sie gern tun oder sein? Write a sentence using* **würde** + *infinitive with the cue words. (If the cue appears without an article, then you can omit it in your sentence.)*

Beispiel (Österreich)   **Ich würde gern in Österreich leben.**

1. (Erfolg)
2. (Olympiasieger/in)
3. (die Bücher)
4. (Deutsch)

5. (seine Meinung)
6. (eine Einladung)
7. (ein Taxi)
8. (ein altes Haus)

C. Als, **wenn**, *or* **wann**? *Combine the sentences with one of these three conjunctions. The conjunction may either begin the sentence or link the two clauses.*

1. Sie kritisierte ihn. Er machte ein langes Gesicht.
2. Er fährt heute nach Haus. Ich weiß nicht.
3. Ich bekam wieder ein „F". Ich sagte: „Ich habe die Nase voll".
4. Wir nehmen die Wasserkrise nicht ernst. Wir werden bald kein Wasser mehr haben.
5. Die Geschäfte sind morgen geschlossen. Das kann ich Ihnen nicht sagen.
6. Er hatte immer wieder Kopfschmerzen. Er ging endlich zum Arzt.
7. Ihr gebt zuviel Geld aus. Ihr werdet auf den Hund kommen.

D. *Restate each sentence or question, replacing the indefinite article by the definite article, and vice versa. Make any other necessary changes.*

1. Wo ist ein guter Arzt?
2. Ich möchte das neue Auto kaufen.
3. Die junge Dame wollte dich einladen.
4. Er lernte die neue Sprache.
5. Ich fragte den jungen Studenten.
6. Wir besuchen das moderne Museum.
7. Sie sprachen mit der netten Frau.

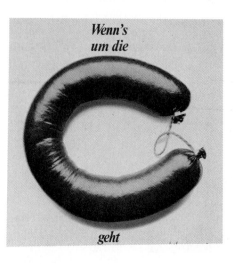

Wenn's um die

geht

Schnell-Imbiß:
Findet er ein Haar
in der Suppe?

8. Wer hilft einem neuen Studenten?
9. Ist das das Buch des österreichischen Professors?
10. Wer kennt die Entdeckung einer deutschen Physikerin?

Sprechen leicht gemacht!

To practice the future tense . . .

Wunschtraum oder
Alptraum[7]

A. *Say what you dream about for the future.*

nie Deutsch lernen.
eine wichtige Entdeckung machen.
eine gute Stelle finden.
einen Porsche haben.
immer in der Sonne liegen.
Ich träume { oft, manchmal, jede Nacht, immer, } ich werde { perfekt Deutsch sprechen.
nicht mehr rauchen.
Präsident der Vereinigten
    Staaten werden.
eine Reise um die Welt machen.
viel, viel Geld verdienen.
meinen Autoschlüssel verlieren.
?

[7]*Wishful dreams or nightmares*

Das große Los[8]   **B.** *You have won big at the lottery. A classmate asks you what you will do with the money. Rearrange the items to complete your answer. (A to B, B to C, and so on).*

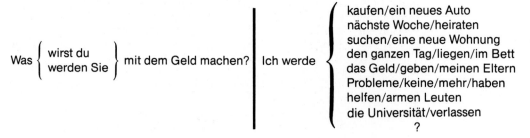

Was { wirst du / werden Sie } mit dem Geld machen? | Ich werde {

kaufen/ein neues Auto
nächste Woche/heiraten
suchen/eine neue Wohnung
den ganzen Tag/liegen/im Bett
das Geld/geben/meinen Eltern
Probleme/keine/mehr/haben
helfen/armen Leuten
die Universität/verlassen
?

Minderwertigkeits-
komplex[9]   **C.** *In the preceding exercise, you were lucky. Now you wonder who will help you to cope. Watch V-L word order.*

Ich hoffe, daß {
mein Vater
meine Mutter
meine Eltern
du
meine Freundin
ich selbst
die Polizei°
Sie, Herr Professor,
Sie, Frau Professor,
ihr, meine Freunde,
}

werde
wirst
wird
werden
werdet

{
mein Auto bezahlen.
mir helfen.
mich besser verstehen.
eine gute Note geben
nichts Schlechtes von mir denken.
keine Dummheit° machen.   blunder
mich schnell vergessen.   police
mich immer gern haben.
mir nicht auf die Nerven gehen.
?

To practice **würde** ...

Aber nie!   **D.** *Ask your classmates whether they would do the following. Of course, they wouldn't! (A to B, B to C, and so on)*

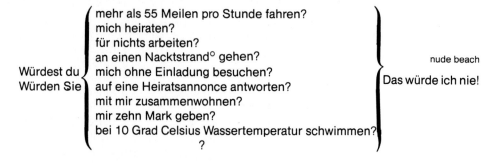

Würdest du / Würden Sie {
mehr als 55 Meilen pro Stunde fahren?
mich heiraten?
für nichts arbeiten?
an einen Nacktstrand° gehen?   nude beach
mich ohne Einladung besuchen?
auf eine Heiratsannonce antworten?   Das würde ich nie!
mit mir zusammenwohnen?
mir zehn Mark geben?
bei 10 Grad Celsius Wassertemperatur schwimmen?
?

To practice **als, wenn,** *and* **wann** ...

"Iffy" situations   **E.** *Join items from the two columns to create a sentence that makes sense—or complete the sentence in your own way.*

[8]*The first prize*   [9]*Inferiority complex*

Als ich in Berlin war,	hat er sie gefragt?
Wenn ich dich sehe,	habe ich die „Mauer"° gesehen.
Ich weiß nicht,	wenn wir kein Geld haben?
Wann werden wir heiraten,	als wir jung waren.
Es war so schön,	bin ich ein anderer Mensch.
Was machen wir,	wann ich so glücklich wie jetzt gewesen bin.
	?

wall

To practice vocabulary from the *Lesestück*...

Was macht man
damit?

F. *Was macht man mit diesen Teilen des Körpers?*

	dem Kopf	kaut° man.
	den Füßen	steht man.
	den Ohren	geht man.
	den Augen	riecht° man.
	dem Mund	sieht man.
Mit	den Zähnen	arbeitet man.
	den Armen	küßt° man.
	den Händen	ißt man.
	den Fingern	spielt man Klavier°.
	den Beinen	denkt man.
	der Nase	spricht man.
	?	hört man.
		?

chews

smells

kisses

piano

G. *Welche Fortsetzung stimmt?*[10]

Wenn man einen Kater hat, dann hat man zuviel (gegessen/getrunken/gedacht).
Wenn man Kopfschmerzen hat, dann fühlt man sich nicht (leid/wohl/gerne).
Wenn das Haar schmutzig ist, dann muß man es (kämmen/waschen/schneiden).
Wenn man kein Geld spart, dann gibt man zu viel (mit/aus/auf).
Wenn man in einer Prüfung alles weiß, dann hat man (Zeit/Glück/Geburtstag).

To practice other vocabulary...

H. *Was ist das Gegenteil?*

der erste	leicht	verdienen	der letzte
dahinter	Geld ausgeben	falsch	der Anfang
der Teil	nehmen	schwer	jemand
vergessen	erlaubt	laut	das Ganze
verkaufen	froh	davor	interessant
es stimmt	langweilig	verboten	kaufen
das Ende	niemand	geben	leben
sterben	still	sich erinnern	unglücklich

[10]What is the *right* completion?

To practice listening comprehension . . .

Eine Katzengeschichte

I. *Können Sie verstehen, was man Ihnen vorliest?*

Eine kleine, junge Katze kommt abends in eine Bar und sagt zum Bartender: „Geben Sie mir bitte drei Glas Schnaps!"

Da antwortet der Bartender: „Aber du bist doch noch viel zu jung für so viel Alkohol."

„Ach", sagt die kleine Katze, „ich bin ganz allein und unglücklich—und ich möchte so gern einen Kater bekommen."

Noch eine Katzengeschichte

Eine junge und eine alte Maus laufen abends durch einen Wald. Da kommt eine große Katze. Die junge Maus hat große Angst und glaubt, daß ihre letzte Stunde gekommen ist. Die alte Maus sagt aber: „Hab' keine Angst." Dann sagt sie ganz laut: „Wau, wau." Da hat die Katze Angst und läuft weg. „Siehst du", sagt die alte Maus, „wie gut ist es, wenn man eine Fremdsprache kann."

Free response practice . . .

Ist mein Horoskop richtig oder fasch?

J. *Nehmen Sie eine Zeitung und lesen Sie Ihr Horoskop! Dann sagen Sie:*

„Mein Horoskop sagt, ich werde _____ ."

„Mein Horoskop stimmt, denn _____ ." (*oder* „Mein Horoskop stimmt nicht, weil _____ .")

Widder   Stier   Zwillinge   Krebs   Löwe   Jungfrau

Waage   Skorpion   Schütze   Steinbock   Wassermann   Fische

„Von Sonnenuntergang", Hauptmanns Drama über das Altwerden.

Kapitel 11

Test April 15

Du, du liegst mir im Herzen
1. The **der**-words and **ein**-words (continuation)
2. Adjectives preceded by **der**-words or **ein**-words (continuation)
3. Unpreceded adjectives
4. Participles used as adjectives
5. Adjectives and participles used as nouns
6. Ordinal numbers

„Sie" oder „du"?

DIALOG # Du, du liegst mir im Herzen ...[1]

Der deutsche Dichter Gerhart Hauptmann (1862-1946) wurde 1889 mit seinem ersten Drama „Vor Sonnenaufgang" berühmt. Die „Freie Bühne" in Berlin spielte als erstes Theater Deutschlands dieses viel diskutierte Avantgardestück. „Vor Sonnenaufgang" führte zu lauten Protesten und sogar zu einem großen Theaterskandal. Dieses Drama bahnte dem Naturalismus in Deutschland den Weg. Gerhart Hauptmann erhielt 1922 den Nobelpreis für Literatur.

Wir bringen hier—mit kleinen Änderungen—einen kurzen Ausschnitt aus „Vor Sonnenaufgang". Alfred Loth trifft die junge Helene Krause. Es ist eine Liebesszene; sie zeigt den wichtigen Schritt vom „Sie" zum „du" in der deutschen Sprache. Dieser Schritt spielte damals—so wie auch heute noch—eine große Rolle.

Helene (*führt ihn zur stillen Laube*) In der Laube, glaub' ich ... Es ist mein Lieblingsplatz. Hier sind wir ungestört.
Loth Ein hübscher Platz hier—Wirklich! (*Beide setzen sich. Schweigen.*) Sie haben so sehr schönes und reiches Haar, Fräulein!

Gerhart Hauptmann.

Warum „Freie" Bühne?

[1]Title of an old and popular German folksong.

Helene	Wenn ich es losmache, dann geht es mir bis zu den Knien. Fühlen Sie mal!
Loth	Ganz wie Seide. *(küßt das Haar)*
Helene	Ach nicht! Wenn . . .
Loth	Helene—! War das vorhin nicht dein Ernst?
Helene	Ach!—ich schäme mich so schrecklich. Was habe ich nur gemacht?—dir . . . Ihnen an den Hals geworfen habe ich mich.—Für was müssen Sie mich halten?
Loth	Ach, sagen Sie doch nicht so etwas! *(Sie küßt ihn zuerst auf den Mund. Beide werden rot, dann gibt Loth ihr den Kuß zurück.)* Lene, nicht? Lene heißt du hier so?
Helene	*(küßt ihn)* Nenne mich anders . . . Nenne mich, wie du gern möchtest.
Loth	Liebste! . . .
Helene	*(ihren Kopf an seiner Brust)* Ach!—wie schön! Wie schön!

Wortschatz zum Dialog

new nouns (active vocabulary)

die **Änderung, -en**	change	der **Lieblingsplatz, ̈-e**	favorite spot	der **Weg, -e**	way
das **Knie, -**	knee	der **Schritt, -e**	step		
der **Kuß, Küsse**	kiss	das **Stück, -e**	play, piece		

nouns (for recognition)

der **Ausschnitt, -e**	excerpt	das **Schweigen**	silence
die **Bühne, -n**	stage	die **Seide**	silk
das **Drama, die Dramen**	drama, play	der **Skandal, -e**	scandal
die **Laube, -n**	arbor, gazebo	der **Sonnenaufgang, ̈-e**	sunrise
der (die) **Liebste, -n**	dearest, beloved	die **Szene, -n**	scene
die **Literatur**	literature	das **Theater, -**	theater
der **Naturalismus**	naturalism (artistic movement)		

new verbs (active vocabulary)

küssen	to kiss	**werfen (wirft), warf, geworfen**	to throw
sich schämen	to be ashamed	**zurück·geben (gibt zurück)**	to return, give back
sich setzen	to sit down	**gab zurück, zurückgegeben**	

verbs (for recognition)

bahnen	to prepare; to pave the way	**los·machen**	to untie, undo

other new words (active vocabulary)

hübsch	lovely, pretty	**laut**	loud(ly)
kurz	short	**schrecklich**	terrible; terribly

other words (for recognition)

attraktiv	*attractive*	**umschlungen**	*embraced*	**vorhin**	*before*
mal = einmal		**ungestört**	*uninterrupted, undisturbed*		

special and idiomatic expressions

es ist mir egal	*it doesn't matter to me, I don't care*
Für was müssen Sie mich halten?	*What must you think of me?*
ganz wie Seide	*just like silk*
rot werden	*to blush*
sich jemand an den Hals werfen	*to throw oneself at somebody*
War das nicht dein Ernst?	*Weren't you serious?*

FRAGEN ZUM DIALOG

1. Vor wieviel Jahren hat Hauptmann diese Szene geschrieben?
2. Warum ist eine Laube ein guter Platz für ein Rendezvous?
3. Was findet Loth besonders attraktiv an Helene?
4. Wer ist der „aggressive" Partner in dieser Liebesszene?
5. Warum schämt sich Helene?
6. Wer sagt zuerst „du"?
7. Wer küßt wen zuerst?
8. Warum führte Hauptmanns Drama zu einem Skandal?

PERSÖNLICHE FRAGEN[2]

1. Wie finden Sie diese Liebesszene? Haben sich die Sitten seit 1889 geändert?
2. Wo treffen Sie sich mit Ihrem Partner?
3. Wer soll den ersten Schritt tun? Was ist Ihre Meinung?
4. Was finden Sie an Ihrem Partner besonders attraktiv? Das Haar? Den Mund? Die Augen? Das Gesicht? Die Beine?

AUSSPRACHE ÜBUNG

German **ch** versus German **k**.

die **Nacht**	*night*	**nackt**	*nude*
nicht	*not*	er **nickt**	*he nods*
der **Streich**	*prank*	der **Streik**	*strike*
die **Schlucht**	*canyon*	er **schluckt**	*he swallows*
doch	*yet*	das **Dock**	*dock*
pochen	*to knock*	die **Pocken**	*smallpox*
das **Buch**	*book*	er **buk**	*he baked*
der **Becher**	*goblet*	der **Bäcker**	*baker*
dich	*you*	**dick**	*thick, fat*
es **roch**	*it smelled*	der **Rock**	*skirt*

[2]Take the Fifth Amendment if you don't want to answer!

GRAMMATIK   Theorie und Anwendung

1. The der-words and ein-words (continuation)

As you learned earlier, certain determiners in German are known as **der**-words and **ein**-words because their endings follow the pattern of **der, die, das** or of **ein, eine, kein,** etc.

der-*words*   Here are the most common **der**-words.

dies-	*this, these*
jed-	*each, every* (used in singular only)
jen-	*that*
manch-	*many a, several*
solch-	*such*
welch-	*which*
all-	*all* (plural form of **jeder**)

In einer Apotheke.
Sind sie per Sie
oder per du?—
Was glauben Sie?

Beispiele   **Diese** Frage ist problematisch.   *This question is problematical.*
In **jeder** Familie sagt man „du".   *In every family, one says **du**.*
Mancher Erwachsener duzt einen   *Many an adult says **du** to a friend.*
Freund.
Solche Regeln sind einfach.   *Such rules are simple.*
Bis zu **welchem** Alter sagt man   *Until what age does one still say **du***
noch „du" zu einem Mädchen?   *to a girl?*
Ich sage sofort zu **allen**   *I say **du** to everybody right away.*
Menschen „du".

Forms   **Dies-** serves as a model for all **der**-words. Note the similarity to the declensional pattern of the definite article.

	MASCULINE	FEMININE	NEUTER	PLURAL
NOMINATIVE	der **dieser**	die **diese**	das **dieses**	die **diese**
ACCUSATIVE	den **diesen**	die **diese**	das **dieses**	die **diese**
DATIVE	dem **diesem**	der **dieser**	dem **diesem**	den **diesen**
GENITIVE	des **dieses**	der **dieser**	des **dieses**	der **dieser**

ANWENDUNG   **A.** *Restate, replacing the underlined definite article with the determiner suggested by the cue.*

1. (dies-) Kennen Sie den Sportklub?
2. (Welch-?) Der Sport macht ihm Spaß.
3. (Manch-) Den Leuten gefällt dieses System.
4. (jed-) In dem Land hat man andere Sitten.
5. (solch-) Die Olympiade ist ein Beispiel für die Traditionen.
6. (Dies-) Der Plan gefällt mir nicht.
7. (Jed-) Der Erfolg bei der Olympiade bedeutet nationales Prestige.
8. (dies-) Wer ist der Trainer der Schwimmerin?
9. (dies-) Wie finanziert der Staat das Programm?
10. (Welch-?) Den Goldmedaillen-Sieger kennen Sie?
11. (all-) Die DDR will den Kindern im Sport helfen.
12. (jed-) Wir kennen den Mann, die Frau und das Kind hier.

ein-words The **ein**-words are **ein** and **kein** plus the possessive adjectives you learned in Chapters 4 and 8.[3]

SINGULAR		PLURAL	
mein	*my*	**unser**	*our*
dein	*your*	**euer**	*your*
sein	*his, its*	**ihr**	*their*
ihr	*her, its*	**Ihr**	*your* (formal)

ANWENDUNG   **B.** *Replace the underlined indefinite article by the possessive adjective suggested by the cue.*

1. (sein) Der Vater erzählt <u>einem</u> Kind die Geschichte von Troja.
2. (Ihr) Arbeitete Schliemann in <u>einem</u> Geschäft?
3. (dein) Arbeitest du an <u>einer</u> Theorie?
4. (unser) Schliemann war Schreiber in <u>einer</u> Firma.
5. (ihr) Frau Schliemann half <u>einem</u> Mann beim Studium der Sprache.
6. (euer) Wir fragten <u>einen</u> Arbeiter, wo der Schatz ist.
7. (mein) Glaubt ihr jetzt an <u>eine</u> Theorie von Troja?

C. *Restate, replacing the underlined determiner with the determiner suggested by the cue.*

1. (dies) In <u>unserem</u> Lesestück sprechen wir über den Nobelpreis.
2. (solch-/ein) Mit <u>den</u> Strahlen machte Röntgen <u>diese</u> wichtige Entdeckung.
3. (Welch-?) <u>Dieser</u> Professor entdeckte die Strahlen.
4. (dies-/solch-) Hat <u>ein</u> Entdecker <u>die</u> Strahlen finden wollen?
5. (Jed-/dies-) <u>Meine</u> Antwort auf <u>Ihre</u> Frage kann nur ein Protest gegen Krieg sein.
6. (Ihr) Was war der Titel <u>dieses</u> Buches?
7. (Manch-/ihr) <u>Diese</u> Frau hat mit <u>einem</u> Mann zusammengearbeitet.

2. Adjectives preceded by der-words or ein-words (continuation)

In terms of their effect upon descriptive adjective endings, **der**-words are the same as **der,** and **ein**-words are the same as **ein.**

Jog your memory!   What influences the choice of an ending for a descriptive adjective? Whether it is preceded by a **der**-word or by an **ein**-word.

Where do you have to make a choice between endings when an

[3]For a declension of the possessive adjectives see chart on p. 196.

[handwritten: page 246]

adjective is preceded by a **der**-word or by an **ein**-word? Only in three instances:

MASCULINE NOMINATIVE SINGULAR   **e-** or **-er**
NEUTER NOMINATIVE SINGULAR   ⎫
NEUTER ACCUSATIVE SINGULAR   ⎬   **-e** or **-es**

ANWENDUNG

A. *Restate, replacing the underlined determiner with the cue* **der**-word *or* **ein**-word *and adjusting the adjective ending, if necessary.*

[handwritten left margin: Fem / die - Nom. / der - Acc. / der - Dat. / die - Gen. / pg. 453]

1. (der) John, ein junger Amerikaner, möchte Sie sprechen. *[handwritten: der]*
2. (sein) Er ist mit der deutschen Freundin hier. *[handwritten: seiner (e) {fem. dat.}]*
3. (das) Kennen Sie ein deutsches Mädchen? *[handwritten: das (e) {acc. neu.}]*
4. (mein) Hier ist der neue Regenschirm. *[handwritten: mein neuer {mas. nom.}]*
5. (dies-) Fragen Sie den jungen Mann dort! *[handwritten: diesen jungen {mas. acc.}]*
6. (ein) Ich spreche von diesem guten Freund. *[handwritten: einem guten {mas. dat.}]*
7. (All-) Unsere guten Freunde sind hier. *[handwritten: alle guten {nom. pl.}]*
8. (manch-) Ich kenne den netten Jungen. *[handwritten: der word / manchen netten (mas. acc.)]*
9. (Welch-?) Ein guter Mensch hilft mir. *[handwritten: Welcher gute (mas. nom.)]*
10. (Jed-/jed-) Ein guter Mensch hilft einem armen Menschen. *[handwritten: Jeder gute (mas. nom.) jedem armen (mas. dat.)]*
11. (Dies-) Ein neuer Wagen fährt gut. *[handwritten: Dieser neue (mas. nom.)]*
12. (welch-?) Wir sprechen von einem netten Mädchen. *[handwritten: welchem netten (neu. dat.)]*
13. (kein) Das ist eine gute Antwort. *[handwritten: (fem. nom.) keine gute]*
14. (kein) Ich habe heute dieses neue Wort gelernt. *[handwritten: kein neues (neu. acc.)]*
15. (euer) Was steht in der deutschen Zeitung? *[handwritten: (fem. dat.) eurer deutschen]*
16. (euer) Was verkauft ihr in diesem neuen Geschäft? *[handwritten: eurem neuen (neu. dat.)]*

[handwritten left: the write out for Monday]

B. *Supply the appropriate ending, if one is needed.* *[handwritten: mas. dat.]*

1. Wie geht es deinem neu_____ Freund?
2. Wie geht es deiner neu_____ Freundin?
3. Was werden die Menschen mit der frei_____ Zeit tun?
4. Roboter werden die schwer_____ Arbeit tun.
5. Die Menschen werden ein besser_____ Leben haben.
6. Wie wird das Leben im nächst_____ Jahrhundert sein?
7. Ich habe eine schön_____ Katze bekommen.
8. Und er hat einen schön_____ Kater bekommen!
9. In vielen Redensarten findet man Teile des menschlich_____ Körpers.
10. Er hat ein lang_____ Gesicht gemacht.
11. Man hat mir ein schlecht_____ Auto verkauft.
12. Petra ist eine jung_____ Studentin.
13. Heinz ist ein jung_____ Student.
14. Man findet Heiratswünsche in seriös_____ Zeitungen.
15. Wie finde ich den richtig_____ Partner?
16. Wie finde ich die richtig_____ Partnerin?
17. Ich möchte einen nett_____, jung_____, tolerant_____ Mann finden.
18. Ich möchte eine nett_____, jung_____, tolerant_____ Frau finden.

19. Schicken Sie mir bitte ein gut_____ Foto.
20. Ich danke Ihnen für das gut_____ Foto.
21. Dieser Mann scheint seriös_____ zu sein.
22. Wir treffen uns in einer gemütlich_____ Konditorei.
23. Wir treffen uns in einem gemütlich _____ Kaffeehaus.
24. Ein schlank_____ Mann sieht immer gut aus.
25. Dieser schlank_____ Mann gefällt mir.

3. Unpreceded adjectives

What happens when there is no der-word or ein-word?

When a descriptive adjective is not preceded by a limiting adjective (a **der**-word or an **ein**-word) with a primary ending, the descriptive adjective itself must show the appropirate primary ending.

Beispiele

Gibt es hier oft **dieses schlechte** Wetter?

Do you often have this bad weather here?

Gibt es hier oft **schlechtes** Wetter?

Do you often have bad weather here?

Junger Mann mit **solidem** Beruf sucht Partnerin.

Young man with solid job seeks partner.

Two exceptions **-en, -(e)s**

In only two instances (masculine and neuter genitive singular) is the primary ending on an unpreceded adjective different from the ending of **der, die, das:** The ending is **-n** instead of **-s.**

Ich liebe das Aroma **guten** Kaffees.   *I love the aroma of good coffee.*

The table below illustrates the primary endings on limiting and unpreceded adjectives.

	SINGULAR			PLURAL
NOMINATIVE	**der** Kaffee guter Kaffee	**die** Luft frische Luft	**das** Bier kaltes Bier	**die** Leute reiche Leute
ACCUSATIVE	**den** Kaffee guten Kaffee	**die** Luft frische Luft	**das** Bier kaltes Bier	**die** Leute reiche Leute
DATIVE	**dem** Kaffee gutem Kaffee	**der** Luft frischer Luft	**dem** Bier kaltem Bier	**den** Leuten reichen Leuten
GENITIVE	**des** Kaffees guten Kaffees	**der** Luft frischer Luft	**des** Bieres kalten Bieres	**der** Leute reicher Leute

ANWENDUNG   **A.** *Supply the correct form of the cue adjective.*

1. (kalt) Dieses __e__ Bier schmeckt gut. *neu. kalte*
2. (kalt) __es__ Bier schmeckt gut. *Kaltes "e" nom. neu.*
3. (frisch) Diese __e__ Luft ist wunderbar! *Fem. Nom.*
4. (frisch) __e__ Luft ist immer wunderbar.
5. (alt) Diese __en__ Klischees gefallen mir nicht. *Plu.*
6. (alt) __e__ Klischees gefallen mir nicht. *Nom. Plu.*
7. (deutsch) Trinken Sie gern diesen __en__ Wein? *Mas. Acc*
8. (deutsch) Trinken Sie gern __en__ Wein?
9. (rot) Wer ist das Mädchen mit dem __en__ Haar? *Neu. Dat.*
10. (rot) Wer ist das Mädchen mit __em__ Haar? *Neu. Dat*
11. (tschechisch) Der Preis dieses __en__ Bieres ist nicht zu hoch. *Gen. Neu.*
12. (tschechisch) Der Preis __en__ Bieres ist nicht zu hoch. *Gen Neu.*
13. (reich) Sie ist das Kind dieser __en__ Leute. *Gen. Plu.*
14. (reich) Sie ist die Tochter __er__ Leute. *Gen. Plu*

B. *Supply the correct ending of the adjective*

1. Hier gibt es immer schön __es__ *das* Wetter.
2. Ich liebe das Aroma türkisch __en__ Kaffees. *gen*
3. Er hilft alt __en__ Menschen gern.
4. Es sind Vasen aus alt____, griechisch____ Ruinen.
5. Das ist das Resultat gut ____ Reklamen.
6. Die Rolle deutsch____ Frauen ist heute anders.
7. Gut____ Wein ist nicht billig.
8. Jung ____ deutsch ____ Mann sucht Stelle in amerikanisch ____ Firma.
9. Es ist eine Mischung von deutsch ____ Nationalismus und deutsch ____ Gründlichkeit.
10. Das ist eine Briefmarke von groß ____ Wert.
11. Trinken Sie gern französisch ____ Wein?
12. Die Sitten europäisch ____ Länder sind oft anders.
13. Wir diskutieren die Bücher berühmt ____ Autorinnen.
14. Bei schlecht ____ Wetter wandern wir nicht.
15. Nach alt ____Tradition sagt man „Sie".
16. Geben Sie mir bitte schwarz ____ Kaffee!
17. Hier ist Karls neu____ Auto.
18. Du arm____ Kerl!
19. Trinken Sie oft eiskalt____ Wasser?
20. Er braucht genau____ Auskunft.
21. Sie trinkt gern französisch____ Wein.
22. Trotz hoh____ Preise kaufen sie viel.
23. Du duschst dich mit kalt____ Wasser?
24. Wegen schlecht____ Wetters konnten wir nicht kommen.
25. Da kommt Herberts neu____ Freundin!
26. Wer ist Karls neu____ Freund?

Summary Remember: The basic rule is that either the limiting adjective (the **der**-word or **ein**-word) or the descriptive adjective must show an ending to indicate number, gender, and case.

SYNOPSIS
EXERCISE

C. *Complete with the correct adjectival endings if one is required.*

1. Was kostet dies_____ amerikanisch _e___ Fernseher?
2. Was kostet ein_____ deutsch_____ Fernseher?
3. Was kostet Karls amerikanisch_____ Fernseher?
4. Ich brauche kein_____ deutsch_____ Geld.
5. Ja, ich brauche dies_____ ostdeutsch_____ Geld.
6. Ich brauche immer deutsch_____ Geld.
7. Er kommt aus ein_____ groß_____ Familie.
8. Sie kommt aus welch_____ alt_____ Familie?
9. Der Junge kommt aus reich_____ Familie.
10. Trotz kalt_____ Wetters war die Reise bequem.
11. Trotz dies_____ nass_____ Wetters bekamen wir keine Grippe.
12. Wir leben gern hier, trotz unser_____ schrecklich_____ Wetters.

4. Participles used as adjectives

Past participles

In Chapter 7 you learned how to form a past participle from a verb. German, like English, often uses past participles as adjectives.

Beispiele

„Vor Sonnenaufgang" ist ein oft **gespieltes** Drama.

Es ist das meist **gespielte** Drama von Hauptmann.

Ich würde gern eine **geschiedene** Frau heiraten.

Gebrauchtes Auto zu verkaufen.

Before Dawn is an often-played (performed) drama.

It is the most-played (performed) drama by Hauptmann.

I'll gladly marry a divorced woman.

Used car for sale.

Same endings as adjectives

When a past participle is used as an adjective, the regular rules for adjectival endings apply: If it is preceded by a limiting adjective with a primary ending, it takes the appropriate secondary ending; if it is unpreceded, it shows the appropriate primary ending.

ANWENDUNG

A. *To complete the sentence, supply the correct ending to the past participle used as an adjective.*

1. Wo leben jetzt die ausgewandert _en__ Deutschen?
2. Er ist ein neu angekommen _er__ Gastarbeiter.
3. Das ist ein gut geschrieben _er__ Artikel.
4. Deutschland ist ein übervölkert _es__ Land. _overpopulated_
5. Ja, das ist eine vieldiskutiert _e__ Frage.
6. Geschieden _er__ Mann sucht ledige Berlinerin für glückliche Ferien.
7. Neu gebaut _es__ Haus billig zu verkaufen!

with ist always nom

Present participles The German present participle is formed by adding **-d** to the infinitive. Like the past participle, the present participle may be used as an adjective. The same rules for adjective endings apply to it as apply to other adjectives.

Beispiele

Gut **zahlende** Firma sucht **englisch-sprechenden** Verkäufer.

Well-paying firm looking for English-speaking salesman.

Für jeden **arbeitenden** Deutschen gibt es bald einen Rentner.

For every working German there will soon be one retiree.

arbeiten-d- *ending*

ANWENDUNG **B.** *Supply the correct adjective ending to complete the sentence.*

1. Im kommend *en* (*den*) Jahr fahren wir in die Schweiz.
2. Sie sucht einen gut aussehend *en* Mann. *Acc. Masc.*
3. Glauben Sie an fliegend *e* Untertassen°? *Plu. Acc.*   saucers
4. Sind die Deutschen ein sterbend *es* Volk? *Nom. Neu "s"*
5. Das ist eine schockierend *e* Moral! *Fem. Nom.*
6. Das ist ein brennend *es* Problem für die Menschen. *Neu. Nom.*
7. Die zunehmend *e* Bevölkerung ist ein Problem.

5. Adjectives and participles used as nouns

Many German adjectives, including present or past participles, can be used as nouns. When used as nouns, they are usually capitalized, but they are still declined as if they were adjectives.

Beispiele **ADJECTIVE**

ein **kranker** Mann › ein **Kranker**	*a sick man; a sick one or a patient*
der **kranke** Mann › der **Kranke**	*the sick man; the sick one*
eine **kranke** Frau › eine **Kranke**	*a sick woman; a sick one (female)*
die **kranke** Frau › die **Kranke**	*the sick woman; the sick one (female)*
die **kranken** Leute › die **Kranken**	*the sick people; the sick ones*

deutsch *German*

der **Deutsche**	*the German (male)*
ein **Deutscher**	*a German (male)*
die **Deutsche**	*the German (female)*
eine **Deutsche**	*a German (female)*
die **Deutschen**	*the Germans*

PRESENT PARTICIPLE

(infinitive) **reisen**	*to travel*
(present participle) **reisend**	*traveling*
der, die **Reisende**	*the traveler*
ein **Reisender,** eine **Reisende**	*a traveler*
die **Reisenden**	*the travelers*

Other examples:

schlafend: der **Schlafende**	*the sleeping one*
lernend: die **Lernenden**	*the learners* (plural)

PAST PARTICIPLE

(infinitive) **fangen** *to catch, capture*	
(past participle) **gefangen** *caught, captured*	
der, die **Gefangene** *the prisoner, captive ("caught person")*	
ein **Gefangener,** eine **Gefangene** *a prisoner*	
die **Gefangenen** *the prisoners*	

Other examples:

sich verloben   *to get engaged:*   der, die **Verlobte**   *fiancé(e)*

lieben   *to love;*   ein **Geliebter,** eine **Geliebte**   *lover, beloved*

ANWENDUNG   **A.** *Restate by transforming the adjective or adjectival expression into a noun.*

Beispiel   Wir helfen den gefangenen Menschen.
Wir helfen den Gefangenen.

1. Wer ist der reisende Amerikaner? Wer ist der _____ ? *reisender*
2. Wo ist die deutsche Frau? Wo ist die _____ ?
3. Er ist ein kranker Mann. Er ist ein _____ .
4. Wer kennt den schlafenden Mann dort? Wer kennt den _____ ?
5. Wer sind die eingeladenen Gäste? Wer sind die _____ ?

3-25

6. Ordinal numbers

Formation   Cardinal numbers (*one, two, three*) are used in counting. Ordinal numbers (*first, second, third*) show the rank of an item in a series. The definite article is always used with ordinal numbers. Ordinal numbers through 19 are formed by adding **-t-** to the cardinal number; from 20 on, they add **-s-**.

-st-

Below is a list of some ordinal numbers.

der, die, das	erste	elfte	zwanzigste
	zweite	zwölfte	einundzwanzigste
	dritte	dreizehnte	zweiundzwanzigste
	vierte	vierzehnte	dreißigste
	fünfte	usw.	vierzigste
	sechste		hundertste
	siebte		tausendste
	achte		zehntausendste
	neunte		millionste
	zehnte		

Note that the ordinal numbers for **eins, drei,** and **sieben** are irregular. The ordinal number for **acht** adds no extra -t- to the cardinal number.

Ordinal numbers are declined like adjectives.

Setzen Sie sich bitte an den **zweiten** Tisch!	*Sit at the second table, please.*
Gehen Sie in den **dritten** Stock!	*Go to the fourth floor.*[4]
Das Büro ist im **ersten** Stock.	*The office is on the second floor.*

das Datum[5]   The ordinal numbers are used to express the date.

Heute ist der **erste** März.	*Today is the first of March.*
Gestern war der **dritte** April.	*Yesterday was the third of April.*
Er kommt am **sechzehnten** Mai.	*He is coming on the sixteenth of May.*

When the date is given entirely in numerals, German lists the day first.

13.1.1979	*January 13, 1979*
6.12.1980	*December 6, 1980*

[4]In German, the ground floor is not counted by number. Numbering starts with what in American usage is the second floor. Thus, **den dritten Stock** and *the fourth floor* refer to the same thing.

[5]*Today's date*

In writing, a numeral and a period may be used for the ordinal number.

der **1.** März	*March 1st*
der **3.** April	*April 3rd*

German has several ways for asking what day it is.

Welcher Tag ist heute?	*What day is it today?*
Der wievielte ist heute?	*What is today's date?*

The first example above asks what day of the week it is (Monday, etc.). The second asks what day of the month it is (der **erste**, etc.).

When using the preposition **an,** the dative is used. It is almost always contracted with the following **dem.**

Wir kommen **am (an dem)** dritten März.	*We're coming on March 3rd.*
Ich fliege **am** siebzehnten Juli.	*I am flying on July 17.*

Use the dative with **an.**

Wir fahren **am** Freitag.	*We're going on Friday.*

Use the accusative on a letterhead.

Karlsruhe, **den** 6. August

ANWENDUNG   **A.** *Read the sentence out loud.*

1. Wir wohnen im 2. Stock.
2. Heute ist der _____ Januar/Februar/März/April/Mai/Juni/Juli/August/ September/Oktober/November/Dezember.
3. Der 31. Dezember ist der letzte Tag des Jahres.
4. Der erste Tag des Jahres ist der 1. Januar.
5. Pearl Harbor war am 7. Dezember 1941. *dat.*
6. Der französische Bastilletag ist der 14. Juli. *nom*
7. November ist der 11. Monat des Jahres. *nom*
8. Dezember ist der 12. Monat des Jahres. *nom*
9. Ein Meter ist der 40.000.000 Teil eines Erdmeridians.
10. Ein Millimeter ist der 1000. Teil eines Meters.
11. Ein Meter ist der 100. Teil eines Kilometers. *1000*
12. Georg Washington war der 1. Präsident der USA.
13. Hawaii ist der 50. und Alaska der 49. Staat der Vereinigten Staaten.
14. Viele Länder Afrikas gehören zur 3. Welt. *dat. fem.*
15. Heinrich VIII. (der Achte) hatte 6 Frauen.
16. Am 1. April darf man nichts ernst nehmen.
17. Weihnachten° ist am 24. Dezember. *dat mas*   Christmas Eve
18. Der 4. Juli ist der amerikanische Nationalfeiertag. *nom*

B. *Answer in German.*

1. Welches Datum haben wir heute? Heute ist _____ .
2. Der wievielte war gestern? Gestern war _____ .
3. Was ist morgen? Morgen ist _____ .
4. Der wievielte ist übermorgen°? Übermorgen ist _____ .   day after tomorrow
5. Welcher Tag war vorgestern°? _____ .   day before yesterday

Fractions   Fractions in German are treated like neuter nouns. From **Drittel** on, they are formed by adding the ending **-el** to the ordinal number.

¹/₂ **ein halb-** (or **die Hälfte**)	¹/₁₀ **ein Zehntel**
¹/₃ **ein Drittel**	1¹/₂ **eineinhalb**
¹/₄ **ein Viertel**	2²/₃ **zweizweidrittel**
³/₄ **Dreiviertel**	¹/₁₀₀ **ein Hundertstel**

Only **halb-** is declined.

Ich gab ihr ein **halbes** Pfund Kaffee.	*I gave her a half pound of coffee.*
Ein **halbes** Jahr ist sechs Monate.	*Half a year is six months.*
Wir fahren in einer **halben** Stunde ab.[6]	*We are leaving in half an hour.*

ANWENDUNG   **C.** *Complete the sentence with the cue fraction.*

1. (¹/₂) Ein Pfund ist die _____ von einem Kilo.
2. (¹/₂) Ich möchte _____ Pfund Kaffee.
3. (¹/₂) Er war _____ Jahr in Österreich.
4. (³/₄) Wir fliegen in _____ Stunde ab.
5. (¹/₁₀) Die Hosen sind _____ Zentimeter zu lang.
6. (¹/₄) Ich bleibe noch _____ Stunde.
7. (³/₄) Der Bus kommt in _____ Stunde an.

Ordinal adverbs   Ordinal adverbs, formed by adding **-ns** to the ordinal, are used in listing reasons, actions, things, etc.

1. **erstens** *first(ly)*	3. **drittens** *third(ly)*
2. **zweitens** *second(ly)*	4. **viertens** *fourth(ly)*

ANWENDUNG   **D.** *Complete the sentence with (successively) the German ordinal adverbs equivalent to English "firstly," "secondly," and "thirdly."*

Ich gehe nicht oft ins Kino, denn _____ sind die Filme schlecht, _____ sind sie zu teuer, und _____ habe ich keine Zeit.

[6]As you recall, the dative is required with the preposition **in** when it answers the question *When?* (See Chapter 5, p. 115.)

LESESTÜCK   „Sie" oder „du"?

Wie einfach haben es englischsprechende Menschen! Ob man jemand gut kennt, ob man jemand zum ersten oder zum hundertsten Mal trifft, das spielt keine Rolle: Man sagt zu allen Menschen „you". Wer Deutsch spricht—oder die deutsche Sprache lernt—hat es nicht immer leicht. Gibt es keine klare Regel, wann man „Sie" oder „du" sagt? In jedem Lehrbuch° steht: In der Familie, zu guten Freunden und zu kleinen Kindern sagt man „du"; zu allen anderen Menschen soll man „Sie" sagen. Und Tiere und Dinge redet man auch mit „du" an.

textbook

Aber diese einfache Regel, wann man „Sie" sagen muß oder „du" sagen darf, ist leider nicht so einfach. Bis zu welchem Alter soll ein Erwachsener zu einem Jungen oder zu einem Mädchen „du" sagen? Die Lehrer und Lehrerinnen an deutschen Schulen finden diese Frage oft problematisch. Wenn sie das formelle „Sie" zu früh verwenden, dann finden die Schüler dies oft komisch und unnatürlich; wenn sie das informelle „du" zu lange verwenden, dann fühlen sich manche Schüler beleidigt: „Wir sind doch keine kleinen Kinder mehr . . ."

Wann duzen sich Erwachsene? Wenn man miteinander gute Freunde wird. Dieses Ereignis feiert man oft mit einem Glas Wein. Die meisten Studenten duzen sich, auch wenn sie sich noch nicht so gut kennen.

„Du. Ich liebe dich."

"Helen, dear—may I call you Helen?—could
I have a little more coffee?"

Andere Länder—
andere Sitten. Wie
würden Sie das
übersetzen? Die
Karikatur stammt aus
dem The New Yorker
Magazine Copyright
©1982. Drawing by
Stan Hunt.

Zwischen einem jungen Mann und einem jungen Mädchen
ist der Wechsel vom „Sie" zum „du" oft ein wichtiger Schritt.
Man liebt sich per „du", nicht per „Sie".

Eine deutsche Zeitung fragte vor kurzer Zeit: „Wollen wir
ein Volk von Duzern° werden?" Die Antworten zeigten, daß   a people who use only **du**
die meisten Deutschen selbst entscheiden möchten, wen sie
duzen oder siezen. Heute ist man in Deutschland informeller.
Bedeutet dies jedoch, daß man das formelle „Sie" nicht mehr
will? 70% der Leser sagten: „Nein, wir wollen unser ‚Sie' nicht
verlieren!"

Wortschatz zum Lesestück

new nouns (active vocabulary)

das **Alter**	age		der **Leser**, -	reader
das **Ereignis**, -se	event		das **Mal**, -e	time
der (die) **Erwachsene**, -n	adult, grown-up		**zum ersten Mal**	for the first time
das **Glas**, ̈-er	glass		die **Regel**, -n	rule
der **Lehrer**, -	teacher (male)		der **Wechsel**, -	change
die **Lehrerin**, -nen	teacher (female)			

new verbs (active vocabulary)

anreden	to address, talk to
– siezen	to address with ~~du~~ *Sie*
verlieren, verlor, verloren	to ~~decide~~ *loose*
duzen	to ~~celebrate~~ *aeldress with du*
– entscheiden, entschied, entschieden	to ~~address with Sie~~ *decide*
feiern	to ~~lose~~ *celebrate*

VORHIN-BEFORE

other new words (active vocabulary)

beleidigt	*offended*	**formell**	*formal*	**jemand**	*somebody*
die meisten	*most (people)*	**informell**	*informal, familiar*	**komisch**	*strange*
doch	*but, though*	**jedoch**	*however*	**unnatürlich**	*unnatural*

special and idiomatic expressions

per „du" (sein)   *(to be) on a du basis*   **vor kurzer Zeit**   *a short time ago*

FRAGEN
ZUM
LESESTÜCK

Antworten Sie auf deutsch!

1. Zu wem sagt man im Englischen „*you*"?
2. Mit wem ist man im Deutschen per „du"?
3. „Du" oder „Sie"—warum ist das für deutsche Lehrer oft problematisch?
4. Wann sagen Erwachsene „du" zueinander?
5. Was sagten 70% der deutschen Zeitungsleser?
6. Wie feiert man den Wechsel vom „Sie" zum „du"?
7. Was ist ein wichtiger Schritt zwischen einem jungen Mann und einem jungen Mädchen?
8. Siezen oder duzen sich Studenten?

PERSÖNLICHE
FRAGEN

1. Was ist Ihre Meinung über das Duzen oder Siezen?
2. Haben Sie schon einmal mit einem Deutschen oder einer Deutschen vom „Sie" zum „du" gewechselt°? Erzählen Sie wann und wo!   *changed*
3. Haben Sie durch dieses Lesestück etwas Neues über deutsche Sitten gelernt? Was?
4. Was haben Sie lieber°: daß Ihr Lehrer oder Ihre Lehrerin zu Ihnen „du" oder „Sie" sagt?   *prefer*
5. Möchten Sie, daß Ihr Lehrer oder Ihre Lehrerin Sie bei Ihrem Vornamen oder Familiennamen nennt?

SITUATIONEN

1. *You are with a German friend. The critical moment in your relationship has arrived. You want to say "du." Your partner says:* „Sie dürfen zu mir ‚du' sagen." *You react.*

Alle Kinder
duzen sich.

2. *You are a renowned German professor at the Freie Universität in Berlin.
   Joe Doakes walks into your office and says:* „Guten Tag, Herr Professor.
   Ich bin ein amerikanischer Student. Wie geht es dir?" *How do you react?*
3. *You are an American discussing the pros and cons of saying "Sie" and
   "du" with a German. The German says:* „In Amerika ist alles zu demo-
   kratisch. Alle sind gleich. Man sagt „you" zum Boss und zum Arbeiter."
   You react.
4. *You are a German teenager. You have just entered the 11th grade of 13
   at the Gymnasium in Merau am Bodensee. Your teacher, while taking
   roll on the first day of class, says:* „Ich werde jetzt eure Namen sagen.
   Sagt ‚hier', wenn ihr hier seid." *You feel insulted and react.*

SCHRIFTLICH WIEDERHOLT

A. *Rewrite the sentence, expanding it with the cue words. Supply the appropriate
ending wherever one is needed.*

1. Er ist ein Freund von uns.   (gut-, alt-)
2. Kennst du die Frau?   (nett-, jung-)
3. Das weiß doch jeder Mensch.   (englischsprechend-)
4. Ursula hat einen Studenten geheiratet.   (deutsch-)
5. Dafür gibt es diese Regel.   (klar-, einfach-)
6. Wir finden immer Plätze.   (hübsch-, ungestört-)
7. Er spricht gern von seinem Auto.   (neu-, teur-)
8. Die Liebesszene in diesem Drama gefällt mir.   (berühmt-, vieldiskutiert-)
9. Es ist ein Artikel.   (gut- geschrieben-)

B. *Restate each sentence, beginning it with the cue **der**-word or **ein**-word.*

1. Kinder dürft ihr duzen.   (unser-)
2. Schönes und reiches Haar gefällt ihm.   (ihr-)
3. Kaltes Bier schmeckt mir nicht.   (dies-)
4. Deutsche Zeitungen schreiben über das „Siezen und Duzen".   (dies-)
5. Einfache Regeln sind leicht zu lernen.   (all-)
6. Lieber Vater, liebe Mutter, schickt mir bitte bald Geld!   (mein-/mein-)
7. Fragen darf man stellen.   (welch-?)

C. *If the sentence is in the plural, restate it in the singular, or vice versa. Make all necessary changes.*

> ***Beispiel*** Man duzt einen guten Freund und ein kleines Kind.
> **Man duzt gute Freunde und kleine Kinder. (Or: Man duzt die guten Freunde und die kleinen Kinder.)**

1. Ihr Kind geht in eine deutsche Schule.
2. Mit diesen unfreundlichen Menschen möchte ich nicht sprechen.
3. Die ersten Gastarbeiter kamen aus Italien.
4. An unseren Schulen gibt es junge Lehrerinnen.
5. Alle englischsprechenden Studenten machen diese Fehler.
6. Diese kleinen Jungen sagen „Sie" zu mir.
7. Solch ein teures Waschmittel kaufe ich gar nicht.

Sprechen leicht gemacht!

To practice **der**-words and **ein**-words as determiners . . .

Alles verkehrt![7]   **A.** *Combine items from both columns to create statements that are logical and grammatically correct.*

Ich möchte diesen	Zimmer gefällt mir gut.
Ich treffe euch nach dem	Campingplatz gefällt mir nicht.
Ich bin ein Freund dieser	Wohnung gefällt uns gut.
Diese	Hund haben.
Ich bin kein Freund solcher	Katze kaufen.
Er ist ein Freund meines	Vorlesung.° *lecture*
Unser	Theater.
Mein	Ideen.
Ich treffe dich nach ihrer	Leute.
Wir treffen uns vor dem	Bruders.
Sie ist eine Freundin unserer	Eltern.
Ich will keine	?
Ich will keinen	

To practice unpreceded adjectives . . .

B. *Complete the sentences with any appropriate adjective from the list below.*

avantgardistisches/avantgardistisch   großen/großes
internationalen/internationaler   laut/laute

1. „Vor Sonnenaufgang" hatte bald_____ Erfolg.
2. Das Drama war wirklich_____ Theater.
3. Hauptmanns _____ Drama wurde berühmt.
4. Hauptmann hatte_____ Glück.
5. Es gab damals_____ Proteste gegen das Stück.

---

[7]*All mixed up.*

THEATER DER STADT BONN
Werkstattbühne · Eingang Rheingasse

Schw.-Besch.
u. Stud.-Erm.
6-125
Sond.-Erm.
f. Abonn.

Eingang	Parkett	Reihe	Sitz Nr.
A	LINKS	**6**	**125**

Haubold, Eschwege

Freitag 12 Feb.

Mein Ideal   **C.** *Say how you picture your ideal partner.*

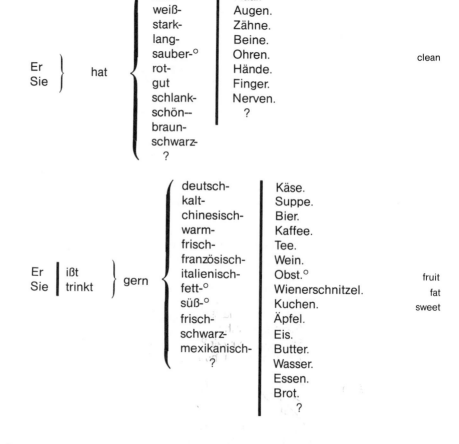

$$
\left.\begin{array}{c} \text{Er} \\ \text{Sie} \end{array}\right\} \quad \text{hat} \quad \left\{\begin{array}{l} \text{blau-} \\ \text{weiß-} \\ \text{stark-} \\ \text{lang-} \\ \text{sauber-}° \\ \text{rot-} \\ \text{gut} \\ \text{schlank-} \\ \text{schön--} \\ \text{braun-} \\ \text{schwarz-} \\ ? \end{array}\right| \begin{array}{l} \text{Haar.} \\ \text{Augen.} \\ \text{Zähne.} \\ \text{Beine.} \\ \text{Ohren.} \\ \text{Hände.} \\ \text{Finger.} \\ \text{Nerven.} \\ ? \end{array}
$$

clean

$$
\left.\begin{array}{c} \text{Er} \\ \text{Sie} \end{array}\right| \begin{array}{l} \text{ißt} \\ \text{trinkt} \end{array} \left.\right\} \text{gern} \left\{\begin{array}{l} \text{deutsch-} \\ \text{kalt-} \\ \text{chinesisch-} \\ \text{warm-} \\ \text{frisch-} \\ \text{französisch-} \\ \text{italienisch-} \\ \text{fett-}° \\ \text{süß-}° \\ \text{frisch-} \\ \text{schwarz-} \\ \text{mexikanisch-} \\ ? \end{array}\right| \begin{array}{l} \text{Käse.} \\ \text{Suppe.} \\ \text{Bier.} \\ \text{Kaffee.} \\ \text{Tee.} \\ \text{Wein.} \\ \text{Obst.}° \\ \text{Wienerschnitzel.} \\ \text{Kuchen.} \\ \text{Äpfel.} \\ \text{Eis.} \\ \text{Butter.} \\ \text{Wasser.} \\ \text{Essen.} \\ \text{Brot.} \\ ? \end{array}
$$

fruit
fat
sweet

To practice ordinal numbers . . .

Ich bin keine
Nummer...aber
Nummern sind doch
wichtig in
meinem Leben.

D. *Provide the appropriate ordinal numbers and other information to complete the sentences.*

Ich bin am_____ 19____ geboren°.   born
Ich bin jetzt im_____ Semester an der Universität (im College.)
Ich bin das_____ Kind in meiner Familie.
Ich bin jetzt im_____ Lebensjahr.

In meinem_____ Lebensjahr möchte ich eine gute Stelle haben.
In meinem_____ Lebensjahr will ich heiraten.
Ich zahle meine Rechnungen in der_____ Woche des Monats.
Dieses Jahr feiern wir Ostern° am_____.   Easter
Dieses Auto ist mein _____ Auto.
Ich rauche (nicht mehr) seit meinem _____ Lebensjahr.
Ich will nicht vor meinem _____ Lebensjahr heiraten.
Mein (Meine) Freund (Freundin) hat am_____ Geburtstag.
Meine Eltern feiern ihren Hochzeitstag° am_____.   wedding anniversary
?

Hörübung[8]   **E.** *Listen to each sentence, and then say whether it is* **richtig** *or* **falsch.** *If it is* **falsch,** *correct it.*

Englischsprechende Menschen haben es mit dem Duzen und Siezen nicht leicht.
Im Deutschen gibt es keine klare Regel über das Duzen und Siezen.
Mit Tieren spricht man per „du".
Wenn ein Student einen Professor duzt, so ist es komisch.
Wenn man zu einem neunzehnjährigen Schüler „du" sagt, so fühlt er sich beleidigt.
Wenn ein Junge zu einem Mädchen „du" sagt, dann ist es ein wichtiger Schritt.
Man feiert den Wechsel vom „du" zum „Sie" mit einem Glas Wein.
Die Tradition des Duzen und Siezen hat sich in Deutschland nur wenig geändert.

Schimpflexikon   **F.** *Sie haben die Nase voll. Warum, das wissen nur Sie. Aber Sie schimpfen auf jemand. Diese Person geht Ihnen auf die Nerven. Also, schimpfen Sie, so viel Sie wollen!*

Sie altes Rindvieh°, _____!   blockhead
Sie alter Esel, _____!
Du dumme Gans°, _____!   goose
Sie blöde Kuh°, _____!   stupid cow
Du altes Schwein°, _____!   pig
Du dummer Ochse, _____!

Rätsel[9]

Ich habe vier Füße,
kann doch nicht gehn.
Ich habe vier Beine,
muß immer stehn.
  Wer bin ich?

ANTWORT

ein Tisch

[8]*Listening exercise*   [9]*Riddle*

desodorierend

„Komm zu mir. Ich rieche gut!"

Kapitel 12

Die Macht der Reklame
1. The comparison of adjectives and adverbs
2. The construction **um . . . zu** + infinitive
3. Nouns after **etwas, nichts, viel, wenig**
4. **lassen** and **sich lassen**
5. Possessive pronouns
6. More about flavor words

Ist „gut" nicht mehr gut genug? Deutsche Werbung

DIALOG **Die Macht der Reklame**

Petra: Inge, darf ich deine Zahnpaste benutzen? Ich habe meine nicht mitgebracht.

Inge: Aber gern. — Wie's in der Reklame heißt, bekommst du von meiner die weißesten Zähne.

Petra: Na klar, und angeblich ist jede Marke die beste, die gesündeste, die . . .

Inge: Und wir sind so dumm, alles zu glauben.

Petra: Glauben? . . . Nein, das brauchen wir gar nicht. Solange wir nur kaufen, kaufen und kaufen.

Inge: Weißt du, mir hängen die vielen Reklamen zum Hals heraus. Und jedes Jahr werden sie aggressiver und schlimmer.

Petra: . . . und vulgärer.

Inge: Ja, aber daran läßt sich leider nichts ändern. Tatsache ist: Je mehr Reklame, desto mehr Käufer.

Petra: Ja, die Reklame manipuliert uns.

Inge: Das stimmt nicht ganz: Wir lassen uns von der Reklame manipulieren.

Wortschatz zum Dialog

new nouns (active vocabulary)

der **Käufer, -** *buyer*
die **Macht, ⸚e** *power, might*

die **Marke, -n** *brand* (of merchandise)
die **Zahnpaste** *toothpaste*

new verbs (active vocabulary)

benutzen *to use*
(sich) lassen (läßt), ließ, gelassen *to let (oneself), (can)*

manipulieren *to manipulate*
mit·bringen, brachte mit, mitgebracht *to bring along*

other new words (active vocabulary)

angeblich *alleged(ly)*
dumm *stupid, dumb*
gesund *healthy*

schlimm(er) *bad, worse*
vulgär *vulgar*

special and idiomatic expressions

es läßt sich nichts ändern *nothing can be changed*
je mehr . . . desto *the more . . . the*

PERSÖNLICHE FRAGEN

Fragen Sie Ihren Nachbarn°/Ihre Nachbarin: neighbor

1. —welche Zahnpaste er/sie verwendet.
2. —warum er/sie diese Zahnpaste kauft.
3. —welche anderen Waren° er/sie kauft und   goods
   warum er/sie diese Marke kauft.
4. —an welche Marke er/sie sofort denkt bei

Waschpulver°	Autos
Bier	Zigaretten
Seife°	Lippenstift
Uhren	einem Medikament gegen Grippe

detergent

soap

5. —ob er/sie sich für die Reklame im Radio oder im Fernsehen interessiert.
6. —ob er/sie alles glaubt, was die Reklamen sagen. Oder was er/sie zum Beispiel nicht glaubt.
7. —ob er/sie sich durch Reklame manipulieren läßt.

AUSSPRACHE ÜBUNG

German **sch** versus German **ch**

rauschen	*to roar*		**rauchen**	*to smoke*
waschen	*to wash*		**wachen**	*to watch, guard*
naschen	*to nibble*		der **Nachen**	*small boat*
der **Busch**	*bush*		das **Buch**	*book*
die **Kirsche**	*cherry*		die **Kirche**	*church*
die **Aschen**	*ashes*		**Aachen**	*German city*

GRAMMATIK   Theorie und Anwendung

1. The comparison of adjectives and adverbs

In German, as in English, adjectives and adverbs have three different forms: positive (e.g., *fast*), comparative (*faster*), and superlative (*fastest*). The positive is the basic form, with which you are already familiar.

Beispiele   **POSITIVE**
Adjectives

Unsere Firma macht **große**   *Our firm makes big profits.*
Gewinne.

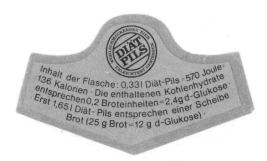

COMPARATIVE

Wir wollen aber noch **größere** Gewinne.

But we want even bigger profits.

SUPERLATIVE

Die **größten** Gewinne sind nicht groß genug für uns.

The biggest profits are not big enough for us.

Adverbs **POSITIVE**

Der VW fährt **schnell**.

The VW goes fast.

COMPARATIVE

Der BMW fährt **schneller**.

The BMW goes faster.

SUPERLATIVE

Der Porsche fährt **am schnellsten**.

The Porsche goes the fastest.

Comparative forms The comparative is formed in German by adding **-er** to the stem of the adjective or adverb.

billig—billiger	*cheap—cheaper*
schön—schöner	*beautiful—more beautiful*
schnell—schneller	*fast—faster*

One-syllable adjectives and adverbs usually add an umlaut to the stem vowel. Adjectives with **au** in the stem never do.[1]

alt—älter	*old—older*
groß—größer	*big—bigger*
jung—jünger	*young—younger*
laut—lauter	*loud—louder*
oft—öfter	*often—more often*

[1] **Braun—brauner**. Also note: **blond—blonder**. Some comparatives have alternate, variant forms: **naß—nässer** (or **nasser**).

⚠ **Vorsicht!**   Fehlergefahr!

> English adjectives and adverbs often form their comparative with *more: impressive, more impressive.* The word **mehr** is never added to another adjective or adverb to form a comparative. The ending **-er** is added to the adjective or adverb, regardless of its length.
>
> | | |
> |---|---|
> | Diese Wohnung ist **kleiner.** | *This apartment is smaller.* |
> | Diese Reklame ist noch **aggressiver.** | *This ad is even more aggressive.* |
> | Dieses Plakat ist **interessanter.** | *This poster is more interesting.* |

Superlative of adjectives

The German superlative is formed by adding **-st** to the stem of the adjective. One-syllable adjectives usually add an umlaut where possible.

klein	das **kleinste** Auto	*the smallest car*
lang	die **längste** Zigarette	*the longest cigarette*

If the stem of the adjective ends in a "hissing" sound (**-ß** or**-z**) or in **-d** or **-t**, a linking **-e-** is usually inserted between the stem and the ending.

gesund	das **gesündeste** Getränk	*the healthiest beverage*
kurz	der **kürzeste** Weg	*the shortest way*
weiß	die **weißeste** Haut	*the whitest skin*

But note: **groß—größte** big—biggest.

ANWENDUNG   *Supply the comparative and superlative of the adjective to complete the sentence.*

1. Eine Zigarette ist gefährlich. Die zweite ist noch _____ . Und die dritte ist die _____ .

2. Dieses Motelzimmer ist gemütlich. Dein Zimmer im Studentenheim ist _____ . Aber mein Zimmer zu Haus ist das _____ von allen.

3. Zeitungsreklamen sind dumm. Radioreklamen sind _____ . Und Fernsehreklamen sind die _____ .

4. In Alaska ist der Winter kalt. In Sibirien ist er _____ und der _____ ist vielleicht am Nordpol.

Declension

German adjectives in the comparative and the superlative add the same endings as other adjectives when they <u>precede</u> the noun they modify.

Pils, das leichter**e** Bier!	*Pils, the lighter beer!*
Pils, ein leichter**es** Bier!	*Pils, a lighter beer!*
Diät-Pils, das leichtest**e** Bier!	*Diet-Pils, the lightest beer!*
Diät-Pils gehört zu den leichtest**en** Bieren!	*Diet-Pils belongs among the lightest of beers!*

ANWENDUNG (B.) *Complete with the correct comparative or superlative form of the adjective.*

1. Fritz ist der jünger _____ Bruder von Rita.
2. Karl ist ein jünger _____ Bruder von Ursula.
3. Kennen Sie den jünger _____ Bruder von Uwe?
4. Kennen Sie meinen jünger _____ Bruder?
5. Wie heißt Ihr jüngst _ere_ Bruder?
6. Wie heißt der jüngst _____ Bruder?
7. Das Auto gehört meiner jünger _____ Tochter.
8. Der Porsche gehört meiner jünger _____ Tochter.
9. Wer ist das jünger _____ Mädchen?
10. Wir suchen ein jünger _____ Mädchen für diesen Film.

mehr *and* **weniger**   **Mehr** *more* and **weniger** *fewer, less* are comparatives but do not take any endings.

Ich brauche **mehr** Zeit für diese Hausaufgabe.	*I need more time for this homework.*
Es gibt immer **weniger** Freizeit und mehr Arbeit.	*There is less and less leisure time and more work.*

Irregular comparative forms   Like English (*good, better, best*), German has some irregular comparisons.

		COMPARATIVE	SUPERLATIVE
gern	*gladly*	**lieber**	**liebst-**
gut	*good*	**besser**	**best-**
nahe	*near*	**näher**	**nächst-**
viel	*much*	**mehr**	**meist-**
hoch[2]	*high*	**höher**	**höchst-**

⚠ **Vorsicht!**   Fehlergefahr!

> The adverb **gern** is usually used with another verb and means *to like*; the comparative **lieber** means *to prefer to*, or *rather*; and the superlative **am liebsten** means *most of all*, or *like best*.
>
> | | |
> |---|---|
> | Er trinkt **gern** Wasser. | *He likes to drink water.* |
> | Er trinkt **lieber** Limonade. | *He prefers to drink a soft drink.* |
> | Er trinkt **am liebsten** Milch. | *He likes to drink milk best of all.* |

[2]When the positive **hoch** is used before a noun, it is **hoh-**: **Der Berg ist hoch** but **der hohe Berg**.

ANWENDUNG   **C.** *Supply the German equivalents of the English cues to complete the sentence.*

1. (*good, better, the best*) Trimmtrab° ist _gut_ , _____ , jogging
Wandern in den Bergen ist _besser_ und Schwimmen ist _der beste_ Sport.
2. (*high, higher, the highest*) Der Fernsehturm° in Stuttgart   TV tower
ist _hoch_ , der in Hamburg ist _höher_ , aber in Ost-Berlin ist _der höhste_ .

The **am**
superlative

The construction **am** + (adjective or adverb) + **-sten** is an alternate form of the superlative. It never changes in form. It is used (1) when the superlative modifies a verb, or (2), put differently, when the superlative is not preceded by **der, die,** or **das.**

Compare:

Im Sommer haben wir hier das **schönste** Wetter.	*In summer we have here the nicest weather.*
Hier ist im Sommer das Wetter **am schönsten.**	*In summer the weather here is the nicest.*
Fräulein Wittgenstein singt **am schönsten.**	*Miss Wittgenstein sings the nicest.*

ANWENDUNG   **D.** *Complete with the comparative and the* **am** *superlative.*

1. Ich esse gern Orangen, Äpfel esse ich _lieber_ und Bananen esse ich _am liebsten_
2. Ein Mofa° fährt schnell, ein Motorrad fährt _schneller_   Motorfahrrad
und ein Auto fährt _am schnellsten_
3. Die Reise mit dem Bus kostet viel, mit dem Zug _mehr_ und mit dem Flugzeug _am miesten_
4. Australien ist groß, Afrika ist _größer_ und Asien ist _am größsten_
5. Kitty tanzt gut Walzer, Tango tanzt sie _besser_ und Rock und Roll tanzt sie _am besten_
6. Die Elbe ist lang, der Rhein ist _länger_ und die Wolga ist _am längsten_
7. In Österreich sind die Steuern° für Zigaretten   taxes
hoch, für Alkohol noch _höher_ ; aber die Steuern für Benzin sind _am höhsten_
8. Ein Volkswagen kostet <u>viel</u>, ein Audi kostet ~~viel~~ _mehr_ und ein Mercedes kostet _am miesten_

ANWENDUNG   **E.** *Complete with the correct form of the German equivalent of the English cue.*

(*fastest*) Dieses Auto fährt _am schnellsten_
(*fastest*) Dieses Auto ist _das schnellste_
(*fastest*) Dieses Auto ist das _schnellste_ von allen Autos.
(*fastest*) Wie komme ich _am_ _____ nach Frankfurt?
    schnellsten

Kaffee ist Nachtisch

... wenn's gut war und
noch besser werden soll.

Similarity and dissimilarity Comparisons can be made both between things that are equal or similar and between things that are unequal or dissimilar.

Similarity is expressed by the positive form of the adjective or adverb with **so . . . wie** *as . . . as.*

Fritz ist **so alt wie** ich.	*Fritz is as old as I.*
Karl spricht nicht **so gut** Deutsch **wie** Charlotte.	*Karl does not speak German as well as Charlotte.*

Dissimilarity is expressed by the comparative with **als** *than.*

Der Gelbe Fluß in China ist **länger als** der Mississippi.	*The Yellow River in China is longer than the Mississippi.*
Die Vereinigten Staaten haben **weniger** Ölreserven **als** die Sowjetunion.	*The United States has fewer oil reserves than the Soviet Union.*

ANWENDUNG

F. *Complete with the German equivalent of the English cue.*

1. (*as high as*) Die Zugspitze ist nicht ~~so hoch wie~~ das Matterhorn.
2. (*higher than*) Der Montblanc ist _____ alle Berge in den Alpen. *höher als*
3. (*more . . . than*) Die DDR bekommt *mehr* Goldmedaillen in der Olympiade *als* die BRD.
4. (*as fast as/as many . . . as*) Kein Schwimmer schwamm 1972 *so schnell wie* Mark Spitz und keiner hat *so viele* Goldmedaillen erhalten *wie* er.

Vorsicht! Fehlergefahr!

German expresses a progressive increase in degree with **immer** + the comparative. English uses *more and more* or *even more* + the adjective, or simply repeats the comparative + *and* + the comparative.

Die Reklamen werden **immer aggressiver.**	*The ads are getting more and more aggressive.*
Das Wetter wird **immer schöner.**	*The weather is getting nicer and nicer.*

The construction
je . . . desto

A relationship between two comparatives is expressed in German by the construction **je . . . desto** *the . . . the.*

Je öfter Sie Zahnpaste verwenden, **desto gesünder** bleiben Ihre Zähne.

The more frequently you use toothpaste, the healthier your teeth remain.

Je mehr Reklame, **desto mehr** Käufer.

The more ads, the more buyers.

In this construction, **desto** is often replaced by **je** or **umso**. The meaning remains the same.

Je mehr Reklame, **umso** mehr Käufer.

Je mehr Reklame, **je** mehr Käufer.

} *The more ads, the more buyers.*

ANWENDUNG

G. *Complete with the German equivalents of the English cues.*

1. (*The/the*) _je_ früher du kommst, _desto_ besser.
2. (*The bigger/the higher*) _je größer_ das Auto, _je höher_ der Preis.
3. (*The less/the*) _je weniger_ man ißt, _umso_ schlanker wird man!
4. (*The more/the*) _je mehr desto_ besser!

SYNOPSIS EXERCISE

Complete with the German equivalents of the English cues.

1. (*longest/shortest*) Im Juni sind die Tage _am längsten_ und die Nächte _am kürtzten_.
2. (*more and more expensive*) Durch die Inflation wird das Leben _immer teuerer_.
3. (*The more/the shorter*) _je mehr_ du rauchst, _je kürtzer_ dein Leben!
4. (*The faster/the more*) _je schneller_ Sie fahren, _je mehr_ Benzin „frißt" der Motor.
5. (*the next*) Wann fährt _der nichte_ Zug nach Oberammergau?
6. (*better and better*) Mein Deutsch wird _immer besser_.
7. (*as expensive as*) Ein BMW ist nicht _so teuer wie_ Sie glauben.
8. (*older than*) Die Universität Heidelberg ist _älter als_ die Universität Leipzig.
9. (*the oldest*) Aber die Universität Prag ist _____.
10. (*the oldest*) Was ist _____ Universität in Europa?
11. (*more than*) Du weißt _____ ich.
12. (*more difficult*) Die Übungen werden mit jedem Kapitel _____.
13. (*easier than*) Aber sie sind doch _____ ich dachte.
14. (*like best*) Ich schwimme _____ im Meer.
15. (*prefer*) Möchten Sie _____ Tee oder Kaffee?
16. (*more and more*) Wir brauchen _____ Freizeit.
17. (*less and less*) Viele Leute essen _____ Salz.
18. (*youngest*) Wie heißt Ihre _____ Tochter?
19. (*as important as*) Für die Gesundheit ist gute Luft _____ gutes Essen.
20. (*again and again*) Der Professor stellt _____ die gleichen Fragen.
21. (*the longest*) Der 21. Juni ist _____ Tag des Jahres.
22. (*the shortest*) Der 21. Dezember ist _____.

23. (*the most beautiful*)   Das war _____ Tag meines Lebens.
24. (*faster than/the fastest*)   Ein Schnellzug fährt _____ ein Eilzug, aber der TEE fährt _____.
25. (*rather*)   Er möchte _____ zu Haus bleiben als ins Konzert gehen.
26. (*younger*)   Wie alt ist dein _____ Bruder?
27. (*more expensive than*)   Ein Goldring ist _____ ein Silberring.[3]
28. (*cheapest*)   Wo kann man hier Lederhosen _____ kaufen?

Vorsicht!   Fehlergefahr!

Do not confuse the adjectival ending **-er** with the comparative ending **-er.**

ADJECTIVAL

Das ist ein **schwerer** Fehler.   *That's a bad mistake.*

COMPARATIVE

Die Hausaufgabe ist **schwerer** als   *The assignment is more difficult*
   ich dachte.   *than I thought.*

---

2. The construction um . . . zu + infinitive

The construction **um . . . zu** + infinitive corresponds to the English construction *in order to* + infinitive.[4]

Beispiele   Die Firmen geben Millionen aus,   *Companies spend millions in order*
   um neue Käufer **zu finden.**   *to find new customers.*

Schliemann ging nach Griechen-   *Schliemann went to Greece in*
   land, **um** Troja **auszugraben.**   *order to excavate Troy.*

ANWENDUNG   **A.** *Combine the sentences with **um . . . zu,** and make any other necessary changes. Remember that the infinitive goes to the end.*

1. Schliemann lernte Englisch. Er wollte mehr Geld verdienen.
   Schliemann lernte Englisch, um mehr Geld zu verdienen.
2. Er fuhr nach Amerika. Er wollte das Geschäft seines Bruders übernehmen.
   Er fuhr nach Amerika, um das Geschäft seines Bruders zu übernehmen.
3. Er wurde Archäologe. Er wollte seine Theorie beweisen.
   Er wurde Archäologe, _____.

---

[3]In the comparative, the second **-e-** in **teuer** is dropped: **teurer.**

[4]But note that English does not always require *in order.* Often *to* + infinitive will suffice.

word after always capital / es endg (handwritten note)

3. Nouns after etwas, nichts, viel, wenig

always capital / es endg (handwritten annotation)

Adjectives after **etwas** *something*, **nichts** *nothing*, **viel** *much*, and **wenig** *little* are treated like nouns and add the ending **-es.**

Beispiele

Diese Reklame ist **etwas Neues.**	*This ad is something new.*
Ich habe **nichts Wichtiges** zu erzählen.	*I have nothing important to report.*
Es gibt **viel Schönes** zu sehen.	*There are a lot of beautiful things to see.*

ANWENDUNG   **A.** *Complete, using the cue adjective.*

1. (interessant) Wissen Sie etwas _____ ?   *I → es*
2. (gut) Ich habe viel _____ von Ihnen gehört.   *G → es*
3. (billig) Er kauft nichts _____ .   *B → es*
4. (warm) Gibt es heute etwas _____ zum Mittagessen?   *W → es*
5. (neu) Ich kann wenig _____ darüber sagen.   *N → es*

4. lassen and sich lassen

The verb **lassen** has three basic meanings: (1) *to leave* (2) *to let*; and (3) *to cause someone or something to do something.* In the last two cases, it is used, like the modals, in combination with an infinitive.

Beispiele

Ich **lasse** mein Auto zu Haus und gehe zu Fuß.	*I leave my car at home and walk.*
Wir **lassen uns** zu sehr von der Reklame **manipulieren.**	*We let ourselves be manipulated too much by advertising.*
Sie **läßt sich** das Haar beim Friseur **waschen.**	*She has her hair washed at the hairdresser's.*

Idiomatic use   **Lassen** occurs frequently in idiomatic expressions.

Lassen Sie sich nicht stören!	*Don't let me disturb you.*
Laß dir Zeit!	*Take your time.*
Er läßt Sie herzlich grüßen.	*He sends his best regards (to you).*
Leben und leben lassen!	*Live and let live!*

Reklame hier?—Ja, sogar hier!

ANWENDUNG **A.** *Read the sentence in German and then give the English equivalent..*

1. Wir müssen schnell den Arzt kommen lassen!
2. Wir lassen unseren Hund nie allein zu Hause.
3. Weil unser Auto kaputt war, ließen wir ein Taxi kommen.
4. Wie lang wirst du uns warten lassen?
5. Lassen Sie sich viel Zeit!
6. Wo hast du nur die Zeitung gelassen?
7. Lassen Sie uns wissen, wie die Reise war!
8. Lassen Sie Ihren Teenager schon Ihr Auto fahren?
9. Laß mich bitte nicht allein!
10. Laß mich allein!
11. Laß sie länger schlafen!
12. Laß dein Auto in der Garage!
13. Würden Sie Ihre Tochter abends allein in die Stadt gehen lassen?

B. *Translate into German.*

Take your time (formal).
Where did I leave my umbrella!
I do not let myself be manipulated by ads.
He left the tip on the table.
Where do you have your car washed?
She sends her best regards to you.
I am having my hair cut tomorrow.
Leave her alone!

5. Possessive pronouns

Pronoun vs. adjective   In Chapters 4 and 8 you learned the possessive adjectives (**mein, dein, sein, ihr, unser, euer, ihr, Ihr**). The possessive adjectives may also be used as pronouns. In this usage, however, instead of modifying a noun, they replace a noun. When they are used as pronouns, the possessives add the same endings as **der**-words in all genders and all cases.

Beispiele

Hier ist mein Wagen. Wo steht **deiner?**	*Here is my car. Where is yours?*
Hier ist meine Fahrkarte. Haben Sie **Ihre?**	*Here is my ticket. Do you have yours?*
Hier ist unser Auto. Wo ist **seines?**	*Here is our car. Where is his?*
Ich habe meinen Regenschirm. Haben Sie **Ihren?**	*I have my umbrella. Do you have yours?*

The neuter form of the possessive pronoun is often contracted to **meins, deins,** and **seins,** especially in everyday speech.

Hier ist mein Bier. Wo ist **deins?**	*Here's my beer. Where's yours?*

The indefinite article **ein** and its negative **kein** are also declined like **der**-words when they are used as pronouns.

Ich brauche einen Kugelschreiber. Können Sie mir **einen** geben?	*I need a ballpoint pen. Can you give me one?*
Haben Sie Zeit? Ich habe **keine.**	*Do you have time? I have none (I haven't any).*

ANWENDUNG   **A.** *Complete with the correct ending.*

1. Haben Sie Geld? Ich habe kein _____ .
2. Ich habe einen Mercedes und meine Eltern haben auch ein _____ .
3. Ich erzähle immer von meinem Leben, aber du erzählst nie von dein _____ .
4. Mein Auto steht vor dem Haus. Wo haben Sie Ihr _____ gelassen?
5. Kannst du mir deine Wohnung zeigen? Unser _____ zeige ich dir morgen.
6. Du tanzt mit deiner Freundin und ich tanze mit mein _____ .

B. *Ask the question, and then answer it using the appropriate possessive pronoun.*

Beispiel   Haben Sie eine Uhr? Ich habe **meine** vergessen.

1. Hast du einen Stadtplan? Ich habe _____ vergessen.
2. Haben Sie die Zeitung? Ich habe _____ vergessen.
3. Hast du ein Wörterbuch? Ich habe _____ vergessen.
4. Haben Sie Briefmarken? Ich habe _____ vergessen.

LESESTÜCK Ist „gut" nicht mehr gut genug? Deutsche Werbung

„Je öfter Sie Perlweiß° verwenden, desto weißer werden Ihre Zähne. Es macht Ihre Zähne weißer und schöner." °"pearly white"

Solche und tausende andere Reklamen liest man täglich in deutschen Zeitungen, Zeitschriften, auf Plakaten und auf Litfaßsäulen. Daß etwas „gut, schön, weiß" usw. ist, genügt nicht mehr. Wir sollen Produkte kaufen, weil sie angeblich besser, schöner, weißer usw. sind als die Produkte anderer Firmen. Und die Firmen geben Millionen aus, um immer mehr Käufer für ihre Waren° zu finden. °goods

Ohne Komparative kann die Reklame heute nicht mehr existieren. Und wenn der Komparativ nicht mehr genügt, dann schießt man mit der größten Kanone: dem Superlativ. Dann heißt es, daß das Produkt „das Beste, das Schönste, das Weißeste" ist.

Uberall in der BRD sieht man „Litfaßsäulen". Ernst Litfaß hat die Reklamesäule 1855 in Berlin erfunden.

Poster von Klaus Staeck.

Besser sehen. Schöner aussehen.
Polaroid Sonnenbrillen tun mehr für Ihre Augen. Weil jede Polaroid Scheibe aus 7 Filtern besteht. Dadurch werden 96⅔ der schädlichen UV-Strahlen absorbiert und bis zu 99½ der reflektierten Blendung beseitigt. Mit den neuen Sonnenbrillen von Polaroid sehen Sie besser. Und sehen schöner aus.
Sonnenbrillen von Polaroid.

Gute Werbung bringt mehr und mehr Gewinne°. Aber hat   profits
Reklame nur den Zweck, den Firmen größere Gewinne zu
bringen? Oh nein, sagt die Industrie: Die Werbung hilft dem
Käufer, besser zu wählen, billiger zu kaufen, und sie verbessert
auch den Lebensstandard.

Hier sind einige Beispiele deutscher Werbung:

Speisen und Getränke (Nach dem Motto: Wir
essen nicht, um zu leben, sondern wir leben, um zu
essen.)

Besser kann Eis nicht schmecken.

Seit es die Hengstenberg Salatsaucen gibt, leben die meisten
Leute etwas gesünder.

Der sicherste Weg zur schlanken Linie°: Weniger essen.   slim figure

Trinken Sie unser Bier bis zum letzten Tropfen. D-Pils
hat von allen Diät-Bieren die wenigsten Kalorien.

Zigaretten

Keine schmeckt besser. Dafür gehe ich meilenweit°.   for miles

Der neueste Chic: Eve 120. Deutschlands längste Damenzigarette. Superschlank.

M gibt mehr. Mehr als eine normale Filterzigarette. Im Rauch nikotinarm°. Sie ist länger … Sie ist leichter … Mehr Minuten voll Genuß°.

low in nicotine

enjoyment

Sonnenbrillen

Besser sehen. Schöner aussehen. Mit der neuen Sonnenbrille von Polaroid sehen Sie besser. Und sehen schöner aus.

Deutsche Bundesbahn°

German Federal Railway

Eine Fahrt mit der Bahn macht Ihre Ferien noch viel schöner.

Staubsauger°

vacuum cleaner

Damit° Ihnen Staubsaugen leichter fällt°: mehr Saugstärke°, weniger Lautstärke°.

so that/comes easier

power/noise

Bundeswehr°

Army of the Federal Republic of Germany

Bundeswehr—mehr als ein Job.
Wir fordern und fördern.

Medikamente

Nasivin
Je früher, desto besser.
Damit wir alle unseren Schnupfen vergessen können.

Wortschatz zum Lesestück

new nouns (active vocabulary)

die **Bahn, -en**	railroad, train	das **Produkt, -e**	product
die **Fahrt, -en**	trip, journey	die **Sonnenbrille, -n**	sunglasses
das **Getränk, -e**	beverage, drink	die **Speise, -n**	food
der **Genuß**	enjoyment	die **Werbung**	advertisement, advertising
das **Plakat, -e**	poster	die **Zigarette, -n**	cigarette

nouns (for recognition)

die **Litfaßsäule, -n**	advertising pillar (invented by Ernst Litfaß in Berlin in 1855)	die **Salatsauce, -n**	salad dressing
		der **Schnupfen**	cold
		der **Tropfen, -**	drop
der **Rauch**	smoke	der **Zweck**	purpose

new verbs (active vocabulary)

existieren	*to exist*	**schießen, schoß,**	*to shoot*
genügen	*to be enough,*	**geschossen**	
	to suffice	**verbessern**	*to improve*

verbs (for recognition)

fordern	*to demand, ask*	**staubsaugen**	*to vacuum*
fördern	*to promote, encourage*	**wählen**	*to choose*

other new words (active vocabulary)

angeblich	*alleged(ly)*	**leicht** *light*	**voll** *full*

FRAGEN ZUM LESESTÜCK   *Antworten Sie auf deutsch!*

1. Was macht angeblich die Zahnpaste „Perlweiß"?
2. Wo kann man täglich Reklamen lesen?
3. Warum geben Firmen Millionen für Werbung aus?
4. Ohne was kann die Reklame nicht mehr existieren?
5. Ist gute Werbung ein „gutes Geschäft"?
6. Wie sieht die Industrie die Reklame?
7. Was sagt die Eis-Reklame?
8. Was ist der sicherste Weg zur „schlanken Linie"?
9. Warum darf man D-Pils trinken?
10. Warum gibt die M-Zigarette angeblich mehr?
11. Was sagt die Polaroid Werbung?
12. Warum soll man mit der Deutschen Bundesbahn fahren?

PERSÖNLICHE FRAGEN

1. Welche Fernseh- oder Radioreklamen gefallen Ihnen am besten und welche am wenigsten?
2. Was haben Sie schon einmal durch „die Macht der Reklame" gekauft?
3. Was haben Sie nicht gekauft, weil Ihnen die Reklame auf die Nerven gegangen ist?
4. Glauben Sie, daß die Werbung im Fernsehen für Kinder schlecht ist?
5. Werden die Reklamen im Fernsehen immer lauter? Warum?
6. Wissen Sie, für welche Produkte Reklamen im Fernsehen oder Radio verboten sind?

SITUATIONEN

1. *You are watching a TV ad. The announcer says:* „Kaufen Sie und kauen Sie unseren Kaugummi!" *You talk back to the announcer.*

2. *A German friend offers you a cigarette with the observation:* „Ich rauche nur Tarzan Zigaretten. Keine schmeckt besser." *You enlighten your friend.*
3. *You and a German friend are debating the pros and cons of radio advertising. Your friend says:* „Ich habe die Reklamen gern. Sie sind oft humorvoll und machen Spaß. Aber ich lasse mich nicht manipulieren." *You say how you feel about it.*
4. *You are the head of a German advertising firm. The manufacturer of a vacuum cleaner hasn't been doing too well. He asks you:* „Wie kann ich mehr Staubsauger verkaufen?" *You advise.*

SCHRIFTLICH
WIEDERHOLT

A. *Imagine that you work for a German advertising company writing ads for the following or other products. Use either the comparative or the superlative, or both. Select from the cue words, but feel free to add others if you wish.*

1. Joghurt (unser-/wenig-/Kalorien/haben/schmecken/besser)
2. Zigaretten (genießen°/lang-/schlank-/leicht-/nikotinarm-)   enjoy
3. Auto (fahren/schnell-/leise-/brauchen/wenig-/Benzin)
4. Zahnpaste (Zähne/machen/weiß-/schön-/gesund-)
5. Sonnenbrille (wenn/tragen/sehen/gut/aussehen)

B. *Answer the questions with the help of the cue words. Use the following two constructions: a) Begin the dependent clause with the cue conjunction; b) Use* **um . . . zu** + *infinitive.*

Beispiel   Warum spielen Sie Tennis? (weil/fit bleiben/möchten)
a) Ich spiele Tennis, weil ich fit bleiben möchte.
b) Ich spiele Tennis, um fit zu bleiben.

1. Warum verwendet sie „Perlweiß" Zahnpaste? (weil/weiße Zähne/haben/ wollen)
2. Warum geben Firmen so viel Geld für Reklamen aus? (denn/Waren/mehr/ verkaufen/wollen) 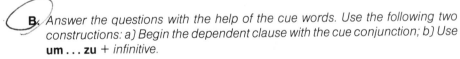 *merchandise, goods*
3. Warum fahre ich mit der Bahn? (weil/Geld sparen/müssen)
4. Warum möchten Sie das für Erika tun? (weil/ihr/helfen)
5. Warum fragst du? (damit/besser verstehen/es)

C. *Rewrite the statements in the comparative and superlative making all necessary changes.*

1. Diese Waren sind teuer.
2. Dieses Eis schmeckt gut.
3. Ich verwende viel Zeit für mein Studium.
4. Hier sind die Preise hoch.
5. Diese Filterzigarette raucht er gern.

D. *Rewrite each sentence using or inserting* **(sich) lassen.** *Then translate each sentence into good English.*

> ***Beispiel***   Ich repariere mein Auto.
> **Ich lasse mein Auto reparieren. (I am having my car repaired.)**

1. Wir bauen ein Haus.
2. Sie grüßen euch herzlich.
3. Wo hast du das Auto?
4. Wir waschen das Auto.

5. Sie verkauft ihr Haus.
6. Der Polizist ruft den Arzt.
7. Er schläft. Ich _____ .

Sprechen leicht gemacht!

To practice the comparative of adjectives and adverbs . . .

Wichtigtuerei[5]   **A.** *Brag about various things, using the comparative. (Student A to Student B, B to C, and so on)*

Ich bin
- groß
- tolerant.
- intelligent.
- reich.
- pünktlich.
- stark.
- anständig.
- schlank.
- freundlich.
- glücklich.
- ehrlich.
- populär.
- höflich.
- ?

ELBWASSER MACHT SCHLANK !

Ha, ich bin größer als
- Sie.
- du.

B. *Now brag using the comparative of the adjective or adverb. (Student A to Student B, etc.)*

Ich spiele gut Tennis.

Und ich spiele noch _____ .

Mein Vater verdient viel Geld.

Und meine Mutter verdient noch _____ .

Bei uns zu Haus ist es gemütlich.

Und bei uns ist es noch _____ .

Unsere Wohnung ist modern.

Und unsere Wohnung ist noch _____ .

Ich schwimme sehr schnell.

Und ich schwimme noch viel _____ .

Mein Vater hat einen wichtigen Job.

Und meine Mutter hat einen noch _____ Job.

[5]*One-upmanship*

Die schönste
Hosenmode von
MODA BERRI
La linea italiana.

To practice equal and unequal comparisons . . .

Gleich . . . **C.** *Turn to a classmate and make the statement in the left column. Your classmate responds using* **so . . . wie.**

Ich habe viel Geld.	Und ich habe so _____ wie du.
Ich verstehe Deutsch gut.	Und ich _____ .
Ich arbeite viel.	Und ich _____ .
Ich habe wenig Zeit.	Und ich _____ .
Unser Haus ist groß.	Und unseres ist _____ euer Haus.
?	?

. . und ungleich **D.** *Now ask a classmate the question on the left. Your classmate responds either positively or negatively. Use* **als.**

Ich habe zehn Mark. Hast du mehr Geld als ich?	Nein, ich _____ .
Ich habe ein „B" in der Prüfung bekommen. Hast du eine bessere Note als ich?	Ja, ich habe _____ .
Ich bin 18 Jahre alt. Bist du älter als ich?	Ja, ich bin zwei Jahre _____ .
?	

To practice the **am** superlative . . .

Was sagst du da? **E.** *Compete with your classmates in the superlative!*

Texas ist größer als Kalifornien!	Was! Aber Alaska ist *am größten*!
Karl und ich spielen besser Tennis als du!	Aber nein! Ich spiele _____! *am besten*
Die Italiener sind im Fußball besser als die Deutschen!	Unsinn! Die Argentiner sind _____!
Der Porsche und Datsun fahren schneller als der Mercedes!	Quatsch! BMW fährt _____!
Die Leute in der Schweiz sind freundlicher als die Leute in Deutschland!	Was sagst du da? Die Leute in Österreich sind _____!
Die Berge in Bayern sind höher als die Berge in Österreich!	Das glaube ich nicht. Die Berge in der Schweiz sind _____ !
Die Mädchen in _____ sind schöner als die Mädchen in _____ .	Falsch! Die Mädchen in _____ sind _____ .
?	?

To practice the declension of adjectives in the superlative . . .

Wirklich?   **F.** *Create a sentence that makes sense and is grammatically correct.*

Der 21. Juni ist der	schwierigste Sprache.
Diese Band spielt den	schlechteste Luft.
In Los Angeles hat man die	meisten Leben.
Deutsch ist die	schönste Land.
Utopia ist das	längste Tag.
Eine Katze hat die	heißesten° Rock. hottest (heaviest)
Deutschland ist das	leichteste Sprache.
?	?

To practice **um . . . zu** + infinitive . . .

Was ist der Zweck?[6]   **G.** *Create sentences that make sense.*

Ich reise nach
  Deutschland,
Ich gehe zu Fuß,
Ich bleibe ledig,
Ich fahre nicht schnell,   um
Ich bin geduldig,
Ich studiere fleißig°,
Ich esse wenig,
Ich wasche mich täglich,
Ich stehe früh auf,
          ?

allen Leuten zu
  gefallen.
keinen Unfall° zu   accident
  haben.
schlank zu bleiben.
niemand auf die
  Nerven zu gehen.   diligently
Land und Leute
  kennenzulernen.
gute Noten° zu   grades
  bekommen.
Benzin und Geld zu
  sparen.
unabhängig zu sein.
pünktlich zu sein.
          ?

To practice **lassen** and **sich lassen** . . .

Was erlauben Sie,   **H.** *Create sentences to express your own views.*
und was nicht?[7]

Ich lasse
(mir/mich)

manchmal
nie
immer
oft

meinen Hund
meine Katze
mein Auto
das Haar beim
  Friseur
meine Freundin
von der Reklame
vom Friseur

manipulieren.
auf der Straße frei
  laufen.
bei mir schlafen.
die Rechnung
  zahlen.
die Haare waschen.
mein Auto fahren.
rasieren.
waschen.
allein.

[6]*What is the purpose?*   [7]*What do you permit and what don't you?*

Wir machen es Ihnen leichter.
Texas Instruments
Deutschland GmbH

To practice possessive pronouns . . .

I. *Complete the sentence with the correct possessive pronoun from the list below.*

deiner	eins	keine	unsere
deins	eure	keinen	

Mein Auto ist in der Garage. Kann ich _____ haben?
Hast du einen Kugelschreiber? Ich habe _____.
Hier ist mein Regenschirm. Wo ist _____?
Ich esse ein Eis. Ißt du auch _____?
Wo sind eure Kinder? _____ sind schon hier.
Wir haben unsere Fahrkarten. Habt ihr _____?

Sie wissen die Marke im Unterbewußtsein.[8]

J. *What comes to mind immediately when you hear the following?*

Es ist ein Medikament gegen Kopfschmerzen.
Man nimmt es, wenn man zuviel gegessen hat.
Es hilft, wenn man einen Kater hat.
Es ist ein Medikament gegen Verstopfung°.   constipation
Man nimmt es gegen eine Erkältung.
Dieses Auto soll Benzin sparen.
Ein roter Baron fliegt mit Ihnen.
Man fliegt in einem freundlichen Himmel.°   sky
Dafür gehe ich meilenweit.
Überlaßt° uns das Fahren!   leave to
Wir geben uns mehr Mühe°!   try harder
Der grüne Riese.
Dieses Auto liegt in Ihrer Zukunft.
?

Was haben Sie am liebsten?

K. *Say what your favorite is.*

Meine Lieblingsreklame° ist _____.   favorite ad
Ich habe das Parfüm von _____ am liebsten.
Am liebsten esse ich Schokolade von _____.
Mein liebster Kaugummi heißt _____.
Meine Lieblingszigarette ist _____.
Das beste Bier ist nach meiner Meinung _____.
Der Film _____ gefällt mir am besten.
_____ ist der beste Sänger/_____ ist die beste Sängerin.
?

[8]*You know the brands subconsciously.*

„Für diesen Beruf brauchen Sie das Abitur."

Kapitel 13

Bekommt Eberhard den Job?

1. Relative pronouns
2. The indefinite relative pronouns **wer** and **was**
3. **wo** as a relative pronoun
4. Demonstrative pronouns
5. The prefixes **un-** and **ur-** and the suffixes **-bar** and **-los**

Mein Lebenslauf

DIALOG **Bekommt Eberhard den Job?**

Personen	*Eberhard Schuster, Abiturient*
	Frau Elisabeth Hartwig, Leiterin der Personalabteilung
	Frau Lange, eine Sekretärin
Ort	*Im Büro eines großen Kaufhauses*

Eberhard Guten Tag! Mein Name ist Schuster. Ich möchte gern Frau Hartwig sprechen.

Frau Lange Entschuldigen Sie, wie war der Name?

Eberhard Schuster, Eberhard Schuster.

Frau Lange Ah, Sie sind der junge Mann, der sich um die Stelle beim Kundendienst bewirbt.

Eberhard Ja, der bin ich.

Frau Lange Einen Augenblick, bitte. Ich sage Frau Hartwig, daß Sie hier sind. *(telefoniert)* Geradeaus, erste Tür links.
straight ahead

Frau Hartwig Guten Tag! Ich bin Frau Hartwig; bitte nehmen Sie Platz. *(sieht auf seine Bewerbung und seinen Lebenslauf)* Ich sehe, Sie haben im Juli das Abitur gemacht.

Eberhard Ja, am Pestalozzi-Gymnasium.

Frau Hartwig Sogar mit sehr guten Noten. Gratuliere! Sie wollen also bei uns im Kundendienst arbeiten. Was interessiert Sie da speziell?

Eberhard Ja, ich möchte viel Kontakt mit Menschen haben. Den wünsch' ich mir. Ich möchte keinen Job, bei dem man nur hinter dem Schreibtisch sitzt.

Frau Hartwig Das gehört aber auch zum Kundendienst.—Können Sie tippen?

Eberhard Nicht sehr gut. In der Schule, die ich besuchte, gab's dafür keinen Kurs.

Frau Hartwig Na ja, das macht nichts. Das können Sie immer noch lernen. Es gibt ja dafür Abendkurse.

Frau Hartwig Übrigens°, haben Sie unser Informationsblatt bekommen?   incidentally

Eberhard Meinen Sie das, in dem alles über Gehalt, Arbeitszeiten, Urlaub° und Versicherung steht?   vacation

Frau Hartwig Ja, das meine ich.

Eberhard Ja, das habe ich gelesen.

Frau Hartwig Haben Sie noch Fragen?

Eberhard Ich glaube nicht.—Doch, wann werde ich wissen, ob ich die Stelle bekomme?

Frau Hartwig Wahrscheinlich Freitag. Rufen Sie mich zwischen 14 und 16 Uhr hier im Büro an.—Übrigens, Sie haben gute Empfehlungsschreiben.

Eberhard	Vielen Dank. Auf Wiedersehen. *(steht auf und will gehen)*
Frau Hartwig	Herr Schuster, ist das nicht Ihr Regenschirm?
Eberhard	Ja, der gehört mir. Den lasse ich sonst° nie liegen. otherwise
	Vielen Dank.
Frau Hartwig	Auf Wiedersehen, Herr Schuster.

Wortschatz zum Dialog

new nouns (active vocabulary)

die **Arbeitszeit, -en**	*working hours*	der **Lebenslauf, ⁻e**	*curriculum vitae, résumé*
der **Augenblick, -e**	*moment*	die **Leiterin, -nen**	*head, director, (fem.)*
das **Empfehlungsschreiben, -**	*letter of*	die **Note, -n**	*grade*
Empfehlen ⟶ *recommendation*	der **Schreibtisch, -e**	*desk*
das **Gehalt, ⁻er**	*salary*	die **Tür, -en**	*door*
das **Kaufhaus, ⁻er**	*department store*		
der **Kurs, -e**	*course, class*		

nouns (for recognition)

der **Abendkurs, -e**	*evening class*	das **Informationsblatt, ⁻er**	*information sheet*
das **Abitur**	*examination qualifying a*	der **Job, -s**	*job*
	student for admission to	der **Kundendienst**	*customer service*
	a university	die **Personalabteilung, -en**	*personnel*
der **Abiturient, -en**	*graduate of a gymnasium*		*department*
die **Bewerbung, -en**	*application*	die **Sekretärin, -nen**	*secretary*
das **Gymnasium, die Gymnasien**	*public secondary school*	die **Versicherung, -en**	*insurance*

new verbs (active vocabulary)

sich bewerben (bewirbt),	*to apply*	**gratulieren**	*to congratulate*
bewarb, beworben		**tippen**	*to type*

other new words (active vocabulary)

geradeaus	*straight ahead*	**wahrscheinlich**	*probably*

special and idiomatic expressions

Gratuliere!	*Congratulations!*	**Nehmen Sie Platz!**	*Have a seat!*

FRAGEN ZUM DIALOG

1. Warum möchte Eberhard Schuster mit Frau Hartwig sprechen?
2. Was wird die Sekretärin Frau Hartwig sagen?
3. War Eberhard ein guter Schüler?
4. Warum möchte Eberhard im Kundendienst arbeiten?
5. Was möchte er nicht tun?

6. Warum kann Eberhard noch nicht tippen?
7. Wo kann er tippen lernen?
8. Wann soll Eberhard anrufen?
9. Was steht im Informationsblatt?
10. Welche Frage hat Eberhard noch?
11. Was soll er am Freitag tun?

PERSÖNLICHE FRAGEN

Let's evaluate this job interview and hear what you would have done had you been in Eberhard's shoes.

1. Ich glaube, Eberhard bekommt den Job, denn er hat das Abitur/er hat gute Noten/Frau Hartwig findet ihn komisch/ __?__ .
2. Ich glaube, Eberhard bekommt den Job nicht, weil er seinen Regenschirm vergißt/er nicht tippen kann/er zu jung ist/ __?__ .
3. Ich glaube, Eberhard darf optimistisch sein, denn Frau Hartwig sagt: „Ich rufe Sie an."/„Rufen Sie mich an."/„Ich schreibe Ihnen."/ __?__ .
4. Ich glaube, Eberhard hat keine Chancen, weil Frau Hartwig sagt: „Sie haben sehr gute Empfehlungsschreiben."/„Ist das nicht Ihr Regenschirm?" /„Das können Sie immer noch lernen."/ __?__ .
5. Ich glaube, Eberhard macht folgende Fehler beim Interview: er ist unhöflich/er hat keine Frage mehr/er vergißt seinen Regenschirm/ __?__ .
6. Ich glaube, Eberhard war sehr geschickt°   skillful während des Interviews, denn er will in seinem Job Kontakt mit Menschen haben/er sagt immer die Wahrheit/er fragt nicht zu viel/ __?__ .
7. Ich glaube, Eberhard war ungeschickt, weil er sofort beim Kundendienst anfangen will/er kein Telefon hat/er mit einem Regenschirm kommt/ __?__ .
8. Ich glaube, __?__ .

AUSSPRACHE ÜBUNG

English **st** versus German **st**

to **steal**	der **Stiel**	*stem*
he was **stricken**	**stricken**	*to knit*
a **state**	es **steht**	*it stands*
a **stool**	der **Stuhl**	*chair*
to **stuff**	der **Stoff**	*cloth*
a **star**	der **Star**	*starling*
be **still**	**still**	*quiet*
to **steer**	der **Stier**	*ox*
he is **stern**	der **Stern**	*star*
the **stark** *truth*	er ist **stark**	*he is strong*

GRAMMATIK Theorie und Anwendung

1. Relative pronouns

The English relative pronouns are *that, which, who, whom, whose.* Here are examples of some of the German equivalents.

Beispiele

Letzten Sommer, **den** ich zu Haus verbrachte, arbeitete ich bei einer Baufirma.

Last summer, which I spent at home, I worked for a construction company.

Mein Vater, **der** bei der Post arbeitet, hat sein ganzes Leben lang in Mansfield gewohnt.

My father, who works for the post office, has lived in Mansfield all his life.

Meine Biologielehrerin, **deren** Unterricht ich besonders gut fand, hat mich stark beeinflußt.

My biology teacher, whose classes I thought especially good, influenced me greatly.

Mit Hilfe eines Stipendiums, **das** ich bekommen habe, werde ich in Amerika studieren.

With the help of a scholarship I received I will study in America.

In den Ferien, **die** ich am liebsten in den Bergen verbringe, wandere ich gern.

During vacation, which I like most of all to spend in the mountains, I like to go hiking.

The boldfaced words in the examples are relative pronouns. Study their forms and the structure of the sentences, and you will discover the following six basic principles about relative pronouns:

a) They are similar to the definite article **der, die, das.**
b) They have the same gender and number as the noun to which they refer.
c) They introduce a dependent clause, and therefore cause V-L word order.
d) They have the case endings appropriate to their function within the dependent clause.
e) The clauses they introduce are always set off by commas.
f) They cannot be omitted, as they often are in English.

Forms   The relative pronouns have the same declensional forms as the definite article—except for five "long" forms, which add **-en** to the definite article.

	MASCULINE	FEMININE	NEUTER	PLURAL
NOMINATIVE	der _wer_	die	das	die
ACCUSATIVE	den _wen_	die	das	die
DATIVE	dem _wem_	der	dem	**denen**
GENITIVE	**dessen** _wessen_	**deren**	**dessen**	**deren**

The "long"   The long forms are easy to remember: They occur in all the genitives and
forms   in the dative plural. Note that **dessen** is spelled with a double **s**.

ANWENDUNG   **A.** *Supply the appropriate relative pronoun to complete the question.*

1. Wie heißt der Lehrer, _der_ hier Deutsch lehrt?
2. Wer ist die Lehrerin, _die_ dir geholfen hat?
3. Wieviel kostet das Wörterbuch, _das_ du hast?
4. Was kosten die Bücher, _die_ du für dieses Semester gekauft hast?

B. *Complete with the appropriate relative pronoun.*

M.N. 1. Wie heißt der Wissenschaftler, _der_ die neuen Strahlen entdeckt hat?
M.A. 2. Wilhelm Röntgen ist der Mann, _den_ Sie meinen.
M.G. 3. Ja, er ist ein Wissenschaftler, _dessen_ Entdeckung für die Medizin heute so
wichtig ist.
M.D. 4. Ist Röntgen nicht der Wissenschaftler, _dem_ seine Frau geholfen hat?
Vielleicht, aber ich glaube, es ist Schliemann.
     5. Wie heißt die Frau, _die_ das Radium entdeckt hat?
f.A. 6. Marie Curie ist die Frau, _die_ Sie meinen.
f.D. 7. Ist sie nicht die erste Frau, _der_ man den Nobelpreis gegeben hat?
f.G. 8. Ja, Madame Curie ist die Wissenschaftlerin, _deren_ Entdeckung ihr den
Nobelpreis gebracht hat.
     9. Wie heißt das Land, _das_ immer neutral gewesen ist?
N.A.10. Das Land, _das_ Sie meinen, ist sicher die Schweiz.
M.A.11. Ja, es ist ein Land, _dem_ die Vereinigten Staaten nie mit Geld helfen
mußten.
N.G.12. Wir wissen, daß die Schweiz ein Land ist, _dessen_ Geld eine „harte
Währung" ist.
P.N.13. Wie nennt man die Ausländer, _die_ in der BRD arbeiten?
     14. Gastarbeiter heißen die Leute, _die_ Sie meinen.
     15. Ja, sie bleiben nur „Gäste", aber Gäste, _____ Arbeit der deutschen
Industrie sehr geholfen hat.
     16. Ja, und die deutsche Industrie weiß, daß die Gastarbeiter Leute sind,
_____ man helfen muß.

*Preposition +
relative pronoun*

Relative pronouns may also be used with prepositions. In contrast to English, German prepositions never come at the end of the clause.

Die Firma, **für die** er arbeitet, verkauft Computer.

The company he works for (or for which he works) sells computers.

Der Schäferhund, **von dem** ich dir erzähle, heißt Tarzan.

The German shepherd I am telling you about is called Tarzan.

Die Lehrerin, **bei der** ich Biologie studiere, ist ganz toll!

The teacher with whom I am studying biology is really cool!

ANWENDUNG

C. *Supply the appropriate relative pronoun form. Remember: The case is determined by the preposition. The gender and number of the pronoun is determined by the noun to which it refers.*

1. Ich möchte keinen Job, bei _dem_ man hinter dem Schreibtisch sitzt.
2. Ist das der Chef, für _den_ du arbeitest?
3. Das ist Frau Hartwig, mit _der_ ich ein Interview hatte.
4. Dort ist das Kaufhaus, in _dem_ ich eine Stelle bekomme.
5. Die Arbeitszeiten, zu _denen_ ich hier sein muß, gefallen mir.
6. Was kostet die Versicherung, ohne _die_ man nicht arbeiten darf?
7. Das Gehalt, von _dem_ wir gesprochen haben, ist nicht sehr hoch.
8. Das Kaufhaus, an _dem_ ich um eine Stelle geschrieben habe, hat mir noch nicht geantwortet.
9. Der junge Mann, statt _dessen_ ich den Job bekomme, hatte kein Abitur.

2. The indefinite relative pronouns wer and was

*„Glücklich ist, wer vergißt, was nicht mehr zu ändern ist!"
—aus der Fledermaus*

Wer *who, whoever, he who* is used when there is no antecedent person or when the antecedent person is nonspecific. **Wer** is declined like **der: wer, wen, wem, wessen.**

Wer hier arbeiten will, muß das Abitur haben.

Whoever wants to work here must have the Abitur.

Ich weiß noch nicht, **wem** ich die Stelle gebe.

I don't know yet to whom I will give the job.

Was *what, whatever, that which* is used as a relative pronoun when there is no antecedent thing or idea, or when the antecedent thing or idea is nonspecific or is a whole clause. It is also used after **nichts, alles, etwas,** and a neuter superlative. Like other German relative pronouns, **was** may not require a direct English equivalent.

Das ist alles, **was** ich Ihnen sagen kann.

That's all that I can tell you.

Ich habe nicht alles verstanden, **was** du gesagt hast.

I didn't understand everything you said.

Was Sie sagen, ist richtig.

What you say is correct.

Das Schönste, **was** wir gesehen haben, war das Matterhorn.

The most beautiful thing we saw was the Matterhorn.

ANWENDUNG   **A.** *Supply the correct form of* **wer** *or* **was** *to complete the sentence.*

1. Wer nicht für mich ist, ist gegen mich.
2. Ich weiß nicht, was ich sagen soll.
3. Ich habe etwas gesehen, was ich nicht glauben kann.
4. Ich heirate, wen ich will.
5. Ich mache immer, was ich will.
6. Er raucht zu viel, was nicht gesund ist.
7. Was die Zukunft bringt, weiß niemand.
8. Wer mir hilft, dem helfe ich.
9. Es ist nicht alles Gold, was glänzt.

3. wo as a relative pronoun

When referring to place, **wo** *where* is often used instead of a preposition + relative pronoun.

Hier ist die Jugendherberge, **wo (in der)** wir geschlafen haben.

This is the youth hostel where we slept.

Das Städtchen, **wo (in dem)** ich das Gymnasium besuchte, heißt Eberbach.

The small town where I went to school is Eberbach.

With place names (cities, countries, and so on), **wo** must be used.

Ich fahre morgen in den Schwarzwald, **wo** ich Urlaub mache.

Tomorrow I am going to the Black Forest, where I am taking my vacation.

Sie kommt eben aus Heidelberg, **wo** sie ein Semester studiert hat.

She's just returned from Heidelberg, where she studied for a semester.

A **wo**-compound may be used to replace a preposition + the indefinite pronoun **was**. The **wo**-compound then functions as a relative pronoun.

Ich weiß nicht, **worüber (über was)** er heute spricht.

I don't know what he is talking about today.

ANWENDUNG   *Complete with* **wo** *or a* **wo**-*compound used as a relative pronoun. If appropriate, use a preposition + a relative pronoun.*

1. Ich will euch das Geschäft zeigen, __wo__ ich arbeite.
2. Wir waren zwei Wochen in Liechtenstein, __wo__ es uns gut gefallen hat.
3. Ich möchte wissen, __womit__ er diese teuren Reisen bezahlt.
4. Ich weiß nicht, __worauf__ er wartet. → what or who
5. Das Hotel, __wo__ wir gewohnt haben, war billig und bequem.
                worin

SYNOPSIS   **A.** *Complete with the German equivalent of the English cue.*
EXERCISES

1. *(whom)* Die Studenten, mit _____ wir durch die Alpen wanderten, waren alle Schweizer.
2. *(whose)* Ja, das ist der Junge/das Mädchen, _____ Telefonnummer ich wissen möchte.
3. *(whose)* Wann kommt die Studentin, _____ Vater angerufen hat?
4. *(to whom)* Der Junge, _____ der Hund gehört, wohnt hier.
5. *(which)* Dort ist der Hund, vor _____ ich Angst habe.
6. *(which)* Die Wohnung, in _____ wir wohnen, hat zwei Zimmer.
7. *(whose)* Wer sind die Kinder, _____ Eltern hier sind?
8. *(which)* Die Wohnung, in _____ ich wohne, ist modern.

B. *Complete with a relative pronoun (and, if necessary, a preposition). If more than one choice is possible, give the alternative as well.*

1. Wo ist das Kino, _____ wir uns treffen wollen?
2. Er ist ein Mensch, _____ man gern hilft.
3. Wer sind die Leute, bei _____ du wohnst?
4. Wo ist das Museum, vor _____ wir uns treffen wollen?
5. Sie ist eine Frau, _____ alle gern helfen.
6. Wer ist die Familie, bei _____ Sie ein Zimmer haben?
7. Man weiß nie, an _____ er denkt.
8. Der Zug, mit _____ er ankommt, ist gewöhnlich pünktlich.
9. Mannheim ist die Stadt, _____ wir uns kennengelernt haben.
10. Das Haus, _____ ich als Kind wohnte, steht heute noch.
11. Sagen Sie uns, auf __wen__ Sie warten. (was)
12. Die Stadt, aus __der__ ich komme, liegt am Rhein.
13. Wie alt ist das Kind, __dessen__ Eltern nicht mehr zusammenwohnen?
14. Das ist ein Tag, __den__ ich nie vergessen werde!
15. Diese Woche war eine Woche, __die__ ich vergessen möchte!
16. Alle die Briefe, __die__ du gefunden hast, gehören mir.
17. Die Leute, __deren__ Kinder heute auf die Universität gehen, sind nicht immer reich.

C. *Join the two sentences, changing one of them into a relative clause.*

Beispiel   Kennen Sie Fräulein Textor? Sie arbeitet bei uns.
            Kennen Sie Fräulein Textor, die bei uns arbeitet?

1. Kennst du die Leute? Sie kommen aus Köln. Kennst du _____ ?
2. Kennst du die Familie? Er wohnt bei ihr. Kennst du bei der er wohnt
3. Inges Mutter spricht gut Deutsch. Sie hat lange in Deutschland gelebt.
   Inges Mutter, die _____ , spricht _____ .
4. Karls Vater besucht uns heute. Wir haben ihn lange nicht gesehen. Karls
   Vater, dem _____ , besucht _____ .
5. Dort sitzt der Gast. Ihm gehört der Regenschirm. Dort _____ .
6. Das Mädchen ist Amerikanerin. Ich warte auf sie. Das Mädchen, _____ .
7. Gestern besuchte ich einen alten Freund. Ich bin mit ihm aufs Gymnasium
   gegangen. Gestern _____ .
8. Heinrichs Bruder spricht gut Deutsch. Sein Vater ist aus Bayern. Heinrichs
   Bruder, _____ .
9. Frau Vogel tut uns sehr leid. Ihr Mann ist nicht mehr gesund. Frau Vogel,
   _____ .
10. Wer sind die Leute? Sie verkaufen ihr Haus. Wer _____ , _____ ?

D. Join the two sentences, using **wo** or **was**.

1. Wir landen in Düsseldorf. Es gibt einen internationalen Shop.
2. Diesen Winter fahren wir in die Alpen. Es gibt immer viel Schnee.
3. Unser Hund ist krank. Es macht uns unglücklich.
4. Sie hat die Stelle bekommen. Es freut uns sehr.
5. Ich fahre nach Flensburg. Ich habe viele Freunde.

4. Demonstrative pronouns

A demonstrative pronoun points out the item(s) meant in a larger collection: *Which shoes do you want? I want* these. **Der, die, das** and **dieser, diese, dieses** may be used as demonstrative pronouns in German. **Der** has the same forms as a demonstrative pronoun that it has as a relative pronoun (see chart, p. 307). **Dieser** has the same forms as it does when used as an adjective. The demonstrative pronoun is always stressed in speaking.

Beispiele		
Mein Regenschirm? Ja, **den** lasse ich oft liegen.		*My umbrella? Yes, that I often leave behind.*
Sind Sie Fräulein Schuster?—Ja, **die** bin ich.		*Are you Ms. Schuster?—Yes, that's me.*
Wir fahren mit **dem** Zug dort, nicht mit **diesem.**		*We are going with that train there, not this one.*
Sie kennen Fritz und Monika? Mit **denen** gehen wir oft tanzen.		*You know Fritz and Monika? We often go dancing with them.*

ANWENDUNG   **A.** *Complete the sentence with an appropriate demonstrative pronoun. Be sure to stress the pronoun as you say the sentence. Several choices may be possible.*

1. Diese Sonnenbrille gefällt mir nicht. Ich kaufe ~~die~~ hier. *these ores*
2. Kurt spielt in einer Band. _____ macht Musik viel Spaß!
3. Dieses Auto ist billiger als_____ da.
4. Ich habe den Wein schon getrunken. _____ schmeckt mir gut.
5. Dieser Wagen hier ist teurer als_____ dort.
6. Ich möchte diesen Hund, nicht_____ da.

dies   The short form **dies** may be used in the nominative for all genders, singular *and* plural.

Dies ist mein Bruder.	*This is my brother.*
Dies ist meine Schwester.	*This is my sister.*
Und **dies** hier sind meine Eltern.	*And these are my parents.*

das   The neuter pronoun **das** may be used for all nouns in the singular and plural or for a whole clause. It is the most commonly used demonstrative.

Das macht nichts!	*That doesn't matter.*
Der Mann dort, **das** ist unser Sportlehrer.	*The man there is our physical education teacher.*
Die Schwimmerin da, **das** ist eine Staatsamateurin.	*The swimmer there is a government amateur.*
Die Olympiade! Ja, **das** waren schöne Zeiten!	*The Olympics? Yes, those were happy days!*

Trink nach der
Meister Brauch:
mit tiefem Zug
aus klarem Krug
und mit Verstande
auch.

DAB

Dortmunder Actien-Brauerei

ANWENDUNG   **B.** *Complete the sentence with* **das** *or* **dies.**

1. _____ hier ist mein Auto.
2. Die Dame dort?_____ ist die Frau des Präsidenten.
3. Der Herr dort? Ja, _____ ist mein großer Bruder.
4. Eine Bergtour in die Alpen? _____ gefällt mir.
5. Unsere Ferien am Meer, ja, _____ waren schöne Tage.

⚠ **Vorsicht!**   Fehlergefahr!

> Learn to recognize whether **der** is being used as a relative pronoun
> or as a demonstrative pronoun. The relative pronoun causes V-L word
> order; the demonstrative pronoun does not.   verb last
>
> **RELATIVE PRONOUN**
>
> | | |
> |---|---|
> | Die Brille da, **die** mir gehört, war nicht billig. | The eyeglasses here, which belong to me, were not cheap. |
>
> **DEMONSTRATIVE PRONOUN**
>
> | | |
> |---|---|
> | Die Brille da, **die** gehört mir. | The eyeglasses here, they belong to me. |

5. The prefixes un- and ur- and the suffixes -bar and -los

Like English, German often forms new words with the help of prefixes
and suffixes. A few of the many such words created in this manner are
given below.

un-   The prefix **un-** negates the original meaning of the noun or adjective. It
often corresponds to English *un-*, *in-* or *im-*. The accent is always on the
prefix.

ungleich   *unequal*
unsicher   *unsafe*
das **Unverständnis**   *lack of understanding*

Note   In a very few cases, the prefix **un-** may intensify the original
meaning.

die **Zahl** *amount;* die **Unzahl** *great amount*

ur-   The prefix **ur-** indicates that something is primitive, original, or very ancient.

uralt *very old*
die **Urgroßmutter**   *great-grandmother*

Note The **Ur-** in **der Urlaub** has a different origin: It comes from **erlauben** *to permit,* and is not a prefix.

ANWENDUNG   **A.** *Form new words with the prefixes* **un-** *or* **ur-** *using the cues as appropriate.*

1. **anständig**   *decent; indecent* un anständig
2. **ehrlich**   *honest; dishonest* un
3. **das Glück**   *good luck; misfortune* un
4. **menschlich**   *humane; inhumane* un
5. **möglich**   *possible; impossible* un
6. **der Wald**   *forest; primeval forest* ur
7. **der Großvater**   *grandfather; great-grandfather* ur
8. **die Zeit**   *time; primeval time* ur
    (but **die Uhrzeit**   *time as shown by the clock*)

-bar, -los   Many new words are formed by adding suffixes. The suffix **-bar** expresses an ability to do something, and corresponds to English *-able, -ible,* or *-ful.*

denken   *to think;* **denkbar**   *thinkable*
tragen   *to bear;* **tragbar**   *bearable*

The suffix **-los** expresses a lack of something, and usually corresponds to the English suffix *-less.*

das **Ende**   *end;* **endlos**   *endless*
die **Hilfe**   *help;* **hilflos**   *helpless*

Occasionally, a linking **-s-** occurs between the stem and the suffix.

die **Arbeit**   *work;* **arbeitslos**   *unemployed*

ANWENDUNG   **B.** *See if you can form the German equivalent of the English cue word, using the suffixes* **-bar** *or* **-los** *as appropriate. The root words are listed below.*

brauchen	**essen**	**kosten**	**lesen**	**der Zweifel**
der Dank	**die Gefahr**	**leben**	**die Zeit**	

1. *edible* essbar
2. *timeless* zeitlos
3. *lifeless* lebenslos
4. *thankful* Dankbar
5. *useful* brauchbar

6. *free, gratis* ~~kostlos~~ Kostenlos
7. *readable* lesbar
8. *safe* Gefahrlos
9. *doubtless* zweifellos

LESESTÜCK   Mein Lebenslauf

Wer muß einen Lebenslauf schreiben? Fast alle, die eine Stelle suchen oder ein Stipendium haben wollen. Ob man in Europa oder in Amerika lebt, spielt dabei keine Rolle.

In diesem Kapitel lesen Sie zwei Lebensläufe. Der erste ist von einer Österreicherin, die in Klagenfurt wohnt; der andere von einem jungen Amerikaner, der an einem College in Ohio studiert. Auf den ersten Blick° scheinen die beiden „curricula vitae" sehr ähnlich zu sein. Beide Studenten schreiben wo sie geboren sind, welche Schulen sie besucht haben und was sie für die Zukunft planen. Und doch gibt es Unterschiede, die man beim genauen Lesen erkennen kann. Vergleichen Sie selbst.

Hier ist der Lebenslauf der Österreicherin.

At first sight

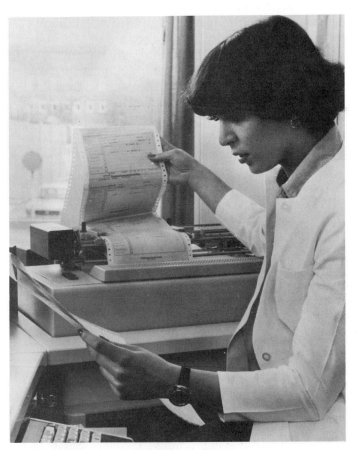

„Was ist los mit dem Minicomputer? Da stimmt etwas nicht!"

Irmgard Buchner
Klagenfurt
Hauptstraße 34
7. März 19____

Lebenslauf

Ich bin am 27.8.1961 in Klagenfurt, Österreich, geboren°.   I was born
Mein Vater, der Schlesier ist und 1947 als Flüchtling nach
Österreich kam, arbeitet als Ingenieur bei einer Baufirma°.   construction company
Meine Mutter, die aus Tirol stammt, ist Hausfrau. Ich habe
zwei ältere Schwestern, von denen eine in Salzburg verheiratet
ist; die andere arbeitet in Linz; sie wird Optikerin.

Die Volksschule und das Gymnasium besuchte ich in
Klagenfurt, wo ich auch im Juni 1979 das Abitur am
Realgymnasium machte. Im Oktober 1979 immatrikulierte
ich mich an der Karl-Franzens-Universität in Graz, an der
ich Englisch und Französisch als Hauptfach studiere. Später
möchte ich an einem Gymnasium lehren.

Im Sommer 1981 arbeitete ich als Dolmetscherin° bei den   interpreter
Salzburger Festspielen. Mit Hilfe eines Stipendiums, das ich
bekommen habe, werde ich im nächsten Jahr in den
Vereinigten Staaten an der Indiana University in Bloom-
ington, Indiana, studieren.

In meiner Freizeit höre ich gern klassische Musik. Seit
ich in Graz studiere, singe ich auch im „Collegium
Musicum", einem Gemischten Chor°, der oft an Kirchen-   mixed choir
und Orchesterkonzerten teilnimmt.

Salzburg. Irmgard hat hier gearbeitet.

In den Ferien, die ich am liebsten in den Bergen verbringe, wandere ich gern. Ich bin auch begeisterte° Schiläuferin. Seit acht Jahren bin ich Mitglied des Österreichischen Alpenvereins°, an dessen Kletter- und Schikursen° ich oft teilgenommen habe.

enthusiastic

Alpine Club

climbing and ski school classes

Hier nun der Lebenslauf des jungen Amerikaners, der sich um die Zulassung° an der Universität Marburg in Deutschland bewirbt. Auf Wunsch des Studenten hat sein Deutschlehrer diesen Lebenslauf gelesen und ein paar Verbesserungen vorgeschlagen.

admission

Lebenslauf

Ich heiße John Edgar Tyler, und ich bin am 18. Dezember 1961 in Mansfield, Ohio, geboren. Mein Vater, der seit 20 Jahren für die Post arbeitet, hat sein ganzes Leben lang in Mansfield gewohnt. ~~(Mansfield ist ein kleines Städtchen, in dem sich fast alle Leute kennen.)~~ Meine Mutter, deren Familie aus dem Süden stammt, ist Grundstückmaklerin°. Ich habe zwei Geschwister ~~und einen deutschen Schäferhund, der Tarzan heißt~~: Einen älteren Bruder ~~Billy,~~ William der an der Staatsuniversität von Michigan Architektur studiert, und eine jüngere Schwester ~~Susie,~~ Susan die die achte Klasse besucht. ~~Mein Schwester lein~~ Susan wohnt natürlich noch zu Haus.

real estate agent

Ich ~~graduierte~~ habe bis 1979 ~~von der~~ die Oberschule in Mansfield ~~Hochschule,~~ besucht wo ich auch drei Jahre in der Schulkapelle Klarinette spielte. Von 1977 bis 1979 war ich auch Mitglied unseres Basketball Teams, das zweimal die Schulmeisterschaft° gewann ~~(92:90, 80:79 in overtime!)~~ und mit dem ich auch mehrere Reisen machte. 1979 fuhr unser Basketball Team nach Columbus, wo wir an einem Turnier° teilnahmen.

district championship

tournament

Seit dem Herbst 1979 studiere ich am Otterbein College in Westerville, Ohio, wo ich ein kleines Stipendium bekommen habe. Mein Hauptfach ist Biologie, ein Fach, für

das ich mich schon in der ~~Hochschule~~ Oberschule sehr interessiert habe.
Meine Biologielehrerin, ~~Miss Merryfield,~~ deren Unterricht
ich besonders gut fand, hat meine Entscheidung, Biologie
zu studieren, stark beeinflußt. Was ich nach meinem
Studium tun werde, weiß ich noch nicht. Vielleicht werde
ich Professor oder arbeite als Wissenschaftler für eine
Firma. Jedenfalls möchte ich später für den Schutz unserer
Umwelt° kämpfen.   environment

    Neben meinem Studium spiele ich Klarinette in einem
Nachtklub, womit ich Geld fürs Studium verdiene. Letzten
Sommer, den ich zu Haus verbrachte, arbeitete ich bei einer
Baufirma als Hilfsarbeiter°. ~~Ich bekam diesen Job, weil der~~   unskilled worker
~~Vater meiner Freundin Jeannie dort Chef ist.~~ Diesen Sommer
habe ich einen Job im Yellowstone National Park, was mich
besonders freut.

    Zu meinen Hobbies gehören Jazz und Briefmarkensam-
meln°. Skateboardfahren, mit dem ich im College begonnen   stamp collecting
habe, ist jetzt mein Lieblingssport°.   favorite sport

Wortschatz zum Lesestück

new nouns (active vocabulary)

der **Chef, -s**	boss	die **Schwester, -n**	sister
das **Hauptfach, ̈-er**	major (in college)	der **Sommer, -**	summer
die **Hochschule, -n**	university, college	das **Stipendium, die Stipendien**	scholarship; grant
die **Klasse, -n**	class; grade	der **Süden**	South
das **Mitglied, -er**	member	der **Unterricht**	instruction; classes; teaching
die **Oberschule, -n**	high school (American)	der **Unterschied, -e**	difference
der **Schäferhund, -e**	German shepherd	die **Volksschule, -n**	elementary school
die **Schiläuferin, -nen**	skier (fem.)	die **Verbesserung, -en**	correction

nouns (for recognition)

die **Geschwister** (plural only)	brother(s) and sister(s); siblings	**Graz**	city in Styria (Austrian province)
		das **Kirchenkonzert, -e**	church concert

Klagenfurt	city in Carinthia (Austrian province)	die **Schulkapelle, -n**	school band
die **Musik**	music	der **Schutz**	protection
die **Optikerin, -nen**	optometrist (fem.)	das **Skateboardfahren**	skateboarding
das **Realgymnasium, -ien**	German (Austrian) secondary school	(**Rollbrettfahren**)	
die **Salzburger Festspiele**	Salzburg Festival	**Tirol**	Tyrol
der **Schlesier, -**	native of Silesia		

new verbs (active vocabulary)

besuchen	to attend	**singen, sang, gesungen**	to sing
erkennen, erkannte, erkannt	to recognize	**verbringen, verbrachte, verbracht**	to spend (time)
kämpfen	to fight	**vor·schlagen (schlägt vor), schlug vor, vorgeschlagen**	to suggest
sammeln	to collect		

verbs (for recognition)

beeinflussen	to influence	**stammen (aus)**	to come from; to be descended from
(sich) immatrikulieren	to register		

other new words (active vocabulary)

ähnlich similar, (a)like   **geboren** born   **mehrere** several

other words (for recognition)

jedenfalls at any rate, in any case   **klassisch** classical

special and idiomatic expressions

auf Wunsch upon request

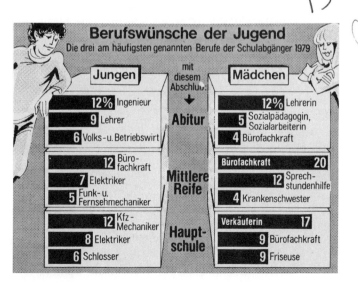

FRAGEN
ZUM
LESESTÜCK

Antworten Sie auf deutsch!

1. Warum muß man einen Lebenslauf schreiben?
2. Was schreibt man in einem Lebenslauf?
3. Was schreibt Irmgard Buchner über ihre Mutter?
4. Wieviele Geschwister hat Irmgard und was machen sie?
5. Welche Schulen hat Irmgard besucht?
6. Was studiert Irmgard jetzt und was möchte sie werden?
7. Warum kann sie im nächsten Jahr in Amerika studieren?
8. Was macht Irmgard gern in ihrer Freizeit?
9. Wie verbringt sie ihre Ferien?
10. Was schreibt John Tyler über seine Eltern?
11. Was machte John in der Oberschule in Mansfield?
12. Warum studiert er jetzt Biologie?
13. Was möchte John nach seinem Studium machen?
14. Wie verdient er Geld fürs Studium?
15. Was sind seine Hobbies?

PERSÖNLICHE
FRAGEN

1. Worauf sind Sie in Ihrem Lebenslauf besonders stolz?
2. Was würden Sie in Ihrem Lebenslauf nicht schreiben?
3. Was war die schönste Zeit Ihres Lebens?
4. Und was war die schwerste Zeit?
5. Was sind Ihre Hobbies?
6. Haben Sie schon Geld verdient? Wie?

SITUATIONEN

1. *You are the director of an employment agency. A job applicant walks in and states his/her name, but not clearly. You ask again for his/her name.*
2. *You are being interviewed for a job. The interviewer asks:* „Was haben Sie gelernt? Was möchten Sie machen? Was interessiert Sie?" *You explain.*
3. *You and a friend are discussing hobbies. Your friend says:* „Mein Hauptfach ist Biologie, aber mein Hobby ist Musik." *You describe your own hobbies.*

SCHRIFTLICH
WIEDERHOLT

A. *Rewrite each sentence using the cue as your new antecedent. Make all necessary changes.*

Beispiel Das ist die Stadt, in der ich wohnen möchte. (der Ort)
Das ist der Ort, in dem ich wohnen möchte.

1. Das ist die Stelle, die ich bekommen möchte. (das Gehalt)
2. Der Chef, bei dem er arbeitet, ist sehr nett. (die Chefin)
3. Das Mädchen, das uns besuchte, ist Amerikanerin. (die Studenten)
4. Wie heißt die Zeitung, die über Troja geschrieben hat? (der Dichter)

5. Das ist die Stelle, die ich haben will. (der Beruf)
6. Wer ist die Studentin, deren Namen ich vergessen habe? (der Bewerber)
7. Er trifft seinen alten Freund, mit dem er an der Universität studiert hat.
   (seine alten Freunde)

B. *Complete the response with a relative clause and the cue words.*

Beispiel   Was hat er dir erzählt? (nicht/glauben/können)
            Er hat mir eine Geschichte erzählt, die ich nicht glauben kann.

1. Welches Hobby haben Sie? (nichts/kosten/dürfen)
   Ich habe nur Hobbies, . . .
2. Für wen möchtest du arbeiten? (viel Geld/verdienen/können)
   Ich möchte für eine Firma arbeiten, bei . . .
3. Mit wem seid ihr gewandert? (kennenlernen/im letzten Sommer)
   Mit Freunden, . . .
4. Wer sind diese Leute? (bekommen/ich/Stipendium/habe)
   Das sind die Leute, von . . .

C. *Write a response that makes sense, using the correct demonstrative pronoun and the cue words.*

Beispiel   Hast du deine Sonnenbrille? (nein/leider/verlieren)
            Nein, die habe ich leider verloren.

1. Verstehen Sie den Unterschied?   (ja/verstehen/gut)
2. Kommt sie mit ihrer Schwester?   (nein/schon/abfahren)
3. Dieses Bier habe ich schon einmal getrunken.   (schmecken/gut)
4. Haben Sie mit der Leiterin gesprochen?   (nein/schreiben/ein Brief)
5. Kennst du Fritz Dietrich?   (natürlich/oft/mit/wandern)

Sprechen leicht gemacht!

To practice relative pronouns . . .

Nicht alles ist relativ!

A. *Create sentences by using the relative pronouns to join items from both columns. Be careful not to mix up the wrong persons with the wrong actions!*

Das ist der Professor, bei
Dies ist mein Freund, mit
Er ist ein Lehrer,
Das ist ein Problem, von
Wer ist die Deutsche,
Hier ist das Zimmer, in
Wie heißt das Mädchen,
Kennen Sie den Professor, von
Wo sind die Fotos,
Fritz ist ein Junge,
Ja, das ist die Firma
Wolf Biermann ist ein Liedermacher°
Das ist eine Sache, mit
?

dessen
den
die
dem
der
das
deren
denen

du schläfst.
ich nicht gern habe.
ich nichts zu tun habe
du eine Geburtstagskarte schickst?
Songs ich sehr gut finde.
ich Tischtennis spiele.
ich ganz toll° finde.   great, really super
ich Deutsch lerne.
du heiratest?
er spricht?
dir so gut gefallen?
wir nicht sprechen wollen.
Arbeiter streiken.   songwriter
?

Wolf Biermann.
Liedermacher und Sozialist
ohne Heimat.

To practice **wer** and **was** as relative pronouns . . .

Sprichwörter mit wer

B. *Many German proverbs begin with **Wer**. See whether you can reconstruct the proverbs by joining items from each column.*

Wer nicht für mich ist,
Wer einmal lügt°,
Wer nicht arbeiten will,
Wer nicht liebt Wein, Weib° und Gesang,
Wer glaubt,
Wer sich in Gefahr begibt°,
Wer Wind säht°,
Wer zuerst kommt,
Wer nicht hören will,
Wer den Pfennig nicht ehrt°,

wird Sturm ernten°.   reap
kommt um°.   lies/perishes
dem glaubt man nicht, und wenn er auch die Wahrheit spricht.   woman
muß fühlen.
ist gegen mich.   goes into
soll auch nicht essen.   sows
der bleibt ein Narr° sein Leben lang.   fool
ist des Talers° nicht wert.   old German currency
wird selig°.   honors/blessed
mahlt° zuerst.   grinds the corn

Sprichwörter
mit **was**

C. *Other German proverbs begin with **Was.** See if you can reconstruct them.*

Was du nicht willst, das man dir tu'	macht mich nicht heiß.
Was du heute kannst besorgen°,	wird gemacht. do
Was du tust,	kommt nicht zurück.
Was gemacht werden kann,	ist wohlgetan.
Was Gott tut,	das tue bald.
Was vergangen,	das verschiebe° put off
Was ich nicht weiß,	nicht auf morgen.
	das füg' auch keinem
	andern zu°. **zu ... fügen** to do to

To practice vocabulary . . .

Lebenslauf

D. *Erzählen Sie etwas über Ihr Leben. (Student A to Student B, B to C, and so on.)*

Wo und wann sind Sie geboren?
Was ist Ihr Vater und Ihre Mutter von Beruf?
Wo haben Sie gewohnt? Welche Oberschule haben Sie besucht?
Wie groß ist Ihre Familie?
Was ist Ihr Hauptfach und wo studieren Sie?
Was sind Ihre Hobbies?
Was wollen Sie werden?
Was spielt in Ihrem Leben eine besondere Rolle?
               ?

Und hier sind ein paar Fragen, über die Sie <u>nicht</u> in Ihrem Lebenslauf schreiben müssen/sollen.

Wie heißen Ihre Katze und Ihr Hund?
Wie nennt man Ihre Schwester bei ihrem
  Kosenamen°?   nickname
Mit wieviel Punkten hat Ihr Team das Basketballmatch gewonnen?
Was für Zigaretten raucht Ihr Vater und welche
  Schuhgröße° hat Ihre Mutter?   shoe size
             ?

To practice **wo** as a relative pronoun . . .

E. *Johann Wolfgang von Goethe (1749-1832) wrote a poem about Italy, to which he felt strongly attracted.*

Kennst du das Land, wo die Zitronen blühn?	*Do you know the country where the lemon trees bloom?*

Where would you most like to live or visit? Watch out for V-L word order!

Wo { möchtest du / möchten Sie } am liebsten leben?

In Bayern,
In der Türkei,
In Spanien,
Am Meer,
In Salzburg,
In Italien,
In Japan,
In England,
In Berlin,
In der Schweiz,
In Monte Carlo,
In Liechtenstein,
In Hawaii,
Am Rhein,
In Kalifornien,
In Florida,
In der Sowjetunion
In Paris,
Im Paradies,
Im Schlaraffenland[1],
?

wo

Man bekommt die saftigsten° Orangen.   juiciest
Man muß nicht arbeiten.
Es gibt die Festspiele.
Die schönsten Mädchen sind da.
Es gibt den besten Weißwein.
Es regnet nie.
Man spricht Englisch.
Es gibt viele Museen.
Es gibt die schönsten Berge.
Es gibt gutes Bier.
Es gibt keinen Smog.
Man raucht Wasserpfeifen°.   water pipes
Man zahlt keine Steuern°.   taxes
Es gibt ein tolles Nachtleben.
Sangria ist billig und gut.
Man kann wellenreiten°.   go surfing
Es gibt gute rote Äpfel.
Man trinkt Reiswein (Sake).
Alles ist sozialistisch.
Man gewinnt viel Geld im Spielkasino.
?

Goethe

[1]See facing page.

Your personal views . . .

Was denken Sie?

F. *Express your opinion by completing the statements with a relative clause. Use prepositions if you wish.*

> Wenn alles schläft und einer spricht, so nennt man das den Unterricht.

Ich trinke gern Milch, _____.
Ich liebe Musik, _____.
Ich esse gern Obst, _____.
Ich lese am liebsten ein Buch, _____.
Ich spreche über Sachen, _____.
Mein Freund, _____, hat mich gern.
Meine Freundin, _____, hat mich lieb.
Am liebsten tanze ich zu Musik, _____.
Ich arbeite nicht gern mit Leuten, _____.
Ich lerne am meisten bei Professoren, _____.
Während der Ferien gehe ich am liebsten in ein Land, _____.
Ich kämpfe immer gegen etwas, _____.
Ich kenne keinen Menschen, _____.
?

To practice reading comprehension . . .

Was ist das Schlaraffenland?

G. Das Schlaraffenland ist ein imaginäres Land, ein Märchenland°. Niemand muß in diesem paradiesischen Land arbeiten. Wein und Milch fließen in den Flüssen des Schlaraffenlandes. Auf den Bäumen° wachsen° Bratwürste. Gebratene Hähnchen° fliegen in der Luft. Im Schlaraffenland darf man nicht arbeiten, sondern man muß immer faul° sein.

Pieter Breughel der Ältere (1520-1569) hat dieses Fantasieland, in dem wir alle leben möchten, gemalt. **Was sehen Sie darauf?**

fairy tale land

trees/grow
fried chicken

lazy

painted

Ach, wie schön! Leben ohne zu arbeiten.

Wann ist
Bier rein?[2]

H. *Reading Comprehension for Consumers*

Nach einem Gesetz° aus dem Jahre 1516 (ja, 1516!),   law
darf man Bier in Deutschland nur aus „Hopfen°, Malz   hops
und Wasser" brauen°.   brew

    In Amerika hat das Bureau of Alcohol, Tobacco and
Firearms noch kein Gesetz für reines Bier gemacht.
Es gibt ein Gesetz für das Labeling von Whisky, Scotch,
Wodka, usw. Aber es gibt kein Gesetz für Bier, d.h.°,   **das heißt**/that is
malt beverages.

    Aus diesem Grunde weiß man nie, was in dem Bier
ist. Sind es nur Hopfen, Malz und Wasser, oder auch
Chemikalien, wie Schwefel—auf Englisch *sulphur*—
um das Bier zu präservieren? Oder trinkt man auch
künstliche Farbstoffe°, die dem Bier eine „schön   artificial colors
goldene" Farbe geben?

    Man kann nie wissen . . . aber Sie können fragen.

Just for fun . . .

Ein Gedicht

I. Klatsch° am Sonntagmorgen[3] *(Warum paßt dieses Gedicht gut zu diesem
Kapitel? Was illustriert das Gedicht?)*   gossip

Wer mit wem?
Die mit dem!
Der mit der?
(Ohne Gewähr°)   without guarantee
Sie und er?
Der und er??
Wer ist wer?
Wir mit ihr?
Sie mit dir!
(Am Klavier)
Du mit ihm!
Sie mit him!
Ich und du?
Who is who?

—Horst Bienek (1930-   )

[2]When is beer pure?

[3]From *Die Meisengeige* by Horst Bienek. Ed., Günter Bruno Fuchs, Carl Hanser Verlag,
München, 1964.

Was kann man dagegen tun? Was muß man dagegen tun?

Kapitel 14

Last Chapter
Final Test
on 12/13/14
5/20/85

Hat es sich gelohnt? (Die erste Mondlandung)
1. The past perfect tense
2. More on compound nouns
3. Noun suffixes
4. More on inseparable prefixes
5. Cognates
Raketen—für den Frieden oder für den Krieg?
(Das Dilemma Wernher von Brauns)

DIALOG **Hat es sich gelohnt?
(Die erste Mondlandung)**

Personen   *Emil Lange, der Sprecher einer Talk-Show im Radio Bremen.
A, B, C, D, E: fünf Anrufer*

Lange   Liebe Hörer, heute ist der Jahrestag eines historischen Ereignisses.
An diesem Tag waren 1969 die amerikanischen Astronauten Neil
Armstrong und „Buzz" Aldrin auf dem Mond gelandet.—Hat es
sich gelohnt? Über dieses Thema wollen wir heute diskutieren.—
Rufen Sie uns an, wenn Sie dazu etwas sagen wollen. Unsere
Telefonnummer ist: 75-72-66. Vorwahl: 421.

(erster Anruf)

A.   Ich bin der Meinung, daß die Mondlandung für die Wissenschaft
ein großer Schritt vorwärts war. Was hat man nicht alles dafür erfunden! Einfach toll!

Lange   Apropos „großer Schritt" vorwärts: Erinnern Sie sich noch, was
Armstrong gesagt hatte, als er den ersten Schritt auf dem Mond
machte?

A.   Ja, etwas wie „nur ein kleiner Schritt für einen Menschen, aber
ein Riesensprung für die Menschheit".

Lange   Richtig! Und Millionen haben das damals gehört.—Vielen
Dank. Hier ist wieder ein Anruf.

(zweiter Anruf)

B.   Ich war einer von denen, die damals vor dem Fernseher saßen.
Um drei Uhr morgens! Sicher, die Mondlandung war eine große
Leistung und ich hatte auch den Mut der Astronauten bewundert.
Aber ich glaube doch, daß die Amerikaner falsche Prioritäten
hatten.

Lange   Was meinen Sie damit?

B.   Na, ich denke zum Beispiel an die Slums in den großen Städten,
in New York oder in Detroit. Die hatte ich auf meiner Reise durch
Amerika selbst gesehen! Schrecklich! Für die Slums konnte
man nie genug Geld finden, aber für die Mondlandung hatte
man Milliarden ausgegeben. Sind das nicht falsche Prioritäten?

(dritter Anruf)

C.   Ich glaube, daß die Mondlandung kein Luxus war. Wir profitieren
alle davon.

Lange   Können Sie das bitte erklären?

C.   Gern. Nur ein Beispiel: Die Satelliten, die man für dieses Projekt entwickelt hatte, helfen heute beim Wetterbericht und den Meteorologen. Und vergessen wir nicht, daß dieses Projekt auch der Entwicklung der Computer Technik geholfen hat.

Lange   Ja, Sie haben recht. Man hatte viele neue Computer dafür ent- wickelt.—Aber die Frage nach den Prioritäten ist doch eine gute Frage.—Hier ist wieder ein Anruf.

(vierter Anruf)

D.   Ich gebe der Dame recht, die von falschen Prioritäten gesprochen hatte. Es gibt so viel Wichtigeres zu tun als auf den Mond zu fliegen.

Lange   Zum Beispiel?

D.   In vielen Ländern sterben Menschen an Hunger, es gibt eine Bevölkerungsexplosion, Luftverschmutzung und jetzt noch die Energie-und Wasserkrise. Diese Probleme sind wichtig—und nicht nur die Raumfahrt.

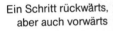

Ein Schritt rückwärts, aber auch vorwärts

Lange   Vielen Dank für Ihren Kommentar.—Heute ist der Jahrestag der ersten Mondlandung. Wir sprechen über das Thema: Hat es sich gelohnt? Wir möchten Ihre Meinung hören. Unsere Telefonnummer ist: 75-72-66. Vorwahl: 421

(fünfter Anruf)

E.   Ich finde diese Diskussion recht interessant, aber ich verstehe nicht, warum man immer für oder gegen die Raumfahrt sein muß. Muß immer alles „entweder-oder" sein? Kann man nicht Raumfahrt haben und gleichzeitig die Probleme unserer Erde lösen . . .?

Wortschatz zum Dialog

new nouns (active vocabulary)

der **Anruf**, -e	*call*	der **Mut**	*courage*
der **Hörer**, -	*listener*	die **Raumfahrt**	*space travel*
die **Leistung**, -en	*achievement*	der **Sprecher**, -	*host* (of a show), *announcer*
die **Luftverschmutzung**	*air pollution*	die **Telefonnummer**, -n	*telephone number*
die **Milliarde**, -n	*billion*	die **Vorwahl**	*area code*
der **Mond**, -e	*moon*	die **Wissenschaft**, -en	*science*
die **Mondlandung**, -en	*moon landing*		

nouns (for recognition)

der **Computer**, -	*computer*	das **Projekt**, -e	*project*
die **Diskussion**, -en	*discussion*	der **Riesensprung**, ¨-e	*giant leap*
die **Energiekrise**, -n	*energy crisis*	der **Satellit**, -en	*satellite*
der **Hunger**	*hunger*	der **Slum**, -s	*slum*
der **Jahrestag**, -e	*anniversary*	die **Talk-Show**, -s	*talk show, interview program*
der **Kommentar**, -e	*commentary*	die **Technik**	*technology*
der **Luxus**	*luxury*	die **Wasserkrise**, -n	*water crisis*
die **Priorität**, -en	*priority*		

new verbs (active vocabulary)

bewundern	*to admire*	**sich lohnen**	*to be worth, to pay off*
entwickeln	*to develop*	**lösen**	*to solve*
erklären	*to explain*	**profitieren**	*to profit, benefit*

other new words (active vocabulary)

entweder . . . oder	*either . . . or*	**historisch**	*historic*	**toll**	*great, terrific*
gleichzeitig	*at the same time*	**recht** (adv.)	*really, quite*	**vorwärts**	*forward*

special and idiomatic expressions

einfach toll! *just great!*   **recht geben** *to agree with*

FRAGEN ZUM DIALOG

1. Was ist eine Talk-Show und warum steht dieses englische Wort heute in deutschen Wörterbüchern?
2. Warum hat Emil Lange das Thema „Die erste Mondlandung" gewählt?
3. Warum findet der erste Anrufer die Mondlandung „einfach toll"?
4. Wie finden Sie die deutsche Übersetzung von Armstrongs ersten Worten auf dem Mond? Was hat er auf englisch gesagt?
5. Warum kritisiert die Anruferin die Mondlandung?
6. Welche Gegenargumente hat der dritte Anrufer?
7. Was sagt der vierte Anrufer? Gibt er der Dame recht oder ist er gegen sie?
8. Wie zeigt Emil Lange, daß er ein guter Moderator ist?

PERSÖNLICHE FRAGEN

1. Hagen Sie schon einmal eine Talk-Show angerufen? Warum? Was haben Sie gesagt?
2. Mit welchen von den Anrufern identifizieren Sie sich? Wer, glauben Sie, hat die besten Argumente?
3. Wer hat die schlechtesten Argumente? Geben Sie Beispiele!
4. Rufen Sie an und sagen Sie Herrn Lange und den Millionen Hörern Ihre Meinung!

AUSSPRACHE ÜBUNG

English **sp** versus German **sp**

a **sport**	der **Sport**	*sport*
a **spade**	es ist **spät**	*it is late*
a **speck**	der **Speck**	*bacon*
spiel (U.S. slang)	das **Spiel**	*game*
a **spirituous** *liquid*	der **Spiritus**	*alcohol*
to **spring**	**spring!**	*jump!*
to **split**	der **Splitt**	*gravel*
he **spits**	es ist **spitz**	*it is sharp*
a **spot**	der **Spott**	*mockery*

GRAMMATIK Theorie und Anwendung

1. The past perfect tense

In Chapter 7, you learned how to form the present perfect tense using the present tense of **haben** or **sein** + past participle. The past perfect tense is formed the same way, except that **haben** or **sein** is in the past tense.

Beispiele	Von Flügen zu fernen Planeten, davon **hatte** Wernher von Braun schon als kleiner Junge **geträumt.**	*About flights to distant planets, that's what Werner von Braun had dreamed about already as a young boy.*
	Vielleicht **hatte** damals sein Dilemma **begonnen.**	*Perhaps it was then that his dilemma had begun.*
	Noch bevor russische Truppen nach Peenemünde kamen, **hatte** von Braun mit seinem Team das Raketenzentrum **verlassen.**	*Even before Russian troops got to Peenemünde, von Braun had left the rocket center with his team.*
	Die Rakete **war** zwei Kilometer hoch **geflogen.**	*The rocket had flown two kilometers high (into the air).*
	1933 **waren** die Nationalsozialisten an die Macht **gekommen.**	*The National Socialists had come to power in 1933.*

Use	The past perfect is used to describe an event that occurred in the past <u>before</u> another past event. It generally occurs in conjunction with the narrative past.	
	Als russische Truppen Peenemünde erreichten, **hatte** von Braun das Raketenzentrum **verlassen.**	*When Russian troops reached Peenemünde, von Braun had left the space center.*
	Was von Braun seit langem **gefürchtet hatte,** wurde während des zweiten Weltkrieges Wirklichkeit.	*What von Braun had feared for a long time became reality during the Second World War.*

ANWENDUNG   **A.** *Restate in the past perfect tense. Start each statement with* **Ich rief an, nachdem...**
(I called up after ...) Use V-L word order.

1. Er ist gekommen. *Er war gekommen*
2. Wir haben keinen Brief bekommen. *Wir hatten . . .*
3. Sie hat mich nicht besucht. *Sie hatte . . .*
4. Ihr habt uns nicht geschrieben. *Ihr hattet . . .*
5. Sie haben im Büro angerufen. *Sie hatten . . .*

B. *If the verb is in the present perfect, change it to the past perfect and vice versa.*

1. Gestern habe ich angerufen. *hatte*
2. Es war ein großer Schritt für die Menschheit gewesen. *ist*
3. Wir hatten an die Astronauten gedacht. *haben*
4. Man ist auf den Mond geflogen. *war*
5. Hatten Sie die Diskussion interessant gefunden? *Haben*
6. Sie ist Astronautin geworden. *war*

C. *Supply the present or the past tense of the auxiliary* **haben** *or* **sein** *to complete the sentence. Be prepared to defend your choice.*

1. Schliemann war glücklich, denn er *hatte* Troja endlich gefunden.
2. Schliemann *hat* sehr schnell viele Sprachen gelernt.
3. Er *war* als armer Mann nach Amerika gekommen, und kam als reicher Mann nach Deutschland zurück.
4. Als Schliemann in Amerika ankam, *war* sein Bruder schon gestorben.
5. Elf Monate lang *hatten* seine Frau und er schon gegraben, als sie den Schatz fanden.
6. Schon als Kind *hatte* er geglaubt, daß es keine Sage war.
7. Als er reich geworden *war*, wurde er Archäologe.

D. *Restate each sentence three times, using the past, present perfect, and past perfect tenses.*

1. Ich schreibe meinen Lebenslauf. ① *schrieb* ② *habe geschrieben* ③ *hatte meinen*
2. Helmut besucht die Oberschule. ① *besuchte* ② *hat die O. besucht* ③ *h. gesch. hatte die ① b.*
3. Was studieren Sie?
4. Wir verdienen viel Geld.
5. Sie verkauft ihr Auto.
6. Sie freuen sich auf die Ferien. *freuten ge freut*

Word order in the past perfect

In a dependent clause in the past perfect tense, the auxiliary verb (**haben** or **sein**) stands at the end, just as it does in the present perfect tense.

Von Braun wußte, daß die Raumfahrt zum Mond begonnen **hatte.**

Von Braun knew space travel to the moon had begun.

> Er freute sich, daß die Amerikaner zuerst auf dem Mond gelandet **waren**.

> *He was happy that the Americans had landed on the moon first.*

E. *Complete, transforming the cue statement into a dependent clause.*

1. Er hatte keine Antwort auf seine Heiratswünsche bekommen.
   Er war drei Tage unglücklich, weil_____.
2. Sie war schon einmal verheiratet gewesen.
   Er wußte nicht, daß_____.
3. Sie hatte ihn angerufen.
   Er glaubte nicht, daß_____.
4. Sie war seine Frau geworden.
   Wir wußten nicht, daß_____.
5. Sie hatten neun Kinder bekommen.
   Sie waren glücklich, weil_____.

Separable- prefix verbs in the past perfect

In the past perfect, as in the present perfect, a separable prefix is joined with the stem verb in the past participle. The past participle stands at the end of the clause—unless it is a dependent clause, in which case the auxiliary verb stands at the end.

> Die Firma **gab** zwei Millionen für Reklamen **aus**.

> *This firm spent two million on ads.*

> Die Firma **hatte** dieses Jahr zwei Millionen für Reklamen **ausgegeben**.

> *This firm had spent two million this year for ads.*

> Ich kann nicht glauben, daß die Firma dieses Jahr zwei Millionen für Reklamen **ausgegeben hatte**.

> *I can't believe that this firm had spent two million this year for advertising.*

F. *Complete, transforming the verb into the past perfect.*

Er schlug etwas Interessantes vor.
1. Er hatte etwas Interessantes _vor geschlagen_
2. Ich wußte, daß er etwas Interessantes _vor geschlagen hatte._

Sie brachte uns etwas aus den Ferien mit.
3. Wir freuten uns, denn sie ~~brachte~~ _hatt uns etwas aus den Ferien mit geb_
4. Wir freuten uns, weil sie uns _was aus die Ferien war_ _mit gebracht hatte._

Er kam bald aus der Schweiz zurück.
5. Er _war bald aus der Schweiz zurück gekommen._
6. Wir wußten nicht, daß _er bald aus der Schweiz zurück gekommen war_

Fritz und seine Frau wanderten vor einem Jahr nach Amerika aus.
7. Fritz und seine Frau _waren vor einem Jahr nach Am aus gewand_
8. Wir hörten, daß_____!

Fritz und seine Frau
nach einem Jahr nach Amerika
aus gewandert.

2. More on compound nouns

In Chapter 4, you were introduced to the concept of compound nouns—nouns that are formed by combining two or more words. Remember, German compound nouns take their gender from the final component, and in some cases a linking -s-, -es-, or -n- is inserted.

der Tag + die Temperatur = **die Tagestemperatur**

ANWENDUNG   **A.** *Combine items from each column to form a compound noun and use it in a sentence. Then give the English equivalent. (Some items may be used more than once.) The compound nouns are words that you have already encountered ... or not?*

das Haupt°	der Schreiber	main, head
der Mond	der Sprung	
das Jahr	der Platz	
das Telefon	das Schnitzel°	cutlet
der Riese°	die Hose	giant
das Land	der Tag	
roh	das Fach	
die Luft	saugen°	to suck
die Bevölkerung	der Lauf	
die Energie	die Nummer	
die Welt	der Stoff	
der Raum	der Schritt	
der Wiener	die Sache	
spülen°	die Fahrt	to rinse
die Kugel°	die Verschmutzung	ball
der Staub°	die Brille	dust
die Sonne	die Wirtschaft	
der Liebling°	die Krise	favorite
lesen	die Maschine	
fort	die Explosion	
das Leben	die Landung	
das Leder	das Stück	
	der Raum	

3. Noun suffixes

-ung, -heit,
-keit, -schaft   Many German nouns are formed with the suffixes **-ung, -heit, -keit,** and **-schaft**. These German suffixes often correspond to the English suffixes *-tion, -ity, -ness, -hood, -ing, -dom,* and *-ship.* Nouns formed with these suffixes are always feminine.

die **Erfindung** *invention* (from **erfinden** *to invent*)
die **Landung** *landing* (from **landen** *to land*)

die **Freiheit** *freedom* (from **frei** *free*)
die **Gesundheit** *health* (from **gesund** *healthy*)
die **Kindheit** *childhood* (from **das Kind** *child*)
die **Krankheit** *sickness* (from **krank** *sick*)
die **Möglichkeit** *possibility* (from **möglich** *possible*)
die **Freundschaft** *friendship* (from **der Freund** *friend*)

Such nouns can be formed from adjectives, adverbs, verbs, or nouns.

ANWENDUNG **A.** *Form nouns with the indicated suffix and say them out loud with the definite article.*

Beispiel   leisten *to achieve*   *achievement* **die Leistung**

1. **-ung**
   meinen   *to mean*   *opinion* meinung
   erziehen   *to educate*   *education* _____
   spalten   *to split*   *fission* _____
   vorlesen   *to read to someone*   *lecture* _____

2. **-heit**
   frei   *free*   *liberty* _____
   gesund   *healthy*   *health* _____
   krank   *sick*   *sickness* _____
   wahr   *true*   *truth* _____

3. **-keit**
   geschwindig   *fast*   *speed* _____
   höflich   *polite*   *politeness* _____
   möglich   *possible*   *possibility* _____
   wichtig   *important*   *importance* _____

4. **-schaft**
   der Freund   *friend*   *friendship* _____
   der Landwirt   *farmer*   *agriculture* _____
   verwandt   *related*   *relationship* _____
   wissen   *to know*   *science* _____

-ion *and* **-tät**   The suffixes **-ion** and **-tät** occur in words of foreign origin—usually Latin. Such nouns usually resemble closely their English counterparts. All are feminine.

die **Information**   die **Priorität**
die **Universität**

-tum   Most nouns ending in the suffix **-tum** (which sometimes corresponds to the English suffix *-dom*) are neuter.

das **Eigentum**   *property*
das **Königtum**   *kingdom*
das **Wachstum**   *growth*

Two nouns with the suffix **-tum** are masculine.
der **Irrtum**   *error*
der **Reichtum**   *wealth*

4. More on inseparable prefixes

In Chapter 7, you learned the seven most common inseparable verb prefixes: **be-, emp-, ent-, er-, ge-, ver-,** and **zer-.** It will help you to "decipher" the meaning of some verbs if you know a few general guidelines for the use of these prefixes.

be- has no independent meaning of its own, but it turns an intransitive verb (one that cannot take a direct object) into a transitive verb (one that takes a direct object).

Ich **antworte**	*I answer*
Ich **beantworte** die Frage.	*I answer the question.*
Wir **sprechen**	*we talk*
Wir **besprechen** das Problem.	*We discuss the problem.*

emp- is found only in three common verbs.

empfangen   *to receive*
empfehlen   *to recommend*
empfinden   *to feel*

ent- may denote the beginning of an action or separation (similar to English *out of, away from*).

laufen	*to run*	**entlaufen**	*to run away*
stehen	*to stand*	**entstehen**	*to originate*

er- usually denotes accomplishment of an action, whether positive or negative.

frieren	*to be cold*	**erfrieren**	*to freeze to death*
raten	*to guess*	**erraten**	*to guess correctly*
schießen	*to shoot (a weapon)*	**erschießen**	*to shoot dead*
trinken	*to drink*	**ertrinken**	*to drown*
wachen	*to guard, keep watch*	**erwachen**	*to wake up*

ge- has no clear meaning.

fallen	*to fall*	**gefallen**	*to please*
hören	*to hear*	**gehören**	*to belong to*

ver- often denotes something gone wrong, an intensification of the stem verb, or the opposite of the stem verb.

führen	*to lead*	**verführen**	*to lead astray, seduce*
schlafen	*to sleep*	**verschlafen**	*to oversleep*
kaufen	*to buy*	**verkaufen**	*to sell*

zer- always denotes disintegration.

brechen	*to break*	**zerbrechen**	*to break to pieces*
fallen	*to fall*	**zerfallen**	*to fall apart*
stören	*to disturb*	**zerstören**	*to destroy*

ANWENDUNG

A. *Either the root verb or the inseparable prefix verb below has occurred in the text. Show that you understand their meanings by forming a short German sentence with each pair.*

fallen, gefallen	laufen, entlaufen
führen, verführen	schießen, erschießen
gehen, vergehen	sitzen, besitzen
hören, gehören	stehen, entstehen
kaufen, verkaufen	steigen, ersteigen
kennen, erkennen	stören, zerstören
kommen, bekommen	trinken, ertrinken

5. Cognates

Grimm's Law[1]

English and German are related languages and have many words of the same origin. These words are known as cognates. The seven consonant changes (or "sound shifts") below will help you to make educated guesses about the meaning of German words.

ANWENDUNG

A. *Replace the German consonant with the English cognate consonant.*

1. English *p* › German **f, ff, pf**

tief	dee_____	**offen**	o_____en	die **Pflanze**	_____lant
scharf	shar_____	der **Pflug**	_____low	die **Pflaume**	_____lum

2. English *t* › German **z, ß**

zehn	_____en	der **Zweig**	_____wig	der **Fuß**	foo_____
kurz	cur_____	die **Zunge**	_____ongue	der **Zoll**	_____oll

[1]Siehe *Sprechen leicht gemacht,* Seite 349.

3. English *k* › German **ch**

das **Buch**	boo K	**rächen**	wrea K (vengeance)
machen	ma K e	die **Lerche**	lar K
rechnen	re K on	die **Woche**	wee K

4. English *d* › German **t**

der **Tag**	d ay	das **Futter**	fo d er
das **Tier**	d eer²	**weit**	wi d e
der **Garten**	yar d	das **Tal**	d ale

5. English *th* › German **d**

drei	th ree	die **Distel**	th istle
sieden	see th e	die **Erde**	ear th
der **Bruder**	bro th er	der **Herd**	hear th

6. English *v, f* › German **b**

das **Silber**	sil v er	**haben**	ha v e
das **Übel**	e v il	**taub**	dea f
der **Herbst**	har v est	das **Sieb**	sie v e

7. English *y* › German **g**

der **Weg**	wa y	**gelb**	y ellow
der **Tag**	da y	**gähnen**	y awn
gestern	y esterday	die **Fliege**	fl y

Memory device The sentence below contains all seven consonant sound shifts that occur in German-English cognates. It may help you to remember them.

Zweige von sal**z**igen **Pf**lan**z**en ma**ch**en **T**iere **d**urstig für sie**b**en **T**age.
Twigs of salty plants make deer thirsty for seven days.

⚠ **Vorsicht!**   Fehlergefahr!

Falsche Brüder

"False brothers" are false cognates. They may look or sound like an English word, but may cause you a lot of trouble in communicating with Germans. So beware and select the right German word for what you want to say in the practice below.

²Note that in German **Tier** *animal* corresponds to English deer (in German, **Reh(bock)** *(roe)buck*). Originally, *deer* indeed meant *animal;* thus Shakespeare writes "Mice and lice and such small deer," meaning "animals."

ANWENDUNG   **B.** *Read aloud with the correct German equivalent listed below.*

1. Ich möchte für meine Mutter/meinen Vater_____ kaufen.
(a present)

2. Das beste_____ gegen Ratten ist Arsen.
(poison)

3. Mutter: „Fritz, sei_____ und iß deine Suppe!"
(be good)

4. Alle Astronauten sind_____.
(brave)

5. Ja, diese Tomaten sind von heute. Sie sind ganz_____.
(fresh)

6. Ja, dieser Kerl war sehr_____. Er wollte mich sofort küssen.
(fresh)

7. Die_____ von Frau Dr. Kahn war sehr interessant.
(lecture)

8. Was nimmst du als_____ in die Ferien?
(reading matter)

9. Das Mädchen trägt einen schönen_____.
(skirt)

10. Wir sprechen alle Deutsch._____ können wir uns verstehen.
(therefore)

11. Diese Frage ist interessant und_____ wichtig.
(also)

12. Er hat keine Haare, er ist_____.
(bald) .

13. Warte einen Moment. Ich komme_____.
(soon)

14. Vorsicht!!!! Du fährst zu_____.
(fast)

15. Die Antwort ist_____ richtig, aber nicht ganz.
(almost)

Now try this:

16. She works in the_____. Sie arbeitet im_____.
(city hall)

17. What's going on in the_____? Was ist los im_____?
(City Hall Inn)

18. There are no rats in the City Hall. Es gibt keine_____ im_____.
(rats)   (city hall)

19. Ich habe_____ auf ein Glas Bier.
(appetite for)

    11 13 9 15   1   17   8
auch/bald/Rock/fast/ein Geschenk/Ratskeller/Lektüre/
    3 19 16,18 18   5   6   7
brav/Lust/Rathaus/Ratten/frisch/frech/Vorlesung/
    12 4 2 14 10
kahl/mutig/Gift/schnell/also/

be good

LESESTÜCK   Raketen–für den Frieden oder für den Krieg? (Das Dilemma Wernher von Brauns)

Vielleicht war es ein Geburtstagsgeschenk°, mit dem Wernher von Brauns Karriere begonnen hatte: Seine Mutter schenkte ihm zu seinem 14. Geburtstag weder ein neues Fahrrad noch eine Schweizer Uhr, sondern ein kleines Teleskop.

      birthday gift

Von Flügen zu anderen Planeten hatte Wernher schon als kleiner Junge geträumt. Als er später an der Technischen Hochschule° in Berlin Physik studierte, wurde er Mitglied einer Gesellschaft für Raumfahrt. Jede freie Minute verbrachte er auf einem Feld, wo „Raumfahrt Phantasten"° mit Raketen experimentierten.

      Institute of Technology

      space enthusiasts

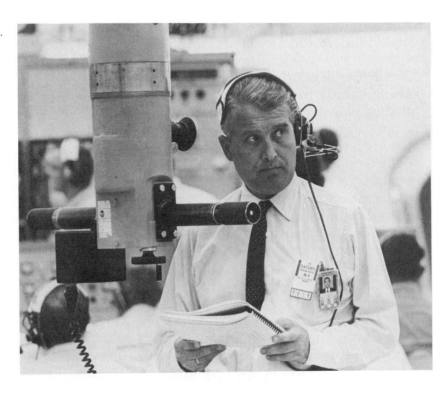

Wernher von Braun.

Es dauerte nicht lange, bis sich die deutsche Armee für diese „Phantasten" interessierte. Schwere Waffen durfte Deutschland damals nicht entwickeln. Das hatte der Vertrag° von Versailles verboten. Aber von Raketen stand nichts in diesem Vertrag ... treaty

Schon 1932 begann der zwanzigjährige von Braun für die deutsche Armee zu arbeiten. Vielleicht hatte schon damals sein Dilemma begonnen: Er wollte Raketen bauen, mit denen man in den Weltraum fliegen konnte. Die Armee aber wollte eine neue Waffe entwickeln.

1933 waren die Nationalsozialisten in Deutschland an die Macht gekommen. Für den Wissenschaftler Wernher von Braun, der von Flügen in den Weltraum träumte, hatten sie kein Interesse; aber für den Konstrukteur, der Raketenwaffen entwickeln konnte, interessierten sich die Nazis sofort. Nachdem 1934 von Brauns „Max und Moritz"-Rakete über zwei Kilometer hoch geflogen war, erkannte das neue Regime, wie gut der junge Physiker in ihre Pläne paßte. 1937 baute die Armee ein Zentrum für Raketenforschung° in Peenemünde, wo seine Arbeit große Fortschritte° machte. rocket research
progress

Was von Braun seit langem° gefürchtet hatte, wurde während des Zweiten Weltkrieges° Wirklichkeit. Als im Oktober 1942 seine Rakete 100.000 Meter hoch und 200 Kilometer weit flog, befahl° Hitler die Massenproduktion. Die neue Waffe erhielt den Namen V-2 (V = Vergeltungswaffe°). Zwei Jahre später terrorisierte Hitler damit die Städte Englands. „Die Raketen, die wir gebaut haben, funktionieren gut; sie landen nur auf dem falschen Planeten", sagte von Braun damals. Doch jetzt war es zu spät, dagegen zu protestieren. for a long time
World War II

ordered
weapon for retaliation

Auch die V-2 konnte Hitler nicht helfen. Noch bevor russische Truppen Peenemünde im Frühling 1945 erreichten, hatte von Braun mit seinem Team das Raketenzentrum verlassen. Sie wollten den Amerikanern und nicht den Russen in die Hände fallen. Auch Washington hatte den Wert° von Brauns und seines Teams schon seit langem erkannt. Eine geheime Aktion, „Operation Paperclip", hatte die Aufgabe, die Peenemünde-Gruppe zu fangen. Die wertvollen „Fische" gingen gern in das Netz. value

Schon 1945 waren von Braun und 118 Wissenschaftler seines Teams nach den USA gekommen. Sie saßen in Fort Bliss, Texas, und warteten auf neue Aufgaben. Amerika hatte zu dieser Zeit wenig Interesse an Raketen und an der Raumfahrt.

Der Krieg in Korea änderte das politische Klima. 1950 brachte man von Braun und sein Team nach Huntsville, Ala-

bama, wo er eine neue Langstreckenrakete° für die US-Armee   ICBM
entwickeln sollte. Drei Jahre später startete die erste Redstone-
Rakete vom Cape Canaveral!

Für das Geophysische Jahr 1957 hatte die USA den ersten
Satelliten geplant. Doch der russische „Sputnik" kam den Amerikanern zuvor°. „Gebt uns die Mittel; das können wir auch",   preceded
sagte von Braun—und vier Monate später flog „Explorer I" um
die Erde.

Obwohl von Braun auch in Amerika für die Armee arbei-
tete, hatte er sein Lieblingsprojekt° nie vergessen: die Raum-   favorite project
fahrt. Er erklärte den Amerikanern, wie wichtig die Raumfahrt
für die Wissenschaft ist. Nicht alle Leute glaubten ihm. „Gott
hat nicht gewollt, daß wir diese Erde verlassen. Ich wette°auch,   bet
daß Sie es nicht können", schrieb ihm jemand. Von Braun
antwortete: „Soviel ich weiß, steht in der Bibel nichts über die
Raumfahrt. Doch gegen das Wetten ist sie gewiß".

Was fragen Präsident Kennedy und Vize-Präsident Johnson Dr. von Braun?

Amerikas und von Brauns größter Triumph kam am 20. Juli 1969. Neil Armstrong und „Buzz" Aldrin waren auf dem Mond gelandet. Die Vereinigten Staaten feierten den Konstrukteur der Saturn-Mondrakete; den Konstrukteur der V-2 Rakete hatte man fast vergessen.

Als Wernher von Braun am 16. Juni 1977 im Alter von 65 Jahren starb, würdigte° Präsident Carter die große Leistung dieses Pioniers der Raumfahrt. Die Kritiker des genialen, doch umstrittenen° Wissenschaftlers dachten wie der Satiriker Tom Lehrer. In einem Lied Lehrers heißt es:

praised

controversial

> *Once the rockets are up*
> *Who cares where they come down*
> *That's not my department*
> *Says Wernher von Braun.*

Wortschatz zum Lesestück

new nouns (active vocabulary)

die **Aufgabe, -n**	*task, assignment, mission*
das **Fahrrad, ̈-er**	*bicycle*
die **Forschung, -en**	*research*
der **Frieden**	*peace*
die **Gesellschaft, -en**	*society*
der **Gott, ̈-er**	*God; god*
die **Hochschule, -n**	*university, institution of higher learning*
das **Klima**	*climate*
das **Lied, -er**	*song*
die **Rakete, -n**	*rocket*
die **Truppe, -n**	*troops*
der **Weltraum**	*outer space*

nouns (for recognition)

die **Armee, -n**	*army*
der **Konstrukteur, -e**	*designer*
das **Netz, -e**	*net*
Peenemünde	*town on the Baltic Sea (location of the German rocket center during World War II)*
die **Politik**	*politics; policy*
der **Physiker, -**	*physicist*

der **Sputnik**	Russian satellite (first to orbit the earth)
der **Techniker, -**	technician, engineer
das **Wetten**	betting
die **Waffe, -n**	weapon

new verbs (active vocabulary)

dauern	to last	**planen**	to plan
experimentieren	to experiment	**schenken**	to give (a present)
fallen (fällt), fiel	to fall	**starten**	to start; to take off
ist gefallen		**terrorisieren**	to terrorize
fangen (fängt), fing,	to capture, catch	**verbieten, verbot, verboten**	to forbid
gefangen		**verlassen (verläßt), verließ,**	to leave (a place)
fürchten	to fear	**verlassen**	

other words (for recognition)

geheim	secret	**nachdem**	after
genial	ingenious	**wertvoll**	valuable

special and idiomatic expressions

an die Macht kommen	to come to power
es dauert nicht lange	it doesn't take long
es stand nichts in ...	it didn't say anything (about that) in ..., there wasn't
in einen Plan passen	to fit into a plan
seit langem	for a long time

FRAGEN ZUM LESESTÜCK   *Antworten Sie auf deutsch!*

1. Wie hatte Wernher von Brauns Karriere vielleicht begonnen?
2. Wovon hatte von Braun schon als kleiner Junge geträumt?
3. Was machte von Braun, als er in Berlin Physik studierte?
4. Was war bereits für den zwanzigjährigen Techniker ein Dilemma?
5. Warum interessierten sich die Nazis für Wernher von Braun?
6. Wie verwendete Hitler die V-2 Rakete?
7. Warum hatten von Braun und sein Team im Frühjahr 1945 das Rakentenzentrum in Peenemünde verlassen?
8. Was war die Aufgabe der „Operation Paperclip"?
9. Warum hatten von Braun und seine Wissenschaftler von 1945 bis 1950 in Fort Bliss wenig zu tun?
10. Was sagte von Braun, als „Sputnik" um die Erde flog?
11. Was mußte von Braun tun, bevor er mit dem Projekt einer Mondlandung beginnen konnte?
12. Lebt Wernher von Braun noch?

PERSÖNLICHE FRAGEN

1. Was haben Sie in diesem Lesestück gelesen, das Sie bis jetzt nicht wußten?
2. Ist dieses Lesestück fair und objektiv? Warum ja, warum nicht?
3. Was ist Ihre Meinung über das Raumfahrt-Programm?
4. Hat Sie die Mondlandung beeinflußt? Wie und warum?

SITUATIONEN

1. *You are the first German on the moon—put there by the good graces of either the USA or the Soviet Union. The whole world is listening as you step out of the spaceship and say:_____.*
2. *You are listening to a talk show on space travel. A caller has just said:* „Niemand interessiert sich für die Probleme auf unserem Planeten wie, zum Beispiel, die Atombombe oder Umweltverschmutzung. Was hilft uns die Raumfahrt?" *You dial, get on the air, and give your opinion.*
3. *You and some friends are discussing Wernher von Braun. Somebody says:* „Von Braun war ein Nazi." *You react.*
4. *It is 1945. You are a German refugee who went to Moscow and are now returning as a Russian officer with the Soviet Army's search team for German scientists. You are near Peenemünde when your advance scout calls you on the field telephone and says:* „Von Braun ist zu den Amerikanern geflohen." *You react.*

SCHRIFTLICH WIEDERHOLT

A. *Imagine you had the opportunity to interview Wernher von Braun. Write your interview in question-and-answer format. Use any or all of the cue interrogatives and ask as many of your questions as possible using the past perfect. And, of course, let Wernher von Braun come up with answers to all your questions. As a good reporter, you were prepared with "idea" notes for your questions (they are provided for you).*

Wann?	Wer?	Wieviel?	Wie lange?	Wohin?
Wie?	Warum?	Was?	Wofür?	Für wen?
Wozu?	Mit wem?	Wo?	Worüber?	Seit wann?

Beginn seiner Karriere; Träume; Schule, Zeit in Berlin   Frage:_____
                                                               Antwort:_____
                                                               usw.

Arbeit in der Nazizeit; Krieg, V-2   Frage:_____
                                                               Antwort:_____
                                                               usw.

Anfang in Amerika   Frage:_____
                                                               Antwort:_____

Raumfahrt   Frage:_____
                                                               Antwort:_____

Triumph   Frage:_____
                                                               Antwort:_____

B. *Rewrite each sentence, substituting the underlined word with a noun derived from it. Your sentence should convey the same meaning. Make all necessary changes.*

1. (frei—Freiheit)   Alle Menschen lieben es, <u>frei</u> zu sein.
2. (meinen—Meinung)   Das <u>meine</u> ich nicht.
3. (gesund—Gesundheit)   <u>Gesund</u> sein ist das Wichtigste.
4. (irren—Irrtum)   <u>Irren</u> ist menschlich.
5. (Freunde—Freundschaft)   <u>Freunde</u> bedeuten mir viel.
6. (diskutieren—Diskussion)   Wird heute darüber viel <u>diskutiert?</u>
7. (entscheiden—Entscheidung)   Wie hast du dich <u>entschieden?</u>
8. (entdecken—die Entdeckung)   Wann wurde Amerika <u>entdeckt?</u>
9. (erfinden—die Erfindung)   Man muß immer etwas Neues <u>erfinden.</u>
10. (dumm—die Dummheit)   Das war sehr <u>dumm</u> von mir.

C. *Write a sentence in the past perfect using the words indicated.*

1. (gute Note/in Deutsch/bekommen)
2. (der Zug/ankommen/pünktlich)
3. (nach Haus/du/wann/kommen/?)

Warum gibt es zwei briefmarken fur die Bundesrepublik?

Sprechen leicht gemacht!

To practice the past perfect...

Immer zu spät!   **A.** *Things are always happening too late! Express your disappointment in the past perfect. Look at the past participle vowel change in the margin only if you have to.*

au		die Polizei kam,	der Verbrecher° läuft schon weg	criminal
a		die Feuerwehr° kam,	das Haus brennt ab	fire department
a		ich am Bahnhof ankam,	der Zug fährt ab	
o		der Arzt endlich kam,	der Patient stirbt	
e		ich endlich Geld von meinen Eltern bekam,	ich esse seit drei Tagen nichts	
o	Als	ich in Kopenhagen landete, sah ich, daß	ich verliere meinen Paß	
e		ich die Kuckucksuhr bezahlen wollte, sah ich, daß	ich vergesse mein Geld	
a		ich zwei Stunden auf der Autobahn gefahren war, erkannte ich, daß	ich fahre nach Norden anstatt nach Süden	
o		wir schon eine Stunde im Zug saßen, sagte uns der Schaffner°, daß ?	wir nehmen den falschen Zug ?	conductor

Ursache und   **B.** *Create sentences from the two columns that show a logical cause and effect. Put*
Wirkung[3]   *the clauses in the second column into the past perfect.*

Er konnte gut Deutsch,
Sie war unglücklich,
Er war froh,
Er hatte Kopfschmerzen,
Er hatte immer Zeit,
Er war lang krank,
Sie haben nie geheiratet,
Wir sind schon nach einer Woche aus den Ferien zurückgekommen,
Ich habe eine gute Note bekommen,
?

weil

er ißt immer zuviel
wir geben unser ganzes Geld aus
er arbeitet sein ganzes Leben nicht
ich studiere die ganze Nacht
er heiratet eine andere Frau
sie schreibt ihm einen langen Brief
er lebt ein Jahr in der Schweiz
sie wohnen zu lange zusammen
er trinkt wieder zuviel Bier
?

[3]*Cause and effect*

To practice vocabulary . . .

Was sind Ihre
Prioritäten?

C. *Sie dürfen einen Tag lang Präsident der Vereinigten Staaten sein. Was würden Sie machen?*

Ich würde
ein Gesetz°

{ für
gegen

die Luftverschmutzung
die Bevölkerungsexplosion
Raumfahrt
Kernkraftwerke°   *nuclear power plants*
neue Häuser in den Slums
die Computer
dumme Reklamen
mehr Freiheit
zur Konservierung° von   *conservation*
   allen Rohstoffen
mehr Land für die Landwirtschaft
Spion°-Satelliten   machen.   *law/spy*
die Verschwendung°   *waste*
   von Rohstoffen
die Suche nach Menschen auf anderen
   Planeten
die Forschung nach Sonnenenergie
den technischen Fortschritt
die freie Liebe
den Krieg
den Luxus reicher Leute
Revolver
Leute, die etwas am Telefon
   verkaufen wollen,
      ?

To practice reading comprehension . . .

D. *Die Brüder Grimm und „Grimm's Law"*

Sie kennen sicher Jakob und Wilhelm Grimm als die Sammler und Herausgeber° von den „Kinder- und Hausmärchen", die auch Walt Disney als Material zu Filmen benutzt hat. Wer kennt nicht „Schneewittchen° und die sieben Zwerge°", „Aschenputtel°" oder „Rotkäppchen°"? *collectors and editors / Snow White/dwarfs/ Cinderella / Little Red Ridinghood*

Aber die Brüder Grimm waren mehr als Märchensammler. Sie waren auch große Sprachwissenschaftler°, schrieben eine „Deutsche Grammatik" und auch das „Deutsche Wörterbuch" in 32 Bänden°. In diesem Wörterbuch kann man nachschlagen°, wo jedes deutsche Wort zum ersten Mal im Druck erscheint°. *linguists / volumes / look up / appears in print*

Am berühmtesten sind jedoch die Brüder Grimm für ihre Studien in vergleichender° Sprachwissenschaft. Sie verglichen Deutsch mit Sanskrit *comparative* und allen germanischen und romanischen Sprachen, wie Englisch oder Latein. Dabei haben sie beobachtet° daß gewisse° Laute° sich von einer Sprache zur anderen regelmäßig° verschoben° haben.[4] Zum Beispiel, lateinisch *p* ist fast immer *v* auf deutsch und *f* auf englisch, aber bleibt *p* auf französisch und spanisch. Man sieht das, z.B., in *pater, Vater, father, père* und *padre.* So erkannten die Brüder Grimm, daß alle indoeuropäischen[5] Sprachen auf eine gemeinsame° Sprache zurückgehen°, die vor mehreren tausend Jahren existiert haben muß.

observed/certain/sounds
regularly/shifted

common/
can be traced back to

Die Brüder Grimm nannten ihre Theorie Lautverschiebung°, und alle Studenten, die an einer Universität einen B.A. oder einen M.A. in Englisch erhalten, müssen diese Verschiebungen (mit vielen Beispielen!) auswendig° lernen.

sound shift

by heart

Heute kann man das „Deutsche Wörterbuch", dessen erste Bände 1854 erschienen, als Nachdruck° von der japanischen Firma Sansyusya Publishing in Tokio kaufen. Raten° Sie, was die 32 Bände kosten? Über $2000!

reprint
guess

Richtig oder falsch? *Now check how well you have understood the reading about the Brothers Grimm. Is the statement true or false?*

1. Die Brüder Grimm haben die Märchen geschrieben.
2. Das „Deutsche Wörterbuch" ist eine Grammatik.
3. In dem „Deutschen Wörterbuch" stehen englische Übersetzungen von deutschen Wörtern.
4. Das „Deutsche Wörterbuch" zeigt, wann ein Wort zum ersten Mal schriftlich in der deutschen Sprache erscheint.
5. Die Laute in allen Sprachen sind immer gleich geblieben.
6. Die indoeuropäischen Sprachen sind die „Eltern" von allen germanischen und romanischen Sprachen.
7. Die Brüder Grimm haben Deutsch mit Chinesisch verglichen.
8. Das Gesetz über die Lautverschiebung zeigt, daß Deutsch und Französisch verwandt sind.
9. Die Brüder Grimm waren die ersten, die eine Verwandtschaft zwischen den indoeuropäischen Sprachen erkannt hatten.

Und was möchten Sie noch wissen? Stellen Sie Fragen.

---

[4]Der dänische Professor Rasmus Kristian Rask regte *(inspired)* 1818 Jakob Grimm dazu an.   [5]German scholars refer to **indoeuropäisch** as **indogermanisch.**

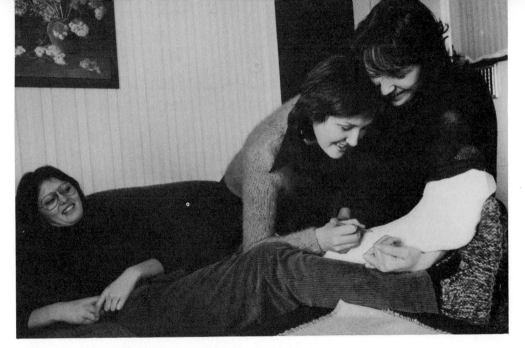

,,Wenn ich nur vorsichtiger gewesen wäre!"

Kapitel 15

Wunschliste für alt und jung

1. The general subjunctive
   Weak Verbs
   Strong verbs
   Special verbs
2. **würde** + infinitive as an alternative for the subjunctive
3. Time and tense in the subjunctive
4. Omission of **wenn**

Die Welt des Konjunktivs

DIALOG **Wunschliste für alt und jung**

Als Kinder wünschen wir uns:
Wenn ich nur schon größer wäre!
Wenn wir nur einen Hund hätten!
Wenn wir nur nicht so früh ins Bett müßten!
Wenn ich nur noch länger fernsehen dürfte!

Als Studenten sagen wir: Wie schön wär's, ...
wenn das Studium nicht so schwer wäre!
wenn wir nicht so viele Prüfungen hätten!
wenn ich nur bald eine Stelle bekäme!
wenn ich mir nur ein Auto kaufen könnte!

Wenn wir verliebt sind, denken wir manchmal:
Ich wäre so froh, wenn sie (er) mich heute anrufen
würde.
Ich weiß, daß sie (er) mich nie verlassen würde.
Ich ginge bis ans Ende der Welt mit ihr (ihm).
Wenn wir doch bald heiraten könnten!

Als junges Ehepaar hofft man,
daß die Kinder nie krank wären.
daß die Miete nicht so hoch wäre.
daß man mehr kaufen könnte.
daß die Eltern öfters zu uns kämen.

Im Alter von 40 bis 50 sagt man vielleicht:
Hätte ich doch früher geheiratet!
Hätte ich doch nie geheiratet!
Hätten wir nur mehr Freizeit!
Wären wir doch mehr gereist, als wir jünger waren.

Nach fünfzig meint man vielleicht:
Hätten wir nur mehr Zeit für die Kinder gehabt!
Hätte ich nur nicht so viel geraucht, dann wäre ich jetzt
gesünder!
Wären wir doch öfters zu unseren Eltern gefahren!
Wäre ich doch schon pensioniert!

Und was sagt man, wenn man pensioniert ist?
Ich wünschte, ...

wir lebten in Arizona.
wir wären noch jünger.
es gäbe keine Inflation.
wir könnten mehr reisen.

Wortschatz zum Dialog

new nouns (active vocabulary)

das **Bett, -en** *bed*
der **Hund, -e** *dog*

die **Inflation** *inflation*
die **Miete, -n** *rent*

new verbs (active vocabulary)

froh *happy*

meinen *to think, to be of the opinion*

other new words (active vocabulary)

öfters *more often*

pensioniert *retired*

verliebt *in love*

PERSÖNLICHE FRAGEN

Ask your classmates some of these questions, A to B, B to C, etc. Use a subjunctive form in the open clause.

These **Fragen** should be done only after study of Sections 1 and 2 in **Theorie und Anwendung.**

1. Was haben Sie sich (was hast du dir) manchmal als Kind gewünscht?
   Als ich ein Kind war, wünschte ich mir, daß_____.
2. Was wünschen Sie sich (was wünschst du dir) jetzt als Student (Studentin)? Jetzt wünsche ich mir, daß_____.
3. Und was wünschen Sie sich (wünschst du dir) für die Zukunft?
   Für die Zukunft wünsche ich mir, daß_____.
4. Und was wünschen Sie (wünschst du) allen Menschen in der Welt?
   Ich wünsche allen Menschen in der Welt, daß_____.

(Use these or other verbs: **sein, haben, müssen, dürfen, bekommen, können, kommen, geben, kaufen, usw.**)

AUSSPRACHE ÜBUNG

German **s** versus German **ss** or **ß**

der **Rasen**	*lawn*	die **Rassen**	*races*
die **Rose**	*rose*	die **Rosse**	*horses*
reisen	*to travel*	**reißen**	*to tear apart*
die **Hasen**	*rabbits*	**hassen**	*to hate*
ich bin **heiser**	*I am hoarse*	es wird **heißer**	*it's getting warmer*
er **las**	*he read*	**Laß** das!	*Stop it!*

GRAMMATIK Theorie und Anwendung

1. The general subjunctive

Language is a versatile tool that allows us to express both reality and unreality (wishes, suppositions, conjectures, and conditions contrary to fact).

The **indicative** mood describes reality, in the present, future, and past. It is also used to ask questions.

Indicative vs. Subjunctive

Ich **habe** Zeit.	*I have time.*
Ich **werde** Zeit **haben.**	*I will have time.*
Ich **hatte** Zeit.	*I had time.*
Ich **habe** Zeit **gehabt.**	*I have had time.*
Ich **hatte** Zeit **gehabt.**	*I had had time.*

The **subjunctive** mood often communicates unreality.

PRESENT/FUTURE

Wenn ich nur Zeit **hätte!**   *If only I had time.*

PAST

Wenn ich nur Zeit **gehabt hätte!**   *If only I had had time.*

„Wenn ich nur nicht so viel zu tun hätte!"

Only Two Tenses The subjunctive has only two time frames: One functions for either the present or the future, and the other functions for the past. (The present/future time frame will be discussed first, then the past time frame in section 3 of this chapter.)

English vs. English also uses the subjunctive, but it is not as easily recognizable as it
German is in German. Compare:

INDICATIVE (TRUE-TO-FACT)	SUBJUNCTIVE (CONTRARY-TO-FACT)
If he is home, he is sleeping.	*If he were home, he would be sleeping.*
If I have time, I will come.	*If I had time, I would come.*
If she works hard, she will win the first prize.	*If she worked hard, she would win the first prize.*
If he needs money, we will give it to him.	*If he needed money, we would give it to him.*
If I know the answer, I will tell you.	*If I knew the answer, I would tell you.*

Weak verbs

Weak verbs: The general subjunctive of weak verbs in the present/future time frame
Same as uses the same forms as those of the past tense <u>indicative</u>. As you learned
past indicative! in Chapter 8, the past tense indicative is formed by adding to the verb stem the dental suffix -t- plus the personal endings **-e, -est, -e, -en, -et, -en.**

PAST INDICATIVE

ich hör t e	**hörte**	*I heard, have heard*
du hör t est	**hörtest**	*you heard, have heard* (fam. sing.)
er/sie hör t e	**hörte**	*he/she heard, has heard*
wir hör t en	**hörten**	*we heard, have heard*
ihr hör t et	**hörtet**	*you heard, have heard* (fam. pl.)
sie, Sie hör t en	**hörten**	*they/you heard, have heard*

PRESENT/FUTURE SUBJUNCTIVE

ich hör t e	**hörte**	*I would hear*
du hör t est	**hörtest**	*you would hear* (fam. sing.)
er/sie hör t e	**hörte**	*he/she would hear*
wir hör t en	**hörten**	*we would hear*
ihr hör t et	**hörtet**	*you would hear* (fam. pl.)
sie, Sie hör t en	**hörten**	*they/you would hear*

In themselves the present/future subjunctive forms cannot be distinguished from those of the past tense indicative. A past tense form is to be interpreted as subjunctive, therefore, only when the context itself clearly indicates a contrary-to-fact situation. Compare the examples below.

PAST INDICATIVE

Fritz **besuchte** uns gestern.   *Fritz visited us yesterday.*

PRESENT/FUTURE SUBJUNCTIVE

Wenn Fritz uns bald **besuchte,**   *If Fritz visited (were to visit) us*
   freuten wir uns.   *soon, we would be happy.*

ANWENDUNG   **A.** *Supply the missing verb form, first in the past indicative, then in the present/future subjunctive.*

   a) Ich wohne bei dir.
   1. Letztes Jahr _____ ich bei dir.
   2. Ich wünschte, ich _____ wieder bei dir.

   b) Er arbeitet zu viel.
   3. Während der Ferien _____ er zu viel.
   4. Ich wünschte, daß er während der Ferien nicht zu viel _____ .

   c) Sie kaufen das neue Auto.
   5. Sie _____ früher° alle zwei Jahre ein neues Auto.   formerly
   6. Wenn Sie heute das Auto _____ , würde es viel mehr kosten.

   d) Ihr sagt immer die Wahrheit.
   7. Früher _____ ihr immer die Wahrheit.
   8. Ich wollte, ihr _____ auch jetzt die Wahrheit.

   e) Wir leben jeden Winter in Florida.
   9. Wir _____ jeden Winter in Florida.
   10. Wenn wir Geld hätten, _____ wir jeden Winter in Florida.

   f) Du rauchst nicht mehr.
   11. Letztes Jahr _____ du nicht mehr.
   12. Ich dachte, du _____ nicht mehr.

Strong verbs

The general subjunctive of strong as of weak verbs, is derived from the past tense. The personal endings are the same (**-e, -est, -e, -en, -et, -en**), but no dental suffix **-t-** occurs. The stem vowel is umlauted wherever possible.

The umlaut is the difference!

To form the general subjunctive of strong verbs in the present/future time frame, add the subjunctive personal endings to the stem of the past indicative and umlaut the stem vowel if it is **a, o,** or **u.**

INFINITIVE	PAST INDICATIVE	PRESENT/ FUTURE SUBJUNCTIVE
sein	ich **war**	ich **wär e**
haben	ich **hatte**	ich **hätt e**
können	ich **konnte**	ich **könnt e**
sprechen	ich **sprach**	ich **spräch e**

| *What about non-umlauting verbs?* | In non-umlauting strong verbs only the **ich-** and **er-** forms are clearly different from the past indicative. Note the characteristic "subjunctive" endings in the **ich-** and **er-** forms. |

Model of complete conjugation

		PRESENT/FUTURE	
PAST INDICATIVE	**SUBJUNCTIVE NON-UMLAUTING**		**SUBJUNCTIVE UMLAUTING**
gehen, geben	**gehen**		**geben**
ich **ging, gab**	**ging e**		**gäb e**
du **gingest, gabest**	**gingest**		**gäb est**
er, sie, es **ging, gab**	**ging e**		**gäb e**
wir **gingen, gaben**	**gingen**		**gäb en**
ihr **ginget, gabet**	**ginget**		**gäb et**
sie, Sie **gingen, gaben**	**gingen**		**gäb en**

Note: In everyday speech the **e** in the **du-** and **ihr-** forms is often omitted: du **gingst**, du **gäbst**; ihr **gingt**, ihr **gäbt**.

Special verbs

| *The modals and mixed verbs* | The general subjunctive of modals and mixed verbs is identical with the past indicative except that an umlaut is added. **Sollen** and **wollen**, however, do not umlaut. Note that they all retain the past indicative signal **t.** |

INFINITIVE	PAST INDICATIVE	PRESENT/FUTURE SUBJUNCTIVE
können	**konnte**	ich **könnte**, du **könntest**, er **könnte**, wir **könnten**, ihr **könntet**, sie, Sie **könnten**
dürfen	**durfte**	ich **dürfte**, du **dürftest**, er **dürfte**, wir **dürften**, ihr **dürftet**, sie, Sie **dürften**
denken	ich **dachte**	ich **dächte**, du **dächtest**, er **dächte**, wir **dächten**, ihr **dächtet**, sie, Sie **dächten**
wissen	ich **wußte**	ich **wüßte**, du **wüßtest**, er **wüßte**, wir **wüßten**, ihr **wüßtet**, sie, Sie **wüßten**.

For complete conjugation of other modals see Reference Grammar, page 452.

Summary rule

1. Weak, strong, and modal verbs all use the same personal endings in the subjunctive: **-e, -est, -e, -en, -et, -en** added to the stem of the past tense.

2. Strong verbs with the stem vowels **a, o, u** umlaut.

3. Weak verbs and modals add **-t-** between the stem and the personal ending, as do **denken** and **wissen**.

4. **Sollen** and **wollen** do not umlaut and are therefore identical with the past indicative.[1]

ANWENDUNG   **B.** *Supply first the past tense, and then the appropriate general subjunctive form.*

1. Ich habe kein Geld. Ich _____ kein Geld. Wenn ich nur viel Geld _____!
2. Du hast keine Zeit. Du _____ keine Zeit. Wenn du nur Zeit _____!
3. Ich bin zu Haus. Ich _____ zu Haus. Wenn ich nur jetzt zu Haus _____!
4. Ihr seid nie pünktlich. Ihr _____ nie pünktlich. Wenn ihr nur immer pünktlich _____!
5. Fritz kommt heute. Fritz _____ gestern. Wenn Fritz auch morgen _____!
6. Ich spreche Deutsch. Ich _____ früher Deutsch. Wenn ich nur wieder Deutsch _____!
7. Erika geht nach Haus. Erika _____ nach Haus. Ach, wenn Erika nur nicht jetzt nach Haus _____!
8. Wir bekommen keinen Brief. Wir _____ keinen Brief. Wenn wir doch nur einmal wieder einen Brief _____!
9. Meine Eltern verstehen mich nicht. Meine Eltern _____ mich nicht. Ach, wenn meine Eltern mich doch nur besser _____!
10. Mein Freund/Meine Freundin schreibt mir nicht. Er/Sie _____ mir lange nicht. Ach, wenn er/sie mir nur wieder _____!
11. Du rufst mich an. Du _____ mich heute _____. Ach, wenn du mich doch heute noch einmal _____!
12. Ich muß immer studieren. Ich _____ gestern studieren. Wenn ich nur nicht immer _____!
13. Meine Freunde denken schlecht von mir. Meine Freunde _____ schlecht von mir. Wenn doch meine Freunde nicht schlecht von mir _____!
14. Ich weiß die Antwort. Gestern _____ ich die Antwort. Wenn ich doch immer die Antwort _____!
15. Er will immer recht haben. Er _____ immer recht haben. Wenn er nur nicht immer recht haben _____!
16. Es gibt zu viele Verben. Es _____ schon immer zu viele Verben. Ach, wenn es nur nicht so viele Verben _____!

2. würde + infinitive as an alternate for the subjunctive

würde *to the rescue!*   All languages—including German—have a tendency to simplify themselves over the course of time. In German, there is a growing tendency to

---

[1] In a small number of cases, the subjunctive is formed irregularly: **befehlen** *(to command)*, **befahl, beföhle; helfen** *(to help)*, **half, hülfe; stehen** *(to stand)*, **stand, stünde; sterben** *(to die)*, **starb, stürbe; werfen** *(to throw)*, **warf, würfe.**

replace the more complex subjunctive forms with the construction **würde** + infinitive. As you learned in Chapter 10, **würde** (the subjunctive of **werden** *to become*) is often used with an infinitive and always corresponds to English *would*. The construction **würde** + infinitive is often used in a conclusion clause.

HYPOTHESIS CLAUSE	CONCLUSION CLAUSE
	gäbe er es dem Kellner.
Wenn er Geld **hätte,**	**würde** er es dem Kellner **geben.**

If he had money, he would give it to the waiter.

The conclusion clause may precede the hypothesis clause.

Ich **behielte** den Hund,
Ich **würde** den Hund **behalten,**   wenn ich keine Katze **hätte.**
I would keep the dog if I didn't have a cat.

The construction **würde** + infinitive may also be used as a substitute for the subjunctive of a weak verb which does not clearly signal a contrary-to-fact situation.

Ich **schaute,**
Ich **würde schauen,**   ob der Hund eine Hundemarke hat.
I would check whether the dog has a dog tag.

In spoken German, **würde** + infinitive is often used as a substitute for almost any form of the subjunctive when the latter is ambiguous, not recognizable, or sounds archaic.

Ich **wäre** dir dankbar,   [wenn du mir **hülfest.**]
                               wenn du mir **helfen würdest.**
I would be grateful if you would help me.

ANWENDUNG   **A.** *Restate, substituting the construction* **würde** + *infinitive in the conclusion clause.*

1. Wenn ich Zeit hätte, dann ginge ich ins Konzert.
2. Wenn er reich wäre, gäbe er armen Leuten mehr Geld.
3. Wenn ich viel Geld hätte, arbeitete ich nicht.
4. Wenn sie käme, freute ich mich.
5. Ich bliebe zu Haus, wenn Sie es wünschten.
6. Sprächest du mit ihm, wenn er anriefe?
7. Er ginge sofort weg, wenn du kämest.
8. Sie täten uns leid, wenn Sie das machten.

SYNOPSIS
EXERCISES
ON GENERAL
SUBJUNCTIVE

A. *Complete the sentence, rearranging all the cue words in their proper word order, and putting the verb first into the general subjunctive and then into the* **würde** *alternative.*

1. Wenn es wärmer wäre,   (schwimmen/gehen/wir).
2. Wenn es erlaubt wäre,   (ich/tun/es).
3. Wenn er seine Adresse wüßte,   (er/schreibt/ihm).
4. Wenn du gestern studiert hättest,   (müssen/du/nicht heute/studieren).
5. Wenn es weniger Autos gäbe,   (die Luft/besser/ist).

B. *Complete, putting the cue verb of the conclusion clause into the* **würde***-con-struction, and the other cue verb into the present/future subjunctive. (The con-clusion clause may be either the first or the second clause.)*

1. (essen/werden) Wenn er nicht so viel _____, _____ er nicht so
   dick° _____.   fat
2. (fahren/mitkommen) Wir _____ ans Meer _____, wenn du _____.
3. (kaufen/verdienen) Er _____ ein Auto _____, wenn er mehr Geld
   _____.
4. (müssen/essen) Wenn man kein Trinkgeld geben _____, _____ wir
   öfter im Restaurant _____.

C. *Restate as unreal conditions. Use the* **würde***-construction in the conclusion clause.*

1. Wenn er Geld hat, fährt er nach Atlantic City.
2. Wenn das Moped noch neu ist, kaufe ich es.
3. Fahren Sie ans Meer, wenn Sie dieses Wochenende Zeit haben?
4. Was tust du, wenn du jetzt Kopfschmerzen bekommst?
5. Wir stehen früher auf, wenn wir arbeiten müssen.

D. *Turn the* **weil***-clause into a* **wenn***-clause, and supply the subjunctive of the mis-sing verbs.*

1. Ich will dich nicht heiraten, weil ich keine Stelle habe.
   Ich _____ dich gerne heiraten, wenn ich eine Stelle _____.
2. Er kann nicht kommen, weil er krank ist.
   Er _____ kommen, wenn er nicht krank _____.
3. Sie schreibt uns nicht, weil sie unsere Adresse nicht weiß.
   Sie _____ uns, wenn sie unsere Adresse _____.
4. Wir kommen so spät, weil es regnet.
   Wir _____ nicht so spät, wenn es nicht _____.

E. *If the conclusion clause uses the* **würde***-construction, change it to the general subjunctive, and vice versa.*

1. Wenn das Wetter wärmer wäre, gingen wir schwimmen.
2. Ich würde das Auto kaufen, wenn es nicht so teuer wäre.
3. Ich gäbe dir gerne Geld, wenn ich es könnte.

Strandleben auf einer ostfriesischen Insel: „Wenn die Sonne nur länger scheinen würde!"

4. Wir kämen schneller zum Bahnhof, wenn Sie uns mit dem Auto dahin brächten.
5. Wir würden länger schlafen, wenn man uns nicht störte.

3. Time and tense in the subjunctive

Two tenses for three time frames

The subjunctive has only two time categories: present/future and past. The forms you have learned so far may have either a present or a future implication: **Wenn er Geld hätte, würde er nach Deutschland fliegen** (or **flöge er nach Deutschland**) may indicate either that he would fly right now or that he would do so sometime in the future.

Conditions that refer to the past are expressed by the past subjunctive. It is formed from the past perfect indicative: **hätt-e** or **wär-e** + past participle.

Beispiele

PRESENT/FUTURE TIME FRAME

Ich **flöge** nach Haus, wenn ich Geld **hätte**.

Wenn er reich **wäre, würde** er den Porsche **kaufen**.

I would fly home, if I had money.

If he were rich, he would buy the Porsche.

PAST TIME FRAME

Ich **wäre** nach Haus **geflogen**, wenn ich Geld **gehabt hätte**.

Wenn er reich **gewesen wäre**, hätte er den Porsche **gekauft**.

I would have flown home, if I had had money.

If he had been rich, he would have bought the Porsche.

ANWENDUNG   **A.** *Supply the proper form of* **haben** *or* **sein** *in the subjunctive to complete the sentence.*

1. Wir _____ euch gestern das Geld gegeben, wenn ihr uns gefragt _____.
2. _____ du mitgekommen, wenn wir dich eingeladen _____?
3. Wenn Sie früher geschrieben _____, _____ ich nicht angerufen.
4. _____ du das Buch mitgebracht, wenn sie dich nicht daran erinnert _____?
5. Ich _____ nicht so schnell gefahren, wenn ich mehr Zeit gehabt _____.
6. Ach, _____ wir das nur gewußt!

B. *Supply the past participle of the cue verbs to complete the sentence.*

1. (helfen/schreiben) Wir hätten ihm _____, wenn er uns _____ hätte.
2. (bleiben/anrufen) Ich wäre zu Haus _____, wenn du nicht _____ hättest.
3. (sein/kommen) Wir wären froh _____, wenn Sie _____ wären.
4. (wissen/sagen) Wenn ich seine Adresse _____ hätte, dann hätte ich es dir _____.
5. (haben)   Ach, hätten Sie nur noch ein paar Minuten Zeit _____!

C. *Restate, changing the present/future time frame to the past time frame using the general subjunctive.*

1. Wenn ich heute Zeit hätte, ginge ich ans Meer.
   Wenn ich gestern Zeit _____ _____, _____ ich ans Meer _____.
2. Wenn er morgen zu Haus wäre, würden wir ihn besuchen.
   Wenn er gestern zu Haus _____ _____, _____ wir ihn _____.
3. Wenn ich jetzt die Adresse wüßte, so würde ich sie euch geben.
   Wenn ich gestern die Adresse _____, so _____ ich sie euch _____.
4. Was würdest du tun, wenn du morgen viel Geld bekämest?
   Was _____ du _____, wenn du gestern viel Geld _____ _____?

D. *Change the indicative statement into the present/future time frame, then into the past time frame.*

a) Wenn Erika Zeit hat, geht sie zu Fuß.
1. Wenn Erika Zeit_____, _____ sie zu Fuß _____.
2. Wenn Erika Zeit_____ _____, _____ sie zu Fuß _____.

b) Wir kommen heute, wenn das Wetter schön ist.
3. Wir _____ heute, wenn das Wetter schön _____.
4. Wir _____ gestern _____, wenn das Wetter schön _____ _____.

c) Wenn ich Geld habe, gebe ich es aus.
5. Wenn ich Geld _____, _____ ich es _____.
6. Wenn ich Geld _____ _____, _____ ich es _____.

d) Wenn ich mehr studiere, bekomme ich eine bessere Note.
7. Wenn ich mehr _____, _____ ich eine bessere Note.
8. Wenn ich mehr _____ _____, _____ ich eine bessere Note _____.

4. Omission of wenn

Wenn may be omitted at the beginning of a hypothesis clause. The clause then begins with the verb and the word order changes from Verb-Last to Verb-Subject word order.

Wenn ich Zeit **hätte,**
Hätte ich Zeit,   so (dann) würde ich Sie besuchen.

If I had time,
Had I time,   *I would visit you.*

So or **dann** may be omitted from the conclusion clause.

ANWENDUNG   **A.** *If the sentence begins with* **wenn,** *restate it to begin with the verb, and vice versa.*

1. Hätten wir den Zug genommen, dann wären wir jetzt zu Haus.
2. Wenn ich mehr Zeit hätte, würde ich länger bleiben.
3. Müßte ich nicht früh aufstehen, so würde ich heute abend tanzen gehen.
4. Wenn alles nicht so teuer wäre, würden wir mehr kaufen.
5. Wenn ich das nur gewußt hätte!
6. Wären wir schneller gefahren, so hätten wir mehr Zeit gespart.
7. Wenn er doch nur bald käme!
8. Könnte ich Deutsch verstehen, dann ginge alles viel leichter.
9. Hättet ihr uns geschrieben, so wären wir zu euch gekommen.
10. Wenn Hans diese Stelle bekommen hätte, so hätte er uns sofort angerufen.

BERLIN · 1975 · DDR

WELTKONGRESS
IM INTERNATIONALEN
JAHR DER FRAU

LESESTÜCK   Die Welt des Konjunktivs

Ob wir es wollen oder nicht-die Welt des Konjunktivs, die Welt der Möglichkeiten und Hypothesen-spielt eine wichtige Rolle in unserem Leben. Hier sind einige Beispiele.

Aus dem täglichen Leben

Sie sind in einem Supermarkt und sehen, wie ein junger Mann eine Dose Thunfisch° in seine Tasche steckt. Was würden Sie tun?   tuna fish

a) Ich würde sofort zum Manager gehen und ihm sagen, was ich gesehen habe.

b) Ich würde so tun, als hätte ich nichts gesehen.

c) Ich würde dem jungen Mann sagen: „Es wäre besser, wenn Sie das sofort zurücklegten."

d) Ich würde laut sagen: „Schämen Sie sich! Sie sind ein Dieb."

e) Ich . . .

Klaus und Renate gehen in ein Restaurant. Als er zahlen will, kann er seine Brieftasche° nicht finden. Kein Geld! Keine   wallet
Scheckkarte! Keinen Ausweis°! Nichts! Was könnte er tun?   ID

a) Er könnte seine Freundin bitten, die Rechnung für ihn zu bezahlen.

b) Er könnte dem Kellner sagen, daß er die Rechnung am nächsten Tag bezahlen würde.

c) Er könnte einen Freund anrufen, um sich von ihm Geld zu leihen.

d) Er sollte seiner Freundin sagen: „Bleib hier sitzen. Ich fahre schnell nach Haus und hole Geld."

e) Er . . .

Uwe und Fritz sind auf einer Bergtour in den Alpen. Fritz bricht sich das Bein. Was hätten Sie in dieser Situation getan?

a) Ich hätte versucht, ihn auf meinem Rücken° ins Tal zu   back
tragen.

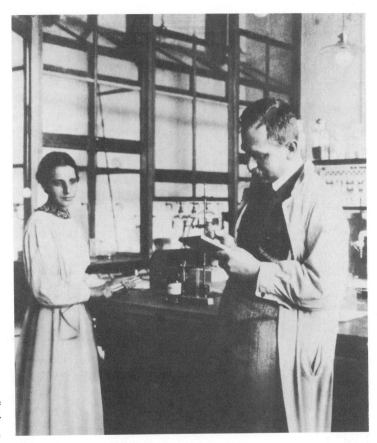

Professor Lisa Meitner half
Professor Otto Hahn bei der
Kernspaltung im Jahre 1938.

b) Ich wäre fortgegangen, um Hilfe zu holen.
c) Ich hätte ein Feuer gemacht, um die Bergwacht° zu alar-   mountain patrol
mieren.
d) Ich hätte laut um Hilfe gerufen.
e) Ich ...

   Katja ist auf dem Weg nach Haus. Ein kleiner junger
Schäferhund, den sie noch nie gesehen hat, läuft ihr nach°.   follows
Sie bleibt stehen und sagt: „Lauf nach Haus!" Aber der junge
Hund tut das nicht. Was täten Sie?

a) Ich behielte den Hund.
b) Ich würde schauen, ob der Hund eine Hundemarke hat.
c) Ich würde ihm etwas zu fressen geben und den Tierschutz-   society for the prevention
verein° anrufen.   of cruelty to animals
d) Ich ginge schnell in meine Wohnung und ließe den Hund
vor der Tür stehen.
e) Ich ...

Aus der Wissenschaft

Im Jahre 1938 bestrahlten° Otto Hahn und Fritz Straßmann,   irradiated
zwei deutsche Wissenschaftler, Uran mit Neutronen. Sie hatten
dadurch das Atom gespalten! Was wäre ohne diese zufällige°   accidental
Entdeckung geschehen? Was glauben Sie?

a) Andere Wissenschaftler hätten später das Atom gespalten.

b) Es gäbe heute keine Atombombe.

c) Es gäbe heute keine Kernkraftwerke.

d) Kein Land hätte im Zweiten Weltkrieg die Atombombe
    gehabt.

e) ?

Wortschatz zum Lesestück

new nouns (active vocabulary)

die **Atombombe, -n**	*atomic bomb*	der **Konjunktiv**	*subjunctive*
der **Dieb, -e**	*thief*	die **Möglichkeit, -en**	*possibility*
die **Dose, -n**	*can*	die **Scheckkarte, -n**	*credit card*
das **Feuer, -**	*fire*	das **Tal, -̈er**	*valley*
der **Kellner, -**	*waiter*	die **Tasche, -n**	*pocket, satchel, purse*
das **Kernkraftwerk, -e**	*nuclear power plant*	die **Wohnung, -en**	*apartment*

nouns (for recognition)

das **Atom, -e**	*atom*	die **Kernspaltung**	*nuclear fission*
die **Bergtour, -en**	*mountain excursion*	der **Manager, -**	*manager*
die **Hundemarke, -n**	*dogtag*	das **Neutron, -en**	*neutron*
die **Hypothese, -n**	*hypothesis*	das **Restaurant, -s**	*restaurant*
die **Kernphysik**	*nuclear physics*	das **Uran**	*uranium*

new verbs (active vocabulary)

behalten (behält), behielt, behalten	*to keep, retain*
bitten, bat, gebeten	*to ask, request*
brechen (bricht), brach, gebrochen	*to break*
fressen (frißt), fraß, gefressen	*to eat* (said of animals)
geschehen (geschieht), geschah, ist geschehen	*to happen*
holen	*to get, fetch*
leihen, lieh, geliehen	*to borrow*
stecken	*to put, stick*
verlieren, verlor, verloren	*to lose*
versuchen	*to try*

verbs (for recognition)

alarmieren	*to notify, alarm*
fort·gehen, ging fort, ist fortgegangen	*to go away*
spalten	*to split*
stehen·bleiben, blieb stehen, ist stehen-geblieben	*to stop, remain standing*
zurücklegen	*to put back*

special and idiomatic expressions

der Zweite Weltkrieg	*Second World War*
laut um Hilfe rufen	*to call out loudly for help*
Schämen Sie sich!	*Shame on you! You ought to be ashamed of yourself!*
So tun	*act as if, "act like"*

> **Wenn das dumme „wenn" nicht wär',** *If wishes were horses, beggars*
> **Wär' ich heute Millionär!**   *would ride.*

FRAGEN ZUM LESESTÜCK

Antworten Sie auf deutsch!

1. Was hätten Sie getan, wenn Sie der Manager des Supermarkts gewesen wären?
2. Was würden Sie als Kellner zu einem Gast sagen, der seine Rechnung nicht bezahlen kann?
3. Wenn Sie Fritz auf dieser Bergtour gewesen wären, was hätten Sie zu Ihrem Freund Uwe gesagt?
4. Was hätten Sie mit dem jungen Schäferhund gemacht?
5. Was wäre geschehen, wenn Otto Hahn und Fritz Straßmann Hitler geholfen hätten? Was ist Ihre Meinung?
6. Wäre es besser, wenn man das Spalten des Atoms nicht entdeckt hätte?

SITUATIONEN

1. *You and your spouse have just had a friendly argument. He/She says:* „Ach, hätte ich nie geheiratet!" *You respond in kind.*
2. *You are Einstein, and in your grave you hear an environmentalist say:* „Ohne Einstein gäbe es keine Atombombe und keine Kernkraftwerke. Das wäre besser." *You react.*
3. *Someone says:* „Wenn es weniger Atombomben gäbe, wäre die Welt sicherer." *You react.*
4. *You are a German tourist on the Costa Brava in Spain. The weather is bad, the water cold, the prices high. You wish aloud:* _____ .

SCHRIFTLICH WIEDERHOLT

A. *Rewrite and connect each pair of sentences, stating a contrary-to-fact condition. Use the general subjunctive in the hypothesis clause and the **würde** + infinitive* *construction in the conclusion clause. Make sure your combined sentence makes sense. Translate your sentence.*

Beispiel   Ich habe heute Zeit. Ich komme zu dir.
Wenn ich heute Zeit hätte, würde ich zu dir kommen.

1. Die Leute bekommen mehr Geld. Sie kaufen viel.
2. Er ist krank. Wir besuchen ihn.
3. Es gibt keine Inflation. Das Leben für alte Leute ist schön.
4. Du hast seine Adresse. Schreibst du ihm?
5. Sie wohnen zusammen. Sie sparen Geld.

B. *Restate each sentence using the past subjunctive.*

Beispiel   Ich zeigte ihnen die Stadt, als sie uns besuchten.
Ich hätte ihnen die Stadt gezeigt, wenn sie uns besucht hätten.

1. Ich fuhr sofort zu ihr, als ich den Brief bekam.
2. Wenn wir das nur wüßten!
3. Wenn wir nur mehr Freizeit hätten!
4. Als er weniger rauchte, war er gesünder.
5. Er wäscht ihr gern ihr Auto.
6. Die Bergwacht fand ihn, als er um Hilfe rief.
7. Er kommt nicht, wenn ich ihn nicht einlade.
8. Wir haben keine schönen Ferien, wenn es keine Sonne gibt.

C. *Write two answers to each question, using the subjunctive. The cue words will give you some ideas.*

Was würden Sie tun,
Was wäre geschehen, } wenn . . .

. . . Sie etwas zahlen müßten und kein Geld hätten	Eltern leihen suchen Freunde anrufen Brieftasche
. . . Otto Hahn und Fritz Straßmann das Atom nicht gespalten hätten?	Kernkraftwerke Krieg sein es gibt verlieren glücklich sicher tun andere Atombombe

D. *Complete as you wish, and then translate each sentence into English.*

1. Ich hätte ..., wenn ...
2. Du hättest ..., wenn ...
3. Wir wären ..., wenn ...
4. Ich wäre ..., wenn ...
5. Ich wollte (wünschte), daß ...

E. *All of the following sentences are in the subjunctive. Give a precise English translation.*

1. Es wäre besser gewesen, wenn man die Atombombe nicht erfunden hätte.
2. Ich wünschte, es gäbe nicht so viele Kernkraftwerke.
3. Wenn ich nicht so viel arbeiten müßte, ginge ich öfters auf den Trimm-dich-Pfad.
4. Was würden Sie tun, wenn man Ihnen plötzlich DM 10,000 gäbe?
5. Könntest du mich morgen anrufen?
6. Würde ich mehr Geld verdienen, so dächte ich vielleicht ans Heiraten.
7. Ich wünschte, meine Eltern würden nicht so viel rauchen.
8. Wir hätten uns gefreut, wenn Peter das Stipendium bekommen hätte.

Sprechen leicht gemacht!

To practice the subjunctive, present/future time frame ...

Wenn nur ...   **A.** *With a sigh, say that you wished for the opposite of the things below.*

Ich habe keine Zeit!
Ich bin nicht reich!
Er spricht kein Deutsch!
Ich darf nicht rauchen!
Wir haben keine Arbeit!
Das Benzin kostet so viel!
Sie ruft mich nie an!
Der Professor hat mich nicht gern!
Wir dürfen nicht zusammenwohnen!
Ich bekomme keine guten Noten!
Sie wissen nie die richtige Antwort!
Er schreibt alles falsch!
Der Bus kommt nie pünktlich an!
Die Klasse hört nie pünktlich auf!
?

Ach, wenn _____
nur _____!

B. *Now begin your wishes with* **Ich wollte.** *Turn a negative statement into a positive wish, and vice versa.*

Wir haben kein Auto.
Ich bin immer müde°.   tired
Er/sie denkt nie an mich.
Du gibst zu viel Geld aus.
Er raucht immer.
Sie sind nicht glücklich verheiratet.   } Ich wollte, (wünschte) _____ !
Ich kann kein Geld verdienen.
Ich muß immer arbeiten!
Es geht mir nicht gut.
Ich kann nicht nach Haus fahren.
Ich weiß die Antwort nicht.
              ?

C. *This time, begin your wishes with* **Ich wünschte,** *and use* **würde** + *infinitive. Turn a negative statement into a positive wish, and vice versa. Use the* **daß-** *construction if you wish.*

Es regnet immer.
Die Sonne scheint nicht.
Du glaubst mir nie.
Er/sie liebt mich nicht.
Meine Eltern schicken mir kein Geld.
Wir sparen kein Geld.   } Ich wünschte, _____ .
Er/sie besucht uns nie.
Der Bus fährt nie pünktlich ab.
Ihr helft uns nicht.
Wir wohnen nicht am Meer.
              ?

Ich auch . . .   **D.** *Turn to a classmate and boast about what you have or do. Your classmate responds that he or she too would like the same, using the general subjunctive or the* **würde** *form. (Student A to Student B, B to C, and so on).*

Ich gehe heute ins Konzert.   _____ auch gern _____ !
Ich habe viel Zeit.   _____ auch gern _____ !
Ich bin ein(e) A-Student(in).   _____ auch gern _____ !
Ich bekomme nur gute Noten.   Ich { _____ auch am liebsten _____ !
Ich wohne zu Haus.   _____ auch am liebsten _____ !
Ich bin reich.   _____ auch am liebsten _____ !
Ich habe einen Freund
  (eine Freundin).
              ?

E. *Now you are on your own. Complete the sentences as you wish.*

Wenn ich mehr Geld hätte, _____.
Wenn ich mehr Zeit hätte, _____.
Wenn meine Eltern mich besser verstehen würden, _____.
Wenn das Benzin nicht so teuer wäre, _____.
Wenn der Professor nicht so streng° wäre, _____.
Wenn es diesen Winter viel Schnee° gäbe, _____.   snow
Wenn er/sie nicht so verliebt wäre, _____.
Wenn die Menschen nicht so egoistisch wären, _____.
Wenn es keine Inflation gäbe, _____.
Wenn das deutsche Bier nicht so viel kostete, _____.
Wenn man kein Trinkgeld geben müßte, _____.
Wenn ich keine Angst vor unserem Professor hätte, _____.
                    ?

„Wären wir nur schon wieder unten!"

Was hätten Sie gemacht?

F. *What would you have done in the situations below? Complete the sentence, putting the clause in parentheses into the past subjunctive.*

Wenn es gestern wärmer gewesen wäre,	(wir gehen schwimmen).
Wenn ich das vor einem Jahr gewußt hätte,	(ich tue es nicht).
Wenn ihr früher gekommen wäret,	(wir haben genug Zeit).
Wenn sie Kinder gehabt hätten,	(sie waren glücklicher).
Wenn du nicht so viel geraucht hättest,	(du bist nicht krank geworden).
Wenn Sie nicht so schnell gefahren wären,	(Sie haben keinen Strafzettel° bekommen). ticket
?	?

Your own views...

G. *Complete the sentences as you wish.*

Wäre ich nicht so dumm gewesen, _____ .
Hätte ich gestern gewußt, was ich heute weiß, _____ .
Wenn ich letztes Wochenende nicht so krank gewesen wäre, _____ .
Wenn ich mehr für die Prüfung studiert hätte, _____ .
Hätte mein Freund (meine Freundin) mich gestern angerufen, _____ .
Wenn es nicht so viel Verkehr auf der Autobahn gegeben hätte, _____ .

Meinungsfreiheit[4]

H. *Answer the question, using the suggested hints or your own ideas.*

Was hätten Sie gemacht, wenn Sie das Gold in Troja entdeckt hätten?
  (der Polizei sagen/selbst behalten/?)
Was wäre geschehen, wenn Amerika nicht als erstes Land die Atombombe gehabt hätte?
  (Krieg verlieren/mehr Menschen sterben/?)
Wie wäre die Welt heute, wenn man das Flugzeug nicht erfunden hätte?
  (das Leben ist gemütlicher/man kann nicht so viel reisen/?)
Was wäre passiert, wenn man die Anti-Baby Pille nicht erfunden hätte?
  (es gibt eine Bevölkerungsexplosion/es gibt keine sexuelle Revolution/
  Menschen sind moralischer/?)
Was wäre geschehen, wenn Karl Marx nicht gelebt hätte?
  (jemand anders erfindet den Kommunismus/es gibt keinen „Kalten Krieg"/?)
Was hätten Sie gemacht, wenn Sie ein UFO° gesehen   **Unbekanntes Flugobjekt**
  hätten?
  (niemand erzählen/eine Radiostation anrufen/?)
Wie würde ihr Leben heute sein, wenn es nicht die
  Frauenrechtbewegung° gegeben hätte?   women's liberation
                                          movement
  (nicht so viel verdienen/weniger Angst vor Frauen/?)
Was würden Sie sich wünschen, wenn Ihnen eine gute
  Fee° drei Wünsche erfüllte?   fairy
Wo wären Sie jetzt, wenn Sie heute keine Klassen hätten?
                ????

[4]*Freedom of opinion*

Wer hätte den Unfall verhindern können?

Kapitel 16

Vor Gericht: Wer hat recht?
1. Subjunctive after **als ob** and **als wenn**
2. Subjunctive in indirect statements
3. Subjunctive in indirect questions
4. Indirect commands with **sollen**
5. Subjunctive of politeness
6. The special subjunctive
Amerikanisch oder deutsch?

DIALOG   Vor Gericht: Wer hat recht?

Personen	*Ein Richter, Dr. Franz Reimer*
	Ein Polizist, Wachtmeister Lorenz
	Die Angeklagten: Herr Rüdinger, ein Autofahrer
	Fräulein Lechner, eine Autofahrerin
Ort	*Ein Polizeigericht in Wien*

Richter	Fall 253: Autounfall am 25.Juli dieses Jahres an der Kreuzung Josefstraße und Lange Gasse. Wachtmeister Lorenz, haben Sie diesen Unfall selbst gesehen?
Wachtmeister	Nein, aber ich habe den Bericht geschrieben.
Richter	Was sagen Sie in Ihrem Bericht?
Wachtmeister	Herr Rüdinger behauptet, Fräulein Lechner habe das Rotlicht an der Josefstraße nicht beachtet. Sie sei angeblich nicht stehengeblieben.
Richter	Und was hatte Fräulein Lechner dazu zu sagen?
Wachtmeister	Sie erklärte, sie sei stehengeblieben, habe das andere Auto nicht gesehen und sei dann langsam bei Grün über die Kreuzung gefahren. Dort hätte sie dann das Auto von Herrn Rüdinger angefahren.
Richter	Fräulein Lechner, ist es richtig, Sie hätten das Rotlicht nicht beachtet?
Frl. Lechner	Nein, Herr Richter, natürlich bin ich stehengeblieben. Aber Sie hätten sehen sollen, wie schnell e r durch die Kreuzung gefahren ist (*zeigt auf Herrn Rüdinger*)! Als wenn er auf einer Rennbahn wäre!
Herr Rüdinger	Herr Richter, das ist doch reiner Quatsch! Das Fräulein tut nur so°, als ob sie unschuldig wäre. (*zeigt auf* ^acts as if *Fräulein Lechner*) Leute wie Sie sollten keinen Führerschein haben!
Richter	Herr Rüdinger, wie schnell sind Sie gefahren?
Herr Rüdinger	Na, höchstens fünfunddreißig oder vierzig.
Richter	Wachtmeister Lorenz, hat es Zeugen für diesen Unfall gegeben?
Wachtmeister	Ja, einen Herrn Stein und eine Frau Götz.
Richter	Und was haben sie gesagt?
Wachtmeister	Herr Stein behauptete, Fräulein Lechner habe nicht lang genug gestoppt.
Richter	Und Frau Götz?
Wachtmeister	Sie meinte, das andere Auto sei sehr, sehr schnell gefahren.

Entscheidung des Richters

Herr Rüdinger ist schuldig. Er hätte den Unfall verhindern können, wenn er nicht so schnell gefahren wäre. Der Richter warnte aber auch Fräulein Lechner, in Zukunft beim Wechsel von rot zu grün nicht zu früh loszufahren.

Wortschatz zum Dialog

new nouns (active vocabulary)

der **Autofahrer, -**	car driver		die **Kreuzung, -en**	intersection
der **Autounfall, ̈-e**	automobile accident		der **Quatsch**	nonsense, "baloney," "bull"
der **Bericht, -e**	report			
der **Fall, ̈-e**	case		der **Richter, -**	judge
der **Führerschein, -e**	driver's license		das **Rotlicht**	red traffic light
das **Gericht, -e**	court		der **Unfall, ̈-e**	accident

nouns (for recognition)

der **Angeklagte, -n**	defendant		der **Wachtmeister, -**	sergeant
die **Gasse, -n**	small to medium Austrian street; lane		der **Zeuge, -n**	witness (masc.)
			die **Zeugin, -nen**	witness (fem.)
das **Polizeigericht, -e**	traffic court			
die **Rennbahn, -en**	racetrack			

new verbs (active vocabulary)

an·fahren (fährt an), fuhr an, angefahren	to run into, to hit
beachten	to pay attention to; to heed
behaupten	to claim, assert
los·fahren (fährt los), fuhr los, ist losgefahren	to drive on, proceed, "gun" a car
stoppen	to stop
verhindern	to prevent

other new words (active vocabulary)

angeblich	alleged(ly)		**schuldig**	guilty
höchstens	at most		**unschuldig**	not guilty, innocent
rein	pure			

special and idiomatic expressions

so tun (als ob)   to act like, to do as if

Im Falle eines Unfalls

Bei Unfällen gibt es einige Grundregeln zu
beachten. Ausführlich informieren darüber
die Unfallmerkblätter, die von den Versi-
cherungen ausgegeben werden. Die wichtigsten Punkte in Kürze:

> ● **Unfallstelle sichern**
> ● **Unfallfolgen feststellen (Sach- oder**
>   **auch Personenschaden?)**
> ● **Falls erforderlich, Notarzt und**
>   **Polizei verständigen**
> ● **Zeugen feststellen**

FRAGEN ZUM DIALOG

1. Warum waren Herr Rüdinger und Fräulein Lechner vor Gericht?
2. Was hatte Wachtmeister Lorenz nach dem Unfall getan?
3. Was behauptete Herr Rüdinger?
4. Was sagte Fräulein Lechner über den Unfall?
5. Welche Frage stellte der Richter an Fräulein Lechner?
6. Warum glaubte Fräulein Lechner, daß Herr Rüdinger an dem Unfall schuldig sei?
7. Was sagte Herr Rüdinger zu Fräulein Lechners Behauptung?
8. Warum erklärte der Richter Herrn Rüdinger für schuldig?
9. Was soll Fräulein Lechner in Zukunft nicht tun?
10. Machen Sie eine Skizze° des Unfalls an der Tafel! Erklären Sie, was geschehen ist, als ob Sie Zeuge (Zeugin) des Unfalls gewesen wären! — sketch

PERSÖNLICHE FRAGEN

1. Hatten Sie schon einmal einen Autounfall? Was ist passiert?
2. Waren Sie schon einmal Zeuge (Zeugin) eines Verkehrsunfalls? Was haben Sie gesehen?
3. Waren Sie schon einmal vor Gericht? Warum?
4. Was sind nach Ihrer Meinung die Hauptursachen° für Verkehrsunfälle? — main causes
5. Sind Sie schon einmal im Ausland° Auto gefahren? Wo fahren Sie lieber? Warum? — abroad

AUSSPRACHE ÜBUNG

German **v** versus German **w**

der **Vetter**	nephew	das **Wetter**	weather
vier	four	**wir**	we
viel	much	**weit**	far
das **Vieh**	cattle	**wie**	how
vorüber	past	**worüber**	about what
Macht dem **Volke!**	Power to the People!	die **Wolke**	cloud
voran	ahead	**woran**	at, in what

GRAMMATIK   Theorie und Anwendung

1. Subjunctive after als ob and als wenn

The subordinating conjunctions **als ob** *as if* and **als wenn** *as if* require use of the general subjunctive or **würde** + infinitive. Clauses introduced by these conjunctions use V-L word order.

Beispiele

Er tut, als ob er unschuldig **wäre.**	*He acts as if he were innocent.*
Sie tat, als ob sie unschuldig **ge-wesen wäre.**	*She acted as if she had been inno-cent.*
Als wenn er auf einer Rennbahn **wäre!**	*As if he were on a racetrack!*
Zuerst sah es aus, als ob wir den Fall **verlieren würden.**	*At first it looked as if we would lose the case.*

Note   The past subjunctive is normally preferred when the event reported took place prior to the time reference of the introductory clause (second example above). The **würde**-construction is used when a future event is implied (last example above).

ANWENDUNG

A. *Complete with the present/future subjunctive of the cue verb.*

1. (haben)   Fritz tut, als ob er keine Zeit _____ .
2. (sein)   Es sieht aus, als ob Inge zu Haus _____ .
3. (werden)   Es scheint, als ob das Wetter morgen wieder gut _____ .
4. (wollen)   Ich tue, als ob ich das Auto kaufen _____ .
5. (wissen)   Er tat, als wenn er alles _____ .
6. (sein)   Es war, als ob wir wieder jung _____ .

B. *Complete with the past subjunctive of the cue verb.*

1. (schlafen)   Karl sah aus, als ob er gestern nacht nicht _____ _____ .
2. (sein)   Vor dem Richter tat Sabine, als wenn sie unschuldig _____ _____ .
3. (haben)   Es war, als ob wir nie einen Unfall _____ _____ .
4. (lesen)   In der Prüfung antwortete ich, als ob ich das Buch _____ _____ .
5. (tun)   Du kritisierst mich, als ob ich nie in meinem Leben etwas Gutes _____ _____ .

Omission of **ob:**   The **ob** in **als ob** may be omitted without any change in meaning. When **ob**
V-S!   is omitted, however, V-S word order is required.

Er tut, **als ob** er unschuldig **wäre.**
Er tut, **als wäre** er unschuldig.   *He acts as if he were innocent.*

Als by itself (corresponding to English *when* or *as*) may also signal an
event in the past. In this usage, it is followed by V-L word order. **Als**
(corresponding to English *than*) also occurs in comparisons of unequals.

Als ich an die Kreuzung kam, war
   das Licht rot.   *When I got to the crossing the light*
   was red.
Er ist schneller gefahren **als** ich.   *He drove faster than I.*

Omission of **daß:**   **Daß** is sometimes omitted in German, just like its equivalent "that" in
S-V!   English. When **daß** is omitted, however, regular word order is observed.
However, **daß** cannot be omitted if the introductory clause contains a
negation.

Ich glaube, **daß** er unschuldig **ist.**
Ich glaube, **er ist** unschuldig.   *I believe (that) he is innocent.*

ANWENDUNG   **C.** *If the clause contains* **als ob,** *change it to* **als,** *and vice versa.*

1. Sie tun, als ob Sie immer recht hätten.
2. Es scheint, als hätte er Angst vor der Prüfung.
3. Sie tut, als ob sie Angst vor dem Richter hätte.
4. Es sieht aus, als würde es morgen regnen.
5. Es war, als ob ich neu geboren wäre.

D. *Supply* **als ob** *or* **als,** *whichever is appropriate.*

1. _____ ich das nicht wüßte!
2. _____ ich noch jung war, fuhr ich oft zu schnell.
3. _____ wäre die Bevölkerungsexplosion kein Problem!
4. _____ wüßte ich das nicht!
5. Er tat, _____ könnte er die Frage beantworten.
6. Sie tat, _____ sie schliefe.
7. Vor zwei Jahren, _____ wir in der Schweiz waren, sind wir oft Schi
   gelaufen.
8. Sie läuft besser Schi _____ ich.
9. Er hat so viel Energie, _____ er nie krank gewesen wäre.
10. Kann sie wirklich besser Deutsch _____ ich?
11. Sie tun, _____ Sie nicht gewußt hätten, daß Rauchen hier verboten ist.

„Wie schön, wenn die Schweizer Wintersonne immer schiene!"

2. Subjunctive in indirect statements

You have learned that the subjunctive is used in unreal situations.

Es **gäbe** weniger Unfälle, wenn die Leute nicht so schnell **führen.**	*There would be fewer accidents if people didn't drive so fast.*
Ich **hätte** das nicht **gesagt.**	*I wouldn't have said that.*

And you have learned that it is also used in wishes.

Ach, wenn ich nur mehr Zeit **hätte!**	*If only I had more time!*

What are indirect statements? The subjunctive is also used in indirect statements. A **direct** statement quotes word for word what was said. It is set off by quotation marks.

Der Richter sagte: „Der Angeklagte ist schuldig."	*The judge said, "The defendant is guilty."*

An **indirect** statement reports what someone else said without the speaker necessarily assuming responsibility for its accuracy.

Der Zeuge sagte, der Angeklagte **wäre** schuldig.	*The witness said the accused was guilty.*

In English, the past tenses are often but not always used in indirect statements.

DIRECT QUOTATION
He said, "I pay my bills."

INDIRECT STATEMENT
He said he pays his bills.
He said he paid his bills.

In modern colloquial German, too, the trend is toward replacing subjunctive forms with the indicative. However, correct usage still requires the use of the subjunctive.[1]

Correspondence of tenses   When a direct quotation is converted into an indirect statement, a present tense verb is converted to the present/future subjunctive.

DIRECT QUOTATION
Der Richter sagte: „Der Angeklagte **ist** nicht schuldig."

INDIRECT STATEMENT
Der Richter sagt,
Der Richter sagte,   der Angeklagte **wäre** nicht schuldig.
or
Der Richter sagte, daß der Angeklagte nicht schuldig **wäre.**

A future tense verb in the direct quotation becomes a **würde** + infinitive construction in the indirect statement. (Any first-person pronoun in the direct quotation becomes third-person in the indirect statement.)

DIRECT QUOTATION
Sie schreibt: „Ich **werde** nicht mehr so schnell **fahren."**

INDIRECT STATEMENT
Sie schreibt,
Sie schrieb,   sie **würde** nicht mehr so schnell **fahren.**

ANWENDUNG   **A.** *Report the direct quotations as indirect statements.*

1. Er sagt: „Ich bin nicht schuldig."
   Er sagt, _____ nicht schuldig.
2. Sie sagte: „Ich habe keine Zeit."
   Sie sagte, _____ .

[1]Sometimes another consideration also encourages the use of the subjunctive. By using the subjunctive, the speaker clearly shows that he or she does not assume responsibility for the truth or accuracy of a statement made by someone else. German newspapers regularly use the subjunctive in order to protect themselves against libel suit.

3. Die Zeitung hat geschrieben: „Man muß langsamer fahren."
   Die Zeitung hat geschrieben, man _____ .
4. Der Angeklagte sagte „Ich werde langsamer fahren!"
   Der Angeklagte sagte, _____ .
5. Der Wachtmeister sagte: „Es tut mir leid."
   Der Wachtmeister behauptete, es _____ .

Time and tense: If the verb in the direct quotation is in any past tense, the past time frame
past   of the subjunctive (**hätte** or **wäre** + past participle) is used when it is
turned into an indirect statement.

DIRECT QUOTATION

Der Angeklagte erklärte: „Ich **habe** das andere Auto nicht **gesehen.**"

INDIRECT STATEMENT

Der Angeklagte erklärte, er **hätte** das andere Auto nicht **gesehen.**
or
Der Angeklagte erklärte, daß er das andere Auto nicht **gesehen hätte.**

ANWENDUNG   **B.** *Report the direct quotations as indirect statements.*

1: Er sagte: „Ich habe das Rotlicht nicht gesehen."
   Er sagte, _____ das Rotlicht nicht _____ .
2. Sie sagte; „Ich war von links gekommen."
   Sie sagte, _____ von links _____ .
3. In der Zeitung stand: „Die Angeklagte ist immer eine seriöse Person gewesen."
   Die Zeitung behauptete, die Angeklagte _____ .
4. Der Zeuge sagte: „Ich sah es nicht."
   Der Zeuge meinte, _____ .

SYNOPSIS   *Using the general subjunctive, convert the direct quotation into an indirect statement*
EXERCISE   *following the introductory phrase. Use **würde** + infinitive when appropriate.*

1. „Ich bin unschuldig." Er sagt, _____ .
2. „Ich war krank." Sie sagte, _____ .
3. „Porsche ist der beste Wagen." Die Reklame behauptet, _____ .
4. „Mein Bruder hat geheiratet." Fritz sagte, _____ .
5. „Wir fahren morgen nach Wien." Sie schrieben, _____ .
6. „Ich kann kommen." Sie rief an und sagte, _____ .
7. „Es gibt kein besseres Motorrad." Er hat gesagt, daß _____ .
8. „Die Bevölkerungsexplosion hat erst begonnen." Man behauptet, _____ .
9. „Wir kommen heute um drei Uhr an." Sie schreiben, _____ .
10. „Ich mußte gestern studieren." Er sagte, _____ .
11. „Ich war nie im Hofbräuhaus." Sie hat gesagt, daß _____ .
12. „Ich habe auf die Annonce antworten wollen, aber ich habe keine Zeit gehabt."
    Er behauptet, _____ , aber _____ .
13. „Ich rufe dich gern an." Sie sagte, _____ .

3. Subjunctive in indirect questions

The general subjunctive is also used in indirect questions.

Beispiele

DIRECT QUESTION, PRESENT/FUTURE TIME FRAME

Der Richter fragte den Ange-
klagten: „Sind Sie schuldig oder
unschuldig?"

*The judge asked the accused, "Are
you guilty or innocent?"*

INDIRECT QUESTION

Der Richter fragte den Ange-
klagten, ob er schuldig oder unschuldig **wäre.**

*The judge asked the accused
whether he was guilty or innocent.*

DIRECT QUESTION, PAST TIME FRAME

Der Richter fragte mich: „Wie
lange haben Sie gestoppt?"

*The judge asked me, "How long
did you stop?"*

INDIRECT QUESTION

Der Richter wollte wissen, wie
lange ich **gestoppt hätte.**

*The judge wanted to know how
long I had stopped.*

Note: Indirect questions employ V-L word order. When the question does
not begin with a question word, the indirect question begins with **ob,**
whether.

ANWENDUNG

A. *Restate as indirect questions.*

1. „Sind Sie von links gekommen?" Er wollte wissen, _____ .
2. „Was ist Fräulein Lenz von Beruf?" Sie fragte, _____ .
3. „Hat sie die Frage verstanden?" Er fragte, _____ .
4. „Kann er morgen kommen?" Er fragte, _____ .
5. „Haben Sie den Unfall gesehen?" Er wollte wissen, _____ .
6. „Was haben Sie gesehen?" Er fragte, _____ .

4. Indirect commands with sollen

Indirect commands are expressed in German with the present subjunctive
of the modal **sollen** + the infinitive of the main verb.

DIRECT COMMAND

„**Fahren** Sie langsamer!"

"Drive more slowly!"

INDIRECT COMMAND

Die Polizistin sagte mir, ich **sollte**
langsamer **fahren.**

*The policewoman told me I should
drive more slowly.*

But sometimes the indicative is used if the introduction is in the present tense.

Die Polizistin sagt mir, ich soll langsamer fahren.

ANWENDUNG   **A.** *Restate as indirect commands.*

1. „Warten Sie!" Werner sagte mir, ich _____ .
2. „Wartet auf uns!" Sie sagten, wir _____ .
3. „Schreiben Sie bald!" Renate bat mich, ich _____ .
4. „Rufen Sie Walter an!" Er sagte, ich _____ .
5. „Fahr' langsamer!" Sie warnte, du _____ .
6. „Trinken wir ein Glas Bier!" Mein Freund sagte, wir _____ .
7. „Kommen Sie mit!" Fritz meinte, wir _____ .

5. Subjunctive of politeness

Last but not least!   For Germans the subjunctive plays a very important role in expressing politeness, just as in English the would-form.

INDICATIVE (IMPOLITE)

Ober, bringen Sie mir eine
Tasse Kaffee!

Waiter, bring me a cup of coffee!

SUBJUNCTIVE (POLITE)

Herr Ober, würden Sie mir bitte
ein Tasse Kaffee bringen!

*Waiter, would you please bring me
a cup of coffee.*

INDICATIVE (IMPOLITE)

Fräulein, können Sie mir helfen?

Miss, can you help me?

SUBJUNCTIVE (POLITE)

Fräulein, könnten Sie mir, bitte,
helfen?

Miss, could you please help me?

ANWENDUNG   *A. Change the request into a more polite form by using the subjunctive. Add* **bitte** *if you want to make a particularly good impression.*

1. (asking for a light)
   Darf ich Sie um Feuer bitten?
   _____ ich Sie um Feuer bitten?
2. (asking whether it is still possible)
   Ist es noch möglich, Sie heute zu besuchen?
   _____ es noch möglich, Sie heute zu besuchen?
3. (hoping to borrow money)
   Gustav, kannst du mir zehn Mark leihen?
   Gustav, _____ du mir zehn Mark leihen?
4. (asking for a ride)
   Nehmen Sie mich im Auto mit!
   _____ sie mich, bitte, im Auto _____?
5. (ordering a beer)
   Bringen Sie mir ein Bier!
   _____ ein Bier _____?

6. The special subjunctive

The special subjunctive is an alternate form to the general subjunctive in indirect statements. It is rarely used, however, in spoken or informal German—and then mostly in the first and third person singular (**ich/er, sie** forms). The third person singular is easily recognizable as distinct from the present indicative form (it ends in **-e** instead of the present tense **-t**). There is no difference in meaning between the general subjunctive and the special subjunctive.

Note   Only the **ich/er**-forms are given below because the other forms rarely occur. The **ich-** and **er**-forms are identical. No vowel change occurs in the special subjunctive, even in strong verbs.[2]

Forms   As you have learned, the general subjunctive is derived from the past and past perfect tenses. The special subjunctive is derived from the infinitive. The special subjunctive is formed by adding the following endings to the infinitive stem: **-e, -est, -e, -en, -et, -en.**

INFINITIVE	PRESENT TENSE	SPECIAL SUBJUNCTIVE
haben	ich **habe** er **hat**	ich/er **habe**
dürfen	ich **darf** er **darf**	ich/er **dürfe**

[2]With the modals **dürfen, können,** and **müssen,** and with **wissen,** the special subjunctive can be used in all the forms of the singular because the forms are clearly different from those of the present tense: ich **darf,** ich **dürfe;** ich **kann,** ich **könne;** ich **muß,** ich **müsse;** ich **weiß,** ich **wisse.** The difference lies both in the ending and in the vowel.

INFINITIVE	PRESENT TENSE	SPECIAL SUBJUNCTIVE
hören	ich **höre** er **hört**	ich/er **höre**
können	ich **kann** er **kann**	ich/er **könne**
sehen	ich **sehe** er **sieht**	ich/er **sehe**
werden	ich **werde** er **wird**	ich/er **werde**
wissen	ich **weiß** er **weiß**	ich/er **wisse**

Beispiele

Sie erklärte, sie **habe** das Auto nicht **gesehen.**
Er tat, als ob er alles **wisse.**
Der Richter sagte mir, ich **dürfe** nicht zu schnell **fahren.**

She explained that she hadn't seen the car.
He acted as if he knew everything.
The judge told me I was not permitted to drive too fast.

ANWENDUNG

A. *Restate, using the special subjunctive.*

1. Ursula sagte, sie hätte noch viel Zeit.
2. Herbert fragte, ob ich kommen könnte.
3. Wir fragten uns, ob der Professor die Antwort wüßte.
4. Er erklärte, daß er mir nie mehr schreiben würde.
5. Der Kellner sagte uns, man dürfte hier nicht rauchen.

sei: *all forms in the special subjunctive*

Sein is the only verb which is used frequently in all forms of the special subjunctive. The reason for this is simple: All forms are distinctly different from those of the present indicative. The meaning of **sei** and **wäre** are virtually identical.

ich/er, sie, es **sei**
      du **seiest**

wir/Sie, sie **seien**
      ihr **seiet**

ANWENDUNG

B. *Restate, using the special subjunctive.*

1. Er sagte: „Ich bin unschuldig."
   Er sagte, er _____.
2. Ich hörte, du bist jetzt verheiratet.
   Ich hörte, du _____.
3. Kurt möchte wissen, ob wir morgen zu Haus sind.
   Kurt möchte wissen, _____.
4. Er fragte, ob Sonja Studentin ist.
   Er fragte, _____.

5. Auf dem Schild stand: „Das Betreten des Rasens° walking on the lawn
ist verboten."
Auf dem Schild stand, es _____ verboten, den Rasen zu betreten.

Past time frame   The special subjunctive, like the general subjunctive, has a past time frame.
The only difference is that the auxiliary **sei** or **habe** is used instead of the
general subjunctive's **wäre** or **hätte**. See how the two tenses compare:

Er sagte, er   **hätte**
                habe   kein Rotlicht **gesehen**.   *He said he had seen*
                                                          no red light.

Warum sagen Sie, ich   **wäre**
                        sei   zu schnell **gefahren**?   *Why do you allege*
                                                               I had driven too
                                                               fast?

Note: In modern German, **sei** and **wäre** tend more and more to be used
interchangeably, especially in the past time frame of the subjunctive.

SYNOPSIS
EXERCISE
If the statement is in the general subjunctive, change it to the special subjunctive,
and vice versa.

1. Ich glaubte, du wärest noch zu Haus.
2. Otto sei nicht in Berlin gewesen, sagte er.
3. Sie sagte, sie hätte nie in München gewohnt.
4. Wir fragten Heinz, warum er nicht mit uns kommen wollte.
5. Der Richter fragte sie, ob sie das gewußt habe.
6. Er wüßte nichts von der Sache, sagte er.
7. Sie behauptete, sie würde immer die Wahrheit sagen.
8. Der Richter schreibt, du wärest zu schnell gefahren.

Special use of   The special subjunctive occurs in the third-person singular in some idio-
the special   matic wishes and commands.
subjunctive

Es **lebe** die Freiheit!   *Long live freedom!*
Es **werde** Licht!   *Let there be light!*
Er **ruhe** in Frieden.   *May he rest in peace.*
So **sei** es.   *So be it.*

REVIEW   **A.** *Change the verb in the indirect statement from the general subjunctive to the*
special subjunctive.

1. Anita sagte, sie käme später.
2. Er schrieb, er wäre verheiratet.
3. Hilde sagte, sie ginge nach Haus.
4. Er behauptete, er hätte schon geschrieben.
5. Klaus fragte, wie lange ich bleiben würde.

Moderner
Schäfer mit
Mercedes.

B. *Change from the special subjunctive to the general subjunctive.*

1. Mein Freund sagte, sein Auto sei kaputt gewesen.
2. Gretchen sagte, sie habe keine Zeit gehabt.
3. Er fragte, ob ich heute nachmittag zu Haus sei.
4. Sie meinte, das könne man nicht tun.

C. *Convert the indirect statement into a direct quotation.*

1. Beate sagte, Michael sei hier gewesen.
2. Du sagtest, das hättest du auch gewußt.
3. Barbara wird fragen, ob ich das gesagt hätte.
4. Christian sagte, er werde morgen abfahren.
5. Wir schrieben, wir kämen morgen an.

D. *Convert the direct quotation into an indirect statement. Begin each sentence with* **Er sagte, . . .**

1. „Ich weiß die Antwort."
2. „Das ist meine Zeitung."
3. „Astrid muß immer früh aufstehen."
4. „Ich schreibe dir morgen."

LESESTÜCK Amerikanisch oder deutsch?

Jedes Volk hat seine Eigenheiten°. Sind die folgenden
Situationen und Sitten „typisch deutsch" oder „typisch
amerikanisch"? Was glauben Sie?

peculiarities

Als ich dem Mädchen sagte, wie hübsch ihr Kleid sei, tat sie
so, als habe sie nichts gehört. Es schien, als sei ihr das
Kompliment unangenehm.

Ich hatte diese Leute gerade auf einer Party kennengelernt.
Schon nach ein paar Minuten sagten sie, ich solle sie bald zu
Haus besuchen. Ich sei immer willkommen.

Eva sagte, sie würde nie auf Heiratswünsche antworten, denn
das sei nicht seriös.

So kann man auch Schach spielen.

Autobahn oder Rennbahn?

Als er sah, daß auf dem Brief „Herrn Ernst Schütz" statt
„Herrn Prof. Dr. Ernst Schütz" stand, fragte er sich, ob man
seinen Titel nicht wüßte.

Unser Sohn schrieb uns, daß dort nicht die Lehrer, sondern
die Schüler von Klassenzimmer zu Klassenzimmer gingen.

Eine Mutter ging mit ihrer kleinen Tochter in einem Park
spazieren. Als das kleine Mädchen auf den Rasen lief, sagte
ihr die Mutter, sie dürfe das nicht tun. Es sei verboten, den
Rasen zu betreten.

In dem Restaurant kam ein Mann zu unserem Tisch und
fragte, ob noch ein Platz frei sei und ob er sich zu uns setzen
dürfe.

Man sagte mir auf der Polizei, daß ich eine Fahrschule
besuchen müßte, um einen Führerschein zu bekommen.

Wir konnten es kaum glauben, als wir hörten, daß in jedem
Klassenzimmer der Schule die Nationalflagge hinge.

Unsere Tochter erzählte, daß es dort keinen Religionsunterricht in den öffentlichen Schulen gebe.

Er konnte es nicht glauben, als man ihm sagte, daß es dort
auf der Autobahn keine Geschwindigkeitsbegrenzung gäbe.

Wir fragten uns, wie es möglich sei, daß unser Bruder
innerhalb von sechs Jahren drei verschiedene Jobs hatte: Er
sei zuerst Verkäufer in einem Geschäft, dann Grundstücks-
makler° und jetzt Beamter° bei der Post gewesen.

real estate
agent/
civil servant

Als sie am Sonntag nachmittag einen Regenschirm kaufen
wollte, sagte man ihr, daß alle Geschäfte und auch die großen
Kaufhäuser geschlossen seien.

Wir waren überrascht zu hören, daß von Samstag 14 Uhr bis
Montag morgen die Apotheken geschlossen seien. Als wir
jedoch sagten, daß wir schnell ein Medikament brauchten,
sagte man uns, es gäbe in jedem Stadtbezirk° immer eine
Apotheke, die nachts und auch am Wochenende offen sei.

city district

Können Sie noch andere Situationen beschreiben, die „typisch
amerikanisch, deutsch oder österreichisch" sind?

Wer sagt, immer
arbeiten sei typisch
deutsch?

Wortschatz zum Lesestück

new nouns (active vocabulary)

die **Geschwindigkeitsbegrenzung**	*speed limit*
das **Kleid, -er**	*dress*
die **Polizei**	*police*
auf der Polizei	*at the police station*
der **Rasen, -**	*lawn, grass*

nouns (for recognition)

die **Fahrschule, -n**	*driving school*	die **Nationalflagge, -n**	*national flag*
das **Kompliment, -e**	*compliment*	der **Religionsunterricht**	*religious instruction*

new verbs (active vocabulary)

betreten (betritt), betrat, betreten	*to step on, to set foot on*
schließen, schloß, geschlossen	*to close, to shut*
sich setzen	*to sit down*
spazieren·gehen, ging spazieren, ist spazierengegangen	*to take a walk*

other new words (active vocabulary)

gerade	*just* (adv.); *even* (adj.)	**unangenehm**	*unpleasant, embarrassing*
innerhalb	*within*	**willkommen**	*to be welcome*
überrascht	*surprised*		

FRAGEN ZUM LESESTÜCK

Antworten Sie auf deutsch!

1. Was sollte man über die deutschen Autobahnen wissen?
2. Was darf man in Amerika in einem Restaurant nicht tun?
3. Welchen Unterricht gibt es in Amerika in öffentlichen Schulen nicht?
4. Was muß man in Deutschland tun, um einen Führerschein zu bekommen?
5. Welche Berufe hatte der Bruder in Amerika innerhalb von sechs Jahren?
6. Wo kann man in Amerika nachts° ein Medikament bekommen?   *at night*

PERSÖNLICHE FRAGEN

1. Was sagen Sie zu jemand, den Sie auf einer Party kennenlernen?
2. Was tun Sie, wenn Sie in ein Restaurant kommen und es keinen freien Tisch mehr gibt?
3. Fühlen Sie sich schuldig, wenn Sie über einen grünen Rasen gehen?

4. Was denken Sie darüber, daß man in Amerika auch sonntags vieles, z.B. auch Autos, kaufen kann?
5. Welche kulturellen Unterschiede im Lesestück waren neu für Sie?
6. Welche anderen Unterschiede könnten Sie beschreiben°?   describe

SITUATIONEN
1. Sie sind aus Madison, Wisconsin und zum ersten Mal in Köln. Sie gehen in das McDonalds am Kölner Dom. Sie sehen, daß man hier im deutschen McDonald Bier verkauft. Sie sagen: „_____!"
2. Sie kommen aus St. Petersburg, Florida. Sie sind auf der Post in Bamberg. Sie sehen viele Leute, die an einem Schalter (window) unter einem Schild „Ferngespräche" warten. Sie fragen eine Person „Was machen die Leute hier?" Die Person antwortet „_____."
3. Sie sind aus Portland, Oregon. Sie sitzen in einem guten Restaurant in Lübeck. Auf einmal kommt ein Herr mit einem großen Pudel und setzt sich an einen Tisch. Sie denken laut: „_____!"
4. Sie sind aus Hartford, Connecticut. Sie kommen eben zum ersten Mal in Frankfurt auf dem Flughafen an. Sie gehen auf die Herren-Toilette und sehen, daß eine ältere Frau an einem Tisch in der Toilette sitzt. Auf einem Teller auf dem Tisch liegen ein paar Pfennige und anderes Geld. Sie sagen: „_____."
5. Sie sitzen im Hofbräuhaus in München. Man spricht über „Andere Länder, andere Sitten . ." Ein Bayer mit einer roten Nase sagt: „Man hat mir gesagt, die amerikanischen Frauen kochen nicht gut. Sie kochen nur Television Dinners." Sie sagen: „_____."

A. *You are a reporter and are telling your readers what you have heard. To protect yourself against libel suits, you are changing all direct quotations into indirect statements.*

Beispiel   „Ich bin nicht zu schnell gefahren."
Er (Sie) sagte, er (sie) wäre nicht zu schnell gefahren.

1. „Sie hat gelogen."
2. „Wir sind stehengeblieben."
3. „Ich werde zwei Plätze im Restaurant reservieren."
4. „Wir waren überrascht."
5. „Er hat ihn nicht gekannt."
6. „Sie haben mich beleidigt."
7. „Ich kann das nicht behaupten."
8. „Sie weiß darauf keine Antwort."

B. *Report these direct questions and commands to others.*

Beispiel   „Sind Sie stehengeblieben?"
Er fragte, ob ich stehengeblieben wäre.

„Bleiben Sie hier!"
Er sagte, ich sollte hier bleiben.

1. „Haben Sie das Rotlicht beachtet?"
2. „Muß Erika Englisch lernen?"
3. „Glauben Sie uns!"
4. „Geben Sie mir das Geld!"
5. „Fahr' nicht zu schnell!"
6. „Hast du das schon gehört?"
7. „Kann er heute kommen?"

C. *You want to be very polite, so you change the regular questions into questions using the subjunctive of politeness.*

Beispiel Darf er dich morgen besuchen?
Dürfte er dich morgen besuchen?

1. Kannst du mir helfen?
2. Haben Sie jetzt Zeit für mich?
3. Darf ich Sie etwas fragen?
4. Wissen Sie die Antwort darauf?
5. Werden Sie das für ihn tun?
6. Sind Sie morgen zu Haus?
7. Können Sie mir das morgen bringen?

D. *Complete each sentence with a clause of your choice, using **als ob** or **als wenn**.*

1. Er war so schnell gefahren, . . .
2. Er tat so freundlich, . . .
3. Du fragst mich so oft, . . .
4. Ich erinnere mich noch so genau daran, . . .
5. Der junge Mann duzte sie, . . .
6. Der Polizist stellte uns Fragen, . . .

Sprechen leicht gemacht!

To practice the subjunctive after **als ob** or **als** . . .

Schein und Sein[3] **A.** *Complete the sentence with the information given in the cue question. (Student A to Student B, B to C, and so on)*

Hat er alles verstanden?	Er tut, als _____.
Ist er unschuldig?	Er sieht aus, als ob_____.
Ist er zu schnell gefahren?	Es scheint, als_____.
Hat sie viel Geld verdient?	Es scheint, als ob_____.
Sehen wir uns bald wieder?	Es scheint, als_____
Können wir den Fall noch gewinnen?	Wir müssen so tun, als ob_____.
Hat sie gut geschlafen?	Sie sah aus, als ob_____.
?	?

[3]*Appearance and reality—"appearances are deceiving."*

To practice the general subjunctive in indirect statements . . .

Zweifel   **B.** *Show that you don't quite believe what is being said by completing the answer in the subjunctive. (A to B, B to C, and so on)*

Hat Eva gesagt, sie ist jetzt zu Haus?	Ja, sie hat gesagt, sie _____ .
Hat Helmut gesagt, er ist vor Mitternacht nach Haus gekommen?	Ja, er hat gesagt, _____ .
Hat Gerd gesagt, er muß dieses Wochenende arbeiten?	Ja, _____ .
Haben Karl und Hilde gesagt, sie haben nie zusammengewohnt?	Ja, beide haben gesagt, _____ .
Hat Walter behauptet, er hat noch nie Marihuana geraucht?	Ja, er hat behauptet, daß _____ .
Hat Ruth gesagt, sie hat die Miete schon bezahlt?	Ja, Ruth hat gesagt, daß _____ .

To practice the subjunctive in indirect questions . . .

Lebensversicherung   **C.** *You want to take out temporary health insurance while staying in Germany and are sent to see a doctor.* **Hellblaues Kreuz** *(Light Blue Cross) wants to get your medical history. You have answered all the questions on the form. Now you tell a friend what happened at the doctor's office. Use the correct tense of the subjunctive.*

Auf dem Fragebogen° erklärte ich, daß . . .	Trotzdem fragte der Arzt mich, ob . . .	questionnaire
ich nie krank gewesen bin.	ich je° krank gewesen _____ .	ever
ich nie geraucht habe.	ich je Marihuana geraucht _____ .	
mein Vater nicht verrückt° war.	mein Vater je im Irrenhaus° _____ .	crazy/ insane asylum
meine Mutter keine Alkoholikerin gewesen war.	jemand in meiner Familie Alkoholiker _____ .	
ich kein Rauschgift° nehme.	ich je Rauschgift _____ .	drugs
?	?	

To practice the subjunctive of politeness . . .

À la Knigge   **D.** *Knigge is a German book of etiquette, with tips on how to behave in polite society. You have read Knigge and want to be very polite. You rephrase your request with the subjunctive.*

Beispiel   Entschuldigen Sie bitte, haben Sie, ich meine.
  hätten Sie einen Kugelschreiber? Ich habe meinen vergessen.

Entschuldigen Sie, bitte, haben Sie, ich meine, _____ Sie Feuer°?

a light (for cigarettes)

Fräulein, können Sie, ich meine, _____ Sie mir ein Glas Wasser bringen?

Ersatz-
Führerschein
für

Herrn
Frau
Fräulein _____

geboren am _____

in _____

wohnhaft in _____

Kreis Ahrweiler

_____ Straße Nr. _____

Herr
Frau
Fräulein _____
erhält die Erlaubnis, ein Kraftfahrzeug mit Antrieb durch
Verbrennungsmaschine
der Klasse eins – zwei – drei – vier*) zu führen.

Bad Neuenahr-Ahrweiler, den _____

Kreisverwaltung Ahrweiler
Im Auftrage:

Liste Nr. _____
Gebühr _____ DM

Der Inhaber ist im Besitz der Fahrerlaubnis
der Klasse _____ seit _____ L-Nr. _____

u. d. Klasse _____ seit _____ L-Nr. _____

Eigenhändige Unterschrift des Inhabers:

_____

Herr Ober°, darf ich, ich meine, _____ ich noch einen zweiten Teller° Suppe haben?   waiter / dish

Herr Professor, haben Sie, ich meine, _____ Sie etwas dagegen, wenn ich während der Prüfung rauche?

Herr Wachtmeister, können Sie, ich meine, _____ Sie nicht meinen Strafzettel° zerreißen°?   ticket/tear up

_____ ? , darf ich Sie, ich meine, _____ ? ich Sie um _____ ? bitten?

Behauptungen   **E.** *You do not agree with the stereotype assertions made by a friend. Match the "clichés" and then state your opinion. Use the subjunctive to dissociate your own view from your friend's.*

Er behauptet, _____ .   Das glaube ich nicht.

die Deutschen
die Amerikanerinnen
die Spanier
die Mexikaner
die Russen
die Engländer
die Schweizer
?

sind alle Kommunisten.
haben keinen Humor.
machen immer "Siesta."
essen immer Sauerkraut.
können nicht kochen.
sind gute Liebhaber.°   lovers
denken nur an Geld.
?

»Schneller, Tünnes, wenn wir neben der Ersten Klasse herlaufen, sparen wir noch mehr Geld.«

Kapitel 17

Sie lachen über sich selbst
1. The passive voice
2. Tenses in the passive voice
3. **man** as a substitute for the passive
4. The passive with modals
5. **ein**-words and **der**-words as pronouns
Drei Miniporträts: Österreich—Die Schweiz—Liechtenstein

DIALOG **Sie lachen über sich selbst**

Der Humor eines Landes sagt uns etwas über die Sitten seiner Menschen, über ihr Verhältnis zu anderen Menschen und zur Welt. Im Witz werden Spannungen abreagiert. Im Witz darf oft gesagt werden, was sonst nicht laut gesagt wird.

Es gibt verschiedene Arten von Witzen. Zum Beispiel die Witze, die mit Personen assoziiert werden. Die Graf Bobby-Witze aus Wien gehören dazu. Graf Bobby ist der Typ des senilen österreichischen Aristokraten.

Graf Bobby sitzt im Zug. Der Schaffner kommt und will die Fahrkarte sehen. „Sie haben eine Fahrkarte für eine Fahrt nach Wien. Wir fahren aber nach Salzburg", sagt der Schaffner. „Weiß der Lokomotivführer schon, daß wir in die falsche Richtung fahren?", fragt Bobby.

Bobbys Freund Freddy sieht, daß Bobby einen schwarzen und einen braunen Schuh trägt.
Freddy   „Aber Bobby, wie siehst du denn aus? Du hast ja einen braunen und einen schwarzen Schuh an?"
Bobby   „Ja, ich habe mich auch schon gewundert. Und stell' dir vor, zu Haus habe ich noch so ein Paar."

Man liebt auch die „regionalen" Witze: Witze über den frechen Berliner, den etwas groben Bayern, den langsamen Ostfriesen, usw.

Der kleine Fritz, ein Berliner Junge, paßt in der Schule nicht auf. Er wird vom Lehrer gefragt, ob er sich nicht wohl fühlt. „Nein", sagt Fritz, „ich fühle mich gar nicht wohl!"
Lehrer   „Wo fühlst du dich nicht wohl? Im Bauch? Im Kopf?"
Fritz   „Nein, hier in der Schule."

Der Bayer Franz liebt die Preußen nicht. Im Hofbräuhaus sitzt er neben einem. „Sie, Herr Nachbar", sagt der Preuße, „Sie sitzen auf meinem Hut." „Na, und?", sagt Franz. „Wollen Sie schon gehen?"

In den Ostfriesen-Witzen findet man Selbstironie, ein Zeichen menschlicher Reife.

Was bedeuten die Streifen an der Uniform der ostfriesischen Polizisten? E i n Streifen: Er kann lesen. Zwei Streifen: Er kann lesen und schreiben. Drei Streifen: Er kennt einen, der lesen und schreiben kann.

Politische Witze sind immer populär gewesen. Da kann man sich über die Politik und die Politiker lustig machen. Während der Nazizeit wurde in Deutschland dieser Witz heimlich erzählt (ein sogenannter „Flüsterwitz"):

„Du, gestern ist Fritz verhaftet worden!" „Was, Fritz, so ein guter Mensch? Und warum?" „Na, darum."

Und hier etwas über die Politik unserer Zeit:

Ein berühmter Fußballspieler der Bundesrepublik wird interviewt. „Wissen Sie, daß Sie mehr verdienen als der Bundeskanzler?" „Na, und?", meint der Fußballspieler. „Ich spiele ja auch viel besser als er!"

Ein Westdeutscher und ein Ostdeutscher fischen an der Elbe. Der Westdeutsche fängt viele Fische, der Ostdeutsche keine. Der Ostdeutsche ruft über den Fluß: „Sag' mal, warum fängst du so viele und ich keine?"
„Einfach", antwortet der Westdeutsche, „auf meiner Seite haben die Fische keine Angst, den Mund aufzumachen."

Wortschatz zum Dialog

new nouns (active vocabulary)

der **Bauch, ⸚e**	stomach		die **Richtung, -en**	direction
der **Bundeskanzler, -**	Federal Chancellor		der **Schaffner, -**	conductor
die **Fahrkarte, -n**	ticket		der **Schuh, -e**	shoe
der **Fisch, -e**	fish		die **Seite, -n**	side
der **Hut, ⸚e**	hat		die **Spannung, -en**	tension
der **Nachbar, -n**	neighbor		das **Verhältnis, -se**	relation
die **Nazizeit**	Hitler Era (1933-1945)		der **Witz, -e**	joke
das **Paar, -e**	pair		das **Zeichen, -**	sign, indication

nouns (for recognition)

der **Aristokrat, -en**	*aristocrat*		der **Ostdeutsche, -n**	*East German*
der **Bayer, -n**	*Bavarian*		der **Ostfriese, -n**	*East Frisian*
die **Elbe**	*Elbe* (river in Germany)		der **Preuße, -n**	*Prussian*
der **Flüsterwitz, -e**	*"whispered joke"* (told secretly)		die **Reife**	*maturity*
(der) **Graf Bobby**	*Count Bobby*		die **Selbstironie**	*self-irony*
das **Hofbräuhaus**	*famous beer hall in Munich*		der **Streifen, -**	*stripe*
der **Humor**	*humor*		die **Uniform, -en**	*uniform*
der **Lokomotivführer, -**	*engineer* (railroad)		der **Westdeutsche, -n**	*West German*

new verbs (active vocabulary)

an·haben	*to wear*		**rufen, rief, gerufen**	*to shout*
auf·machen	*to open*		**verhaften**	*to arrest*
auf·passen	*to pay attention*		**(sich) wundern**	*to be surprised*
fischen	*to fish*			

verbs (for recognition)

ab·reagieren	*to work off, to get rid of*	**assoziieren**	*to associate*	**interviewen** *to interview*

other new words (active vocabulary)

braun	*brown*	**schwarz**	*black*
gewiß	*certain*	**sogenannt**	*so-called*

other words (for recognition)

grob	*blunt, coarse*		**regional**	*regional*
heimlich	*secret(ly)*		**senil**	*senile*
ostfriesisch	*East Frisian* (NW Germany)			

special and idiomatic expressions

na, und?	*so what?*		**sich lustig machen**	*to make fun of*
sag' mal	*tell me*		**wollen Sie schon**	*do you already want to*

FRAGEN ZUM DIALOG

1. Warum ist es wichtig, den Humor eines Landes zu verstehen?
2. Warum kann man im Witz Spannungen abreagieren?
3. Welche Art von Witzen kennen Sie?
4. Wer ist Graf Bobby?
5. Worüber wundert sich Graf Bobby, als er sieht, daß er einen braunen und einen schwarzen Schuh trägt?
6. Was ist ein „Flüsterwitz"?
7. Warum sind politische Witze populär?
8. Was meint der Westdeutsche, wenn er sagt: „Auf meiner Seite haben die Fische keine Angst, den Mund aufzumachen"?

PERSÖNLICHE FRAGEN 1. Erzählen Sie einen Witz!
2. Welche Witze haben Sie nicht gern? Warum?

AUSSPRACHE ÜBUNG

German **i** and **ie** versus German **ü**

SHORT

das **Gericht**	court	das **Gerücht**	rumor
die **Kiste**	box	die **Küste**	coast
das **Kissen**	pillow	**küssen**	to kiss
der **Mist**	manure	ihr **müßt**	you have to
missen	to miss	**müssen**	to have to

LONG

das **Tier**	animal	die **Tür**	door
vier	four	**für**	for
liegen	to lie down	**lügen**	to lie/tell a lie
spielen	to play	**spülen**	to rinse
die **Biene**	bee	die **Bühne**	stage
Kiel	Germany city	**kühl**	cool

GRAMMATIK Theorie und Anwendung

1. The passive voice

Beispiele

Das Land **wird** von einem Fürsten **regiert**.

In diesem Land **werden** wenig Steuern **bezahlt**.

Ein Professor **wurde** einmal **gefragt** . . .

The country is governed by a prince.

Few taxes are paid in this country.

A professor was once asked . . .

Passive vs. active voice

The two statements *The prince governs the country* (**Der Fürst regiert den Staat**) and *The country is governed by the prince* (**Der Staat wird von dem Fürsten regiert**) express the same idea. The first statement is in the active voice (the prince, or agent, is performing the action). Note the nominative case. The second statement is in the passive voice. The country—now the subject—is acted upon by the agent.

ACTIVE

SUBJECT	OBJECT
Der Fürst regiert →	den Staat.

PASSIVE

SUBJECT	AGENT
Der Staat ←wird von dem	Fürsten regiert.

Note that the subject in the active statement becomes the agent in the passive statement. Frequently the agent is omitted in a passive statement.

ACTIVE

Der Professor fragt.	*The professor asks.*

PASSIVE

Der Professor wird gefragt.	*The professor is asked.*

In the passive statement above, it is implied—though not stated directly— that the professor is being asked by students or by some other agent.

Formation   In English the passive voice is formed by combining the conjugated form of the verb *to be* with the past participle of the main verb. The agent is cited in a prepositional phrase with *by.*

	VERB	PAST PARTICIPLE	PREPOSITION	AGENT	
German	*is*	*spoken*	*by*	*many people.*	
Deutsch	wird		von	vielen Leuten	gesprochen

werden + *past participle*   In German the same basic elements are used to form the passive voice: the verb **werden** together with the past participle of the main verb, with the preposition **von** used to introduce the agent.

	VERB	PREPOSITION	AGENT	PAST PARTICIPLE
Deutsch	wird	von	vielen Leuten	gesprochen.

Word order   As you already know, in German the past participle stands at the end of a main clause. In a dependent clause, however, the conjugated verb stands last. The same principle holds true in passive, as well as active, statements.

Die Wehrpflicht **wird** von den Schweizern ernst **genommen.**	*The draft is taken seriously by the Swiss.*
Wir wissen, daß die Wehrpflicht von den Schweizern ernst **genommen wird.**	*We know that the draft is taken seriously by the Swiss.*

Remember!
von *requires dative*

When the preposition **von** is used to introduce the agent in a passive statement, the dative is required.

Der Professor wird **von der** Studentin gefragt.

The professor is asked by the female student.

ANWENDUNG

A. *Change the passive voice statement into an active voice statement.*

1. Viele Witze werden von den Leuten erzählt. Die Leute_____.
2. Der Fußballspieler wird von dem Reporter interviewt. Der Reporter_____.
3. Der kleine Fritz wird von dem Lehrer gefragt_____.
4. Fritz wird von der Polizei verhaftet_____.

werden:
it changes

In the passive voice, the person or thing acted upon becomes the grammatical subject. Although the past participle never changes, the forms of **werden** change according to person, as do those of **to be** in English.

Ich **werde** von der Zeitung interviewt.

I am interviewed by the newspaper.

Du **wirst** von dem Reporter interviewt.

You are interviewed by the reporter.

Sie **werden** vom Fernsehen interviewt.

You or they are interviewed by the TV station.

Sie **wird** von dem Radioreporter interviewt.

She is interviewed by the radio reporter.

Remember

If not, recall that English has also a *progressive* present tense. When translating the German passive, *am being* + the past participle is the more commonly used form:

I am being interviewed, You are being interviewed, etc.

ANWENDUNG

B. *Supply the correct form of* **werden** *to complete the sentence.*

1. Der Satz_____ ins Deutsche ubersetzt.
2. Diese Bücher_____ viel gelesen.
3. Erika_____ von mir zur Party eingeladen.
4. Witze_____ (immer) erzählt.
5. Du_____ von uns angerufen.
6. Wann_____ Sie von Fritz angerufen?
7. Wir_____ alle von der Reklame manipuliert.
8. Ja, morgen_____ ich von dem Reporter interviewt.

C. *Supply the past participle of the cue verb to complete the sentence.*

1. (fragen)   Der Student wird von dem Professor_____.
2. (akzeptieren)   Wird die Antwort von dem Professor_____?
3. (erzählen)   Die Geschichte Homer wird von dem Vater_____.
4. (sprechen)   Deutsch wird von vielen Leuten_____.

D. *Change from the singular to the plural, or vice versa.*

1. Du wirst von der Polizei gefragt. Ihr_____.
2. Wir werden von der Polizei verhaftet. Ich_____.
3. Ein Witz wird erzählt. Viele Witze_____.
4. Wird er interviewt?_____ sie_____?

2. Tenses in the passive voice

Formation   Like English, German has all the tenses in the passive voice. Thus far, the examples of passive constructions have involved only the present tense. The table below illustrates the commonly used tenses in the passive voice.[1]

PRESENT	Der Witz **wird erzählt.**	*The joke is told.*
PAST	Der Witz **wurde erzählt.**	*The joke was told.*
PRESENT PERFECT	Der Witz **ist erzählt worden.**	*The joke has been told.*
FUTURE	Der Witz **wird erzählt werden.**	*The joke will be told.*

Past passive   The past tense in a passive construction consists of the past tense of **werden (wurde)** + the past participle of the main verb.

Die Rechnung **wurde** In Schweizer Franken **bezahlt.**

The bill was paid in Swiss francs.

Wann **wurde** die erste Frau in der Schweiz **gewählt?**

When was the first woman elected in Switzerland?

Letztes Jahr **wurden** viele Brief- marken **verkauft.**

Last year many stamps were sold.

ANWENDUNG   **A.** *Change from the present passive to the past passive.*

1. Der Sprecher der Talk show wird angerufen.
2. Die Mondlandung wird diskutiert.
3. Die amerikanischen Astronauten werden bewundert.
4. Warum werden Sie nicht interviewt?

Present perfect passive   The present perfect tense in a passive construction consists of the present tense of **sein** + the past participle of the main verb + **werden.** Note that the special form **worden** (not **geworden**) is used in the perfect tenses of the passive.

[1]The past perfect is rarely used. See Reference Grammar p. 452.

*No **ge**!*	Österreich **ist** von Hitler **annektiert worden.**	*Austria has been annexed by Hitler.*
	Die Österreicher **sind** von den Alliierten **befreit worden.**	*The Austrians have been liberated by the Allies.*

ANWENDUNG   **B.** *Change from the present passive to the present perfect passive.*

>   ***Beispiel:***   Die Politikerin wird interviewt.
>   Die Politikerin ist interviewt worden.
> 1. Der Sprecher der Talk-Show wird von vielen Leuten angerufen.
> 2. Die Bevölkerungsexplosion wird diskutiert.
> 3. Andere Probleme werden auch diskutiert.
> 4. Warum werden Sie nicht interviewt?

⚠ **Vorsicht!**   Fehlergefahr!

> Do not confuse the <u>future</u> tense in an active construction with the <u>present</u> tense in a passive construction. Both use **werden.** However, the future tense uses werden + **the infinitive,** while the present passive voice uses werden + **the past participle.**
>
> **FUTURE INDICATIVE**
> Er wird oft anrufen.   *He will often call on the phone.*
> **PRESENT PASSIVE**
> Er **wird** oft angerufen   *He is often called on the phone.*

ANWENDUNG   **C.** *Translate.*

> 1. Der Witz wird oft erzählt. *The joke_____.*
> 2. Wann wirst du uns den Witz erzählen? *When_____?*
> 3. Der Polizist wird dich nach deinem Beruf fragen. *The policeman_____.*
> 4. Du wirst nach deinem Beruf gefragt. *You_____.*
> 5. Der Fußballspieler wird morgen interviewt werden. *The soccer player*
> _____.
> 6. Der Reporter wird den Fußballspieler morgen interviewen. _____.

The "agent" in the passive   The preposition **von** (+ dative object) is most commonly used to express the agent when it is a person. **Durch** (+ an accusative object) is used when the agent is an impersonal force such as a machine, the natural elements, or a concept. **Mit** (+ dative object) is used when the agent is a specific instrument.

Beispiele

Die Wehrpflicht wird **von den Schweizern** ernst genommen.	*Compulsory military service is taken seriously by the Swiss.*
Das alte Österreich wurde **durch den Krieg** zerschlagen.	*Old Austria was smashed to pieces by the war.*
Ja, dieser Brief ist **mit der Hand** geschrieben.	*Indeed, this letter was written by hand.*

3. man **as a substitute for the passive**

Man *one, a person, you, they* is often used to avoid the passive, especially in spoken German. The **man**-construction expresses essentially the same idea as the passive construction.

Beispiele

In Liechtenstein **werden** wenig Steuern **verlangt.**	*Few taxes are required in Liechtenstein.*
Man verlangt dort wenig Steuern.	*One requires few taxes there.*
Den Schweizerinnen **wurde** 1971 das Wahlrecht **gegeben.**	*Swiss women were given the right to vote in 1971.*
Man gab den Schweizerinnen 1971 das Wahlrecht.	*They gave Swiss women the right to vote in 1971.*

ANWENDUNG

A. *Restate in the active voice, using the* **man***-construction.*

1. Das Atom wurde 1938 gespalten. Man_____.
2. Die Witze von Graf Bobby werden oft erzählt. Man_____.
3. Die Bayern lieben die Preußen nicht. In Bayern_____.

B. *Restate in the passive voice.*

1. Man ruft Sie. Sie _____.
2. Man ruft dich an. Du _____.
3. Man fragt mich. Ich _____.
4. Man verhaftet Fritz. Fritz _____.
5. Man erzählt Witze. Witze _____.

4. The passive with modals

Beispiele

Diese Frage **muß** von dem Professor **beantwortet werden.**	*This question has to be answered by the professor.*
Dieser Vergleich **mußte gemacht werden.**	*This comparison had to be made.*

Die Schweiz exportiert
viele Uhren.

Er behauptet, daß die Oster- reicher nicht von Hitler **annek- tiert werden wollten.**	*He claims that the Austrians did not want to be annexed by Hitler.*

Forms   The passive with a modal auxiliary consists of the modal + the past participle + the infinitive **werden.**[2] Only the modal changes according to person and tense; the past participle and **werden** remain the same. In a main clause, **werden** stands last; in a dependent clause, the modal stands last. The passive with modals occurs mainly in the present and past tenses.

ANWENDUNG   **A.** *Restate the sentence, using the cue modal in the present tense.*

1. (müssen)   Diese Frage wird heute beantwortet. Diese Frage_____.
2. (können)   Das Auto wird verkauft. Das Auto_____.
3. (dürfen)   Diese Leute werden nicht verhaftet. Diese Leute_____.
4. (wollen)   Wird der kleine Fritz von dem Lehrer gefragt? Will _____?
5. (sollen)   Man weiß, daß diese Witze nicht erzählt werden. Man weiß, daß diese Witze nicht_____.

[2]Also known as the "passive infinitive."

B. *Now restate using the cue modal in the past tense.*

1. (müssen)   Dieser Brief wurde gestern geschrieben. Dieser Brief _____ .
2. (können)   Warum wurde diese Rechnung gestern nicht bezahlt? Warum _____ ?
3. (dürfen)   Im Kino wurde früher geraucht. Ist es wahr, daß früher im Kino _____ ?

5. ein-**words and** der-**words as pronouns**

The **ein**-words and **der**-words (**ein, mein, dein, sein, ihr, unser, euer, Ihr** or any forms of **dies-, jed-, manch-, solch-,** or **welch-**) may be used as pronouns to replace a noun.[3]

Beispiele	Fritz: „Ich möchte **ein** Wiener- schnitzel".	*Fritz: „I'd like a Wienerschnitzel."*
	Karl: „Und ich hätte auch gern **eins**".[4]	*Karl: „And I'd also like one."*
	Liechtenstein hat einen Fürsten, aber die Schweiz hat **keinen.**	*Liechtenstein has a prince, but Switzerland has none.*
	Ich fahre mit diesem Zug. Mit **welchem** fahren Sie?	*I am going with this train. Which one are you going with?*

Forms	When used as pronouns, **ein**-words and **der**-words take the full range of primary endings, according to their case.	
	Hier ist mein Paß. Wo ist **deiner?**	*Here is my passport. Where is yours?*
	Hat die Schweiz einen Fürsten? Nein, sie hat **keinen.**	*Does Switzerland have a prince? No, it has none.*

ANWENDUNG   **A** *Complete the question with the correct form of the cue pronoun.*

1. (mein)   Hier ist dein Geld. Aber wo ist _____ ?
2. (unser)   Hier ist euer Tisch. Aber wo ist _____ ?
3. (dies-)   Das Auto gehört mir. Aber wem gehört _____ ?
4. (kein)   Jeder hat einen Führerschein. Warum haben Sie _____ ?
5. (Ihr)   Hier ist mein Hut. Wo ist _____ ?
6. (dein)   Da ist seine Fahrkarte. Wo ist _____ ?

[3]See pp. 261-263 for a discussion of **der**-words and **ein**-words.   [4]In everyday speech, **eines, deines, meines, keines,** and **seines** are usually contracted to **eins, deins, meins, keins,** and **seins.**

LESESTÜCK Drei Miniporträts: Österreich–die Schweiz–Liechtenstein

I. Österreich

Österreich war bis 1918 ein großes Reich, in dem fast 60 Millionen Menschen verschiedener Nationalitäten zusammenlebten: Deutsche, Polen, Tschechen, Ungarn, Italiener usw. Nach dem Ersten Weltkrieg wurde dieses Reich zerschlagen.°   smashed to pieces Aus der Großmacht wurde eine kleine Republik mit sieben Millionen Menschen, etwa so groß wie der amerikanische Bundesstaat° Maine.   (federal) state

Dieser Ersten Republik wurde von 1918 bis 1938 die Existenz nicht leichtgemacht. Und 1938 kam dann der „Anschluß": über nacht wurden alle Österreicher deutsche Staatsbürger. Der Ex-Österreicher Adolf Hitler hatte Österreich annektiert. Österreich bekam einen neuen Namen: die Ostmark. Nach dem Zweiten Weltkrieg wurde die „Ostmark" befreit°,   liberated aber erst zehn Jahre später wurde Österreich wieder unabhängig (1955).

Die Getreidegasse in Salzburg. Was kann man hier alles kaufen?

Café Sacher: Von hier kommt die
Sachertorte.

„Glücklich ist, wer vergißt, was nicht mehr zu ändern ist", so
heißt es in der Operette „Die Fledermaus"° von Johann Strauß.
Dieses Motto hat den Österreichern oft geholfen, schwere Zeiten
zu überleben.° Die Österreicher sind Lebenskünstler,° sie haben
gelernt zu improvisieren oder wie man in Österreich sagt, „sich
durchzuwurschteln".°

    Zur Kunst und Wissenschaft—und vor allem zur Musik—
haben die Österreicher ein besonders gutes Verhältnis. Das
kann man verstehen, denn in der Kunst und in der Wissenschaft
war Österreich eine Großmacht—und ist es auch heute noch.
Josef Haydn, Wolfgang Amadeus Mozart, Ernst Mach, Sigmund
Freud, Lise Meitner, Hugo von Hofmannsthal—sie alle waren
Österreicher. Und wo gibt es außer Wien eine andere Stadt in der

The Bat

survive/experts in the art
of survival

to muddle through

Er ist der „Walzerkönig." Wie heißt er?
(Volkspark in Wien.)

Spanische Hofreitschule in Wien. Die Pferde kamen früher aus Lipizza bei Triest.

In diesem Häuschen in Wien wurden viele Lieder von Schubert komponiert.

Welt, wo man nicht gefragt wird: „Spielen Sie ein Instrument?" sondern: „Welches Instrument spielen Sie?"

Im Ausland wird Österreich sehr oft mit Wienerschnitzel, Dirndl, Kaffeehaus, Walzer und Schilauf assoziiert. Das hilft dem Tourismus. Aber Österreich ist mehr—und will mehr sein: In einer Welt voller Konflikte will das kleine, unabhängige und neutrale Land etwas für den Frieden tun. Ein Österreicher— Kurt Waldheim—war in den siebziger Jahren Generalsekretär° der Vereinten Nationen; und österreichische Soldaten gehörten zu den „Friedenstruppen"° im Nahen Osten.° Wien ist das Hauptquartier vieler internationalen Organisationen.[5]

Österreich will eine Brücke zwischen dem Osten und dem Westen sein: in der Kunst und in der Wissenschaft, in der Wirtschaft und in der Politik.

Secretary General

peace-keeping force/ Middle East

II. Die Schweiz

Ist die Schweiz ein deutschsprachiges Land? Nicht ganz. 74% der Schweizer sprechen Deutsch, 20% Französisch, 4% Italienisch und 1% Rätoromanisch.° Deutsch wird in 22 der 26 Kantone gesprochen, Französisch im westlichen Teil des Landes und Italienisch im Kanton Tessin. Das Rätoromanische, eine sehr alte Sprache, hört man vor allem im Kanton Graubünden.

Romansh

[5]OPEC, Atomic Energy Commission, International Center

Das Schweizerdeutsch, das die Schweizer miteinander sprechen, sind alemannische Dialekte, die sogar für Deutsche oft schwer zu verstehen sind. Auf Hochdeutsch—das Deutsch, das Sie in diesem Kurs lernen—werden Briefe, Bücher und Zeitungen geschrieben; gesprochen wird es auch in der Schule, auf der Universität, im Radio und im Fernsehen. Und natürlich auch mit Ausländern!

Womit wird die Schweiz oft assoziiert? „Echte Demokratie, viele Banken, gute Uhren, viel Tourismus, harte Währung; fleißig, neutral, friedlich, sauber, konservativ, teuer." Stimmt dieses Bild der Schweiz?

In der Tat ist die Schweiz eine sehr alte Demokratie. Es stimmt auch, daß es dort mehr Banken als Zahnärzte gibt. Die Schönheit des Landes bringt Millionen von Touristen in die Schweiz.Und billig ist es dort nicht, denn der „harte" Schweizer Franken macht die Schweiz für den Touristen zu einem teuren Land.

Obwohl die Schweiz seit dem 16.Jahrhundert keine Kriege mehr hatte, gibt es dort eine Wehrpflicht. Und die Wehrpflicht wird von den Schweizern ernst genommen. Welche andere Nation von vier Millionen könnte eine halbe Million Soldaten in 48 Stunden mobilisieren?

Die Schweiz hat keine Kohle, keine Metalle, kein Öl. Was hat sie?

Hohe Berge, viel Schnee—das ist die Schweiz.

Ja, die Schweizer sind fleißig, aber ein Viertel der Bevölkerung sind Gastarbeiter aus dem Ausland. Die Zahl der Gastarbeiter ist heute so hoch, daß die Schweizer vor einer „Überfremdung"° Angst haben.

foreign infiltration

Wie konservativ sind die Schweizer? Tradition spielt für sie eine große Rolle; und den Schweizerinnen wurde erst in den siebziger Jahren das Wahlrecht gegeben.

Und was hat die „reiche" Schweiz nicht? Rohstoffe. Die Schweiz hat keine Kohle, keine Metalle und kein Öl!

Wie sehen sich die Schweizer selbst—oder wie wollen sie gesehen werden? Als ordentlich, sparsam, fleißig, ehrlich, friedlich. Aber es gibt auch Selbstkritik in diesem stabilen und glücklichen Land. *Achtung:die Schweiz* heißt ein Buch, das von berühmten Schweizer Autoren geschrieben wurde. In diesem Buch sagen sie: „Wir wollen die Schweiz nicht als Museum, als europäischen Kurort,° als Altersasyl,° ...als Tresor,° sondern wir wollen die Schweiz als ein kleines, aber aktives Land, das zur Welt gehört."

spa/old folks' home

treasury

III. Liechtenstein

Die Hauptstadt heißt Vaduz und das Land wird noch heute von einem Fürsten regiert. Wenn Sie Briefmarken sammeln,

wissen Sie natürlich, von welchem Land hier gesprochen wird:
Es ist das Fürstentum° Liechtenstein (157 Quadratkilometer,   principality
ungefähr 20.000 Einwohner), das zwischen Österreich und der
Schweiz liegt. (siehe Karte)

Die Familie Liechtenstein kam aus Österreich. Aber schon
1806 wurde ihr Fürstentum ein unabhängiger Staat, der sich
nach dem Ersten Weltkrieg eng an die Schweiz anschloß. Seit
1924 wird in Liechtenstein mit Schweizer Franken bezahlt. Aber
die Liechtensteiner haben ihre eigene Staatsbürgerschaft.

Obwohl Liechtenstein jedes Jahr Briefmarken im Wert von
über zehn Millionen Dollar verkauft, leben die Liechtensteiner
nicht nur von ihren Briefmarken. Man kann den hohen Lebensstandard in Liechtenstein auch anders erklären. Wegen niedriger
Steuern sind Firmen aus aller Welt nach Liechtenstein gekommen.
Dort werden wenig Steuern verlangt—und wenig bezahlt. Heute
sind in Liechtenstein doppelt soviele Firmen registriert wie es
Einwohner gibt! Kein Wunder, daß dort seit vielen Jahren
niemand arbeitslos ist. Und Menschen aus aller Welt möchten
Staatsbürger dieses Landes werden. Vor allem reiche Leute, die
nicht gern Steuern zahlen.

Gibt es Unterschiede zwischen den Schweizern und den
Liechtensteinern? Als wir diese Frage einem Schweizer und
einem Liechtensteiner stellten, zeigte der Liechtensteiner auf
den Schweizer und sagte: „Sein Paß ist anders als meiner; und
seine Frau kann wählen, meine nicht."[6]

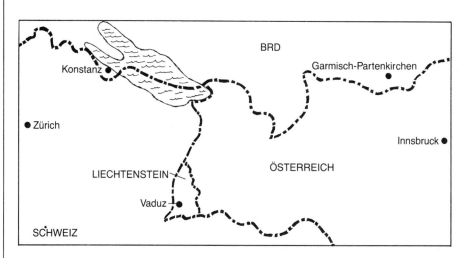

[6]Schweizer Frauen dürfen seit den siebziger Jahren wählen. In Liechtenstein haben
die Frauen immer noch kein Wahlrecht.

Wortschatz zum Lesestück

new nouns (active vocabulary)

die	**Brücke, -n**	*bridge*
der	**Einwohner, -**	*inhabitant*
der	**Fürst, -en**	*prince*
die	**Hauptstadt, ̈-e**	*capital city*
das	**Hochdeutsch**	*standard German, High German*
der	**Italiener, -**	*Italian*
die	**Kohle, -n**	*coal*
die	**Kunst, ̈-e**	*art*
der	**Paß, die Pässe**	*passport*
der	**Pole, -n**	*Pole*

das	**Recht**	*right*
das	**Reich, -e**	*empire*
der	**Schilauf**	*skiing*
die	**Schönheit, -en**	*beauty*
die	**Steuer, -n**	*tax*
die	**Tat, -en**	*deed, action, exploit*
das	**Viertel, -**	*quarter*
die	**Wirtschaft**	*economy*
die	**Währung, -en**	*currency*
die	**Wehrpflicht**	*military service, draft*

nouns (for recognition)

der **Anschluß**	*annexation (of Austria in 1938)*
Bern	*Bern (capital of Switzerland)*
der **Dialekt, -e**	*dialect*
Graubünden	*(Swiss canton)*
das **Hauptquartier, -e**	*headquarters*
das **Instrument, -e**	*instrument*
das **Italienisch**	*Italian (language)*
der **Kanton, -e**	*canton (Switzerland)*
Liechtenstein	*Liechtenstein*
die **Ostmark**	*name for Austria during the Nazi period*
das **Schweizerdeutsch**	*Swiss German (language)*
die **Selbstkritik**	*self-criticism*
das **Tessin**	*(Swiss canton)*
die **Staatsbürgerschaft**	*citizenship*
der **Tscheche, -n**	*Czech*
der **Ungar, -n**	*Hungarian*
Vaduz	*Vaduz (capital of Liechtenstein)*

new verbs (active vocabulary)

beschreiben, beschrieb, beschrieben	*to describe*
leicht•machen	*to make easy*
regieren	*to govern*

sammeln	*to collect*
verlangen	*to demand*
wählen	*to vote; to select*

verbs (for recognition)

annektieren	*to annex*
(sich) an•schließen, schloß an, angeschlossen	*to attach, join*

improvisieren	*to improvise*
mobilisieren	*to mobilize*
registrieren	*to register*

other new words

arbeitslos	*unemployed*
eng	*close, tight; closely*
fleißig	*hard-working, industrious*

miteinander	*with each other, among themselves*
ordentlich	*proper, neat*
unabhängig	*independent*

DARÜBER LACHT MAN
IN DEUTSCHLAND

other words (for recognition)

alemannisch	*Alemannic*	**selbst**	*even*
darunter	*among them*	**sparsam**	*thrifty*
echt	*genuine*	**stabil**	*stable*
niedrig	*low*	**weiter**	*further*

special and idiomatic expressions

Achtung! *Attention!*   **in der Tat** *indeed*   **kein Wunder** *no wonder*

FRAGEN ZUM LESESTÜCK

I. Österreich

1. Was war Österreich vor dem Ersten Weltkrieg?
2. Was geschah durch den „Anschluß"?
3. Wie heißt das Motto aus der Operette „Die Fledermaus"?
4. Was hilft den Österreichern, schwere Zeiten zu überleben?
5. Worin ist Österreich heute noch eine Großmacht?
6. Womit wird Österreich oft assoziiert?
7. Welche Aufgabe wird heute von Österreich sehr ernst genommen?
8. Wofür sind Haydn, Mozart, Freud, Meitner usw. berühmt?

II. Die Schweiz

1. Welche Sprachen werden in der Schweiz gesprochen?
2. Was ist Schweizerdeutsch?
3. Was schreibt man in der Schweiz auf Hochdeutsch und wo wird Hochdeutsch gesprochen?
4. Womit assoziieren Sie die Schweiz?
5. Welche Rolle spielt der Tourismus für die Schweiz?
6. Warum kann man sagen, daß die Schweiz ein neutrales und friedliches Land ist?
7. Warum behaupten manche Leute, daß die Schweizer konservativ sind?
8. Vor was haben viele Schweizer Angst?
9. Was wollen die Autoren des Buches *Achtung: die Schweiz*?

III. Liechtenstein

1. Warum heißt Liechtenstein „Fürstentum"?
2. Hat Liechtenstein seine eigene Währung?
3. Warum hat Liechtenstein einen hohen Lebensstandard?
4. Warum sind so viele Firmen in Liechtenstein registriert?
5. Wer möchte gern Staatsbürger von Liechtenstein werden?
6. Was ist ein Unterschied zwischen den Schweizern und den Liechtensteinern?
7. Was haben Sie über Liechtenstein gelernt?

SITUATIONEN

1. *Your German teacher begins each class with a joke. You have had enough of German jokes. Today he/she again begins:* „Haben Sie schon diesen Witz gehört?" *You say:* _____ .
2. *You are a Liechtensteiner. A German tourist asks you:* „Warum gibt es jede Woche eine neue Briefmarke von Liechtenstein?" *You explain.*
3. *You are Swiss. A German says:* „Warum habt ihr eine Wehrpflicht? Ihr seid doch neutral." *You explain.*
4. *You are an Austrian. A German says over a glass of wine at the Hotel Sacher restaurant in Vienna:* „Ihr Österreicher seid ja eigentlich alle Deutsche." *You react.*

SCHRIFTLICH
WIEDERHOLT

A. *Convert these active voice statements into the passive voice. Retain the tense indicated.*

Beispiel Der Schaffner fragte mich nach meiner Fahrkarte.
Ich wurde von dem Schaffner nach meiner Fahrkarte gefragt.

1. Die Polizei hat ihn gestern verhaftet.
2. Wer bezahlt die Rechnung?
3. Sie erzählte diese Geschichte oft.
4. In Liechtenstein verlangt man wenig Steuern.

5. Er beantwortete diese Frage nicht.

6. Man spricht in Österreich Deutsch.

B. *Restate the sentence, using the* **man**-*construction instead of the passive voice.*

1. Es wird zuviel Öl in der Welt verwendet.
2. Fast alle Probleme können gelöst werden.
3. Das kann nicht gemacht werden.
4. Mein Auto konnte nicht repariert werden.
5. Dieser Unfall konnte nicht verhindert werden.
6. Sein Wunsch kann leicht erfüllt werden.

C. *Express in German. The exercise involves the three different uses of* **werden.**

1. Lise Meitner became a physicist.
2. I have not been asked.
3. She will call you tomorrow.
4. This book was written three years ago.
5. Did he become an American? (*Use the present perfect.*)
6. This bill will be paid in Swiss francs.
7. In 1938 Austria became a part of Germany.
8. Austria was annexed by Hitler.
9. Many firms were registered in Liechtenstein this year.

Sprechen leicht gemacht!

To practice the passive in the present tense...

Was wird von wem gemacht?

A. *Ask you classmates what they think should be done by whom in the situations below.*

Wer
{
spielt die Platten?
gibt die Prüfung?
bezahlt die Rechnung?
trinkt das Bier?
trägt die Lederhosen?
ißt den Kuchen?
frißt das Wienerschnitzel?
kaut den Kaugummi?
stellt dumme Fragen?
erzählt dumme Witze?
finanziert die Staatsamateure?
?
}

Die Platten
{ werden / wird }
von ...

der Disk-Jockey
der Amerikaner
der Hund
das Kind
der Staat
das Volk
der Professor
die Lehrerin
der Student
die Studentin
der Österreicher
?

To practice the passive in the past tense . . .

wird or **wurde?**
werden or **wurden?**

B. *Create grammatically correct sentences by combining elements from the columns. As each sentence is given out loud, the rest of the class calls out* „**Richtig!**" *or* „**Falsch!**"

Heute		Amerika entdeckt.
Vor zweitausend Jahren		Rock und Roll getanzt.
Im Jahre 1492		nicht mehr so viel geraucht.
Jeden Tag	wird	Jesus Christus geboren.
Jetzt	wurde	Troja von Schliemann und seiner
In der Nazi-Zeit	werden	Frau ausgegraben.
Gestern	wurden	neue Erfindungen gemacht.
Vor vielen Jahren		viele Anti-Nazis verhaftet.
?		?

To practice the **man**-construction as a substitute for the passive . . .

Wirklich!

C. *You can't believe what Student A says, and reply in disbelief. Use the* **man**-*construction to avoid the passive.*

		nicht geraucht.	Wirklich, man raucht hier
		nicht getanzt.	nicht?
Hier	wird	nicht gearbeitet.	
	werden	kein Englisch gesprochen.	
		nicht gespielt.	
		nicht getrunken.	
		Zigaretten verkauft.	
		?	

To practice the passive with modals . . .

Was muß gemacht
werden?

D. *Ask what still has to be done. (A to B, B to C, and so on)*

Muß
müssen

das Auto noch gewaschen		das Auto		
der Brief noch geschrieben				
die Katze noch gefüttert°			noch	fed
die Rechnung noch bezahlt	werden? Ja,	muß	gewaschen	werden!
die Frage noch diskutiert		müssen		
die Arbeiter noch bezahlt				
die Betten noch gemacht				
der Rasen noch geschnitten°				cut
?				

To practice the passive with modals . . .

Darf man das tun?   **E.** *Answer by saying that it is not permitted. (A to B, B to C, and so on)*

Darf man {
hier rauchen?
hier Fußball spielen?
hier schwimmen?
hier tanzen?
hier campen?
ein Feuer machen?
hier parken?
?
}   Nein, hier darf nicht {
geraucht
} werden!

To practice the **man**-construction with modals in Verb-Last word order . . .

Besserwisser[7]   **F.** *Reply, saying that of course you know it! (A to B, B to C, and so on)*

Hier darf man nicht rauchen!
In Japan muß man links fahren!
In Liechtenstein zahlt man nicht viel Steuern!
Einem Kellner soll man Trinkgeld geben!
In Deutschland muß man immer pünktlich
  sein!
In England kann man nachmittags zwischen
  3 und 5 Uhr kein Bier kaufen!
In Holland kann man viel Käse essen!
In Rom kann man gute Spaghetti bekommen!
?

Natürlich weiß
ich, daß man {
hier nicht rauchen darf!
}

To practice **ein**-words and **der**-words as pronouns . . .

Ich auch . . .   **G.** *Practice one-upmanship! Say that you, too, have one — or none. (A to B, B to C, and so on)*

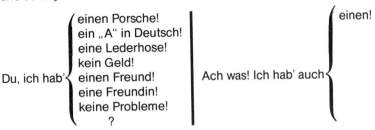

Du, ich hab' {
einen Porsche!
ein „A" in Deutsch!
eine Lederhose!
kein Geld!
einen Freund!
eine Freundin!
keine Probleme!
?
}   Ach was! Ich hab' auch {
einen!
}

To practice the passive in the present tense . . .

Geschichts-Quiz   **H.** *Whoever knows the answer gets to ask the next question.*

1. Wann hat Kolumbus Amerika
   entdeckt?

2. Wann hat Bell das Telefon
   erfunden?

Amerika ist_____entdeckt worden.

Das Telefon ist_____

[7]*Know-it-all*

3. Wann haben die Engländer und
   Preußen Napoleon bei Waterloo
   besiegt°?

   Napoleon ist_____

   defeated

4. Wann ist Präsident Kennedy
   ermordet° worden?

   Kennedy ist_____

   murdered

5. Wann ist Österreich-Ungarn
   zerschlagen° worden?

   Es ist_____

   smashed to pieces

6. Wann ist Lincoln zum Präsidenten gewählt worden?

   Er ist_____

                    ?

Antworten

1. 1492 2. 1876 3. 1815 4. 1963 5. 1918 6. 1861

To practice reading comprehension . . .

**Heute schon
gelacht?**

I. *Note the three different functions of* **werden** *in the jokes below.*

Die Mutter: „Fritz, was willst du werden?"
Der kleine Fritz „Kein Arzt. Er muß sich immer die Hände waschen!"

Fritzchen hat die Grippe. Er liegt im Bett. Er wird vom Doktor
   untersucht°.

   examined

Fritzchen: „Herr Doktor, ich kann die Wahrheit ertragen°.
   Wann werde ich wieder zur Schule gehen müssen?"

   bear

Frage an Radio Eriwan:[8]„Was ist der Unterschied zwischen einem amerikanischen und einem sowjetischen Märchen°?"

   fairy tale

   —Radio Eriwan antwortet: „Das amerikanische Märchen beginnt mit ‚Es war
   einmal . . .', das sowjetische Märchen mit ‚Es wird einmal so weit sein . . .' "

Frage an Radio Eriwan: „Stimmt es, daß in der Sowjetunion jetzt auch porno-
   graphische Filme gezeigt werden?" —Radio Eriwan antwortet: „Im Prinzip ja,
   aber alles braucht seine Zeit. Bis jetzt wurde Lenin in einem Film ohne Mütze°
   gezeigt."

   cap

[8]Eriwan (English *Erivan*) is the capital of the Armenian Soviet Socialist Republic. It is
not clear why it, rather than Radio Moscow, has become the focus of a flood of political
jokes.

Wogegen protestieren die Bürger von Kempen?

Kapitel 18

Wie denken Sie darüber . . . ?

1. Long attributes

   Vom Deutschen Reich zum geteilten Deutschland

   Die Bundesrepublik Deutschland (BRD)

   Die Deutsche Demokratische Republik (DDR)

Review of Highlights

DIALOG   # Wie denken Sie darüber . . . ?
die Energiekrise
die Kernkraftwerke
der Umweltschutz

Über diese heute viel diskutierten drei Themen stellten wir einigen Deutschen und Österreichern mehrere Fragen. Hier sind einige der „pro" und „kontra" Meinungen, die wir gehört haben.

Frage   Was denken Sie über die uns angeblich drohende° Energiekrise? Gibt es sie wirklich?   threatening

Meinung   Natürlich gibt es sie. Das Erdöl geht zu Ende. Was werden wir später mit all den vom Öl abhängigen Dingen machen: mit unseren Autos, den Fabriken, der Ölheizung . . . ?

Meinung   Bis jetzt gibt es noch keine ernste Energiekrise. Wir haben noch viel Kohle und genug Erdgas in Deutschland. Das Wichtigste ist, daß wir Energie sparen. Die Wissenschaft und die Technik werden uns helfen. Außerdem werden immer neue Kernkraftwerke gebaut.

Frage   Sind Sie für oder gegen Kernkraftwerke?

Meinung   Ich bin dagegen. Die sind gebaut worden, bevor man die damit verbundenen Probleme gelöst hatte.

Frage   Welche Probleme meinen Sie?

Meinung   Zum Beispiel die immer größer werdende Menge von Atommüll, von dem niemand weiß, wohin man ihn tun soll. Und noch etwas: Wie schützen wir diese Kernkraftwerke gegen Sabotage?

Frage   Woran denken Sie, wenn Sie von Sabotage sprechen?

Meinung   An politische Terroristen, aber auch an Erpresser. Was passiert, wenn solche Leute ein Kernkraftwerk in die Hände bekommen?

Meinung   Ich bin für die Kernkraftwerke, weil wir sie brauchen. Gewiß, das Wichtigste ist die Sicherheit. Aber dafür wird in den schon gebauten Kernkraftwerken alles getan.

Frage   Woran denken Sie, wenn Sie das heute so populäre Wort „Umweltschutz" hören?

Meinung   Oh, an die immer wachsende Zahl von Fußgängerzonen in den Städten, an die immer strenger werdenden Gesetze zum Schutz gegen Abgase, an die Säuberung unserer Flüsse und Seen.

Kühlturm des
Kernkraftwerkes bei
Dortmund: Brauchen
wir sie—oder nicht?

Frage   Sind Sie der Meinung, daß zuviel oder zuwenig für den
Umweltschutz getan wird?

Meinung   Man kann kaum zuviel für den Umweltschutz tun. Aber ich
bin mit den in den letzten Jahren gemachten Fortschritten
zufrieden.

Meinung   Ich sehe das Problem der Umweltverschmutzung so: Fast jeder
sagt: Natürlich müssen wir etwas gegen rauchende Schornsteine
und giftige Abgase tun. Aber nur wenige sind bereit, die damit
verbundenen hohen Kosten zu bezahlen.

Frage   Und wer soll für den Umweltschutz zahlen? Die Industrie, der
Staat, jeder Bürger?

Meinung   Wir alle! Jeder sollte für die Umweltverschmutzung bezahlen.
Aber in der Praxis ist es leider so, daß jeder den anderen zur
Kasse bittet.

Wortschatz zum Dialog

new nouns (active vocabulary)

der **Atommüll**	radioactive waste		die **Kosten** (pl. only)	cost
der **Bürger, -**	citizen		die **Menge, -n**	amount, quantity
das **Ding, -e**	thing		die **Ölheizung, -en**	oil heating
das **Erdgas**	natural gas		der **See, -n**	lake
das **Erdöl**	crude oil		der **Umweltschutz**	environmental protection
die **Fabrik, -en**	factory		die **Umweltverschmutzung**	environmental pollution

nouns (for recognition)

das **Abgas, -e**	exhaust fumes		die **Sabotage**	sabotage
der **Erpresser, -**	extortionist, blackmailer		die **Säuberung, -en**	cleaning
die **Fußgängerzone, -n**	pedestrian zone		der **Schornstein, -**	chimney
die **Praxis**	practice		die **Technik, -en**	technology; technique

new verbs (active vocabulary)

schützen   to protect

other new words (active vocabulary)

abhängig	dependent		**streng**	strict
bereit	ready, willing		**zufrieden**	satisfied
giftig	poisonous		**zuwenig**	too little
pro	in favor of, for, pro			

special and idiomatic expressions

zu Ende gehen   to come to an end
zur Kasse bitten   to demand payment

FRAGEN ZUM DIALOG
1. An wen wurden die Fragen gestellt?
2. Wozu braucht man Erdöl? Was hängt vom Erdöl ab?
3. Was für Rohstoffe hat Deutschland?
4. Was für Probleme hat man mit den Kernkraftwerken?
5. Was ist eine „Fußgängerzone"?
6. Was kann man für den Umweltschutz tun?
7. Wer soll für den Umweltschutz zahlen?

PERSÖNLICHE FRAGEN
1. Was ist Ihre persönliche Meinung: Gibt es eine Energiekrise oder gibt es keine?
2. Was schlagen Sie vor: Wie können wir alle Energie sparen?
3. Was wären Sie bereit zu tun, wenn es eine ernste Energiekrise gäbe?

4. Sind Sie für oder gegen den Bau von Kernkraftwerken? Und warum?
5. Was wird in Ihrer Stadt oder in Ihrem Staat für den Umweltschutz getan?
6. Was tun Sie persönlich für den Umweltschutz?

AUSSPRACHE
ÜBUNG

German **ei** versus German **eu** and **äu**

die **Feier**	celebration	das **Feuer**	fire
nein	no	**neun**	nine
die **Eile**	hurry	die **Eule**	owl
ich **leite**	I direct	die **Leute**	people
die **Meise**	titmouse	die **Mäuse**	mice
leiten	to direct	**läuten**	to ring a bell
die **Eier**	eggs	**euer** Buch	your book
der **Eiter**	pus	das **Euter**	udder
leise	softly	die **Läuse**	lice

Kernkraftwerke in der Welt
Netto-Leistungen in Megawatt (MW)

	1980	1979	Veränderungen 1979/1980
Frankreich	14.400	8.00	+80%
Bundesrep. Deutschland	8.625	8.865	− 3%
Großbritannien	6.400	6.200	+ 3%
Belgien	1.700	1.700	+ 0%
Italien	1.400	1.400	+ 0%
Niederlande	500	500	+ 0%
EG zusammen	**33.025**	**26.665**	**+24%**
Schweden	5.500	3.800	+45%
Schweiz	1.930	1.930	+ 0%
DDR	1.760	1.380	+27.5%
Sowjetunion	13.000	10.800	+20%
übrige Ostblockländer	2.100	1.400	+50%
USA	55.800	51.800	+ 8%
Japan	15.000	14.500	+ 3%
Kanada	5.500	5.500	+ 0%
übrige Länder der Welt	7.400	6.100	+21%
Welt insgesamt	**141.015**	**123.875**	**+14%**

GRAMMATIK   Theorie und Anwendung

1. Long attributes

Beispiele

Die Alliierten besetzten **die von Bomben und Kämpfen zerstörten** Städte.

The Allies occupied the cities (that had been) destroyed by bombs and fighting. (Literally, The Allies occupied the by bombs and fighting destroyed cities.)

Erst durch **den nach langen Verhandlungen abgeschlossenen** Grundvertrag nahmen die BRD und die DDR diplomatische Beziehungen auf.

Only after the signing of the basic treaty, concluded after long negotiations, did the FRG and the GDR establish diplomatic relations. (Literally, Only through the after long negotiations concluded basic treaty did the FRG and the GDR establish diplomatic relations.)

A special feature of German

The long attribute (also known as "extended noun attribute" or "participial construction") is a special feature of German. To be sure, it also exists in English especially in the "journalese" of periodicals, but in English it is less common and not as long as it can be in German. Examples in English would be "The recently discovered evidence" or "This much discussed question."

What is a long attribute?

A long attribute consists of a descriptive adjective plus an additional modifying word or phrase. The descriptive adjective **is always a present or past participle,** and it will show the appropriate adjective ending. This entire series of words immediately precedes a noun and modifies it, just as do other simpler adjectives.

PRESENT PARTICIPLE

Die **außer Haus arbeitende** Frau

The woman working outside the home

PAST PARTICIPLE

die **vom Staat besonders geförderten** Fächer

the disciplines (that are) especially promoted by the state

Chemische Fabrik an
der Ruhr.
Umweltschutz oder
Umweltschmutz?

das **früher oft gehörte** Motto   *the formerly often heard motto*

*How to decipher
a long attribute*

STEP 1   Identify the noun that is being modified (in the example above,
Motto).

STEP 2   Identify the introductory word (usually a **der**-word or an **ein**
-word) that goes with the noun (**das ... Motto**). The noun must agree in
gender, number, and case with the introductory word.

STEP 3   The sequence of intervening words thus isolated is the long
attribute (**früher oft gehörte**). In English, this long attribute is often
expressed as a relative clause following the noun (as in the equivalent of
the example above). *The motto that was formerly often heard.*

Telltale sign   A frequent sign of the beginning of a long attribute is a **der**-word or
ein-word followed by a preposition: **der in, eine für, unser von,** etc.

ANWENDUNG   **A.** *In the following long-attribute constructions identify (a) the introductory word,
(b) the noun that is being modified.*

1. Was denken Sie über die uns angeblich drohende Energiekrise?
2. die immer größer werdende Menge von Atommüll
3. die immer wachsende Zahl von Fußgängerzonen

4. Ich bin mit den in den letzten Jahren gemachten Fortschritten zufrieden.
5. die damit verbundenen hohen Kosten

B. *Complete the translation by placing the "isolated" long attribute after the noun as part of a relative clause.*

1. Was denken Sie über die uns angeblich drohende Energiekrise?
   What do you think about the energy crisis which _____?
2. die immer größer werdende Menge von Atommüll
   the mass of atomic waste that _____
3. die immer wachsende Zahl von Fußgängerzonen.
   the pedestrian malls which _____ .
4. Ich bin mit den in den letzten Jahren gemachten Fortschritten
   zufrieden.
   I am satisfied with the progress that _____ .
5. die damit verbundenen hohen Kosten.
   The high costs which _____ .

Note: The "three-step method" of deciphering a long attribute is a fail-safe one. This does not mean, however, that once you have deciphered the attribute you must recast it as a relative clause (using *which* or *that*). For the sake of smoother style you may reformulate it in English in some other way. For example, the question **Was denken Sie über die uns angeblich drohende Energiekrise?** might be rendered in English as follows:

What do you think about the energy crisis which allegedly threatens us?
Or:
What do you think about the energy crisis allegedly threatening us?

The example shows that in English the *that* or *which* of a relative clause may be omitted, or that the modifiers may be placed before the noun.

Note: The noun being modified may sometimes be preceded by an additional adjective or adverb.

diese heute viel diskutierten **drei** Fragen	*these three questions so much discussed today*

Relative clause   Long attributes may also be expressed in German as relative clauses.

LONG ATTRIBUTE

Das **früher oft gehörte** Motto von „Kinder, Küche, Kirche".	*The slogan "Children, kitchen church" (that was) formerly often heard . . .*

Ferientermine

	Pfingsten	Sommer	Herbst	Weihnachten
Baden-Württemberg	1.– 4.6.	1.7.–14.8.	25.–30.10	23.12.–8.1. 83
Bayern	1.–12.6.	29.7.–13.9.	2.11.	23.12.–11.1. 83
Berlin	29.5.–1.6.	24.6.– 7.8.	4.–11.10.	23.12.–8.1. 83
Bremen	1.6.	24.6.– 7.8.	7.–16.10.	23.12.–5.1. 83
Hamburg	–	18.6.–31.7.	4.–23.10.	23.12.–1.1. 83
Hessen	1.6.	18.6.–31.7.	4.– 9.10.	23.12.–8.1. 83
Dänemark	29.–31.5.	19.6.–8.8.	17.–24.10.	23.12.–3.1. 83
Frankreich	20.–24.5.	Ende Juni bis Anfang September*)	23.10.–2.11.	21.12.–4.1. 83
Niederlande		26.6.–5.9.*)	16.–24.10.	18.12.–2.1. 83
Österreich	29.5.–1.6.	3.7.–11.9.*)	–	24.12.–6.1. 83

RELATIVE CLAUSE

Das Motto von „Kinder, Küche, Kirche", **das früher oft gehört wurde.**	*The slogan "Children, kitchen, church" that was formerly often heard.*

ANWENDUNG   C. *Restate, changing the long attribute into a relative clause..*

1. Was denken Sie über die uns angeblich drohende Energiekrise?
   Was denken Sie über die Energiekrise, die _____?
2. Aber dafür wird in den bisher gebauten Kernkraftwerken alles getan.
   Aber dafür wird alles in den Kernkraftwerken getan, die _____.
3. Ich denke an die immer strenger werdenden Gesetze gegen Abgase.
   Ich denke an die Gesetze gegen Abgase, _____.

D. *Restate using a long attribute.*

1. Das Buch wurde im Jahre 1870 geschrieben.
   Das ist ein im Jahre 1870 _____ Buch.
2. Dieses Gedicht wurde von Goethe geschrieben.
   Das ist ein _____ Gedicht.
3. Das ist der Schatz, der von Schliemann entdeckt worden ist.
   Das ist der _____ Schatz.
4. Das Isotop, das Lise Meitner entdeckte, spielte eine wichtige Rolle in der Kernforschung.
   Das von _____.

LESESTÜCK

I. Vom Deutschen Reich zum geteilten Deutschland

Otto von Bismarck hatte im Jahre 1871 ein gemeinsames Reich der Deutschen gegründet.° Mit Adolf Hitler fand das Deutsche Reich am 8. Mai 1945 ein schreckliches Ende. Als der Zweite Weltkrieg endete, standen Amerikaner, Engländer, Franzosen und Russen in Deutschland und besetzten die von Bomben und Kämpfen zerstörten Städte und Dörfer. Es gab kein Deutsches Reich mehr; es gab nur noch eine hungernde und frierende° deutsche Bevölkerung.

°founded

°freezing

Während des Zweiten Weltkrieges, als die westlichen Alliierten und die Sowjetunion noch kooperierende Partner waren, hatte man gemeinsame Pläne für die Zukunft Deutschlands. Der „Kalte Krieg" zwischen den kommunistischen Mächten des Ostens und den kapitalistischen Ländern des Westens änderte das Schicksal Deutschlands. Deutschland wurde 1949 durch die Gründung° von zwei deutschen Staaten ein geteiltes Land. Josef Stalin charakterisierte diese Teilung mit folgenden Worten: „Der Westen wird sich Westdeutschland zu eigen machen, und wir werden aus Ostdeutschland unseren eigenen Staat machen."

°foundation

II. Die Bundesrepublik Deutschland (BRD)

Im September 1949 wurde aus dem in eine britische, amerikanische und französische Besatzungszone aufgeteilten° westlichen Teil Deutschlands die Bundesrepublik Deutschland. Sie besteht aus zehn Ländern und Westberlin und hat eine Bevölkerung von etwa 63 Millionen. Die Bundesrepublik ist etwa so groß wie der amerikanische Bundesstaat Oregon. Bonn am Rhein, Beethovens Geburtsstadt, ist ihre Hauptstadt.

°divided

Die Verfassung der Bundesrepublik ist das „Grundgesetz" vom Jahre 1949. Dieses Grundgesetz betont den Sozialstaat, den Rechtsstaat und die persönliche Freiheit jedes Staatsbürgers.

Die Bundesrepublik und auch die im Jahre 1949 gegründete Deutsche Demokratische Republik (DDR) wurden anfangs° von vielen als eine Art Provisorium° bezeichnet. Überall sprach man von der in der Zukunft liegenden „Wiedervereinigung" Deutschlands. Heute ist davon nicht mehr viel zu hören.

°at first

°temporary arrangement

Seit 1955 ist die Bundesrepublik Deutschland Mitglied der NATO (North Atlantic Treaty Organization). Die BRD ist heute einer der stärksten und wichtigsten Partner dieses Verteidigungsbundes.° Die Bundesrepublik hat jedoch versucht, ihr Verhältnis zu den Staaten Osteuropas zu normalisieren. Seit September 1973 ist sie—ebenso wie die DDR—Mitglied der Vereinten Nationen.

      defense alliance

Die Bundesrepublik ist auch ein führendes Mitglied in der Europäischen Wirtschaftsgemeinschaft (EWG). Und die Regierung der Bundesrepublik hilft vielen Ländern mit Krediten, technischer Assistenz und Stipendien.

Die Zahl der Hochschulen hat sich in den letzten zwanzig Jahren verdoppelt.° Trotzdem mußte an vielen Universitäten der Bundesrepublik der „numerus clausus" eingeführt° werden. Das heißt, die Zahl der Studienplätze wurde in vielen Fächern beschränkt°. Die Deutsche Forschungsgemeinschaft (DFG) ist eine besonders wichtige Organisation, denn in ihr arbeiten Universitäten, Wissenschaft, Industrie und Staat eng zusammen.

      doubled

      introduced

      limited

Wie steht es mit der Stellung der Frau in der Bundesrepublik? Das früher oft gehörte Motto von „Kinder, Küche, Kirche" ist veraltet.° Über 40% aller Frauen arbeiten außer Haus, und die Zahl von Frauen in führenden Stellen nimmt zu.

      obsolete

Ist die Bundesrepublik, in der 96% der Bevölkerung einer Kirche angehören,° ein katholisches oder ein protestantisches Land? Es gibt ungefähr gleichviel° Katholiken und Protestanten; man kann von einem „katholischen Süden" und einem „protestantischen Norden" sprechen. Die Zahl der Juden ist heute sehr klein. Es leben nur noch etwa 30.000 Juden in der Bundesrepublik.

      belong to a church

      the same number of

Die in den ersten drei Jahrzehnten erreichten Leistungen der Bundesrepublik sind bewundernswert.° Dies soll jedoch nicht heißen, daß sie ein Staat ohne Probleme ist. Unruhe° an den Universitäten, Terrorismus, das Berufsverbot° für Beamte mit „linken" Ansichten°, der starke Hang° zum Materialismus, Probleme des Umweltschutzes, die Gastarbeiter und die Angst vor einem Atomkrieg—das sind nur einige der vielen Probleme, die von der Bundesrepublik noch nicht gelöst sind.

      admirable

      unrest

      non-admission to a job

      "leftist" views/tendency

III. Die Deutsche Demokratische Republik (DDR)

Am 7. Oktober 1949 wurde aus der sowjetischen Besatzungszone die Deutsche Demokratische Republik (DDR). Die DDR ist etwa so groß wie Virginia und hat eine Bevölkerung von 17 Millionen.

Der Marxismus-Leninismus bestimmt in dieser als „Volksdemokratie" bezeichneten Republik die politische und wirtschaftliche Struktur. Im Artikel 1 der DDR-Verfassung heißt es: „Die Deutsche Demokratische Republik ist ein sozialistischer Staat deutscher Nation." Die Verfassung der DDR betont das Recht der Staatsbürger auf Arbeit und soziale Sicherheit.° security Die Interessen des Staates stehen vor den Interessen des Einzelnen. Daß es dabei notwendig° ist, die persönliche Freiheit des necessary Einzelnen zu beschränken, wird von den Politikern der DDR selbst zugegeben°. admitted

Das Prinzip des „demokratischen Zentralismus" spielt "democratic centralism" dabei eine besonders wichtige Rolle. Das heißt, daß die Führung des Staates in den Händen einer Organisation liegt, die „dem Willen des Volkes" am nächsten steht. In der DDR ist dies das mächtige° Politbüro und die Sozialistische Einheitspartei powerful Deutschlands (SED).

Zwanzig Jahre lang war die DDR von den westlichen Ländern der Welt isoliert.° Seit 1955 gehört die Volksarmee der isolated DDR zum Warschauer Pakt,° dem östlichen Gegenstück° zur Warsaw Pact/counterpart NATO des Westens. Erst durch den nach langen Verhandlungen° negotiations 1970 abgeschlossenen „Grundvertrag" nahmen die Bundesrepublik und die DDR diplomatische Beziehungen° auf. relations

Heute trennen noch immer 544 Kilometer Stacheldraht,° barbed wire Mauer, Minenfelder° Deutsche von Deutschen. Die seit 1961 minefields bestehende° „Berliner Mauer" ist das sichtbarste Symbol dieser existing Teilung Deutschlands.

Wie rechtfertigt die DDR die Mauer und das Schießen auf Fliehende? a) „Wir müssen uns gegen westliche Saboteure schützen," und b) „Wir können es uns nicht leisten, tüchtige° capable Menschen zu verlieren." In der Tat waren zwischen 1945 und 1961 fast drei Millionen Bürger der DDR in den Westen geflüchtet.

Wirtschaftlich zählt die DDR heute zu den zehn führenden Industrieländern der Welt. Man darf auch von einem „DDR Wirtschaftswunder" sprechen. Das ist besonders beeindruckkend,° wenn man weiß, daß den Bürgern der DDR kein Marshall- impressive Plan half. Im Gegenteil, ihre Industrien mußten für die Sowjetunion produzieren.

Die von der Regierung geleitete° Planwirtschaft° bestimmt directed/ alle Aspekte des wirtschaftlichen Lebens. Fast die gesamte planned economy

Marx oder Lenin sind immer dabei: sogar beim Heiraten.

Industrie und ein großer Teil des Handels ist verstaatlicht. Die Landwirtschaft ist kollektiviert,° 99,4% der Industrie sind „volkseigene"° Betriebe und über 90% aller Arbeiter der DDR werden vom Staat bezahlt.

nationalized

owned by the people

Heute gibt es 54 Hochschulen in der DDR. Fast alle Studenten bekommen Stipendien. Die technischen und naturwissenschaftlichen° Fächer werden vom Staat besonders gefördert. Die Philosophie des Marxismus und des Leninismus sowie das Studium der russischen Sprache sind während der ersten Jahre Pflichtfächer°.

scientific

required subjects

Religion wird von der DDR-Regierung toleriert—und oft ignoriert. Trotzdem gehören immer noch etwa 10 Millionen DDR-Bürger der Evangelischen Kirche und 1,3 Millionen der Katholischen Kirche an. Der Staat hofft, daß die marxistische Ideologie die Funktion der Religion übernehmen kann.

Der DDR-Staat betont die Gleichberechtigung° der Frau. Die außer Haus arbeitende Frau wird vom Staat unterstützt°. Es gibt, zum Beispiel, staatliche Kindergärten für arbeitende Mütter. Trotz dieser kinderfreundlichen Politik hat die DDR

equal rights or equality

supported

ein ernstes Problem: Die Zahl der Geburten liegt unter dem Nullwachstum!

Vor mehr als drei Jahrzehnten ist die Deutsche Demokratische Republik zum „ersten deutschen sozialistischen Staat der Arbeiter und Bauern" proklamiert° worden. Die Einwohner dieses Staates—ebenso wie ihre Landsleute° in der Bundesrepublik—haben in dieser Zeit viel geleistet°. Der steigende Lebensstandard beweist diesen Erfolg. Unerfüllt° bleibt immer noch der Wunsch vieler Ostdeutschen nach weniger Konformismus° und nach offenen Grenzen. Wann wird jeder DDR-Bürger selbst entscheiden dürfen, ob er Verwandte und Freunde im Westen besuchen kann? Wann wird die „Mauer" verschwinden . . .?

proclaimed

countrymen

accomplished

unfulfilled

conformism

Dieser Wunsch nach offenen—oder keinen—Grenzen wird in einem Song von dem populären Liedermacher° Udo Lindenberg ausgesprochen:

song writer and singer

Udo Lindenberg: **Wir wollen doch einfach nur zusammen sein**

Stell' dir vor, du kommst nach Ost-Berlin,
und da triffst du ein ganz heißes Mädchen,
so ein ganz heißes Mädchen aus Pankow,
und du findest sie sehr bedeutend und sie dich auch.
Dann ist es auch schon so weit,
ihr spürt, daß ihr gerne zusammen seid,
und ihr träumt von einem Rock-Festival
auf dem Alexanderplatz
mit den Rolling Stones und 'ner Band aus Moskau.
Doch plötzlich ist es schon zehn nach elf, und sie sagt:
'Hei, du mußt ja spätestens um zwölf wieder drüben sein,
sonst gibt's die größten Nerverein,
denn du hast ja nur 'nen Tagesschein.'
Mädchen aus Ost-Berlin, das war wirklich schwer,
ich mußte gehen, obwohl ich so gerne noch geblieben wär'.
Ich komme wieder,
und vielleicht geht's auch irgendwann mal ohne Nerverein,
da muß doch auf die Dauer was zu machen sein.
Ich hoffe, daß die Jungs das nun bald in Ordnung bringen,
denn wir wollen doch einfach nur zusammen sein,
vielleicht auch mal etwas länger,
vielleicht auch mal etwas enger.
Wir wollen doch einfach nur zusammen sein.

Staatlicher
Kindergarten in Torgau
bei Leipzig: Schön
warm nach dem
Schwimmen!

*The following translation does not seek to render Udo Lindenberg's lyrics into a poetic version. It is a verbatim translation to help the student learn German. The students are, however, encouraged to find their own current idioms for Lindenberg's text. For example, "**du findest sie sehr bedeutend**" might be expressed as "you dig her."*[2]

All We Want Is Just To Be Together

Imagine you get to East Berlin
and happen to meet a really hot [wonderful] girl,
a really hot girl from Pankow°,   Section of East Berlin
and you find her to be very important and she finds you to be important, too.
Things have gone so far
that you feel you like to be together,
and you dream about a rock festival
on the Alexander Square°   The Times Square of
with the Rolling Stones and a band from Moscow.   East Berlin
But suddenly it is already ten [minutes] after eleven PM, and she says:
"Hey, you got to be back on the other side by midnight at the latest
or there will be real trouble
because you only have a day permit."
[My] girl from East Berlin, that was really rough [difficult],
I had to go although I would have loved to stay longer.
I'll return
and perhaps someday it will be possible without all that trouble.
There's gotta be a way of doing something about it in the long run.
I hope the guys [up there] will soon solve this problem [make order out of this nonsense]
because we simply want to be together
perhaps sometime a little longer
perhaps sometime a little stronger   **enger:** closer
All we want is just to be together.

---

[2]The German text is reprinted by kind permission of Udo Lindenberg Flexibel-Betriebe & So and the record is available in *Udo Lindenberg und das Panik Orchester: Alles klar auf der Doria,* Telefunken Label AS 621 138.

Wortschatz zum Lesestück

new nouns (active vocabulary)

der **Besuch,** -e	attendance, visit	die **Küche,** -n	kitchen
der **Betrieb,** -e	company, business, plant	der **Mai**	May
das **Wirtschaftswunder**	economic miracle	der **Rechtsstaat**	constitutional state
das **Deutsche Reich**	the German Empire		
die **Europäische Wirtschaftsge-** **meinschaft (EWG)**	the European Common Market	das **Schicksal,** -e	fate, destiny
		das **Schießen**	shooting
die **Geburtsstadt**	native town	die **Stellung,** -en	position, status
die **Grenze,** -n	border	die **Teilung,** -en	division
der **Jude,** -n	Jew	die **Verfassung,** -en	constitution
der **Kampf,** ̈-e	fight, battle	die **Wiedervereinigung**	reunification
die **Kirche,** -n	church	das **Ziel,** -e	goal

nouns (for recognition)

die **Assistenz**	assistance	der **Katholik,** -en	Catholic
der **Bauer,** -n	farmer, peasant	der **Kindergarten,** ̈	nursery school, kindergarten
die **Besatzungszone,** -n	occupation zone	der **numerus clausus**	limited enrollment (at universities)
die **Bombe,** -n	bomb		
(das) **Bonn**	Bonn (German city)	**Osteuropa**	Eastern Europe
die **Deutsche Forschungs-** **gemeinschaft**	German Research Council	das **Politbüro**	politburo
		der **Protestant,** -en	Protestant
der **Engländer,** -	Englishman	die **Religion,** -en	religion
die **Evangelische Kirche**	Lutheran Church	die **Sozialistische** **Einheitspartei**	Socialist Unity Party (of the GDR)
der **Fliehende,** -n	fugitive		
der **Franzose,** -n	Frenchman	der **Sozialstaat**	state emphasizing social welfare
das **Grundgesetz**	Basic Law (of the FRG)		
der **Grundvertrag**	treaty between the FRG and the GDR	die **Volksarmee**	People's Army (of the GDR)
		die **Volksdemokratie,** -n	People's Democracy
das **Jahrzehnt,** -e	decade	der **Wille**	will

new verbs (active vocabulary)

besetzen	to occupy	**hungern**	to be hungry, to starve
bestehen, bestand, **bestanden**	to consist	**schützen**	to protect
		teilen	to share; to divide
betonen	to emphasize	**trennen**	to separate
ein·führen	to introduce	**verschwinden, verschwand** **ist verschwunden**	to disappear
enden	to come to an end		
flüchten	to flee, escape	**zerstören**	to destroy
gründen	to found, establish		

verbs (for recognition)

ab·schließen, schloß ab, **abgeschlossen**	to conclude, to enter into	**bezeichnen**	to call, designate
		kooperieren	to cooperate
auf·nehmen (nimmt auf), **nahm auf, aufgenommen**	to enter into	**rechtfertigen**	to justify
		zusammen·arbeiten	to work together
bestimmen	to determine		

„Was wird uns die Zukunft bringen?"

other new words (active vocabulary)

gemeinsam	*common, joint, united*	**ungefähr**	*approximately*
östlich	*eastern*	**westlich**	*Western*
sichtbar	*visible*	**wirtschaftlich**	*economic(ally)*

other words (for recognition)

britisch	*British*	**sowjetisch**	*Soviet*
gesamt	*complete*	**sozialistisch**	*Socialist*
kinderfreundlich	*supportive of children*	**technisch**	*technical*

special and idiomatic expressions

das deutsche Wirtschaftswunder	*the German economic miracle (after World War II)*
sich zu eigen machen	*to claim for oneself, to make (a thing) one's own*
wie steht es mit . . .?	*what about . . .?, what's the situation with . . .?*
im Gegenteil	*on the contrary*

FRAGEN ZUM LESESTÜCK

I. Vom Deutschen Reich zum geteilten Deutschland

1. Was wurde 1871 gegründet?
2. Was geschah, als der Zweite Weltkrieg endete?
3. Was für Pläne hatte man für Deutschland während des Krieges?

4. Wodurch wurde Deutschland 1949 ein geteiltes Land?
5. Wie dachte Josef Stalin 1948 über die Teilung Deutschlands?

II. Die Bundesrepublik Deutschland

1. Woraus besteht die Bundesrepublik Deutschland?
2. Was ist das Wichtigste am „Grundgesetz"?
3. Wie steht es heute mit der Wiedervereinigung Deutschlands?
4. Wovon ist die Bundesrepublik ein Mitglied?
5. Welche Rolle spielt die Bundesrepublik heute in der NATO?
6. Was ist heute veraltet?
7. Was bedeutet der „numerus clausus" an den deutschen Hochschulen?
8. Warum ist die Deutsche Forschungsgemeinschaft eine wichtige Organisation?
9. Ist die BRD ein katholisches oder ein protestantisches Land?
10. Welche Probleme hat die Bundesrepublik?

III. Die Deutsche Demokratische Republik

1. Wie groß ist die DDR und wieviele Einwohner hat sie?
2. Was betont die Verfassung der DDR?
3. Was ist das Ziel dieser Verfassung?
4. Was versteht man unter dem Prinzip des „demokratischen Zentralismus"?
5. Was wissen Sie über die diplomatischen Beziehungen der DDR während der letzten drei Jahrzehnte?
6. Was sind sichtbare Zeichen der Teilung Deutschlands?
7. Wie rechtfertigt die DDR die „Mauer" und das Schießen auf Fliehende?
8. Warum kann man auch von einem „DDR-Wirtschaftswunder" sprechen?
9. Was lasen Sie in diesem Lesestück über Industrie, Landwirtschaft und Handel in der DDR?
10. Was müssen alle Studenten in den ersten Jahren an einer Hochschule der DDR studieren?
11. Wie steht es mit der Religion in der Deutschen Demokratischen Republik?
12. Welches ernste Problem teilt die DDR mit der Bundesrepublik?

SITUATIONEN
1. *You are a citizen of the Bundesrepublik. A citizen from the Deutsche Demokratische Republik says:* „Ohne die Hilfe Amerikas hättet ihr kein Wirtschaftswunder gehabt." *You react.*
2. *You are a citizen of the GDR. A citizen of the FRG says:* „Unsere Probleme sind, zum Beispiel, der Pillenknick, die Gastarbeiter und die Umweltverschmutzung. Was für Probleme habt ihr?" *You tell about your problems, if any.*

3. *You are a teacher of German. A student asks:* „Wo gibt es die meisten Katholiken, in der DDR oder der BRD?" *You give a mini-lecture on the situation.*

4. *You are traveling in Germany. A German pollster asks you:* „Wenn Sie in einem deutschsprachigen Lande leben könnten, wo würden Sie am liebsten leben, in der BRD, der DDR, der Schweiz, Österreich oder Liechtenstein?" *Give the reasons for your answer.*

SCHRIFTLICH
WIEDERHOLT

A. *Expand the sentence or phrase, using the cue words as a long attribute.*

1. Die Gefahr des Atommülls. (heute immer größer werdend-)
2. Man sagt, alle Kernkraftwerke sind sicher. (bis jetzt in Deutschland gebaut-)
3. Die Industrie der DDR bestimmt alle Aspekte des Lebens. (vom Staat geleitet- und kollektiviert-)
4. Das Motto „Kinder, Küche, Kirche" war schon immer ein Klischee. (heute veraltet-, aber früher viel gebraucht-)

B. *Transform the relative clause into a long attribute, and rewrite the sentence.*

Beispiel   Die Studenten, die an den DDR Hochschulen studieren, bekommen Stipendien.
   Die an den DDR Hochschulen studierenden Studenten bekommen Stipendien.

1. Die Sonnenenergie, die jetzt viel diskutiert wird, kann eine große Rolle spielen.
2. Wegen der Gesetze gegen Abgase, die jetzt immer strenger werden, haben wir eine bessere Luft.
3. In dem Deutschen Reich, das von Bismarck gegründet wurde, waren alle deutschen Länder vereint.°   united
4. Die Teilung Deutschlands, die durch den Krieg geschaffen wurde, existiert immer noch.

C. *Transform the relative clause into a long attribute, according to the model.*

Beispiel   Das Auto, das ich gestern gekauft habe, war billig.
   Das von mir gestern gekaufte Auto war billig.

1. Die Rakete, die Wernher von Braun entwickelt hatte, heißt V-2.
2. Der Artikel, den dieser Amerikaner geschrieben hat, gefällt mir.
3. Die Frage, die du stelltest, war interessant.
4. Die Gäste, die gestern angekommen sind, bleiben ein Woche.

D. *Write a sentence based on the following long attributes.*

1. das schnell zu Ende gehende Erdöl
2. die mit dieser Frage verbundenen Probleme
3. die von der Regierung gemachten Gesetze
4. die durch den Krieg zerstörten Städte

ENDE GUT, ALLES GUT!

Review of Highlights

This section consists of a review of key grammatical structure introduced in previous chapters. The review begins with Chapter 1 and works its way through Chapter 17. At times, more than one response may be correct.[1]

Kapitel 1   **A.** *Restate in the plural.*

1. Der Tag ist lang.
2. Das Kind spielt.
3. Das Auto ist teuer.
4. Der Lehrer spricht Deutsch.

5. Die Lehrerin ist nett.
6. Die Nacht ist lang.
7. Der Zug ist pünktlich.
8. Die Frage ist interessant.

B. *Restate in the plural.*

1. Er ist pünktlich.
2. Du bist intelligent.

3. Ich bin glücklich.
4. Sie ist hier.

C. *Complete, using the correct form of the cue verb.*

1. (heißen) Wie _____ du?
2. (arbeiten) Wann _____ er?

3. (wandern) _____ ihr oft?
4. (tanzen) _____ Sie gerne?

D. *Complete with an appropriate question word.*

1. _____ wohnst du?
2. _____ fährt der Zug?
3. _____ ist der neue Student?

4. _____ ist das Wetter heute?
5. _____ haben Sie gesagt?

Kapitel 2   **A.** *Translate into German.*

1. He knows nothing.
2. She knows me well.
3. Do you know the answer?

4. I don't know it.
5. There are many tourists here.
6. There is no bank here.

B. *Complete with the correct form of the cue verb.*

1. (essen) Was _____ du?
2. (sehen) Man _____ hier viele Touristen.
3. (geben) Wir _____ gerne Auskunft.
4. (fahren) _____ er mit dem Zug?
5. (nehmen) _____ du den Zug?

C. *Answer in the negative.*

1. Hast du ein Auto? Nein, _____ .
2. Haben Sie noch eine Frage? Nein, _____ .
3. Kommt Fritz heute nach Haus? Nein, _____ .

[1]Because this review includes vocabulary from later chapters, it should only be attempted or assigned at the end of Chapters 6, 12, 17.

D. *Complete with the correct form of the cue pronoun.*

1. (er) Ich kenne _____ gut.
2. (wir) Er kennt _____ nicht.
3. (sie *she*) Wer kennt _____ ?
4. (du) Hans kennt _____ .
5. (ich) Sie kennt _____ seit vielen Jahren.

E. *Complete with the appropriate pronoun.*

1. Wo liegt die Zeitung? Dort liegt _____ .
2. Wann kommt der Bus? _____ kommt in ein paar Minuten.
3. Hast du das Geld? Ja, ich habe _____ .

Kapitel 3   **A.** *Form questions.*

1. du/heute/bist/zu Fuß
2. anrufen/Sie/Willi/werden/heute
3. jeden Tag/stehst . . . auf/du/um acht Uhr
4. kommt . . . an/wann/der Schnellzug
5. kennengelernt/wo/haben/Fritz/Sie

B. *Form commands.*

1. aufmachen/bitte/Sie/das Fenster
2. um fünf Uhr/kommen/Sie

C. *Form a sentence, beginning it with the underlined word(s).*

1. mit dem Bus/wir/auf die Universität/fahren
2. fahren/mit dem Bus/gewöhnlich/sie/zur Schule
3. am Wochenende/ich/bleibe/meistens/zu Haus
4. sie/letztes Jahr/gefahren/ist/in die Schweiz

D. *Complete the sentence, arranging the cue words in the proper sequence.*

1. spielen/in Europa/die Züge/eine große Rolle
   Ich weiß, daß _____ .
2. krank/gestern/war/er
   Er konnte nicht kommen, weil _____ .

E. *Complete, using the cue statement.*

1. (Du rufst um sieben Uhr an.) Es stört mich nicht, wenn _____ .
2. (Sie steht immer sehr früh auf.) Sie sagt, daß _____ .

F. *Translate into German.*

1. Try it in a different way!
2. Where is the art museum?
3. This is a type of tax.
4. I am at home.
5. When are you going home?

Kapitel 4   **A.** *Complete with the correct form of the cue.*

1. (der Professor)   Wir haben nichts gegen _____.
2. (die Freiheit)   Wir sind für _____.
3. (das Haus)   Ich laufe um _____.
4. (der Staat)   Sie arbeitet für _____.

B. *Restate, substituting the appropriate form of the cue for the underlined words.*

1. (der Supermarkt)   Wir gehen durch die Stadt.
2. (das Dorf)   Er fährt durch die Nacht.
3. (sein Freund)   Er fährt ohne seine Freundin.
4. (ein Haus)   Er ist mit seinem Auto gegen eine Mauer gefahren.
5. (der Park)   Wir sind zwei Mal um das Hotel gelaufen.

C. *Complete with the German equivlent of the cue number.*

1. (*One*)   _____ ist die erste Zahl.
2. (*one*)   Ich komme um _____ Uhr.
3. (*thirty*)   Eine halbe Stunde sind _____ Minuten.
4. (*seventeen*)   Die Zahl nach sechzehn ist _____.

D. *Complete with compound nouns formed from the list below.*

der Hafen	der Hof	der Kuchen	der Blick	die Bahn
die Straße	das Auge	der Flug	der Regen	der Löffel
der Mantel	der Käse			

1. Ich esse gern _____.
2. Ich fahre immer mit der _____.
3. Wenn es regnet, braucht man einen _____.
4. Warten Sie bitte einen _____!
5. Wie weit ist der _____ vom _____?

Kapitel 5   **A.** *Restate the sentence using the cue verb. Make any other necessary changes.*

1. (geht)   Fritz arbeitet in der Apotheke.
2. (schläft)   Unser Hund läuft hinter das Haus.
3. (warte)   Ich fahre vor die Tür.
4. (Komm')   Bleib' unter dem Regenschirm!
5. (Fahren)   Bleiben Sie hinter dem Haus!

B. *Answer the question, using the cue words.*

1. (auf/der Tisch)   Wo liegt die Zeitung? Sie _____.
2. (auf/der Tisch)   Wohin stellen Sie die Lampe? Ich _____.
3. (über/der Fernseher)   Wo hängt das Bild? Es _____.
4. (über/der Fernseher)   Wohin willst du das Bild hängen? Über _____.
5. (an/das Fenster)   Wo steht er? Er _____.
6. (an/das Fenster)   Wohin geht er? Er _____.

C. *Answer the question, using the appropriate form of the cue words.*

    1. (eine Familie) Wo wohnst du? Bei _____ .
    2. (meine Freundin) Mit wem gehst du in die Stadt? Mit _____ .
    3. (mein Freund) Mit wem fährst du nach Zürich? Mit _____ .
    4. (unser Professor) Von wem sprecht ihr? Wir sprechen von _____ .
    5. (letztes Jahr) Seit wann sind Sie in Nürnberg? Seit _____ .

D. *Translate into German.*

    1. Hans, write me a letter.
    2. Professor Hartwich, answer me, please.
    3. Fritz and Erika, come soon.
    4. Children, be patient.

Kapitel 6 A. *Complete with the appropriate form of the cue modal.*

    1. (wollen) Ich _____ nach Haus gehen.
    2. (können) _____ du heute kommen?
    3. (müssen) Wir _____ Geld sparen.
    4. (dürfen) Warum _____ er das nicht sagen?

B. *Restate the sentence using the cue modal.*

    1. (sollen) Ich reserviere einen Tisch.
    2. (müssen) Er arbeitet jedes Wochenende.
    3. (können) Er schreibt, daß er nicht kommt. Er schreibt, daß _____ .
    4. (wollen) Sie sagt, daß sie nicht früh aufsteht. Sie sagt, daß _____ .

C. *Complete with* **oder, weil, sondern, aber, denn,** *or* **dann,** *whichever is appropriate.*

    1. Dieses Jahr fahren wir nicht nach Spanien, _____ nach Italien.
    2. Ich möchte gern die Lederhosen kaufen, _____ ich habe kein Geld.
    3. Er kann nicht kommen, _____ er heute arbeiten muß.
    4. Sie hatten schöne Ferien, _____ das Wetter war die ganze Zeit gut.
    5. Er kann es nicht kaufen, _____ er hat kein Geld.
    6. Wir fahren in die Berge _____ wir bleiben zu Hause.
    7. Wir bleiben zu Haus, _____ das Wetter ist zu schlecht.
    8. Wenn es regnet, _____ kommen wir nicht.

D. *Translate into German.*

    1. I know Ingrid's brother.
    2. This is the last day of the year.

E. *Complete with the correct form of the cue.*

    1. (das Mädchen) Ist das der Wagen _____ ?
    2. (der Junge) Ist das die Hausaufgabe _____ ?
    3. (der Mann) Was ist der Beruf _____ ?
    4. (die Frau) Wie heißt der Mann _____ ?
    5. (die Leute) Wo sind die Autos _____ ?

Kapitel 7   **A.** *Complete with the appropriate auxiliary verb.*

1. Ich _____ mit dem Bus gefahren.
2. Meine Freunde _____ nach Amerika ausgewandert.
3. Wir _____ uns ein Auto gekauft.

B. *Restate, using the present perfect tense.*

1. Sie schreibt mir oft.
2. Er trinkt nie Kaffee.
3. Wir kommen am Sonntag an.
4. Wem gehört das Fahrrad?
5. Die Preise steigen wieder.
6. Sie verdient viel Geld.
7. Bekommst du oft Briefe?
8. Er sagt, daß er seinen Wagen verkauft.
9. Ich weiß, warum er früh aufsteht.

C. *Complete with the correct form of the cue.*

1. (das Semester) Während _____ arbeite ich nicht.
2. (der Zug) Statt _____ habe ich den Bus genommen.
3. (die Post) Warte auf mich vor _____ !
4. (sein Alter) Er ist trotz _____ immer noch gesund.
5. (ihr Geld) Er hat sie wegen _____ geheiratet.
6. (welches Kind) Mit _____ haben Sie gesprochen?

Kapitel 8   **A.** *Complete, using the past tense of the cue verb.*

1. (sprechen) Wir _____ noch gestern davon.
2. (kommen) Er _____ zu früh.
3. (arbeiten) Sie _____ den ganzen Tag.
4. (denken) Was _____ du?
5. (hören) Früher _____ ich oft Musik.
6. (können) Wir _____ es nicht tun.
7. (schreiben) Ich _____ dir jeden Tag.
8. (lassen) Wir _____ den Arzt kommen.
9. (vergessen) Sie _____ die Adresse.
10. (wissen) Ich _____ es früher.

B. *Translate into English.*

1. Er mußte nach Haus gehen.
2. Wir kannten ihn gut.
3. Sie rief mich gestern an.

C. *Complete, using the cue statement.*

1. (Er stand immer um acht Uhr auf.) Ich weiß, daß _____ .
2. (Sie fuhr gestern ab.) Warum fragen Sie, ob _____ ?

D. *Complete with the German equivalent of the cue word(s).*

1. (*his/his*) Karl wird _____ Schwester _____ Auto schenken.
2. (*her*) Karin möchte mit _____ Freund in die Schweiz fahren.
3. (*his/her*) Er wohnt bei _____ Mutter und sie wohnt bei _____ Vater.

Kapitel 9   **A.** *Complete with the appropriate question word, **wo**-compound, **da**-compound, or preposition plus a personal pronoun.*

1. Ich fahre mit dem Bus nach Haus. _____ fährst du?
2. Ich fahre mit dem amerikanischen Studenten nach Berlin. _____ fährst du?
3. Ich verstehe nichts von Politik. Verstehst du etwas _____ ?
4. Sind Sie gegen diesen Plan? Ja, ich bin _____ .
5. Interessieren Sie sich für Musik? Ja, sicher interessiere ich mich _____ .
6. Ich denke oft an Fritz. Denkst du auch oft _____ ?
7. Ich schreibe immer nur mit einem Kugelschreiber. _____ schreibe ich am besten.
8. Ich kann nichts _____ , daß alles so teuer ist.
9. _____ wird hier diskutiert? Ich verstehe nichts _____ .

B: *Complete with the appropriate reflexive pronoun.*

1. Er rasiert _____ jeden Morgen.
2. Ich wasche _____ jeden Abend.
3. Wir erinnern _____ an die schönen Tage in Innsbruck.
4. Sie freut _____ auf die Ferien.
5. Warum hast du _____ angezogen?
6. Ich kaufe _____ ein neues Fahrrad.
7. Erkälte _____ nicht!

C. *Translate into German.*

1. I have been here for three weeks.
2. He has been living here for two years.

Kapitel 10   **A.** *Answer as you wish, using the future tense.*

1. Wann kommen Sie nach Berlin?
2. Heiratest du den Karl?
3. Was macht Fritz nächstes Jahr?

B. *Restate, using the future tense and omitting the expression of time.*

1. Wir fahren bald nach Haus.
2. Schreibst du mir nächste Woche?
3. Ich frage ihn morgen.
4. Rufen Sie mich morgen an?
5. Ich weiß nicht, ob ich sie morgen besuche.

C. *Translate into English.*

1. Er will die Rechnung bald bezahlen.
2. Sie will es nicht tun.
3. Sie wird es uns sagen.
4. Wird er mich nicht vergessen?

D. *Complete with* **als, wann,** *or* **wenn,** *whichever is appropriate.*

1. Ich weiß nicht, _____ er kommt.
2. Das Leben war noch billig, _____ wir in Deutschland waren.
3. _____ ich Zeit habe, fahre ich ans Meer.
4. Sie ist jünger _____ ich.
5. Und _____ wir nicht recht haben, was machen wir dann?
6. Können Sie mir sagen, _____ der Zug aus Dresden ankommt?

E. *Complete with an appropriate adjective.*

1. Mein Koffer ist kaputt. Ich brauche einen _____ Koffer.
2. Wer ist der Mann mit dem _____ Haar dort?
3. Die _____ Studentin ist sehr _____ .
4. Seit wann habt ihr ein _____ Auto?

Kapitel 11   **A.** *Complete with an appropriate* **der**-*word.*

1. Wir wollen _____ Studentin helfen.
2. Von _____ Sport sprechen Sie?
3. _____ Land hat andere Sitten.
4. _____ Leute wollen immer recht haben.

B. *Complete with an appropriate possessive adjective.*

1. Er hat _____ Frau geholfen.
2. Sie hat _____ Mann geschrieben.
3. Arbeitest du für _____ Vater?
4. Ich finde _____ Artikel sehr interessant, Frau Doktor Lessing.

C. *Supply the correct ending, if one is necessary.*

1. Das ist ein teuer _____ Auto!
2. Wie heißt der jung _____ Amerikaner dort?
3. Ja, Fritz ist ein gut _____ Student.
4. Inge hat einen deutsch _____ Freund.
5. Er wird nächst _____ Semester in Basel studieren.
6. Wir essen in einem gemütlich _____ Restaurant.
7. Jung _____, seriös _____ Mann sucht lieb _____, reich _____ Mädchen.
8. Das ist ein berühmt _____ Bild von Picasso.
9. Dieses kalt _____ Bier schmeckt mir nicht.
10. Warum trinkt man immer kalt _____ Bier in Amerika?
11. Monika ist die Tochter intelligent _____ Eltern.
12. Du arm _____ Mädchen!
13. Trotz des schlecht _____ Wetters sind wir in die Berge gefahren.
14. Sind die Deutschen ein sterbend _____ Volk?
15. Das ist ein gut _____ geschrieben _____ Buch.

D. *Supply the appropriate ordinal number or fraction.*

1. Der amerikanische Nationalfeiertag ist _____ Juli.
2. Pearl Harbor war _____ Dezember 1941.
3. Sechs Monate sind _____ Jahr.

Kapital 12   **A.** *Complete with the comparative or the superlative form of an appropriate adjective or adverb.*

1. Mein Porsche fährt _____ als deiner.
2. Das ist _____ Reklame, die ich gesehen habe.
3. Von allen Autos kostet der Mercedes _____ .
4. Was ist _____ Getränk auf der Welt?
5. Ich nehme den _____ Weg.
6. Je _____ desto _____ .
7. Fritz ist mein _____ Bruder und Jutta ist meine _____ Schwester.
8. Welcher Berg in Europa ist _____?
9. Ich weiß _____ als du, aber unser Professor weiß _____ .
10. Welchen Wein trinken Sie _____?
11. Je _____ man raucht, um so _____ lebt man.
12. Wir brauchen _____ Geld.
13. Ich bleibe _____ zu Haus.

B. *Translate into German.*

1. I eat in order to live.
2. I learned nothing new today.
3. Take your time!
4. Don't leave me alone.
5. I have my car washed.
6. Leave your car at home.

Kapitel 13   **A.** *Complete with the correct relative pronoun.*

1. Kennst du den Jungen, _____ dort steht?
2. Dort ist die Dame, _____ Mann einen Autounfall hatte.
3. Das Haus, in _____ wir wohnen, ist verkauft worden.
4. Das ist der Mann, mit _____ ich gesprochen habe.
5. Der Professor, _____ Vorlesungen mir so gut gefallen haben, ist nicht mehr da.
6. Wie heißt der Junge, _____ du gestern kennengelernt hast?
7. Die Studenten, _____ wir geschrieben haben, haben uns schon geantwortet.
8. Die Familie, bei _____ ich wohne, heißt Weisenborn.
9. Wir kommen eben aus Ägypten, _____ wir unsere Ferien verbracht haben.
10. Die Wohnung, in _____ wir ziehen, ist nicht weit von hier.
11. Ich weiß noch nicht, mit _____ ich in die Ferien fahre.
12. Das ist das Hotel, _____ wir vor einigen Jahren gewohnt haben.
13. Das ist das Schönste, _____ ich gesehen habe!

B. *Complete with an appropriate demonstrative pronoun.*

1. Wir fahren mit dem Bus hier und nicht mit _____ dort.
2. Mein Regenschirm? Ja, _____ vergesse ich immer.
3. Wer sind die jungen Leute, mit _____ du nach Rußland fährst?

C. *Join the two sentences, changing one of them into a relative clause.*

1. Kennen Sie die Studentin? Sie wohnt bei uns.
2. Der Brief gehört mir. Du hast ihn gefunden.
3. Heute kommt der Amerikaner. Ich habe dir von ihm erzählt.

Kapitel 14   **A.** *Join the sentences, using the cue conjunction. Change the verb in the second sentence into the past perfect tense.*

1. Ich war glücklich. (denn) Ich habe schöne Ferien.
2. Er bekam keinen Brief. (weil) Er schrieb nicht.
3. Wir wurden schnell müde°. (da) Wir haben die ganze   tired
   Nacht schlecht geschlafen.
4. Letztes Jahr hat die Firma viel Geld verdient. (weil) Sie gab viel Geld für
   Reklamen aus.
5. Wir wußten nicht. (daß) Er verliert seine Stelle.

B. *Translate into German.*

1. I can hear well.   5. I sold my bicycle.
2. I heard the news.   6. She sleeps well.
3. To whom does this book belong? 7. I overslept again.
4. I bought a car.

Kapitel 15   **A.** *Complete with the general subjunctive of an appropriate verb.*

1. Ich wünschte, ich _____ mehr Zeit.
2. Wenn das Wetter nur nicht immer so schlecht _____ !
3. Wenn ich immer zu Fuß _____ , dann würde ich viel Benzin sparen.
4. Es _____ weniger Umweltverschmutzung ohne die vielen Autos.

B. *Complete with the German equivalent of English "would."*

1. _____ Sie bitte einen Augenblick warten?
2. Ich _____ das nie sagen.
3. _____ du mir bitte helfen?

C. *Restate, using the past time frame of the subjunctive.*

1. Wenn ich Zeit habe, fahre ich in die Berge.
   Wenn ich Zeit _____ , _____ .
2. Wenn das Wetter schön ist, dann gehen wir schwimmen.
   Wenn das Wetter schön _____ , _____ .

D. *Translate into English.*

1. Müßte ich nicht so viel arbeiten, würde ich mehr Zeit haben.
2. Hätten wir das nur gewußt!

E. *Translate into German.*

1. Would you do that?
2. Would you like to have this?
3. If only I knew this!
4. Could you do this?

Kapitel 16   **A.** *Complete as you wish with an appropriate verb.*

1. Er tut, als ob er Zeit _____.
2. Sie tut, als ob sie krank _____.
3. Wir tun, als ob wir die Frage _____.
4. Es sieht aus, als ob das Wetter besser _____.

B. *Complete with* **als ob** *or* **als,** *whichever is appropriate.*

1. Sie tat, _____ sie schliefe.
2. Es scheint, _____ hätte er es nicht gewußt.
3. Ich war nicht zu Haus, _____ du angerufen hast.

C. *Restate as an indirect statement.*

1. „Es tut mir leid." Er sagte, _____.
2. „Ich habe keine Zeit." Sie schreibt, _____.
3. „Wir sind unschuldig." Sie behaupteten, _____.
4. „Ich werde ihn fragen." Er meinte, _____.
5. „Können Sie morgen kommen?" Ich fragte ihn, ob _____.
6. „Rufen Sie sie an!" Er sagte, _____.

D. *Complete using the special subjunctive of an appropriate verb.*

1. Er sagte, er _____ das Rotlicht nicht gesehen.
2. Sie sagt, sie _____ nie in Deutschland gewesen.
3. Er behauptet, er _____ die Antwort nicht.
4. Sie meinte, sie _____ die Arbeit morgen tun.

Kapitel 17   **A.** *Answer the question in the passive voice. Use the cue words in your answer, and retain the tense indicated.*

1. (mein Bruder)   Wer hat diesen Witz erzählt?
2. (ein Prinz)   Wer regiert Liechtenstein?
3. (drei Mal)   Wie oft rief man dich an?
4. (gestern)   Hat jemand das Auto gewaschen?

B. *Restate in the passive voice.*

1. Man repariert den Wagen.
2. Man hat es gemacht.
3. Wieviel Uhren exportierte man letztes Jahr?
4. Man raucht hier nicht.

C. *Expand the sentence, using the cue modal.*

1. (müssen) Der Brief wird heute geschrieben.
2. (können) Warum wurde das Auto gestern nicht verkauft?

D. *Restate, using the* **sich lassen***-construction.*

1. Diese Frage wird leicht beantwortet.
2. Diese Uhren kann man nicht mehr reparieren.

E. *Translate into English.*

1. Wir werden die Probleme lösen.
2. Die Probleme werden gelöst.

F. *Complete with the correct form of the cue pronoun.*

1. (kein) Ich habe kein Auto, und sie hat auch _____.
2. (mein) Hier ist dein Regenschirm, aber wo ist _____?

Anhang

Reference Grammar

Declension of personal pronoun

ich	SINGULAR		PLURAL	
du	*I*		wir	*we*
er, sie, es	*you* (familiar)		ihr	*you* (familiar)
Sie	*he, she, it*		sie	*they*
	you (formal)		Sie	*you* (formal)

	SINGULAR					PLURAL			
NOMINATIVE	ich	du	er	sie	es	wir	ihr	sie	Sie
ACCUSATIVE	mich	dich	ihn	sie	es	uns	euch	sie	Sie
DATIVE	mir	dir	ihm	ihr	ihm	uns	euch	ihnen	Ihnen

Conjugation of **sein** *and* **haben**

sein	SINGULAR			PLURAL		
	ich **bin**	*I am*		wir **sind**	*we are*	
	du **bist**	*you are*		ihr **seid**	*you are*	
	er, sie, es **ist**	*he, she, it is*		Sie, sie **sind**	*you, they are*	
haben	ich **habe**	*I have*		wir **haben**	*we have*	
	du **hast**	*you have*		ihr **habt**	*you have*	
	er, sie, es **hat**	*he, she, it has*		Sie, sie **haben**	*you, they have*	

Verb endings in present tense

kaufen *to buy*

SINGULAR	PLURAL
ich kauf**e**	wir kauf**en**
du kauf**st**	ihr kauf**t**
er, sie, es kauf**t**	Sie, sie kauf**en**

Declension of definite and indefinite articles

	MASCULINE	FEMININE	NEUTER	PLURAL
NOMINATIVE	der	die	das	die
	ein	eine	ein	keine
ACCUSATIVE	den	die	das	die
	einen	eine	ein	keine
DATIVE	dem	der	dem	den
	einem	einer	einem	keinen
GENITIVE	des	der	des	der
	eines	einer	eines	keiner

Conjugation of
modal auxiliaries

	dürfen[1]	können	müssen	sollen	wollen	mögen	
ich	darf	kann	muß	soll	will	mag	möchte
du	darfst	kannst	mußt	sollst	willst	magst	möchtest
er, sie, es	darf	kann	muß	soll	will	mag	möchte
wir	dürfen	können	müssen	sollen	wollen	mögen	möchten
ihr	dürft	könnt	müßt	sollt	wollt	mögt	möchtet
sie, Sie	dürfen	können	müssen	sollen	wollen	mögen	möchten

"Studenten-*type"*
nouns

	SINGULAR	PLURAL
NOMINATIVE	der Student	die Studenten
ACCUSATIVE	den Studenten	die Studenten
DATIVE	dem Studenten	den Studenten
GENITIVE	des Studenten	der Studenten

Declension of
der-*words*

	MASCULINE	FEMININE	NEUTER	PLURAL
NOMINATIVE	dieser	diese	dieses	diese
ACCUSATIVE	diesen	diese	dieses	diese
DATIVE	diesem	dieser	diesem	diesen
GENITIVE	dieses	dieser	dieses	dieser

Overview of four cases

Nominative: case
of the subject

As you learned in Chapter 1, the nominative is the case of the subject, the person or thing performing the action.

Der Verkäufer kommt jetzt.   *The salesman is coming now.*

Accusative: case
of the direct
object

The accusative is the case of the direct object, the recipient of the action. You can usually identify the direct object in a sentence by asking, "Who or what is the object of the action?"

Wen kennt Franz? Franz kennt **den** Lehrer.

Whom does Franz know? Franz knows the teacher.

Was sieht Enno? Enno sieht **die** Reklame.

What does Enno see? Enno sees the ad.

[1]With the modals **dürfen, können,** and **müssen,** and with **wissen,** the special subjunctive can be used in all the forms of the singular because the forms are clearly different from those of the present tense: ich **darf,** ich **dürfe;** ich **kann,** ich **könne;** ich **muß,** ich **müsse;** ich **weiß,** ich **wisse.** The difference lies both in the ending and in the vowel.

Dative: case of the indirect object

Besides the nominative and accusative, German has two other cases. The dative case is used primarily to identify the indirect object, the person or thing for whom or on whose behalf an action is carried out. You can usually identify the indirect object by asking, "To whom? For whom?"

Wem geben wir die Karte? Wir geben **dem** Touristen die Karte.

To whom are we giving the map? We are giving the tourist the map.

Genitive: case of possession

The genitive is the case of possession. It usually identifies the possessor of something, or a relationship between two nouns, by answering questions like "Whose?" or "Of what?"

Wessen Auto ist groß? Das Auto **des** Mädchens ist groß.

Whose car is big? The girl's car is big.

Declension of possessive adjective

	SINGULAR		PLURAL	
	Masculine	*Neuter*	*Feminine*	*All genders*
NOMINATIVE	ein mein unser	ein mein unser	eine meine uns(e)re	keine meine uns(e)re
ACCUSATIVE	einen meinen uns(e)ren	ein mein unser	eine meine uns(e)re	keine meine uns(e)re
DATIVE	einem meinem uns(e)rem	einem meinem uns(e)rem	einer meiner uns(e)rer	keinen meinen uns(e)ren
GENITIVE	eines meines uns(e)res	eines meines uns(e)res	einer meiner uns(e)rer	keiner meiner uns(e)rer

Reflexive pronouns

	PERSONAL PRONOUN			**REFLEXIVE PRONOUN**	
NOMINATIVE	ACCUSATIVE	DATIVE		ACCUSATIVE	DATIVE
ich	mich	mir		mich	mir
du	dich	dir		dich	dir
er	ihn	ihm			
sie	sie	ihr		sich	
es	es	ihm			
wir	uns			uns	
ihr	euch			euch	
sie	sie	ihnen		sich	
Sie	Sie	Ihnen			

Endings of definite article

	MASCULINE	NEUTER	FEMININE	PLURAL
NOMINATIVE	-er	-es	-e	
ACCUSATIVE	-en			
DATIVE	-em		-er	-en
GENITIVE	-es			

*Adjective endings after **der**-words or **ein**-words*

	MASCULINE	FEMININE	NEUTER	PLURAL
NOMINATIVE	(der) -e / (ein) -er	-e	(das) -e / (ein) -es	-en
ACCUSATIVE	-en	-e	(das) -e / (ein) -es	-en
DATIVE	-en	-en	-en	-en
GENITIVE	-en	-en	-en	-en

Endings of unpreceded adjectives

		SINGULAR			PLURAL
NOMINATIVE		**der** Kaffee gut**er** Kaffee	**die** Luft frisch**e** Luft	**das** Bier kalt**es** Bier	**die** Leute reich**e** Leute
ACCUSATIVE		**den** Kaffee gut**en** Kaffee	**die** Luft frisch**e** Luft	**das** Bier kalt**es** Bier	**die** Leute reich**e** Leute
DATIVE		**dem** Kaffee gut**em** Kaffee	**der** Luft frisch**er** Luft	**dem** Bier kalt**em** Bier	**den** Leuten reich**en** Leuten
GENITIVE		**des** Kaffees gut**en** Kaffees	**der** Luft frisch**er** Luft	**des** Bieres kalt**en** Bieres	**der** Leute reich**er** Leute

Declension of relative pronoun

	MASCULINE	FEMININE	NEUTER	PLURAL
NOMINATIVE	der	die	das	die
ACCUSATIVE	den	die	das	die
DATIVE	dem	der	dem	**denen**
GENITIVE	**dessen**	**deren**	**dessen**	**deren**

Inseparable prefixes

The seven inseparable verb prefixes are **be-, emp, ent-, er-, ge-, ver-,** and **zer-**. Examples:

bekommen	*to receive*	**gefallen**	*to please*
empfehlen	*to recommend*	**verlieren**	*to loose*
entlaufen	*to run away*	**zerstören**	*to destroy*
erzählen	*to tell, to narrate*		

Abstract meaning of prepositions

Verbs using the accusative in abstract expressions:

antworten auf	*to reply, to answer to*
denken an	*to think of*
sprechen über	*to talk about*
schreiben an	*to write to*
denken über	*to think about*
warten auf	*to wait for*

Verbs using the dative:

Angst haben vor	*to be afraid of*
fragen nach	*to ask for*

Double infinitive   When the modal is used with another infinitive in the present perfect and past perfect tenses, the past participle of the modal **(gemußt)** is replaced by the infinitive **(müssen).** This construction is known as a double infinitive. The auxiliary for a double infinitive construction in the perfect tenses is always **haben.**

Schon mit achtzehn Jahren **hat** er Geld **verdienen müssen.**	*At eighteen he already had to earn money.*
Jetzt **hat** er endlich **tun können,** was er wollte.	*Now at last he was able to do what he wanted.*

In the examples below, compare the rarely used past participle of the modal with the more commonly used double infinitive.

Er hat es **gemußt.**	*He had to do it.*
Er hat es **tun müssen.**	*He had to do it.*

Past perfect passive   The past perfect tense in a passive construction consists of the past tense of **sein** + the past participle of the main verb + **worden.**

Bevor die Welt etwas tun konnte, **war** Österreich schon von Hitler **annektiert worden.**	*Before the world could act, Austria had already been annexed by Hitler.*

Future passive   The future passive is formed with the inflected form of **werden** + the past participle of the main verb + **werden.**

Steuern **werden** immer **verlangt werden.**	*Taxes will always be demanded.*
Der Lebensstandard **wird** bald **erhöht werden.**	*The standard of living will soon be raised.*

Principal Parts of Strong and Irregular Verbs

INFINITIVE	PRESENT*	PAST	PAST PARTICIPLE	BASIC MEANING
abfahren	fährt ab	fuhr ab	ist abgefahren	to leave
abhängen von		hing ab von	abgehangen von	to depend upon
abnehmen	nimmt ab	nahm ab	abgenommen	to decrease
abschaffen		schuf ab	abgeschafft	to abolish
abschreiben		schrieb ab	abgeschrieben	to copy
anfahren	fährt an	fuhr an	angefahren	to hit
anfangen	fängt an	fing an	angefangen	to begin
anhalten	hält an	hielt an	angehalten	to stop
ankommen		kam an	ist angekommen	to arrive
(sich) anschließen		schloß an	angeschlossen	to join
anschreien		schrie an	angeschrien	to yell at
(sich) anziehen		zog an	angezogen	to attract; to dress
aufgeben	gibt auf	gab auf	aufgegeben	to assign, mail
aufstehen		stand auf	ist aufgestanden	to get up
ausgraben	gräbt aus	grub aus	ausgegraben	to dig up
aussteigen		stieg aus	ist ausgestiegen	to get off
befehlen	befiehlt	befahl	befohlen	to command
beginnen		begann	begonnen	to begin
begreifen		begriff	begriffen	to understand
behalten	behält	behielt	behalten	to keep
bekommen		bekam	bekommen	to receive
betreten	betritt	betrat	betreten	to step on
bitten		bat	gebeten	to request
bleiben		blieb	ist geblieben	to stay
brechen	bricht	brach	gebrochen	to break
brennen		brannte	gebrannt	to burn
bringen		brachte	gebracht	to bring
denken		dachte	gedacht	to think
dürfen	darf	durfte	gedurft	to allow
einladen	lädt ein	lud ein	eingeladen	to invite
einschlafen	schläft ein	schlief ein	ist eingeschlafen	to fall asleep
empfangen	empfängt	empfing	empfangen	to receive
empfehlen	empfiehlt	empfahl	empfohlen	to recommend
empfinden		empfand	empfunden	to feel
enthalten	enthält	enthielt	enthalten	to contain
(sich) entscheiden		entschied	entschieden	to decide
erfinden		erfand	erfunden	to invent
erfrieren		erfror	ist erfroren	to freeze to death
erhalten	erhält	erhielt	erhalten	to receive
erkennen		erkannte	erkannt	to recognize
erraten	errät	erriet	erraten	to guess correctly
erscheinen		erschien	ist erschienen	to appear

*Only verbs with a vowel change in the third-person singular are listed.

INFINITIVE	PRESENT	PAST	PAST PARTICIPLE	BASIC MEANING
erschießen		erschoß	erschossen	*to shoot dead*
ersteigen		erstieg	erstiegen	*to climb*
essen	ißt	aß	gegessen	*to eat*
fallen	fällt	fiel	ist gefallen	*to fall*
fangen	fängt	fing	gefangen	*to catch*
finden		fand	gefunden	*to find*
fliegen		flog	ist geflogen	*to fly*
fliehen		floh	ist geflohen	*to flee*
fließen		floß	ist geflossen	*to flow*
fressen	frißt	fraß	gefressen	*to devour*
frieren		fror	gefroren	*to be cold*
geben	gibt	gab	gegeben	*to give*
gefallen	gefällt	gefiel	gefallen	*to please*
gehen		ging	ist gegangen	*to go*
gelingen		gelang	ist gelungen	*to succeed*
gelten	gilt	galt	gegolten	*to be considered as*
genießen		genoß	genossen	*to enjoy*
geschehen	geschieht	geschah	ist geschehen	*to happen*
gewinnen		gewann	gewonnen	*to win*
gießen		goß	gegossen	*to water, pour*
graben	gräbt	grub	gegraben	*to dig*
haben	hat	hatte	gehabt	*to have*
halten	hält	hielt	gehalten	*to hold*
hängen		hing	gehangen	*to hang*
heißen		hieß	geheißen	*to be called*
helfen	hilft	half	geholfen	*to help*
hochheben		hob hoch	hochgehoben	*to lift*
kennen		kannte	gekannt	*to know*
klingen		klang	geklungen	*to sound*
kommen		kam	ist gekommen	*to come*
können	kann	konnte	gekonnt	*to be able to*
lassen	läßt	ließ	gelassen	*to let, leave*
laufen	läuft	lief	ist gelaufen	*to go, run*
leiden		litt	gelitten	*to suffer*
leihen		lieh	geliehen	*to borrow*
lesen	liest	las	gelesen	*to read*
liegen		lag	gelegen	*to lie, be located*
los sein		war los	ist losgewesen	*to go on*
lügen		log	gelogen	*to tell a lie*
messen	mißt	maß	gemessen	*to measure*
mögen	mag	mochte	gemocht	*to like to*
müssen	muß	mußte	gemußt	*to have to*
nachschlagen	schlägt nach	schlug nach	nachgeschlagen	*to look up*
nehmen	nimmt	nahm	genommen	*to take*
nennen		nannte	genannt	*to call, name*
raten	rät	riet	geraten	*to advise*
rennen		rannte	ist gerannt	*to run*

INFINITIVE	PRESENT	PAST	PAST PARTICIPLE	BASIC MEANING
riechen		roch	gerochen	to smell
rufen		rief	gerufen	to call
scheinen		schien	hat or ist geschienen	to appear, shine
schießen		schoß	geschossen	to shoot
schlafen	schläft	schlief	geschlafen	to sleep
schneiden		schnitt	geschnitten	to cut
schreiben		schrieb	geschrieben	to write
schwimmen		schwamm	geschwommen	to swim
sehen	sieht	sah	gesehen	to see
sein	ist	war	ist gewesen	to be
sieden	siedet	sott	ist or hat gesotten	to seethe; to boil
singen		sang	gesungen	to sing
sitzen		saß	gesessen	to sit
sollen		sollte	gesollt	to be supposed to
spazierengehen		ging spazieren	ist spazierengegangen	to go for a walk
sprechen	spricht	sprach	gesprochen	to talk
springen		sprang	hat or ist gesprungen	to jump
stehen		stand	ist or hat gestanden	to stand
stehlen	stiehlt	stahl	gestohlen	to steal
steigen		stieg	ist gestiegen	to climb
sterben	stirbt	starb	ist gestorben	to die
tragen	trägt	trug	getragen	to carry, wear
treffen	trifft	traf	getroffen	to meet
treten	tritt	trat	getreten	to step
trinken		trank	getrunken	to drink
tun		tat	getan	to do
überwinden		überwand	überwunden	to overcome
umschlingen		umschlang	umschlungen	to embrace
umziehen		zog um	ist umgezogen	to move
(sich) unterhalten	unterhält	unterhielt	unterhalten	to converse
unterscheiden		unterschied	unterschieden	to distinguish
verbieten		verbot	verboten	to forbid
verbinden		verband	verbunden	to combine
verbringen		verbrachte	verbracht	to spend time
vergehen		verging	ist vergangen	to pass (away)
vergleichen		verglich	verglichen	to compare
verlassen	verläßt	verließ	verlassen	to abandon
verschwinden		verschwand	ist verschwunden	to disappear
verstehen		verstand	verstanden	to understand
vertreten	vertritt	vertrat	vertreten	to represent
vorlesen	liest vor	las vor	vorgelesen	to read aloud
vorschlagen	schlägt vor	schlug vor	vorgeschlagen	to suggest
(sich) waschen	wäscht	wusch	gewaschen	to wash
wehtun		tat weh	wehgetan	to hurt
wellenreiten		ritt wellen	wellengeritten	to surf
werden	wird	wurde	ist geworden	to become
werfen	wirft	warf	geworfen	to throw

INFINITIVE	PRESENT	PAST	PAST PARTICIPLE	BASIC MEANING
wiegen		wog	gewogen	*to weigh*
wissen	weiß	wußte	gewußt	*to know*
wollen	will	wollte	gewollt	*to want to*
zerbrechen	zerbricht	zerbrach	zerbrochen	*to break*
zerreißen		zerriß	zerrissen	*to tear*
ziehen		zog	gezogen	*to pull*
zuschieben		schob zu	zugeschoben	*to burden with*

Wörterverzeichnis

This vocabulary lists all words used in the text, except those used in the *Aussprache Übungen*. The numbers and letters following each entry indicate the chapter and section in which the word first appears. Where there are two entries, the second indicates where the word is first introduced in a more than incidental way—in a *Wortschatz* list, glossed in the text, or pointedly made part of an exercise or presentation of grammar. The letter codes stand for the following sections:

C   Classroom expressions
D   Dialog
G   Grammatik: Theorie und Anwendung
L   Lesestück
S   Sprechen leicht gemacht!

Nouns are listed in the nominative singular and nominative plural. Strong verbs are entered according to the following model:
geben (i), a, e = geben (gibt), gab, gegeben

An asterisk (*) indicates that a verb is conjugated with **sein** as the auxiliary verb in the perfect tenses. The forms of irregular verbs are given in full. Verbs with a separable prefix are listed with a dot between the prefix and the stem: **ab·fahren.**
The following abbreviations are used:

acc	accusative	*fam*	familiar
adj	adjective	*form*	formal
adv	adverb	*pl*	plural
conj	conjunction	*pron*	pronoun
dat	dative	*sing*	singular

A

ab·brennen, brannt ab, abgebrannt 14S to burn down
der **Abend** 1D evening
    heute abend tonight
    abends 6G in the evening(s)
der **Abendkurs, -e** 13D evening course
aber 1D but
ab·fahren* (ä), u, a 3D to depart, leave
die **Abfahrt, -en** 3D departure
das **Abgas, -e** 18D exhaust, fumes
abgeschlossen *adj* 18L agreed
ab·hängen, i, a (+ von) 5D to depend upon

abhängig 18D dependent
ab·holen 4G to pick up
das **Abitur, -s** 13D examination *(qualifying for university admission)*
der **Abiturient, -en** 13D graduate of a Gymnasium
ab·nehmen (nimmt ab), nahm ab, abgenommen 7D to decrease, lose weight
ab·reagieren 17D to get rid of, work off
ab·schließen 18L to conclude
der **Abteilungsleiter, -** 9G department head
ach 3D oh

ach, du lieber Gott 3D oh, my God
ach, ja 3D oh, yes; yeah
acht C eight
achtjährig 8L eight-year-old
Achtung! 17L Attention! Careful!
achtzehn C eighteen
achtzig 4G eighty
adoptieren 4L to adopt
die **Adresse, -n** 9S address
aggressiv 5L aggressive
ähnlich 13L similar
die **Aktion, -en** 14L action
aktiv 17L active
akzeptieren 6D to accept
alarmieren 15L to alarm, to notify

alemannisch 17L Alemannic
der **Alkohol** 2L alcohol
der **Alkoholiker, -** 2L alcoholic, drunk
das **Alkoholikerproblem** 2L problem of alcoholism
alle C/2D all; every; everyone
die **Allee, -n** 2D avenue, tree-lined street
allein 5D alone
alles 5S/6L everything
    alles Liebe 6L (with much) love
die **Allierten** 18L Allied Forces
die **Alpen** *pl* 2L Alps
als 6L as; 8L when
also 2L/6D therefore; so, well
alt 1L old
das **Alter, -** 9L age
am = an dem
der **Amateur, -e** 9L amateur
Amerika 1L America
der **Amerikaner, -** 1L American *(male)*
die **Amerikanerin, -nen** 1L American *(female)*
amerikanisch 2L/18L American
an 1L at; on; to; by
ander- 1L other
andere 2L others
(sich) ändern 9L to change, alter
anders 1L different(ly)
die **Änderung, -en** 11D change
an·fahren (ä), u, a 16D to hit, run into
der **Anfang, ⸚e** 7L beginning
an·fangen (ä), i, a C/3L to begin
der **Anfänger, -** 9L beginner
anfangs 18L at first
angeblich 12D alleged(ly)
an·gehören 18L to belong to
der **Angeklagte, -n** 16D defendant
die **Angst, ⸚e** 2D fear
    keine Angst 2D don't be afraid
    Angst haben vor (+ dat) to be afraid of
an·haben 17D to wear, to have on
der **Anhang** appendix
an·kommen*, kam an, o 3L to arrive
annektieren 17L to annex
die **Annonce, -n** 5D advertisement
annoncieren 5D to announce; to place a classified ad
an·reden 11L to address, to talk to
der **Anruf, -e** 9S/14D call

an·rufen, ie, u 3D to call up, phone
der **Anrufer, -** 14D caller
ans = an das 2L
an·schauen 4G/9L to look at
(sich) an·schließen, o, angeschlossen 17L to join, attach
der **Anschluß** 17L annexation (*of Austria by Germany in 1938*)
die **Ansicht, -en** 18L view, opinion
anständig 5G decent, upstanding
(an)statt 7G instead of
die **Antibabypille, -n** 7L birth-control pill
antik 8L ancient
die **Antike** 8L Antiquity
die **Antwort, -en** 1L answer
antworten *dat* C/5G to answer
an·ziehen, zog an, angezogen 9G to attract
    sich anziehen 9G to get dressed, to put on
die **Apotheke, -n** 3L pharmacy, drugstore
der **Apotheker, -** 8S pharmacist
die **Apothekerin, -nen** 6G pharmacist (*female*)
der **Apfel, ⸚** 4L apple
der **Apfelstrudel, -** 7S apple-filled pastry
der **April** 8G April
die **Arbeit, -en** 1D work
arbeiten 1L to work
der **Arbeiter, -** 8L worker
der **Arbeitersportler, -** 9L sportsman of the working class
arbeitslos 13G/17L unemployed
der **Arbeitslose, -n** 17L unemployed person
die **Arbeitszeit, -en** 13D working hours
der **Archäologe, -n** 8L archaeologist
die **Architektur** 13L architecture
der **Argentinier, -** 12S Argentine
das **Argument, -e** 7L argument
argumentieren 7L to argue
der **Aristokrat, -en** 17D aristocrat
arm 6S/8L poor
der **Arm, -e** 4S/7D arm
die **Armee, -n** 14L army
das **Aroma** 11G aroma
die **Art, -en** 3L kind, sort
der **Artikel, -** 4S/7D article
der **Arzt, ⸚e** 4L physician
die **Ärztin, -nen** 6G physician (*female*)

das **Aschenputtel** 14S Cinderella
Asien 2L Asia
der **Aspekt, -e** 18L aspect
das **Aspirin** 4D aspirin
die **Assistenz** 18L assistance
assoziieren 17D to associate
die **Astrologie** 8S astrology
der **Astronaut, -en** 14D astronaut
der **Athlet, -en** 9L athlete
atmen 8G to breathe
das **Atom, -e** 15L atom
die **Atombombe, -n** 15L atom bomb
die **Atomenergie** 11G atomic (nuclear) energy
der **Atomkrieg, -e** 7L nuclear warfare
der **Atommüll** 18D radioactive waste
attraktiv 11D attractive
auch 1D also, too; even
auf 2L on, upon
die **Aufgabe, -n** 14L task, assignment
aufgeschlossen *adj* 5L open-minded
auf·haben (hatte auf) C to have to do
    Was haben wir auf? What's our homework?
auf·hören 3G to stop
auf·machen C/3G/17D to open
auf·nehmen (nimmt auf), a, aufgenommen 18L to enter into
auf·passen 3G/17D to pay attention
die **Aufregung, -en** 6L excitement
der **Aufsatz, ⸚e** 9S composition, essay
auf·stehen*, stand auf, aufgestanden C to stand up; 3L to get up
Auf Wiedersehen! C/1D Goodbye!
das **Auge, -n** 4S/10L eye
der **Augenblick, -e** 4G/13L moment
der **August** 8G August
aus 2L from; out of; by
aus·geben (i), a, e 10L to spend
aus·graben (ä), u, a 8L to dig out, excavate
die **Auskunft, ⸚e** 2D information
das **Auskunftsbüro, -s** 3D information office
das **Auskunftsfräulein, -** 5S information booth employee (*f*)
das **Ausland** 7L abroad, foreign countries

aus•rechnen 4D to compute, figure out

(sich) aus•ruhen 9G to relax

der Ausschnitt, -e 11D excerpt

aus•sehen (ie), a, e 4G/4L to look like; to appear

außen 9L outside

außer 5G/7L except for; outside of, out of; beside

aus•steigen*, ie, ie 4G to get out, get off

auswandern 7G to emigrate

der Ausweis, -e 15L identification card

auswendig 14S by heart

das Auto, -s 1G/2D automobile

die Autobahn, -en 3L express highway

der Autofahrer, - 16D motorist

die Autonummer, -n 4S car license plate

der Autor, -en 17L author

die Autorin, -nen 3D author (f)

die Autoreise 3L car trip

der Autounfall, -̈e 16D car accident

das Avantgardestück, -e 11D avant-garde play

B

das Baby, -s 7L baby

der Babysitter, - 8S babysitter

Baden-Baden 6G city in the Black Forest, FRG

die Bahn, -en 12L railroad, train

bahnen 11D to pave the way for; to prepare

der Bahnhof, -̈e 3D railroad station

bald 3S soon

die Banane, -n 12G banana

der Band, -̈e 14S volume (book)

die Band, -s 12S band (music)

die Bank, -en 1L bank

der Bankdirektor, -en 5S bank president

die Bank-Kontonummer, -n 4S bank account number

die Bar, -s 10S bar

der Bartender, - 10S bartender

das Baseball 9S baseball

das Basketball 1S basketball

das Basketballteam, -s 13L basketball team

der Bastilletag 11G Bastille Day (French national holiday)

der Bau 7L construction

der Bauch -̈e 4S/17D belly

bauen 3L to build

der Bauer, -n 18L farmer, peasant

die Baufirma, die Baufirmen 13L construction company

der Baum, -̈e 13S tree

der Bayer, -n 17D Bavarian

Bayern 2L Bavaria

beachten 16D to pay attention to, heed

der Beamte(r), -n 16L civil servant, official

beantworten 14G to answer

bedeuten 2L to mean

sich beeilen 9G to hurry

beeindruckend 18L impressive

beeinflussen 13L to influence

befehlen (ie), a, o 14L to order, command

befreien 17L to liberate

begeistert 13L enthusiastic

beginnen, a, o 7L to begin, start

behalten (ä), ie, a 15L to keep

behaupten 12S/16D to claim, assert

bei 4L/6D with; at; near

beide 6L both

das Bein, -e 4S leg

das Beispiel, -e 1L example

zum Beispiel 4D for instance, for example

bekommen, bekam, bekommen 3D to get, receive

beleidigt adj 11L offended

Belgien 1S Belgium

Belgrad 8S Belgrade (capital of Yugoslavia)

benutzen 12D to use

das Benzin 3S/4L gasoline

beobachten 14S to observe

bereit 18D ready, willing

der Berg, -e 2L mountain

das Bergsteigen 9S mountain climbing

die Bergtour, -en 13G/15L mountain back-packing trip

die Bergwacht 15L mountain patrol

der Bericht, -e 16D report

die Berliner Mauer 7L The Berlin Wall

Bern 3G/17L Bern (capital of Switzerland)

der Beruf, -e 5L profession, job

der Berufssport, - 9S professional sport

der Berufssportler, - 9L professional athlete

das Berufsverbot 18L non-admission to a job

berühmt 8D famous

die Besatzungszone, -n 18L occupation zone

beschränken 18L to limit

beschreiben, ie, ie 17L to describe

besetzen 18L to occupy

besiegen 17S to defeat

besitzen, besaß, besessen 14G to own

besonders 2L especially

besorgen 13S to take care of

besprechen, a, o 14G to discuss

besser 3S better

der Besserwisser, - 4S smart aleck

best, - 9L best

bestehen, bestand, bestanden 18L to consist of; to pass (an exam)

bestehend consisting of; existing

bestimmen 18L to determine

bestrahlen 15L to irradiate

der Besuch, -e 2G/3L to visit; 13L to attend

besuchen 13L to visit; to attend

betonen 18L to emphasize

betreten (betritt), a, e 16L to set foot on; to step on

der Betrieb, -e 18L company, plant

das Bett, -en 6S/15D bed

die Bevölkerung 7D population

die Bevölkerungsexplosion 7L population explosion

das Bevölkerungsproblem 7L problem of population growth

die Bevölkerungszahl, -en 7D population figure

bevor 6G before

beweisen, ie, ie 8L to prove

sich bewerben, a, o 13D to apply

die Bewerbung, -en 13D application

bewundern 14D to admire

bewundernswert 18L admirable

bezahlen 3L to pay

bezeichnen 18L to call, to designate

die **Beziehung, -en** 18L relation

die **Bibel, -n** 14L Bible

die **Bibliothek, -en** 6S library

das **Bier, -e** 1L beer

das **Bild, -er** 7L picture

die **Bildzuschrift, -en** 5L response to an ad (with photo)

billig 2L inexpensive, cheap

die **Biologie** 1D biology

die **Biologielehrerin, -nen** 13L biology teacher (*female*)

bis C/2D up to, as far as; until, to

   bis morgen C till tomorrow

bitte C/3D please; pardon, excuse me

bitten, bat, gebeten 4G/15L to ask

blau 4G blue

bleiben*, ie, ie 5L to remain

der **Bleistift, -e** C/8S pencil

der **Blick, -e** 13L sight, view

   auf den ersten Blick at first sight

blind 3D blind

blond 12G blond

BMW (Bayrische Motoren Werke) 2S BMW (*German car or motorcycle*)

die **Bombe, -n** 18L bomb

Bonn 18L Bonn (*capital of the FRG*)

bös(e) 6S bad, angry

das **Boxen** 9S boxing

der **Brand, ̈-e** 8L fire

die **Bratwurst, ̈-e** 13S fried sausage

brauchbar 13g useful

brauchen 2S/3D to need; to use

brauen 13S to brew

braun 4G/17D brown; tanned

brechen (i), a,o 14G/15L to break

brennen, brannte, gebrannt to burn

   brennend 8L burning

Bremen 6G Bremen (*city in the FRG*)

Breughel, Pieter 13S Breughel (*Dutch painter*)

der **Brief, -e** 3L letter

die **Briefmarke, -n** 3L stamp

die **Brieftasche, -n** 15L wallet

die **Brille, -n** 13G eyeglasses

bringen, brachte, gebracht 3L to bring, to take

britisch 18L British

das **Brot, -e** 11S bread

die **Brücke, -n** 5S/17L bridge

der **Bruder, ̈-** 1G/8L brother

Brüssel 14S Brussels (*capital of Belgium*)

die **Brust** 4S chest, bosom, breasts

das **Buch, ̈-er** C/8D book

der **Buchdruck** 14G book printing

buchen 3L to book, to reserve

der **Buchladen, -** 9G bookstore

die **Bühne, -n** 11D stage

der **Bundeskanzler,** 17D Federal Chancellor

die **Bundesrepublik Deutschland (BRD)** 1L The Federal Republic of Germany (FRG)

der **Bundesstaat -en** 17L (federal) state

die **Bundeswehr** 12L German Federal Armed Forces

der **Bürger, -** 18D citizen

das **Büro, -s** 4G/5L office

der **Bürokrat, -en** 6S bureaucrat

der **Bus, -se** 1D

die **Butter** 7G butter

C

der **Cadillac, -s** 6S Cadillac

campen 3L to camp

das **Camping** 3L camping

der **Campingplatz, ̈-e** 4G campground

der **Campus** 9D campus

Celsius 4D Celsius (*degree*)

die **Chance, -n** 13D chance

der **Charakter, -e** 2S character

charakterisieren 18L to characterize

charmant 1G charming

die **Charter, -s** 2L charter

der **Chauvinismus** 5D chauvinism

der **Chauvinist, -en** 6S chauvinist

der **Chef, -s** 8L boss

die **Chemie** 1S chemistry

die **Chemikalien** *pl* 13S chemicals

der **Chemiker** 8S chemist

China 9S China

chinesisch 11S Chinese

das **College, -s** 9D college

der **Computer, -** 2S/14D computer

die **Computertechnik** 14D computer technology

die **Concorde** 9S Concorde (*supersonic aircraft*)

D

da 3D/6G here, under these circumstances; *conj* since, because

dabei 9D with it; at the same time

dadurch 9G through it

dafür 9D for that

dagegen 9G on the other hand; against it

dahinter 9L behind it

damals 2L (back) then, at that time

die **Dame, -n** 1G lady

die **Damenzigarette, -n** 12L lady's cigarette

damit 6G/9D with it; so that

Dänemark 1S Denmark

dänisch 14S Danish

der **Dank** 13G thanks

   Vielen Dank! 2D Thanks a lot!

dankbar 13G grateful

danken *dat* 2D to thank

   Danke, gut. C1/D Fine, thank you.

   nichts zu danken 2D don't mention it

dann 3L then

daran 9L in that, on that, about that

darauf 9G upon it

daraus 9G out of it

darin 9L in it

darüber 9G about that

darunter 9L by that, under that; 17L among them

das 1D the, that, this

daß 3D that

dauern 14L to last

der **Daumen, -** 10L thumb

davon 9G about it; from it

dazu 9L for it; to that

die **Debatte, -n** 7L debate

dein 4G your *fam sing*

der **Dekan, -e** 9G dean
die **Demokratie, -n** 1L democracy
demokratischer Zentralismus 18L
democratic centralism
denkbar 13G thinkable
denken, dachte, gedacht 1L to
think
denn 6G for, because
Deutsch 1D German *(language)*
Auf deutsch, bitte! C In German,
please.
deutsch C/1L German
der **Deutsche, -n** 1L German
(male)
die **Deutsche, -n** 1L German *(female)*
die **Deutsche Bundesbahn** 12L
German Federal Railroad
die **Deutsche Demokratische Republik (DDR)** 1L German Democratic Republic (DDR)
das **DDR-Wirtschaftswunder** 18L
the economic miracle of the
DDR
die **Deutsche Forschungsgemeinschaft (DFG)** 18L German Research Council
das **Deutsche Reich** 18L German Empire
das **Deutsche Wirtschaftswunder**
18L the German economic
miracle
Deutschland 1L Germany
der **Deutschlehrer, -** 13L German
teacher
deutschsprachig 17L German-
speaking
die **Deutschstunde, -n** 6S German
class
der **Dezember** 8G December
der **Deziliter, -** 4L 100ml
d.h.=das heißt 13S that is, that
means
der **Dialekt, -e** 17L dialect
der **Dialog, -e** 1D dialog
das **Diät-Bier, -e** 12L low calorie
beer
dich 2G you *fam sing acc*
der **Dichter, -** 8L poet, writer
dick 5S overweight, fat
der **Dieb, -e** 15L thief
der **Dienstag, -e** C Tuesday
dies- 2L this
das **Dilemma, -s** 14L dilemma

das **Ding, -e** 10L/18D thing
der **Diplomat, -en** 9L diplomat
diplomatisch 18L diplomatic
dir C/5G (to) you *fam sing dat*
direkt 5G/7D direct
der **Direktor, -en** 13S president,
director
das **Dirndl, -** 1L dirndl *(traditional
Austrian or Bavarian woman's
Costume)*
die **Diskothek, -en** 5G discotheque
die **Diskussion, -en** 14D
discussion
diskutieren 7L to discuss
die **Distel, -n** 14G thistle
die **D-Mark (Deutsche Mark)** 3L
German Mark *(currency of the
FRG)*
doch 5D just, still, yet; but though
after all
der **Doktor, -en** 2L doctor
die **Dolmetscherin, nen** 13L interpreter *(female)*
der **Donnerstag** C Thursday
doppelt 17L twice *(as many)*
das **Dorf, ̈-er** 18D village
der **Dorn, -en** 10L thorn
dort 1D there
dorthin 2D to there, that way
Dortmund 12S Dortmund *(city in
the FRG)*
die **Dose, -n** 15L can
der **Drache, -n** 8S hang-glider;
dragon
das **Drachenfliegen** 9S hang-
gliding
das **Drama, die Dramen** 11D
drama, play
drei C/1L three
dreihundert 4G three hundred
dreimal 9D three times
dreißigst - 11G thirtieth
dreiundzwanzig 4G twenty-three
dreizehn C thirteen
dreizehnt- 11G thirteenth
Dresden 9G Dresden *(city in the
DDR)*
der **Drink, -s** 2L alcoholic drink
dritt- 11G third
drittens 11G third(ly)
drohen 7L/8D to threaten
der **Druck** 14S print
drücken 10L to press
du 1D you *fam sing*

dumm 1S/12D stupid
die **Dummheit, -en** 9S stupidity
der **Dummkopf, ̈-e** 2S
durch 3L through
durch=durch das
**durch•fallen*(ä), fiel durch
durchgefallen** 6L to fail, flunk
dürfen (darf), durfte, gedurft 6D to
be allowed, may
durstig 14G thirsty
sich duschen 9D to shower
duzen 11L to address with **du**
das **Dynamit** 8D dynamite

E

eben (so wie) 18L just (like)
echt 17L genuine
egal 11D all the same, equal
egoistisch 15S egotistic
die **Ehe** 7S marriage
das **Ehepaar, -e** 7D married
couple
ehrlich 12G honest
eigen 8L own
die **Eigenheit, -en** 16L peculiarity
das **Eigentum** 14G property
es eilig haben 3D to be in a hurry
der **Eilzug, ̈-e** 3L express train
ein 1L a; one
eineinhalb 11G one and a half
einfach 6G simple
ein•führen 4L to introduce
einige 7L some, several
der **Einkauf, ̈-e** 2L shopping,
purchase
einladen 4G to invite
ein•kaufen 3L to shop
die **Einladung, -en** 5L invitation
einmal 6L once
eins 4C one
einsteigen*, ie, ie 4G to do a favor
board, to get into
einundvierzig 4G forty-one
einundzwanzig 4G twenty-one
einundzwanzigst - 10D twenty-first
einzeln 10L isolated, single
das **Eis, -** 3L ice cream; ice
die **Elbe** 12G/17D Elbe *(river in
Germany)*
elegant 6S elegant, plush

elf C eleven
elft - 11G eleventh
die **Eltern** 2S/6D parents
empfangen (ä), ie, a 14G to receive
empfehlen (ie), a, o 14G to recommend
das **Empfehlungsschreiben, -** 13D letter of recommendation
empfinden, a, u 14G to feel
das **Ende** 6L end
    zu Ende gehen 18D to come to an end
    zu Ende sein 6L to be over
enden 18L to come to an end
endlich 6L finally
endlos 13G endless
die **Energie, -n** 7L energy
die **Energiekrise, -n** 16G energy crisis
eng 17L close, tight, narrow; closely
England 1S England
der **Engländer, -** 16S/18L Englishman
Englisch 1S English
der **Enkel, -** 7D grandchild
entdecken 8D to discover
die **Entdeckung, -en** 8D discovery
enthalten (ä), ie, a 4L to contain
entlaufen* (äu), ie, au 14G to run away
(sich) **entscheiden, ie, ie** 11L to
die **Entscheidung, -en** 6D decision
(sich) **entschuldigen** C to excuse
    Entschuldigen Sie, bitte! C Excuse me, please!
entstehen*, entstand, entstanden 14G to arise
enttäuscht 10L disappointed
entweder ... oder 6G/14D either ... or
entwickeln 14D to develop
die **Entwicklung, -en** 7L development
er 1D he
erbitten, erbat, erbeten 5L to request
die **Erde** 7L earth
das **Erdgas** 18D natural gas
das **Erdgeschoß, -sse** 9G ground floor
der **Erdmeridian** 11G meridian of the earth

das **Erdöl** 18D (crude) oil
das **Ereignis, -se** 11L event
erfinden, a, u 8L/9L to invent; to make up
der **Erfinder, -** 8D inventor
die **Erfindung, -en** 14G invention
der **Erfolg, -e** 8L success
erfolgreich 9L successful
erforschen 10D to explore
erfrieren*, o, o 14G to freeze to death
erfüllen 5L to fulfill, grant
ergänzen 4G to complete
erhalten (ä), ie, a, 8G to receive; to preserve, maintain
    sich erhalten to subsist
(sich) **erinnern** 9G to remember; to remind
sich erkälten 9G to catch a cold
die **Erkältung, -en** 9D cold
erkennen, erkannte, erkannt 13L to recognize
erklären 14D to explain
erlauben 13G to permit
erlaubt 6S permitted
erleben 10D to experience
ernst 10L serious
ernten 13S to reap, harvest
der **Erpresser,-** 18D blackmailer, extortionist
erraten (ä), ie, a 14G to guess correctly
erreichen 7L to reach
erscheinen*, ie, ie 14S to appear; to be published
erschießen, o, erschossen 14G to shoot dead
erst 6G/7L just, for the first time
erst- 8D first
    der **Erste Weltkrieg** 17L World War I
ersteigen, ie, ie 14G to climb
erstens 11G first(ly)
ertragen (ä), u, a 17S to bear
ertrinken*, a, u 14G to drown
erwachen 14G to wake up
der **Erwachsene, -n** 11L adult, grown-up
erzählen 8L to tell, narrate
erziehen, erzog, erzogen 14G to educate
die **Erziehung** 9L education
es 1L it
der **Eskimo, -s** 14S Eskimo

eßbar 13G edible
essen (ißt), aß, gegessen 2G/3L to eat
    zum Essen 7L to/for dinner, to eat
ethisch 7L ethical
etwa 4D approximately
etwas 3L something
euch 5S you *fam pl*
euer 4G your *fam pl*
der **Eurailpaß, -sse** 3L Eurail pass (*train ticket*)
Europa 8L Europe
die **Europäische Wirtschaftsgemeinschaft** 18L the European Common Market
ev. = evangelisch 5L Protestant
die **Evangelische Kirche** 18L Protestant (Lutheran) Church
das **Examen, -** 6L examination
die **Existenz** 17L existence
existieren 12L to exist
das **Experiment, -e** 7G experiment
experimentieren 14L to experiment
der **Experte, -n** 9L expert
die **Explosion, -en** 7L explosion
exportieren 17L to export
extrem 9L extreme

F

die **Fabrik, -en** 10D factory
das **Fach, ̈-er** 13L subject
fahren* (ä), u, a 2D to drive, to go
Fahrenheit Fahrenheit (*degree*)
die **Fahrkarte, -n** 12G/17D ticket
der **Fahrplan, ̈-e** 3D schedule, timetable
das **Fahrrad, ̈-er** 5S/14L bicycle
das **Fahrschule, -n** 16L driving school
die **Fahrt, -en** 12L trip, journey
der **Fall, ̈-e** 16D case
fallen* (ä), fiel, gefallen 14L to fall
falsch 1L false, wrong
falten 5S to fold
die **Familie, -n** 7D family
der **Familienname, -n** 11L family name
fangen (ä), i, a 12S/14L to catch

das **Fantasieland** 13S fantasy land
die **Farbe, -n** 7S color
der **Farbstoff, -e** 13S artificial color
der **Faschismus** 9L fascism
fast 2L almost
faszinieren 8L to fascinate
faul 13S lazy
(der) **Faust** 13S *Faust (drama by Goethe)*
die (das) **F.B.I.** 4S Federal Bureau of Investigation
der **Februar** 8G February
das **Fechten** 9S fencing
die **Fee, -n** 15S fairy
der **Fehler, -** 10G mistake
feiern 9L to celebrate
der **Feiertag, -e** 9G holiday
das **Feld, -er** 7L field
das **Fenster, -** 3G window
die **Ferien** *pl* C/2L vacation
das **Ferngespräch, -e** 7S long-distance call
fern•sehen (ie), a, e 10D to watch television
    im Fernsehen 7L on TV
das **Fernsehen** 4G/7L television
der **Fernseher** 2S television set
fertig 6L done, finished
fett 11S fat
das **Feuer, -** 15L fire; light
die **Feuerwehr, -en** 14S fire department
der **Fiat, -s** 1S Fiat *(Italian car)*
das **Fieber, -** 4L fever
der **Film, -e** 3S film, movie
die **Filterzigarette, -n** 12L filter cigarette
finanzieren 9L to finance
finden, a, u 1L to find
der **Finger, -** 4S/10L finger
die **Firma, die Firmen** 4S/7L firm, company
der **Fisch, -e** 3S/17D fish
fischen 3S/17D to fish
die **Flasche, -n** 4L bottle
das **Fleisch** 7S meat
fleißig 17L industrious, hard-working
Flensburg 13G Flensburg *(city in the FRG)*
die **Fliege, -n** 14G fly
fliegen*, o, o 3D to fly
fliehen*, o, o 8L to flee

der **Fliehende, -n** 18L fugitive
fließen*, o, geflossen 13S to flow
die **Flucht** 7L flight, escape
flüchten* 18L to flee, escape
der **Flüchtling, -e** 7L refugee
der **Flug, ̈-e** 2L flight
der **Flughafen, ̈-** 3D airport
das **Flugzeug, -e** 3L airplane
der **Fluß, ̈-sse** 8L river
der **Flüsterwitz, -e** 17D "whispered joke"
folgen 8L to follow
    folgend 12G/17D the following
der **Ford, -s** Ford *(automobile)*
fordern 12L to demand
fördern 9L to further, promote
die **Formel, -n** 7L formula
formell 11L formal
forschen 13L to research
die **Forschung, -en** 14L research
fort 14G away, gone
fort•gehen*, ging fort, fortgegangen 6G/15L to go away
der **Fortschritt, -e** 14L progress
die **Fortsetzung, -en** 10S continuation
das **Foto, -s** 3S photo, picture
fotografieren 6S to photograph, take pictures
die **Frage, -n** C/1L question
    eine Frage stellen 7L to ask a question
der **Fragebogen, ̈-** 16S questionnaire
fragen 1L to ask
der **Franken, -** 3L Swiss Franc
Frankfurt am Main 3L Frankfurt a.M. *(city in the FRG)*
Frankreich 1S France
der **Franzose, -n** 6S/18L Frenchman
Französisch 8L French *(language)*
die **Frau, -en** C/1L woman; Mrs.
die **Frauenkirche** 5S *church in Munich*
die **Frauenrechtbewegung** 15S women's liberation movement
die **Frauenrechtlerin, -nen** 9S women's liberationist
das **Fräulein, -** *(or* **-s)** C/1D Miss; young woman
frei 2L free
die **Freiheit, -en** 1L freedom

der **Freitag, -e** C Friday
die **Freizeit** 5L leisure time
fremd 4L strange, alien
das **Fremde** 3L the foreign, unknown
die **Fremdsprache, -n** 8L foreign language
fressen (frißt), fraß, gefressen 12G/15L to eat *(said of animals)*
Freud, Sigmund 6S *Austrian psychiatrist*
freuen 13L to please
sich freuen 8S/15D (auf + *acc*) to look forward to; (über + *acc*) to be happy about
der **Freund, -e** 2S/3L friend *(male)*
die **Freundin, -nen** 2S/15L friend *(female);* 6L girlfriend
freundlich 5L friendly
die **Freundschaft, -en** 5L friendship
der **Friede (der Frieden)** 8D peace
der **Friedensnobelpreis, -e** 8D Nobel Peace Prize
friedlich 17L peaceful
frieren, o, o 4S to freeze, to be cold
frisch 3S vigorous, fresh
der **Friseur** 12G hairdresser
froh 6S cheerful
der **Fruchtsaft, ̈-e** 5G fruit juice
früh 3S/9D early
früher 2L earlier; former(ly)
der **Frühling, -e** 8G spring
die **Frühlingsmonate** *pl* 8G months of spring
das **Frühstück, -e** 6S breakfast
(sich) fühlen 9G/10L to feel, touch
führen 7L to lead
der **Führerschein, -e** 16D driver's license
die **Führung** 18L leadership
fünf C five
fünft- 11G fifth
fünfzehn C fifteen
fünfzig 4G/18L fifty
funktionieren 9L to function, work
für 1L for
    fürs=für das
fürchten 14L to fear, to be afraid of
der **Fürst, -en** 17L prince
der **Fuß, ̈-e** 2D foot
    zu Fuß gehen 2D to walk, go on foot

das **Fußball** 1S soccer
die **Fußballmannschaft, -en** 4S soccer team
das **Fußballspiel, -e** 10L soccer match
der **Fußballspieler, -** 17D soccer player
die **Fußgängerzone, -n** 18D pedestrian zone
das **Futter** 14G feed
füttern 17S to feed

G

die **Gabel, -n** 1G fork
gähnen 14G to yawn
die **Gallone, -n** 4D gallon
die **Gans, ⸚e** 11S goose
ganz 2D quite, complete(ly), all
das **Ganze** 10L as a whole
gar keine 5D none at all
gar nichts 9D nothing at all
die **Garage, -n** 5G garage
der **Garten, ⸚** 7S yard, garden
die **Gasse, -en** 16D alley, small street
der **Gast, ⸚e** 7L guest
der **Gastarbeiter, -** 7L foreign worker
das **Gebäude, -** 9G building
geben (i), a, e 2D to give
    es gibt 1L there is, there are
das **Gebiet, -e** area, region
gebildet 5L educated
geboren 8S/13L born
gebraten 13S fried
gebraucht 11G used
das **Geburtendefizit, -e** 7L negative birth rate
die **Geburtsstadt** 18L native town
der **Geburtstag, -e** 8L birthday
das **Geburtstagsgeschenk, -e** 14L birthday present
das **Gedicht, -e** 18G poem
geduldig 5D patient
die **Gefahr, -en** 7L danger
gefährlich 9S dangerous
gefahrlos 13G safe
gefallen (ä), gefiel, gefallen dat 5L to like, to please
der **Gefangene, -n** 11G prisoner

gegen 4G against
das **Gegenstück, -e** 18L counterpart
das **Gegenteil, -e** 18L opposite
    im Gegenteil on the contrary
der **Gegner, -** 7L opponent
gegründet 18L founded
das **Gehalt, ⸚er** 13D salary
geheim 14L secret
gehen*, ging, gegangen C/2D to go, walk
    das geht 4D that's o.k., that'll do
    es geht um 6L it concerns
gehören dat (**hin**) 5D to belong (there)
die **Geige, -n** 17L violin
gekocht 11S cooked
gelb 4G yellow
das **Geld** 1L money
geleitet 18L directed
der **Geliebte, -n** 11G lover
gelingen*, a, u 7L to succeed
gemeinsam 14S/18L common, united
der **gemischte Chor** 13L mixed choir
gemütlich 1L comfortable, cozy
die **Gemütlichkeit** 7S coziness
genau 13L close, precise
    genau . . . wie 8S exactly . . . as
genial 14L ingenious
genießen 12L to enjoy
genug 5L enough
genügen 12L to suffice; to be enough
der **Genuß, ⸚sse** 12L enjoyment
die **Geographie** 1L geography
das **Geophysische Jahr** 14L geophysical year
gerade 4G even; 16L straight; just
geradeaus 13D straight ahead
das **Gericht, -e** 16D court
germanisch 14S Germanic
gern + verb 1D to like
gesamt 18L complete
der **Gesang, ⸚e** 13S song
das **Gesäß, -e** 4S buttock, "seat"
das **Geschäft, -e** 2L shop, store, business
die **Geschäftsfrau, -en** 8S businesswoman
geschehen* (ie), a, e 15L to happen
das **Geschenk, -e** 9S gift
die **Geschichte, -n** 8L story; history

geschichtlich 8L historical
geschickt 13D skillful
geschieden 5L divorced
geschwind 14G speedy, fast
die **Geschwindigkeit, -en** 4L speed
die **Geschwindigkeitsbegrenzung, -en** 16L speed limit
die **Geschwister** 13L siblings
die **Gesellschaft, -en** 14L society
das **Gesicht, -er** 10L face
gestern 7S/10L yesterday
gesund 2S/12D healthy
die **Gesundheit** 9L health
geteilt 18L divided
das **Getränk, -e** 5G/12L beverage
die **Gewähr** 13S guarantee
der **Gewinn, -e** 12L profit
gewinnen, a, o 12L to win, gain
gewiß 17D certain(ly)
die **Gewohnheit, -en** 4L habit
gewöhnlich 3L usual
giftig 18D poisonous
die **Gitarre, -n** 1S guitar
glänzen 13G to glitter
das **Glas, ⸚er** 11L glass
glauben dat 1D to believe
gleich 2L same, equal; 3L equals; at once
die **Gleichschaltung** 18L imposed political conformity
die **Gleichberechtigung** 18L equal rights
gleichviel 18L the same number of
gleichzeitig 14D at the same time
das **Gleis, -e** 3D track, rail
das **Glück** 10D good luck, happiness
glücklich 3G/6L happy
das **Gold** 3S gold
golden 8L golden
der **Goldgräber, -** 2L gold prospector, digger
der **Goldring, -e** 12G golden ring
das **Golf** 1D golf
der **Gott, ⸚er** God; god
    Gott sei Dank 2S Thank God
graben (ä), u, a 8L to dig
der **Grad, -e** 4D degree(s)
Graf Bobby 17D Count Bobby (*Austrian aristocrat*)
die **Grammatik, -en** grammar
das **Gras, ⸚er** 17S grass
gratulieren 13D to congratulate

Graubünden 17L *canton in Switzerland*
Graz 13L *city in Austria*
die **Grenze, -n** 18L border
der **Grieche, -n** 8L Greek
Griechenland 2L Greece
griechisch 8L Greek
Grimm, Jacob und Wilhelm 14S *German scholars*
die **Grippe, -n** 4G influenza
die **Grippezeit** 2D influenza season
grob 17D blunt, coarse
groß 2L large, big; great; tall, high
die **Größe** 17L height
die **Großmacht, ̈-e** 9L major power
der **Großvater, ̈-** 13G grandfather
grün 4G green
der **Grund, ̈-e** 7L reason
gründen 8L/18L to found, establish
das **Grundgesetz** 18L Basic Law (*constitution of the FRG*)
die **Gründlichkeit** 9L thoroughness
die **Grundstücksmakler** 13L/16L real estate agent
die **Gründung, -en** 18L creation
der **Grundvertrag, ̈-e** 18L *treaty between the FRG and the DDR*
die **Gruppe, -n** 9L group
grüßen 12G to greet
gut C/1D good, well
    Guten Abend! C Good evening!
    Guten Flug! 3D Have a good flight!
    Guten Morgen! C Good morning!
    Guten Tag! C/1D Hello! Good day!
das **Gymnasium,** die **Gymnasien** 13D German secondary school (*grades 5-13*)

H

das **Haar, -e** 4S/10L hair
haben (hat), hatte, gehabt 1D to have
der **Haifisch, -e** 9S shark
halb 1L half
der **Hals, ̈-e** 4S/10L neck; throat
halt 2D stop, wait a minute
halten (ä), ie, a 3L to stop; to hold, keep; to stick to
    halten für 11D to think of

die **Haltestelle, -n** 3L bus or streetcar stop
das **Hähnchen, -** 13S chicken
die **Hand, ̈-e** 4S/9L hand
der **Handel** 8L trade
die **Handschrift, -en** 8L handwriting
der **Hang** 18L tendency
hängen, i, a 5S to hang; to attach
hart 2L hard
hassen 2S to hate
hauen, haute (*or* **hieb**)**, gehauen** 10L to strike, to hack
das **Haupt, ̈-er** 14G head, main
das **Hauptfach, ̈-er** 13L major (*in college*)
das **Hauptquartier, -e** 17L headquarter
die **Hauptstadt, ̈-e** 17L capital
das **Haus, ̈-er** 1L house
    nach Haus(e) gehen 2G/3L to go home
    zu Haus(e) 3L at home
die **Hausaufgabe, -n** C homework
die **Hausfrau, -en** 1L housewife
die **Haut** 12G skin
Heidelberg, 6G Heidelberg (*city in the FRG*)
heimlich 17D secret(ly)
Heinrich der Achte 4S Henry VIII
die **Heirat, -en** 5L marriage
heiraten 1L/6D to marry
der **Heiratswunsch, ̈-e** 5D matrimonial ad
heiß 4D hot
heißen, ie, ei 1D to be called; to mean
der **Held, -en** 9L hero
helfen (i), a, o *dat* 5G to help
her 4G (to) here
der **Herausgeber, -** 14S editor, publisher
der **Herbst, -e** 7D autumn
die **Herbstmonate** *pl* 8G autumn months
der **Herd, -e** 14G hearth
her•kommen*, kam her, hergekommen 4G to come here
der **Herr, -en** C/1D Mr.; gentleman
das **Herz, -en** 10L heart; soul
der **Herzanfall, ̈-e** 6L heart attack
herzlich 12L hearty, cordial(ly)
herzlos 11G heartless
heute C/1D today
    heute abend tonight

hier 1D here
das **Hi-Fi** hi-fi
die **Hilfe** 13L help
hilflos 13G helpless
der **Hilfsarbeiter, -** 13L unskilled worker
der **Himmel, -** 12S sky; heaven
hin 4G (to) there
hin•fahren* (ä), u, a 4G to drive there, go there
hinter 5G/13D behind
historisch 14D historical
die **Hitlerwaffe** 14S Hitler's (secret) weapon
das **Hobby, -s** 9L hobby
hoch 4L high
Hochdeutsch 17L standard German, High German
die **Hochschule, -n** 13L institution of higher learning, university
höchstens 16D at most
der **Hochzeitstag, -e** 11S wedding day
das **Hofbräuhaus** 5S/17D Hofbräu Tavern (*in Munich*)
hoffen 3L to hope
hoffentlich 2D it is to be hoped, I hope
hôflich 12G polite
die **Höflichkeit, -en** 14G politeness
Hohenlimburg 6G Hohenlimburg (*town in the FRG*)
holen 15L to get, fetch
Holland 17S Holland, the Netherlands
der **Holländer, -** 12S Dutchman
Homer 8L (*Greek poet*)
der **Hopfen** 13S hops
hören 3L to hear
der **Hörer, -** 14D listener
das **Horoskop, -e** 10S horoscope
die **Hose, -n** 2L pants, trousers
das **Hotel, -s** 2G hotel
der **Hotelportier, -s** 3L hotel clerk
das **H-Schild, -er** (H = **Haltestelle**) 3L sign for bus stop
hübsch 11D lovely, pretty
der **Hügel, -** 8L hill
der **Humor** 1S/17D humor
der **Hund, -e** 5S/15D dog
die **Hundemarke, -n** 15L dog tag
hundert 4G/8L hundred
hundertdrei 4G one hundred and three

hunderteins 4G one hundred and one

hundertfünfundvierzig 4G one hundred and forty-five

hundertst- 11G hundredth

das **Hundertstel** 11G one hundredth

hundertzwei 4G one hundred and two

der **Hunger** 14D hunger

hungern 18L to be hungry, to starve

hungrig 15G hungry

der **Hut, ̈-e** 17D hat

die **Hypothese, -n** 15L hypothesis

I

ich 1D I

das **Ideal, -e** 10S ideal

der **Idealist, -en** idealist

die **Idee, -n** 6D idea

die **Identifikation, -en** 9L identification

(sich) identifizieren 7G to identify (oneself)

die **Identität, -en** identity

die **Ideologie, -n** ideology

ideologisch 18L ideological

der **Idiot, -en** 6G idiot

ignorieren 9L to ignore

ihm 5L (to) him *dat*

ihn 2L him, it

ihnen 5D them *dat*

Ihnen 5G you *form sing/pl*

ihr 4G to her, her; their

Ihr C/3D/4G your *form sing/pl*

im = in dem 3D

imaginär 13S imaginary

die **Immatrikulationsnummer, -n** 4S registration number

immatrikulieren 13L to enroll

immer 1L always

immer mehr 7L more and more

improvisieren 17L to improvise

in 1D/2L in, into, to

inbegriffen 3L included

Indien 7L India

das **Indigo** 8L indigo

indoeuropäisch 14S indoeuropean

die **Industrie, -n** 9L industry

das **Industrieland, ̈-er** 18L industrialized nation

die **Inflation** 7G/15D inflation

die **Information, -en** 3L information

das **Informationsblatt, ̈-er** 13D information sheet

informell 11L less formal

der **Ingenieur, -e** 13L engineer

das **Inhaltsverzeichnis** table of contents

innen 9L inside

innerhalb 16L within

ins = in das 1D

das **Instrument, -e** 17L instrument

die **Integration** 9L integration

intelligent 1S intelligent

die **Intelligenz** 7S intelligence

der **Intelligenz-Quiz, -ze** 4S intelligence quiz

interessant 1L interesting

das **Interesse, -n** 7L interest

sich interessieren 9L to be interested

international 3L international

das **Interview, -s** 13D interview

interviewen 17D to interview

Irland 1S Ireland

ironisch 2S ironical, ironic

(sich) irren 9D to be mistaken; to err

das **Irrenhaus, ̈-er** 16S insane asylum; mental hospital

der **Irrtum, ̈-er** 14G error

isoliert 18L isolated

Israel 3S Israel

Italien 2L Italy

der **Italiener, -** 6S/17L Italian

Italienisch 11S Italian (*language*)

italienisch 17L Italian

J

ja 1D yes; indeed

das **Jahr, -e** 1L year

der **Jahrestag, -e** 14D anniversary

das **Jahrhundert, -e** 10D century

das **Jahrzehnt, -e** 18L decade

der **Januar** 8G January

Japan 3S Japan

der **Jazz** 13L jazz

je 16S ever

die **Jeans** *pl* 2L (blue) jeans

jedenfalls 13L in any case, at any rate

jeder (jede, jedes) 7D every, each

je ... desto 12D the ... the

jedoch 11L however

jemand 10L somebody, someone

jen - 7G that, these

Jesus Christus 17S Jesus Christ

jetzt 1L now

der **Job, Jobs** 3S/13D job

der **Journalist, -en** 6G journalist

der **Jude, -n** 18L Jew

die **Jugendherberge, -n** 3L youth hostel

der **Juli** 8G July

jung 1L young

der **Junge, -n** 2L boy

der **Juni** 6G June

K

der **Kaffee** 1S/3L coffee

das **Kaffeehaus, ̈-er** 1L coffee house

Kafka, Franz 9S German writer

der **Kalauer, -** 8S *a type of German joke*

Kalifornien 2L California

die **Kalorie, -n** caloric unit

kalt 1L cold

(sich) kämmen 9S to comb

der **Kampf, ̈-e** 18L fight, battle

kämpfen 13L to fight

Kanada 1S Canada

die **Kanone, -n** 12L gun, cannon

der **Kanton, -e** 17L canton (*Switzerland*)

kapitalistisch 10S capitalistic

das **Kapitel, -** 1D chapter

kaputt 4G busted, broken (down)

das **Karate** 1D karate

die **Karikatur, -en** 7S caricature

die **Karriere, -n** 14L career

die **Karte, -n** C/1L map; 3S ticket

der **Käse, -** 1L cheese

der **Kater, -** 10L tomcat

einen Kater haben to have a hangover

der **Katholik, -en** 18L Catholic

katholisch 5L Catholic

die **Katze, -n** 4S/10L cat

kauen 10S to chew

kaufen 1L to buy

der **Käufer, -** 12D buyer

das **Kaufhaus, ̈-er** 13D department store

der **Kaugummi** 4S chewing gum
kaum 12L scarcely
kein 1D no, not a
der **Kellner, -** 15L waiter
die **Kellnerin, -nen** 5S waitress
kennen, kannte, gekannt 1D to know, to be acquainted with
kennen·lernen 5L to become acquainted with, to get to know
der **Kerl, -e** 5L guy, fellow
das **Kernkraftwerk, -e** 14S/15L nuclear power plant
die **Kernphysik** 15L nuclear physics
die **Kernspaltung** 15L nuclear fission
das **Kilo(gramm), -** 4D kilogram
der **Kilometer, -** 4D kilometer
das **Kind, -er** 1G/6L child
kinderfreundlich 18L supportive of children
der **Kindergarten, -̈** 18L nursery school, kindergarten
die **Kinder- und Hausmärchen** 14S fairy tales for children and the home
die **Kindheit** 14G childhood
das **Kino, -s** 4S movie theater
die **Kirche, -n** 18L church
das **Kirchenkonzert, -e** 13L church concert
Klagenfurt 13L Klagenfurt (*city in Austria*)
klar 4L clear; 6D sure!
die **Klarinette, -n** 13L clarinet
die **Klasse, -n** 13L grade; class
das **Klassenzimmer, C** classroom
klassisch 13L classical
der **Klatsch** 13S gossip
das **Klavier, -e** 1S piano
das **Kleid, -er** 16L dress
klein 2L small, little
Kleinasien 8L Asia Minor
der **Kletterkurs, -e** 13L mountain-climbing class
das **Klima, -s** 14L climate
das **Klischee, -s** 1L cliché
der **Klub, -s** 9D club
das **Knie, -** 11D knee
die **Kniebeuge, -n** 9D knee-bend
kochen 4S to cook
die **Kohle, -n** 17L coal
kollektiviert 18L collectivized
Köln 3D Cologne (*city in the FRG*)

komisch 11L funny, comical, strange
kommen*, kam, gekommen 1D to come
der **Kommentar, -e** 14D commentary, remark
der **Kommunismus** 15S communism
der **Kommunist, -en** 16S communist
kommunistisch 18L communist
der **Komparitiv, -e** 12L comparitive
der **Komplex, -e** 5D complex
das **Kompliment, -e** 16L compliment
die **Konditorei, -en** 3L pastry shop
der **Konflikt, -e** 17L conflict
der **König, -e** 8L king
das **Königtum, -̈er** 14G kingdom
der **Konjunktiv, -e** 15L subjunctive
können (kann), konnte, gekonnt 6D can, to be able to
konservativ 17L conservative
die **Konservierung** 14S preservation
konstant 7L constant, stable, persistent
der **Konstrukteur, -e** 14L designer
der **Kontakt, -e** 5D contact
kontra 7L versus
das **Konzert, -e** 1D concert
kooperieren 18L to cooperate
Kopenhagen 14S Copenhagen (*capital of Denmark*)
der **Kopf, -̈e** 4S/5D head
die **Kopfschmerzen** (*pl. only*) 5G headache
die **Körper, -** 10L body
die **Körpertemperatur** 4S body temperature
korrigieren 14S to correct
der **Kosename, -n** 13S nickname
kosten 3D to cost
die **Kosten** *pl* 18D cost(s)
kostenlos 13G free, gratis
die **Kraft, -̈e** 7S strength
krank 3L sick, ill
der **Kranke, -n** 11G sick man, patient
das **Krankenhaus, -̈er** 5G hospital
die **Krankheit, -en** 14G sickness
der **Kredit, -e** 18L credit

die **Kreide** 2C chalk
die **Kreuzung, -en** 16D intersection
der **Krieg, -e** 1L war
der **Krimi, -s** 8S detective story
die **Krise, -n** 3D crisis
der **Kritiker, -** 14L critic
kritisch 7L critical
kritisieren 10L to criticize
der **Krug, -̈e** 8L jug
die **Küche, -n** 18L kitchen
der **Kuchen, -** 2S/3L cake, pastry
die **Kuckucksuhr, -en** 14S cuckoo clock
die **Kugel, -n** 14G ball; bullet
der **Kugelschreiber, -** C/12G ball-point pen
die **Kuh, -̈e** 11S cow
kulturell 16L cultured
der **Kunde, -n** 2L customer (*male*)
der **Kundendienst** 13D customer service
die **Kundin, -nen** 2L customer (*female*)
die **Kunst, -̈e** 3L/17L art
der **Kunstdünger** 7L fertilizer
künstlich 13S artificial
der **Kurs, -e** 13D course, class
kurz 11D short
der **Kuß, -̈sse** 11D kiss
küssen 7S/11D to kiss

L

das **Laboratorium, die Laboratorien** 5S laboratory
lächeln 8L to smile
lachen 7S to laugh
das **Land, -̈er** 5D land, country
landen 3L to land
die **Landsleute** *pl* 18L fellow citizens
die **Landung, -en** 14G landing
der **Landwirt, -e** 14G farmer
die **Landwirtschaft** 14G agriculture
lang 1G/4L long
    ein Jahr lang 6G for a year
langsam C/4L slow(ly)
die **Langstreckenrakete, -n** 14L ICBM, long-range missle
langweilig 9D boring
(sich) lassen (läßt), ließ, gelassen

12D to let; to leave, to make, can, to have done

Latein 14S Latin

die **Laube, -n** 11D gazebo, arbor

laufen* (äu), ie, au 9D to run, to jog

das **Laufen** 9D running, jogging

laut 6S/11D loud(ly)
   Lauter, bitte! C Louder, please!

der **Laut. -e** 14S sound

die **Lautstärke** 12L noise, volume

die **Lautverschiebung, -en** 14S sound shift

leben 1L to live, reside

das **Leben** 10D life

lebendig 10L alive, lively

das **Lebensjahr, -e** 11S year of one's life

die **Lebenskurve** 7L population statistics

der **Lebenslauf, -̈e** 13D curriculum vitae, resumé

die **Lebensqualität** 7L quality of life

der **Lebensstandard** 7L standard of living

leblos 13G lifeless

die **Lederhose, -n** 1L leather pants

ledig 5L single

legendär 8L legendary

das **Lehrbuch, -̈er** 11L textbook

lehren 2L to teach

der **Lehrer, -** 1G/11L teacher *(male)*

die **Lehrerin, -nen** 5L teacher *(female)*

leicht 4L easy; small, less serious, light

leicht machen 17L to make easy

leider 1D unfortunately

leid tun *dat* 3D to be sorry
   es tut mir leid I am sorry

leihen, ie, ie 15L borrow

Leipzig 9L Leipzig *(city in the DDR)*

leise 3L quiet(ly)

leisten 18L to accomplish
   sich leisten 9D to afford

die **Leistung, -en** 14D achievement

leiten 18L to lead, direct

die **Leiterin, -nen** 13D head, director *(female)*

der **Leninismus** 13L Leninism

leninistisch 9L Leninist

die **Lerche, -n** 14G lark

lernen 1D to learn

lesbar 13G readable

lesen (ie), a, e 2S/3D to read
   Lesen Sie, bitte! C Read, please

der **Leser, -** 11L reader

das **Lesestück, -e** 1L reading selection

letzt- 7D last

die **Leute** *pl* 2L people

das **Licht, -er** C/16G light

lieb 6L dear

die **Liebe** 3L love

lieben 1L to love

der/die **Liebende, -n** 11G lover

lieber 9D rather

die **Liebesszene, -n** 11D love scene

die **Liebfraumilch** 1S *Rhine wine*

lieb·haben 13S to like

der **Liebhaber, -** 16S lover

der **Liebling, -e** 14G darling

der **Lieblingsplatz, -̈e** 11D favorite spot

die **Lieblingsreklame, -n** 12S favorite advertisement

der **Lieblingssport** 13L favorite sport

die **Lieblingszigarette, -n** 12S favorite cigarette

die **Liebste** 11D beloved

Liechtenstein 1S/17L Liechtenstein

das **Lied, -er** 14L song

das **Liedchen, -** 2S little song, ditty

der **Liedermacher, -** 13S songwriter

liegen, a, e 5S/6L to lie, to be located

der **Liegestütz, -e** 9D push-up

die **Limonade, -n** 4L lemonade

links 3D (to the) left

der **Lippenstift, -e** 1L lipstick

der **Liter, -** 4D liter

die **Literatur, -en** 11D literature

die **Litfaßsäule, -n** 12L advertising pillar

der **Löffel, -** 1G spoon

sich lohnen 14D to be worth

der **Lokomotivführer, -** 17D engineer *(train)*

lösen 14D to solve

los·fahren* (ä), u, a 16D to drive on; to proceed; "gun" a car

los·machen 11D to untie

los·sein*, war los, losgewesen 5G to take place, to go on
   Was ist los? 5D What's the matter? What's going on?

die **Lösung, -en** 7L solution

(das) **Löwenbräu** 1S *German beer*

die **Luft, -̈e** 4D air

die **Luftpost** 4G airmail

der **Luftpostbrief, -e** 3L aerogram

die **Luftpostmarke, -n** 3L airmail stamp

die **Lufttemperatur, -en** 4D air temperature

die **Luftverschmutzung** 14D air pollution

lügen, o, o 13S to lie (tell falsehood)

lustig 12S funny
   sich lustig machen 17D to make fun of

Luxemburg 1S Luxemburg

der **Luxus** 14D luxury

M

machen 2D to make, to do
   das macht nichts 2D that doesn't matter

die **Macht, -̈e** 12D power

mächtig 18L powerful

das **Mädchen, -** 1D girl

mahlen 13S to grind

der **Mai** 8G/18L May

mal=einmal 4G times (math); 11D once

das **Mal, -e** 11L time
   zum ersten Mal 6L for the first time

malen 13S to paint

die **Malerin, -nen** 2S painter *(female)*

das **Malz** 13S malt

man C/1L one, you, they, people

der **Manager** 15L manager

manch 7L many a, several

manchmal 3S/5L sometimes

manipulieren 12D to manipulate

der **Mann,̈ -er** 1G/2L man; husband

Mannheim 6G Mannheim *(city in the FRG)*

das **Märchenland** 13S fairy-tale
  land
der **Märchensammler, -** 14S collector of fairy tales
die **Margarine, -n** 7G margarine
das **Marihuana** 16S marijuana, pot
die **Mark, -** 3L Mark *(currency of
  the DDR)*
die **Marke, -n** 12D brand
der **Marshall-Plan** 18L Marshall
  Plan
der **Marxismus** 9L Marxism
der **März** 8G March
die **Maschine, -n** 10S machine
das **Maschinengewehr, -e** 7S
  machine gun
das **Maß** 4L measurement
  mit zweierlei Maß messen 6L to
    apply a double standard
die **Massenproduktion** 14L mass
  production
mäßig 2L moderate(ly)
die **Materialien** *pl* 10S materials
der **Materialismus** 18L materialism
die **Mathematik** 1S mathematics
das **Matterhorn** 12G Matterhorn
  (mountain in Switzerland)
die **Mauer, -n** 8L wall
die **Maus, ̈-e** 10S mouse
der **Mechaniker, -** 8S mechanic
die **Medaille, -n** 9L medal
das **Medikament, -e** 3L medicine,
  drug
die **Medizin** 1D medicine
das **Meer, -e** 2L sea; ocean
mehr 2L ore
mehrere 13L several
mehrmals 13L several times
die **Mehrwertsteuer, -n** 3L value-
  added tax
die **Meile, -n** 4D mile
meilenweit 12L for miles
mein 4G my
meinen 5D to mean; to think, be of
  the opinion
die **Meinung, -en** 2L opinion
die **meisten** 11L most people
meistens 2L mostly
die **Menge, -n** 18D quantity, amount
die **Mensa,** die **Mensen** 9G university cafeteria
der **Mensch, -en** 3L person; *pl*
  people
die **Menschheit** 14D mankind
menschlich 10L human

der **Mercedes, -** 8S Mercedes
  (German car)
messen (mißt), maß, gemessen 4D
  to measure
das **Messer,** 1G knife
das **Metall, -e** 17L metal
der **Meter, -** 4D meter
das **Meterband, ̈-er** 4D tape
  measure (metric)
metrisch 4D metric
der **Mexikaner, -** 6S Mexican
mexikanisch 15S Mexican
mich 2D me
die **Miete, -n** 15D rent
die **Milch** 1G milk
die **Milliarde, -n** 7L billion
der **Milliliter, -** 4D milliliter
der **Millimeter, -** 4D millimeter
die **Million, -en** 7L million
der **Millionär, -e** 6G/8L millionaire
millionst- 11G millionth
der **Minderwertigkeitskomplex, -e**
  10S inferiority complex
das **Minenfeld, -er** 18L minefield
das **Mineralwasser, -** 5G mineral
  water
das **Miniporträt, -s** 17L miniportrait
die **Minute, -n** 2D minute
mir 5D (to) me
die **Mischung, -en** 9L mixture
mit 1L with
**mit·bringen, brachte mit,
  mitgebracht** 12D to bring along
miteinander 2L/17L with each other
das **Mitglied, -er** 13L member
**mit·kommen*, kam mit,
  mitgekommen** 3G to come
  along
**mit·nehmen (nimmt mit), nahm
  mit, mitgenommen** 3L to take
  along
der **Mittag** 6S noon, midday
das **Mittagessen, -** 8S lunch
das **Mittel, -** 9L means
das **Mittelalter** 6L Middle Ages
die **Mitternacht** 16S midnight
der **Mittwoch** C Wednesday
mit·verdienen 7D to earn, co-earn
mobilisieren 17L to mobilize
möchten 5L would like to
der **Moderator, -en** 14D moderator
modern 2S modern
das **Mofa** = **Motorfahrrad** 5S
  motorbicycle
mögen (mag), mochte, gemocht

  6D to like to
möglich 2L possible
die **Möglichkeit, -en** 14G/15L
  possibility
Moment mal 3D just a minute;
  hold it
die **Monarchie, -n** monarchy
der **Monat, -e** 5S/8L month
monatlich, monthly
der **Mond, -e** 14D moon
die **Mondlandung, -en** 14D moon
  landing
der **Montag, -e** C Monday
Monte Carlo 13S Monte Carlo
  (European principality)
das **Moped, -s** 5S moped
die **Moral** 6L morals
moralisch 7L moral
morgen C/3L tomorrow
der **Morgen, -** C morning
  Guten Morgen! C/9D Good
    morning!
  morgens 6G/9D in the morning
Moskau 9L Moscow
das **Motelzimmer, -** 12G motel
  room
der **Motor, -en** 12G motor
das **Motorrad, ̈-er** 4G motorcycle
das **Motto, -s** 12L motto
müde 15S tired
die **Mühe, -n** 12S effort
multinational 13S multinational
München 2S/5L Munich (*city in
  the FRG*)
der **Mund, ̈-er** 4S/10L mouth
das **Museum,** die **Museen** 3L
  museum
die **Musik** 4G/13L music
müssen (muß), mußte, gemußt 6D
  must, to have to
der **Mut** 14D courage
die **Mutter, ̈-** 1G/5L mother
die **Mütze, -n** 17S hat

N

na 2D well (interjection)
nach 2L after; to; according to
der **Nachbar, -n** 12D/17D neighbor
nachdem 14L after
**nach ·denken, dachte nach,
  nachgedacht** 10L to reflect, to
  ponder

der **Nachdruck** 14S reprint
nach•laufen* (äu), ie, au 15L to follow
der **Nachmittag, -e** afternoon
 nachmittags 6G/9L in the afternoon
die **Nachricht, -en** 3L news
nach•schlagen (ä), u, a 14S to look up
nächst- 6D next
die **Nacht, ̈-e** 1L night
 nachts 16L at night
der **Nachtklub, -s** 13L nightclub
das **Nachtleben** 13S nightlife
der **Nacktstrand, ̈-e** 10S nudist beach
der **Name, -n** 2G name
der **Narr, -en** 13S fool
die **Nase, -n** 4S/10L nose
naß 2D wet
die **Nation, -en** 9L nation
national 9L national
der **Nationalfeiertag, -e** 11G national holiday
die **Nationalflagge, -n** 16L national flag
der **Nationalismus** 9L nationalism
die **Nationalität, -en** 17L nationality
nationalsozialistisch 9L national socialist
die **Natur** 13L nature
der **Naturalismus** 11D naturalism
natürlich 2L naturally, of course
naturwissenschaftlich 18L scientific
die **Nazizeit** 17D period of the Nazi regime in Gemany (1933-1945)
neben 5G next
der **Neffe, -n** 8S nephew
negativ 7L negative
nehmen (nimmt), nahm, genommen 2D to take
nein 1D no
nennen, nannte, genannt 1L tò call, name
der **Nerv, -en** 5L nerve
 auf die Nerven gehen 5L to get on one's nerves
nervös 13S nervous
nett 1D nice (of people)
das **Netz, -e** 14L net
neu 6S new
neugierig 3S curious
neun C nine
neunt- 11G ninth

neunzehn C nineteen
neunzig 4G ninety
neutral 1L neutral
das **Neutron, -en** 15L neutron
nicht C/1D not
 nicht wahr? 2L isn't it?, right?
die **Nichte, -n** 8S niece
der **Nichtraucher, -** 3L nonsmoker
das **Nichtraucherabteil, -e** nonsmoker compartment
nichts 2D nothing
 es macht nichts it doesn't matter
nie 1L never
nieder 8D down
die **Niederlande** 1S Netherlands
niedrig 17L low
niemand 9L nobody
Nietzsche, Friedrich 9S *German philosopher*
nikotinarm 12L low in nicotine
der **Nobelpreis, -e** 8D Nobel prize
noch 3D still, yet
 Noch einmal, bitte! C/8L Again, please.
 noch mehr 8L even more
 noch nicht not yet
der **Nordpol** 12G North Pole
normal 4S normal
normalisieren 18L to normalize
die **Note, -n** 3S/13D grade
notwendig 18L necessary
der **November** 8D November
null zero
das **Nullwachstum** 7D zero population growth
der **numerus clausus** 18L limited enrollment
die **Nummer, -n** 4S/6L number
nun now
nur 1L only
Nürnberg 3D Nuremberg (*city in the FRG*)

O

ob 6D whether, if
oben 9L top; above
 von oben bis unten 9L from top to bottom
der **Ober, -** 16S (head)waiter
 Herr Ober! 16S Waiter!

Oberammergau 2G Oberammergau (*village in Bavaria*)
die **Oberschule, -n** 13L high school
der **Oberschulehrer, -** 2L highschool teacher
objektiv 14L objective
das **Obst** 13S fruit
obwohl 6G although
oder 1L or
offen 3L open
öffentlich 7S/9D public
offiziell 9L official
öffnen 7G to open
oft 1L often
öfters 15D more often; frequently
ohne 4G without
das **Ohr, -en** 4S/10L ear
die **Ökonomie** 1S economy
der **Oktober** 8G October
das **Öl, -e** 10L oil
die **Ölheizung, -en** 18D oil heating
die **Ölreserven** *pl* 12G oil reserves
die **Olympiade, -n** 9L Olympic Games
die **Olympiasiegerin, -nen** 9L Olympic champion (*female*)
die **Olympischen Spiele** 9L Olympic Games
der **Onkel, -** 8S uncle
die **Oper, -n** 3L opera, opera house
die **Operette, -n** 17L operetta
die **Opernsängerin, -nen** 5S opera singer (*female*)
die **Optikerin, -nen** 13L optometrist (*female*)
die **Orange, -n** 12G orange
der **Orangensaft, ̈-e** 1S orange juice
ordentlich 17L proper, neat
die **Organisation, -en** 17L organization
die **Originalausgabe** 14S original edition
der **Ort, -e** 3D place
Ostberlin 3L East Berlin
der **Ostdeutsche, -n** 17D East German
Ostdeutschland 1L East Germany
der **Osten** 17L the East
Ostern 11S Easter
Österreich 1L Austria
der **Österreicher, -** 1L Austrian (*male*)

die **Österreicherin, -nen** 1L Austrian (*female*)
österreichisch 1S Austrian
der **Österreichische Alpenverein** 13L Austrian Alpine Club
Osteuropa 18L Eastern Europe
der **Ostfriese, -n** 17D East Frisian
ostfriesisch 17D East Frisian
östlich 18L eastern
die **Ostmark** 17L name for Austria during the Nazi occupation (*1938-1945*)
die **Ouvertüre, -n** 17S overture

P

das **Paar, -e** 17D pair
(ein) paar 1L a few
der **Papierkorb, ̈-e** C wastepaper basket
das **Paradies** 13S paradise
das **Parfüm, -s** 12S perfume
der **Park, -s** park
der **Parkplatz, ̈-e** 9G parking lot
der **Partner, -** 5D partner (*male*)
die **Partnerin, -nen** 5D partner (*female*)
die **Party, -s** 5G party
der **Paß, ̈-sse** 17L passport; pass
der **Passant, -en** 3D passer-by
passen *dat* 5L to suit, fit
    passen zu 5L to be compatible
passieren 7G/15L to happen
der **Patient, -en** 6L patient
Peenemünde 14L Peenemünde (*town on the Baltic Sea*)
pensioniert 15S retired
per 3L per
perfekt 10S perfect
die **Periode, -n** 13G period
die **Person, -en** 3D character, person
die **Personalabteilung, -en** 13D personnel department
pessimistisch 10D pessimistic
Pestalozzi, Heinrich 6L *Swiss educator*
der **Pfennig, -e** 6G penny (100 Pf. = 1 Mark)
die **Pflanze, -n** 14G plant
die **Pflaume, -n** 14G plum
das **Pflichtfach, ̈-er** 18L required course
der **Pflug, ̈-e** 14G plow

das **Pfund, -e** 4S pound
der **Phantast, -en** 14L dreamer
der **Philosoph, -en** 7L philosopher
die **Philosophie, -n** 6G philosophy
die **Physik** 1G/8D physics
der **Physiker, -** 14L physicist
das **Pi** 4S pi
die **Pille, -n** 7L pill, birth-control pill
der **Pillenknick** 7L descending curve in population growth caused by the birth-control pill
der **Pionier, -e** 14L pioneer
das **Plakat, -e** 9L/12L poster
der **Plan, ̈-** 7D plan
planen 9L to plan
der **Planet, -en** 10D planet
die **Planwirtschaft** 9L planned economy
die **Platte, -n** 1D record
der **Platz, ̈-e** 3D place; seat; 9D (tennis) court
der **Pole, -n** 17L Pole
Polen 17L Poland
das **Politbüro** 18L politburo
die **Politik** 14L politics; policy
der **Politiker, -** 5S/7L politician
politisch 14L political
die **Polizei** 6S/16L police
    auf der Polizei 16L at the police station
das **Polizeigericht** 16D traffic court
der **Polizist, -en** 5L policeman
populär 1S/2L popular
pornographisch 17S pornographic
der **Porsche, -** 2S Porsche (*German car*)
Portugiesisch 8L Portuguese
positiv 7L positive
die **Post** 3L post office; mail
die **Postkarte, -n** 3L postcard
Prag 12G Prague
praktisch 2L practical
präservieren 13S to preserve
der **Präsident, -en** 6S president
die **Praxis** 18D practice
präzis 4L precise
der **Preis, -e** 3L price; 8D prize
das **Prestige** 9L prestige
der **Preuße, -n** 17D Prussian
der **Prinz, -en** 5D prince
das **Prinzip, -ien** 18L principle
die **Priorität, -en** 14D priority
privat 9L private
pro 4L/18D per; in favor of

das **Problem, -e** 3D problem
problematisch 1L problematic
das **Produkt, -e** 12L product
produzieren 1L to produce
der **Professor, -en** 2G professor
profitieren 14D to benefit, profit
die **Prognose, -n** 10D prognosis
das **Programm, -e** 5G program
das **Projekt, -e** 14D project
proklamieren 18L to proclaim
die **Propaganda** 14S propaganda
der **Protest, -e** 7G/8D protest
der **Protestant, -en** 18L Protestant
protestantisch 18L Protestant
protestieren 14L to protest
das **Provisorium** 18L temporary arrangement
das **Prozent, -e** percentage
die **Prüfung, -en** 3S/6L examination
der **Pudel, -** 16L poodle
der **Punkt, -e** 7L point
pünktlich 1L punctual
(sich) putzen 9G to brush, clean

Q

der **Quadratkilometer, -** 4L square kilometer
die **Qualität** 10D quality
der **Quatsch** 12S/16D nonsense, baloney
die **Quittung, -en** 3L receipt
der **Quiz, -ze** 8D quiz

R

rächen 14G to avenge, revenge
das **Radfahren** 9S bicycling
das **Radio, -s** 2S radio
die **Radiostation, -en** 15S radio station
das **Radrennen, -** 9S bicycle race
die **Rakete, -n** 14L rocket
die **Raketenforschung** 14L rocket research
das **Raketenzentrum** 14L center for rocketry
der **Rasen, -** 16L lawn
sich rasieren 9D to shave
raten (ä), ie, a 4D to guess; to advise
Rätoromanisch 17L Romansch

der **Rauch** 12L smoke
rauchen 3L to smoke
das **Rauchen** 3L smoking
der **Raum**, -̈e 14G space; room
die **Raumfahrt** 14D space travel
der **Rausch** 13S intoxication
das **Rauschgift**, -e 2S drug
die **Reaktion**, -en 6L reaction
das **Realgymnasium**, die
    Realgymnasien 13L secondary
    school
die **Realität** 8L reality
der **Rebell**, -en rebel
rechnen 14G to figure, calculate
die **Rechnung**, -en 3L bill
das **Recht**, -e 17L right
recht 2D right; 14D *adv* really, quite
    recht geben 14D to agree with
    recht haben 2D to be right
rechtfertigen 18L to justify
rechts 3D (to the) right
der **Rechtsstaat** 18L constitutional
    state
die **Redensart**, -en 10L saying,
    idiom
die **Regel**, -n 11L rule
regelmäßig 2L regular(ly)
der **Regen** 2D rain
der **Regenmantel**, -̈ 2D raincoat
der **Regenschirm**, -e 2D umbrella
regieren 17L to govern
die **Regierung**, -en 9L government
das **Regime**, - 9L regime, govern-
    ment
regional 17D regional
registrieren 17L to register
regnen 2D to rain
das **Reich**, -e 17L empire
reich 6S/11D rich
der **Reichtum**, -̈er 14G wealth
die **Reife** 17D maturity
die **Reifeprüfung**, -en 13L *qualify-
    ing exam for admission to the
    university*
rein 13S/16D pure
reinigen 8L to clean
die **Reise**, -n 7L trip
das **Reisebüro**, -s 3L travel agency
reisen 2L to travel
der **Reisende**, -n 11G traveler
reißen, **riß**, **gerissen** 14G to tear
der **Reiswein** 13S sake (*Japanese
    rice wine*)
die **Reklame**, -n 2L advertisement
die **Religion**, -en 18L religion

der **Religionsunterricht** 16L in-
    struction in religion
die **Rennbahn**, -en 16D racetrack
rennen*, rannte gerannt 7G to run
der **Rentner**, - 7L pensioner, retired
    person
reparieren 9S to repair
reservieren 3L to reserve
resigniert 9L resigned
respektieren 6S to respect
das **Restaurant**, -s 5D/15L
    restaurant
das **Resultat**, -e 11G result
die **Revolution**, -en 9L revolution
der **Rhein** 12G Rhine (*river in
    Germany*)
der **Richter**, - 16D judge
richtig 1L right, correct
die **Richtung**, -en 17D direction
riechen, o, o 10S to smell
der **Riese**, -n 12S giant
der **Riesensprung**, -̈e 14D giant
    leap
der **Ring**, -e 16G ring
der **Roboter**, - 10D robot
roh 14G raw
der **Rohstoff**, -e 7L/17L raw
    material
das **Rollbrett**, -er 5S skateboard
die **Rolle**, -n 3L role
romanisch 14S romanesque
romantisch 11L romantic
der **Römer**, - 18L Roman
Röntgen, Wilhelm 10D Röntgen
    (*German professor and
    scientist*)
rosa 4G pink
rot 4G red
    rot werden 11D to blush
das **Rotlicht**, -er 16D red light
    (*traffic*)
das **Roulette** 3S roulette
die **Rübe**, -n 10S turnip
der **Rücken** 15L back
der **Rucksack**, -̈e 2S knapsack
rückwärts 4G backwards
der **Ruf** 6L reputation
rufen, ie, u 8G/17D to call, yell
ruhen 16G forest
rühren 10L to move
die **Ruine**, -n 8L ruin
der **Rundfunk** radio
der **Russe**, -n 14L Russian
russisch 8L Russian
Rußland 8L Russia

S

die **Sabotage** 18D sabotage
der **Saboteur**, -e 18L saboteur
die **Sache**, -n 10L matter, develop-
    ment; thing
das **Sachregister** subject index
saftig 13S juicy
die **Sage**, -n 8L saga, legend
sagen C/1L to say, tell
sähen 13S to sow
die **Salatsauce**, -n 12L salad
    dressing
das **Salz** 6S slt
Salzburg 17D Salzburg (*city in
    Austria*)
die **Salzburger Festspiele** 13L
    Salzburg Festival
Die Salzburger Nachrichten 5D
    Austrian newspaper
sammeln 13L to gather, collect
der **Sammler**, - 14S collector
der **Samstag**, -e C Saturday
der **Sänger**, -̈er 12S singer
Sangria 13S sangria
das **Sanskrit** 14S Sanskrit
sarkastisch 14L sarcastic
der **Satellit**, -en 14D satellite
der **Satiriker**, - 14L satirist
die **Saturn-Mondrakete** 14L Saturn
    moon-rocket
der **Satz**, -̈e 17G sentence
sauber 11S clean
die **Säuberung**, -en 18D cleaning
der **Sauerbraten** 7S sauerbraten
das **Sauerkraut** 2G sauerkraut
saugen 14G to suck
die **Saugstärke** 12L suction
das **Schach** 1S chess
schade 5L too bad
der **Schäferhund**, -e German
    shepherd
der **Schaffner**, - 14S/17D conductor
der **Schalter** 16L window (clerk's,
    etc.)
sich schämen 11D to be ashamed
scharf 11S sharp
der **Scharm (Charme)** 7S charm
der **Schatz**, -̈e 8L treasure
die *Schatzinsel* 8S *Treasure Island*
die **Scheckkarte**, -n 15L credit card
die **Scheidung**, -en 7S divorce
scheinen *dat* 3L to shine; 5D to seem
schenken 8S/14L to give (a present)
schicken 5L to send

das **Schicksal, -e** 18L fate, destiny
schießen, schoß, geschossen
    12L to shoot
das **Schießen** 18L shooting
der **Schikurs, -e** 13L skiing class
der **Schilauf** 17L skiing
das **Schilaufen** 9S skiing
schi·laufen* (äu), ie, au 16G to
    go skiing
die **Schiläuferin, -nen** 13L skier
    (*female*)
das **Schild, -er** 3D sign
der **Schilling, -e** 3L shilling
    (*currency of Austria*)
schimpfen 10L to complain; to scold
schlafen (ä), ie, a 6L/9D to sleep
der **Schläger, -** 9D racket
schlank 5L slender
    die schlanke Linie 12L slim
    figure
das **Schlaraffenland** 13S life of
    idleness, "paradise"
schlecht 1L bad, poor
der **Schlesier, -** 13L Silesian
schließen, schloß, geschlossen
    3L to close; to lock
schließlich 8L finally
schlimm 12D bad
das **Schloß, ̈sser** 14S castle
der **Schlüssel, -** 10S key
schmal 9I slim
schmecken 3L to taste
der **Schmerz, -en** 9G pain, ache
schmutzig 6S/10L dirty
der **Schnaps, ̈-e** 5G liquor, brandy
der **Schnee** 9S snow
das **Schneewittchen** 14S Snow
    White
schneiden, schnitt, geschnitten
    10S to cut
schnell 3D fast, quick
der **Schnellzug, ̈-e** 3D express train
das **Schnitzel, -** 14G cutlet
der **Schnupfen** 12L head cold,
    sniffles
schockieren 6L to shock
die **Schokolade, -n** 12S chocolate
schon 2D already
    schon lange 4L for a long time
schön 5D beautiful, nice, pretty
die **Schönheit, -en** 17L beauty
der **Schornstein, -e** 18D chimney
schrecklich 11D terrible, awful
schreiben, ie, ie 3L to write

der **Schreiber** 8L clerk
der **Schreibtisch, -e** 13D desk
der **Schritt, -e** 11D step
der **Schuh, -e** 17D shoe
die **Schuhgröße, -n** 13S shoe size
schuldig 16D guilty
die **Schule, -n** 6L school
der **Schüler, -** 2L pupil (*male*)
die **Schülerin, -nen** 9L pupil
    (*female*)
die **Schulkapelle, -n** 13L school
    band
das **Schulkind, -er** 4L school child
die **Schulmeisterschaft, -en** 13L
    district high school champion-
    ship
die **Schulter, -n** 10L shoulder
schütteln 5D to shake
schütten 9S to pour
der **Schutz** 13L protection
schützen 18D to protect
schwanger 5L pregnant
schwänzen 7S to play hooky
schwarz 4G black
der **Schwarzwald** 13G Black Forest
Schweden 1S Sweden
der **Schwefel** 13S sulphur
das **Schweigen** 11D silence
das **Schwein, -e** 11S pig
die **Schweiz** 1L Switzerland
der **Schweizer, -** 1L Swiss (*male*)
Schweizerdeutsch 17L Swiss
    German (*dialect*)
die **Schweizerin, -nen** 1L Swiss
    (*female*)
schwer 2L heavy; difficult; serious
die **Schwester, -n** 1G/13L sister
das **Schwesterlein, -** 13L little sister
schwierig 6S difficult
das **Schwimmbad, ̈-er** 9G swimming
    pool
schwimmen*, a, o 4D to swim
die **Schwimmerin, -nen** 9L swimmer
    (*female*)
schwitzen 13S to sweat, perspire
sechs C six
sechst- 11G sixth
sechzehn C sixteen
sechzig 4G sixty
die **Sechziger Jahre** 7L the sixties
der **See, -n** 18D lake
sehen (ie), a, e, 2D to see
sehr 1D very, very much
die **Seide, -n** 11D silk

sein* (ist), war, gewesen C/1D to be
sein *pron* 4G his; its
seit 5G/9D since, for
    seit langem 14L for a long time
die **Seite, -n** C page; 17D side
    auf Seite zehn C on page ten
die **Sekretärin, -nen** 8S/13D sec-
    retary
der **Sekretär, -e** 8S secretary
selbst (selber) 9L self; 17L even
die **Selbstironie** 17D self-irony
die **Selbstkritik** 17L self-criticism
selig 13S blessed
das **Semester, -** 4G/6D semester
senden 3L to send
senil 17D senile
der **September** 8G/18L September
seriös 5D decent; reliable
die **Sicherheit** 7S security
sichtbar 18L visible
sie 1D she; they; it
Sie C/1D you *form sing/pl*
das **Sieb, -e** 14G sieve
sieben C seven
siebt- 11G seventh
siebzehn C seventeen
siebzig 4G seventy
die **Siebziger Jahre** 17L the sev-
    enties
sieden, sott, gesotten 14G to seethe
der **Sieger, -** 9L victor, winner,
    champion
siezen 11L to address someone
    with **Sie**
das **Silber** 14G silver
der **Silberring, -e** 12G silver ring
die **Sinfonie, -n** 4S symphony
singen, a, u 13L to sing
die **Sitte, -n** 5D custom
die **Situation, -en** 1 situation
sitzen, saß, gesessen 3L to sit
der **Skandal, -e** 11D scandal
das **Skateboardfahren** 13L skate-
    boarding
die **Skizze, -n** 16D sketch
der **Slum, -s** 14D slum
die **Sicherheit** 7S security
der **Sex** 5L sex
das **Sex Magazin, -e** 5D sex
    magazine
sexuell 15S sexual
Sibirien 12G Siberia
sicher 2D/12L for sure, sure; safe;
    certainly

so 1L so; like that
sobald 6G as soon as
so etwas 5D something like that
das **Sofa, -s** 5G couch
sofort 11G at once, immediately
sogar 5L/9L even
sogenannt 17D so-called
der **Sohn, ¨e** 1G son
solange 6G as long as
solch 3L such
der **Soldat, -en** 1L soldier
solid 5L solid, steady, respectable
sollen 6D should, ought, be
  supposed to
der **Sommer, -** 8G/13L summer
der **Sommerjob, -s** 13L summer job
die **Sommermonate** *pl* 8G summer
  months
sondern 6G/9L but, on the contrary
die **Sonne, -n** 2L sun
der **Sonnenaufgang, ¨e** 11D sunrise
die **Sonnenbrille, -n** 12L sunglasses
der **Sonntag, -e** C Sunday
sonst 13D otherwise
das **Souvenir, -s** 3L gift
soviel 6L so much; so far as
so ... wie 2L as ... as
sowjetisch 18L Soviet
die **Sowjetunion** 9S Soviet Union
sowohl ... als auch 9L not only
  ... but also, as well as
der **Sozialismus** 9L socialism
sozialistisch 18L socialist
die **Sozialistische Einheitspartei**
  Deutschlands (SED) 18L The
  German Socialist Unity Party
  (*of the DDR*)
der **Sozialstaat** 4S/18L state em-
  phasizing social welfare
die **Sozialversicherungsnummer, -n**
  4S social security number
die **Soziologie** 1S sociology
die **Spaghetti** *pl* 17S spaghetti
spalten 14G/15L to split
die **Spaltung, -en** 14G fission
Spanien 1S Spain
der **Spanier, -** 16S Spanish person
Spanisch 8L Spanish (*language*)
die **Spannung, -en** 17D tension
sparen 1L to save
sparsam 17L thrifty
die **Spartakiade, -n** 9L *sports games
in the DDR*
der **Spaß, ¨e** 3S/5D fun, prank

Spaß machen 2G/5D to kid, to
  have fun
spät 5L late
  später 5L later on
spazieren·gehen*, ging spazieren,
  spazierengegangen 16L to
  take a walk
die **Speise, -n** 12L food
speziell 9L special
das **Spiel, -e** 9L game; match
spielen 1D to play
das **Spielkasino, -s** 13S gambling
  casino
der **Spion, -e** 14S spy
der **Spitzensportler, -** 9L top athlete
der **Sport, -e** 9D sport
der **Sportarzt, ¨e** 9L sports
  physician
der **Sportklub, -s** 9L sports club
der **Sportlehrer, -** 9L physical education instructor (*male*)
die **Sportlehrerin, -nen** 5S physical
  education instructor (*female*)
der **Sportler, -** 9L person engaging
  in sports
der **Sportplatz, ¨e** 9G sports field
die **Sportschule, -n** 9L physical
  education school
die **Sprache, -n** 1L language
die **Sprachkrise, -n** 3S linguistic
  crisis
die **Sprachwissenschaft** 14S
  linguistics
der **Sprachwissenschaftler, -** 14S
  linguist
sprechen (i), a, o C/2L to speak, talk
  sprechend 11L speaking
der **Sprecher, -** 14D announcer,
  speaker
das **Sprichwort, ¨er** 7D proverb,
  saying
springen*, a, u 12S to jump
der **Sprung, ¨e** 14G jump
spülen 14G to rinse
die **Spur, -en** 8L trace; track
der **Sputnik** 14L *first Russian satellite to orbit the earth*
der **Staat, -en** 1L state
staatlich 9L state-owned, national
der **Staatsamateur, -e** 9L amateur
  supported by the state
der **Staatsbürger, -** 8L citizen
die **Staatsbürgerschaft** 17L citizen-
  ship

das **Staatsexamen, -** 6L state
  certification exam
die **Staatsoper** 3L State Opera (*in
Vienna*)
die **Staatsuniversität, -en** 13L state
  university
stabil 17L stable
der **Stacheldraht, ¨e** 18L barbed
  wire
die **Stadt, ¨e** 2L city
das **Städtchen, -** 13L small town
der **Stadtplan, ¨e** 3L city map
stammen (aus) 13L to come from,
  to be descended from
ständig 18L constantly
stark 4D strong
starten 14L to start
statt = anstatt
statt·finden, a, u 4L to take place
der **Staub** 14G dust
staubsaugen 12L to vacuum
der **Staubsauger, -** 12L vacuum
  cleaner
stecken 15L to put, place; to stick
stehen*, stand, gestanden 3D to
  stand
  wie steht es ... ? 18L what
    about ... ?
  es steht in 5L it is written
stehen·bleiben*, ie, ie 15L to stop
stehlen (ie), a, o 16S to steal
steigen*, ie, ie 5S/7L to climb, to
  rise
die **Stelle, -n** 6L position, job; spot
stellen 7L to put; to place
die **Stellung, -en** 18L position,
  status
sterben*(i), a, o 8L to die
  sterbend 7L dying
das **Sternenbanner** 4S Stars and
  Stripes
die **Steuer, -n** 12G/17L tax
St. Gallen 14S S. Gallen (*city in
Switzerland*)
still 10L quiet, still
stimmen 6D to be correct; to
  vote
  das stimmt 8D that's right
das **Stipendium, die Stipendien**
  13L scholarship, grant, stipend
der **Stock, die Stockwerke** 9G floor,
  storey
der **Stoff, -e** substance, element,
  material

stolz 6L proud
der **Stolz, -** 9L pride
stoppen 16D to stop
stören 2D to disturb, bother
der **Strafzettel, -** 7S traffic ticket
der **Strahl, -en** 8D ray
die **Straße, -n** 2D street
die **Straßenbahn** 2D streetcar
die **Straßenkarte, -n** 3L road map
Strauß, Johann 6G *Austrian composer*
der **Streifen, -** 17D stripe
streiken 13S to strike (labor)
streng 15S/18D strict
die **Struktur, -en** 18L structure
das **Stück, -e** 11D play; piece
der **Student, -en** 1D student (*male*)
das **Studentenheim, -e** 6D dormitory
die **Studentin, -nen** 1D student (*female*)
die **Studie, -n** 14S study, research
der **Studienrat, ̈-e** 2L teacher at a secondary school
studieren 1D to study
das **Studium** 8L study, studies
der **Stuhl, ̈-e** C chair
die **Stunde, -n** 8L hour
der **Stundenkilometer, -** 4L kilometer per hour
der **Sturm, ̈-e** 13S storm
die **Suche, -n** 14S search
suchen 1L to look for, seek; to search
Südamerika 3L South America
der **Süden** 13L South
der **Superlativ, -e** 12L superlative
der **Supermarkt, ̈-e** 2L supermarket
superschlank 12L especially slim
die **Suppe, -n** 10L soup
süß 11S sweet
sympathisch 5L likable
das **System, -e** 4D system
die **Szene, -n** 11D scene

T

die **Tabaktrafik, -en** 3L state tobacco shop (*in Austria*)
die **Tafel, -n** C blackboard
der **Tag, -e** C/1D day
  eines Tages 8L someday
  jeden Tag 9D every day
der **Tagesspiegel** 5D *German newspaper*

die **Tagestemperatur, -en** 4L today's temperature
täglich 3L daily
das **Tal, ̈-er** 8S/15L valley
das **Talent, -e** 9S talent
talentiert 9L talented
der **Taler, -** 13S Taler (*old German currency*)
die **Talk Show, -s** 14D talk show
der **Tango, -s** 12G tango
die **Tankstelle, -n** 3L service station
die **Tante, -n** 8S aunt
der **Tanz, ̈-e** dance
tanzen 1D to dance
die **Tasche, -n** 15L pocket
der **Taschenrechner, -** 4D pocket calculator
die **Tat, -en** 17L action, deed
  in der Tat 17L indeed
die **Tatsache, -n** 1L fact
taub 14G deaf
das **Tauchen** 9S diving
tausend 4G thousand
tausendst- 11G thousandth
das **Taxi, -s** 3D taxi, cab
das **Team, -s** 14L team
die **Technik, -en** 14D technique; technology
der **Techniker, -** 14L engineer, technician
technisch 18L technical
die **Technische Hochschule** 14L Institute of Technology
der **Tee, -s** 1S tea
der **Teil, -e** 10L part
teilen 18L to share; to divide
teil·nehmen (nimmt teil), a, teilgenommen 9L to participate
die **Teilung, -en** 18L division
telefonieren 3D to phone
die **Telefonnummer, -n** 4S/14D telephone number
telegrafieren 3L to telegraph
das **Telegramm, -e** 4G telegram
das **Teleskop, -e** 14L telescope
der **Teller, -** 16S plate, dish
die **Temperatur, -en** 4D temperature
(das) **Tennis** 1D tennis
der **Tennisball, ̈-e** 4G/9D tennis ball
das **Tennismatch, -** 16S tennis match
der **Tennisschläger, -** 5S tennis racket
terrorisieren 14L to terrorize
der **Terrorist, -en** 4S terrorist

Tessin 17L *canton in Switzerland*
der **Test, -s** 6G test
teuer 3L expensive
das **Theater, -** 11D theater
der **Theaterbesucher, -** 11S theater patron
der **Theaterskandal, -e** 11D theater scandal
das **Thema, die Themen** 7D theme, topic
der **Theologe, -n** 7L theologian
die **Theorie, -n** 8L theory
der **Thunfisch, -e** 15L tuna fish
tief 8L deep
das **Tier, -e** 10L animal
der **Tierschutzverein, -e** 15L society for the prevention of cruelty to animals
der **Tip, -s** 8D hint
tippen 13D to type
Tirol 13L Tyrol
der **Tisch, -e** C/5D table
der **Titel, -** 2L title
die **Tochter, ̈** 1G/7D daughter
die **Toilette, -n** 3S toilet
das **Toilettenpapier, -** 10L toilet paper
Tokio 2L Tokyo
tolerant 5L tolerant
toll! 6D It's great!
  einfach toll 14D just great
die **Tomatensauce** 9S tomato sauce
der **Topf, ̈-** 8L pot
der **Tourist, -en** 2L tourist (*male*)
die **Touristin, -nen** 2L tourist (*female*)
die **Tradition, -en** 1L tradition
tragbar 13G bearable
tragen (ä), u, a 2L to wear; to carry
die **Tragödie, -n** 13S tragedy
der **Trainer, -** 9L coach
trainieren 9L to train
das **Training** 9L training, practice
der **Traum, ̈-e** 8S dream
träumen 7S/14L to dream
treffen (i), traf, getroffen 2L to meet
  sich treffen 9G to meet each other
trennen 18L to separate
treu 5S loyal, faithful
die **Treue** 7S loyalty
der **Trimm-dich-Pfad, -e** 9D physical fitness trail, par course

sich **trimmen** 9D to keep fit
trinken, a, u 1L to drink
der **Trinker,** - 2L alcoholic (*male*)
die **Trinkerin, -nen** 2L alcoholic
(*female*)
das **Trinkgeld, -er** 3L tip
der **Triumph, -e** 14L triumph
Troja 8L Troy
der **Trojaner,** - 8L Trojan
der **Tropfen,** - 12L drop
trotz 7G in spite of
die **Truppe, -n** 14L troop
der **Tscheche, -n** 17L Czech
tschechisch 9L Czech
Tschüß! 2D 'bye now, ciao
tüchtig 18L capable
tun (tut), tat, getan 5L to do
tun als (ob) 16D act as though
die **Tür, -en** C/13D door
die **Türkei** 1S Turkey
türkisch 11G Turkish
turnen 9D to do gymnastics; to exercise
das **Turnen** 9S gymnastics
die **Turnerin, -nen** 9L gymnast
(*female*)
die **Turnhalle, -n** 9G gym
das **Turnier, -e** 13L tournament
der **Turnsaal, ̈e** 9L gymnasium
der **Typ, -en** 5L type, character
typisch 5D typical

U

das **Übel** 14G evil
über 1L over; about
überall 2L everywhere
überflüssig 10S superfluous
überlassen (überläßt), überließ,
überlassen 12S to leave to
überleben 17L to survive
(sich) überlegen 16S/6L to think
about
übermorgen 11G the day after
tomorrow
übernehmen (übernimmt),
übernahm, übernommen 8L to
assume; to take over
überrascht 16L surprised
übersetzen 17G to translate
die **Übersetzung, -en** 14D translation
übervölkert 7L overpopulated
übrigens 13D by the way

die **Übung, -en** 12G exercise
UFO = unbekanntes Flugobjekt
15S unidentified flying object
die **Uhr, -en** 3D clock, watch
um 20 Uhr at 8 p.m.
um 4G around; about; in order
to; at
ums = um das
umgekehrt 7S the other way around
umstritten 14L controversial
die **Umwelt** 13L environment
der **Umweltschutz** 18D environmental protection
umweltfreundlich 3L friendly toward the environment
die **Umweltverschmutzung** 7L/18D
environmental pollution
sich **um·ziehen, zog um,**
umgezogen 9G to change
clothes
unabhängig 6D/17L independent
unangenehm 16L unpleasant
unanständig 13G indecent
unbekannt 8D unknown
und 1D and
und so weiter (usw) 3L/9D and
so forth
unehrlich 13G dishonest
unerfüllt 18G unfulfilled
unfair 6S unfair
der **Unfall, ̈e** 16D accident
unfreundlich 5L unfriendly
der **Ungar, -n** 17L Hungarian
ungefähr 4S approximately
ungekämmt 9S uncombed
ungemütlich 2L uncomfortable
ungeschickt 13D clumsy
ungestört 11D not interrupted, not
bothered
unglaublich 5D unbelievable
ungleich 13G unequal
das **Unglück, -e** 13G misfortune,
accident
unglücklich 10S unhappy
die **Unglückszahl, -en** 4S unlucky
number
die **Uni = Universität, -en** 5S/9D
university
die **Uniform, -en** 17D uniform
uninteressant 1L uninteresting
der **Universitätprofessor, -en** 2L
university professor
unmenschlich 13G inhumane
unmöglich 13G/17L impossible
unmoralisch 6L immoral

unnatürlich 11L unnatural
unpersönlich 2L impersonal
unrecht 5D unjust, unfair
die **Unruhe, -n** 18L unrest
uns 4L us
unschuldig 16D innocent, not
guilty
unser 4G our
unsicher 13G unsafe
unsympathisch 5L unpleasant,
unappealing
unten 9L below; at the bottom
unter 5G below; under; among
die **Untergrundbahn, -en** 3L subway
der **Unterricht** 13L instruction;
classes
unterrichten 13L to teach
unterscheiden, ie, ie 9L to distin-
guish, differ; to differentiate
der **Unterschied, -e** 13L difference
unterstützen 18L to support
untersuchen 17S to examine
die **Untertasse, -n** 11G saucer
Unterüberlingen 6G *village in the
FRG*
unverheiratet 6L unmarried
das **Unverständnis** 13G lack of
understanding
die **Unzahl** 13G great amount
uralt 13G very old
das **Uran** 15L uranium
die **Urgroßmutter, ̈** 13G great-
grandmother
der **Urgroßvater, ̈** great-
grandfather
der **Urlaub** 13D vacation
die **Ursprache** 13G primitive
language
der **Urwald, ̈er** 13G primeval forest
usw. = und so weiter 3L and so forth

V

Vaduz 17L Vaduz (*capital of
Liechtenstein*)
die **Vase, -n** 8L vase
der **Vater, ̈** 1G/6L father
veraltet 18L obsolete
das **Verb, -en** 15G verb
verbessern 12L to improve
die **Verbesserung, -en** 13L
correction
verbieten, o, o 14L to forbid

(sich) **verbinden, a, u** 9L to combine; to connect

die **Verbindung, -en** 9S connection

das **Verbot, -e** 7S ban

verboten 3L prohibited

der **Verbrecher, -** 14S criminal

verbringen, verbrachte, verbracht 13L to spend (*time*)

verdienen 5L to earn

verdoppelt 18L doubled

die **Vereinigten Staaten** 1L The United States

die **Vereinten Nationen** 17L The United Nations

die **Verfassung, -en** 18L constitution

verführen 14G to lead astray; seduce

vergehen*, verging, vergangen 7D to pass by

die **Vergeltungswaffe** 14L weapon of retaliation

vergessen (vergißt), vergaß, vergessen 3L to forget

der **Vergleich, -e** 1G/1L comparison

vergleichen, i, i 1L to compare

verhaften 17D to arrest

das **Verhältnis, -se** 17D relationship

die **Verhandlung, -en** 18L negotiation

verheiratet 5L married

verhindern 16D to prevent

verkaufen 3L to sell

der **Verkäufer, -** 2L salesman

die **Verkäuferin, -nen** 2L saleswoman

der **Verkehr** 3L traffic

die **Verkehrsampel, -n** 3L traffic light

der **Verkehrsstau** 3L traffic jam

verlangen 17L to demand

verlassen (verläßt), verließ, verlassen 8L to leave

verliebt 6D/15D in love

der, die **Verliebte, -n** 6L person in love

verlieren, o, o 11S/15L to lose

der, die **Verlobte, -n** 6L fiancé(e)

verrückt 16S crazy

verschieben, o, o 13S to postpone, put off; to shift

die **Verschiebung, -en** 14S shift

verschieden 7G various, different

verschlafen, ie, a 14G to oversleep

verschwinden*, a, u 18L to disappear

versichern 16S to assure

die **Versicherung, -en** 13D insurance

verstaatlicht 9L state-owned, nationalized

verstehen, verstand, verstanden C/1L to understand

versuchen 15L to try

der **Vertrag, -̈e** 14L agreement, treaty

verursachen 3S to cause

vervollständigen 8S to complete

verwandt 14G related

der **Verwandte, -n** 8S relative

die **Verwandschaft, -en** 14G relationship

verwenden, verwandte, verwandt 1L to use

viel, viele 1D much, many

Vielen Dank! 3D Thanks a lot!

vielleicht 2L perhaps

vier C four

viert- 11G fourth

das **Viertel, -** 11G/17L quarter, one-fourth

viertens 11G fourth

vierzehn C fourteen

vierzehnt- 11G fourteenth

vierzig 4G forty

vierzigst- 11G fortieth

das **Vitamin, -e** 8S vitamin

das **Volk, -̈er** 1L people, nation

die **Volksarmee** 18L People's Army (*of the DDR*)

die **Volksdemokratie, -n** 18L people's democracy

volkseigen 9L owned by people

die **Volksgesundheit** 9L health of the people

die **Volksschule, -n** 13L elementary school

der **Volkswagen, -** 2S/4D Volkswagen (VW)

voll 3S/12L full

das **Volleyball** 6S volleyball

von 2D from; of

vor 1L/5G before; in front of; for

vor allem 6D above all

vorgestern 11G day before yesterday

vorher 14L previously

vorhin 11D before

der **Vorläufer** 5S forerunner

vor•lesen (ie), a, e 4G to read aloud

die **Vorlesung, -en** 11S lecture

vormittags 6G in the morning

vorn(e) 11D in front

der **Vorname, -n** 11L first name

vor•schlagen, u, a 4G/13L to suggest

die **Vorsicht** 1G caution

vor•stellen 4G to introduce

der **Vorteil, -e** 6D advantage

die **Vorwahl** 14D area code (*phone*)

vorwärts 4G/14D forward

das **Vorwort** preface

vulgär 12D vulgar

W

wachen 14G to guard, keep watch

wachsen* (ä), u, a 13S to grow

das **Wachstum** 14G growth

der **Wachtmeister, -** 16D sergeant

die **Waffe, -n** 8D weapon, arm(s)

der **Wagen, -** 4D car

wählen 12L to choose, select; 17L to vote

das **Wahlrecht** 1L right to vote

wahr 14G true

während 6G/9L during; while

die **Wahrheit** 1L truth

wahrscheinlich 13D probably, likely

die **Währung, -en** 17L currency

der **Wald, -̈er** 9D woods, forest

der **Walzer, -** 1L waltz

die **Wand, -̈e** C/5S wall

wandern 1L to hike

wann 1G when

die **Ware, -n** 12D merchandise, goods

warm 3L warm

warnen 16D to warn

der **Warschauer Pakt** 18L Warsaw Pact

warten 5D to wait

warum 1L/4L why

was 1D what

(sich) **waschen** 9S/10L to wash

das **Waschmittel, -** 10L detergent

das **Waschpulver** 12D detergent

das **Wasser, -** 1S/4D water

die **Wasserkrise, -n** 14D water crisis

die **Wasserpfeife, -n** 13S water pipe, hookah

die **Wassertemperatur** 4D water temperature

der **Wechsel** change

wechseln 1L to change

weder ... noch 5L neither ... nor

der **Weg, -e** 11D way

wegen 7G/14L because of
weg·laufen* (äu), ie, au 10S to run away
die **Wehrpflicht** 17L military service, draft
das **Weib, -er** 13S woman
Weihnachten 11G Christmas
weil 3L because
der **Wein, -e** 1L wine
weiß 4G white
der **Weißwein, -e** 13S white wine
weit 2D far; wide
weiter 17L further
welch- 2L which
wellen·reiten 13S to surf
die **Welt** 7D world 5D; (name of German newspaper)
weltberühmt 11S world-famous
der **Weltkrieg, -e** 15L world war
der **Weltraum** 14L outer space
wem 5G to whom
wen 6G whom
wenig 3L few, little, not much
wenn 3D if, when, whenever
wer 1D who; 2L whoever
die **Werbung** 12L advertising
werden* (wird), **wurde, geworden** 2D to become, to get
werfen (i), a, o 11D to throw
der **Wert, -e** 14L value, worth
wertvoll 14L valuable
wessen 6G whose
Westberlin 18L West Berlin
der **Westdeutsche, -n** 17D West German
Westdeutschland 1L West Germany
der **Westen** 7L the West
westlich 17L/18L Western
wetten 14L to bet
das **Wetten** 14L betting
das **Wetter** 1G/1L weather
der **Wetterbericht, -e** 3L weather report
der **Wettkampf, ̈-e** 9L competition
das **Wettrüsten** 10D arms race
der **Whisky** 1L whiskey
wichtig 2L important
die **Wichtigkeit** 14G importance
wie 1L how; as; 3L like
    Wie, bitte? C What was that?
    Wie geht es Innen? C/1D How are you?
    Wie heißt sie? 1D What's her name?
wieder 2D again

wiederholen C to repeat
wieder·kommen*, kam wieder, wiedergekommen 3G to come back
wieder·sehen (ie), a, e C/3G to see again
das **Wiedersehen** C reunion
    Auf Wiedersehen! Good-bye!
die **Wiedervereinigung** 18L reunification
wiegen 4D to weigh
wie lange 7D how long
Wien 3L Vienna
das **Wienerschnitzel, -** 17L Viennese veal cutlet
wieviel 3D how much
der **Wille** 18L will
willkommen sein* 16L to be welcome
der **Winter, -** 8G winter
die **Wintermonate** pl 8G winter months
wir 1L we
wirklich 3S/4L really
die **Wirklichkeit** 7L reality
die **Wirtschaft** 17L economy
wirtschaftlich 18L economic
das **Wirtschaftswunder** 18L economic wonder
wissen (weiß), **wußte, gewußt** C/2D to know
die **Wissenschaft, -en** 14D science
der **Wissenschaftler, -** 4L scientist
der **Witz, -e** 17D joke
wo 1L where
die **Woche, -n** 4L/9D week
das **Wochenende, -** C/1L weekend
    am Wochenende 1L on the weekend
der **Wochentag, -e** 3D weekday
wodurch 9L whereby; through what, how
wofür 9G why, for what
woher 2L from where
wohin 2L where (to)
wohl 5L/7D probably, apparently; 10L well, healthy
sich wohl·fühlen 10L to feel well
wohlgetan 13S done well
wohnen 3L to live, reside
die **Wohnung, -en** 5S/6D apartment
der **Wohnwagen, -** 5S van, camper
der **Wolf, ̈-e** 6S wolf
Wolfsburg 12G Wolfsburg (town in the FRG)

die **Wolga** 12G Volga (river in the Soviet Union)
wollen (will), **wollte, gewollt** 6D to want to, wish
womit 9L with what
woran 9G of, at what
worauf 9G for what
woraus 9G from what
das **Wort, -e** or **̈-er** 3L word
das **Wörterbuch, ̈-er** 13G dictionary
das **Wörterverzeichnis** vocabulary
der **Wortschatz** 1D vocabulary
wovon 9G of, from what
das **Wunder, -** 17L miracle
    kein Wunder 17L no wonder
    wunderbar 8L wonderful
(sich) wundern 17D to be surprised
der **Wunsch, ̈-e** 5D wish, request
    auf Wunsch 13L upon request
wünschen 10L to wish, desire
die **Wunschliste, -n** 15D request list
würde would
würdigen 14L to praise
Würzburg 8D Würzburg (city in the FRG)

X

xenophil 3L a liking for what is foreign

Z

die **Zahl, -en** 4G/7L number, figure
    eine gerade Zahl 4G an even number
    eine ungerade Zahl 4G an uneven number
zahlen 5S to pay
zählen 4G to count
    zählen zu 18L counts among
der **Zahn, ̈-e** 4S tooth
der **Zahnarzt, ̈-e** 17L dentist
die **Zahnpaste** (or **-pasta**) 12D toothpaste
die **Zärtlichkeit** 7S tenderness
zehn C ten
zehntausendst- 11G ten-thousandth
zehnt- 11G tenth
das **Zehntel** 11G tenth
das **Zeichen, -** 17D sign, indication
der **Zeigefinger, -** 8S index finger

zeigen 1L to show; to point out
  es zeigt sich 9L it appears
die **Zeile, -n** C line
die **Zeit, -en** 1D time
zeitlos 13G timeless
die **Zeitschrift, -en** 12L magazine
die **Zeitung, -en** 3L newspaper
das **Zelt, -e** 3L tent
der **Zentimeter, -** 4L centimeter
das **Zentrum, die Zentren** 3L center
der **Zeppelin, -e** 5S zeppelin
zerbrechen* (i), a, o 14G to break
  to pieces
zerfallen* (ä), ie, a 14G to fall apart
zerschlagen 17L to smash to pieces
zerstören 6G/18L to destroy
der **Zeuge, -n** 16D witness
die **Zeugin, -nen** 16D witness
  (*female*)
das **Ziel, -e** 18L goal
ziemlich 2D quite, fairly, rather
die **Zigarette, -n** 3S/12L cigarette
das **Zimmer, -** 6D room
das **Zivil** 14S civilian clothes
der **Zoll, ̈-e** 14G customs
der **Zollbeamte, -n** 16S customs
  officer
zollfrei 1S duty-free, tax-exempt
der **Zoo, -s** 3L zoo
zu 1L to; at; too
der **Zucker** 7G sugar
zuerst 8L at first, first
der **Zufall, ̈-e** 8D coincidence,
  chance
zufällig 15L accidental
zufrieden 18D satisfied
zu·fügen 13S to do to someone
der **Zug, ̈-e** 1L train

zu·geben 18L admit
die **Zugspitze** 4L *highest mountain
  in the FRG*
zu·hören C/14G to listen
die **Zukunft** 6L future
die **Zulassung, -en** 13L admission
zu·machen C/3G to close, shut
**zu·nehmen (nimmt zu), nahm zu,
  zugenommen** 3L to gain weight;
  to increase
die **Zuneigung** 5L affection, (mutual)
  inclination
die **Zunge, -n** 14G tongue
zurück·fliegen*, o, o 4G to fly back
zurück·geben (i), a, e 11D to give
  back
**zurück·gehen*, ging zurück,
  zurückgegangen** 4G to go back;
  to trace
**zurück·kommen*, kam zurück,
  zurückgekommen** 8L to come
  back
zurück·legen 15L to put back, give
  back
zusammen C/6D together
zusammen·arbeiten 12G/18L to
  work together
zusammen·leben 6L to live
  together
zusammen·passen 8S to fit together, to be compatible
**zusammen·sein*, war zusammen,
  zusammengewesen** 6L to be
  together
zusammen·wohnen 6D to live
  (room) together, cohabitation
das **Zusammenwohnen** 6D living
  together

zuviel(e) 7L too much; too many
**zuvor·kommen*, kam zuvor,
  zuvorgekommen** 14L to
  precede
zuwenig 18D too little
zwanzig C twenty
der **Zwanzigjährige, -n** 14L
  twenty-year-old
zwanzigst- 11G twentieth
der **Zweck, -e** 12L purpose, object
zwei C two
der **Zweifel, -** 8L doubt
zweifellos 13G doubtless
zweifeln 9L to doubt
der **Zweig, -e** 14G twig
zweihundert 4G two hundred
zweihundertzwanzig 14G two
  hundred twenty
zweihundertzweiundzwanzig 4G
  two hundred and twenty-two
zweimal 4G twice
zweit- 11G second
  der **Zweite Weltkrieg** 15L the
  Second World War
zweitens 11G second(ly)
zweiundzwanzig 4G twenty-two
zweiundzwanzigst- 11G twenty-
  second
die **Zwei-Zimmerwohnung, -en** 6D
  two-room apartment
zweizweidrittel 11G two and two-
  thirds
der **Zwerg, -e** 14S dwarf
zwischen 4L between
zwölf C twelve
zwölft - 11G twelfth

Photo Credits

CHAPTER 1 Opener: Stuart Cohen. Page 12: Sybil Shelton/Peter Arnold. Page 22: Richard Kalvar/Magnum. Page 23 (top): Swiss National Tourist Office; (bottom): Owen Franken/Stock, Boston. Page 28: German Information Center.

CHAPTER 2 Opener: Christa Armstrong/Photo Researchers. Page 34: Christa Armstrong/ Kay Reese & Associates. Page 36: German Information Center. Page 44 (left): Owen Franken/Stock, Boston; (right): Peter Menzel. Page 51: German Information Center.

CHAPTER 3 Opener: Owen Franken/Sygma. Page 55: Owen Franken/Stock, Boston. Page 66 (top, left): Owen Franken, Stock, Boston; (top, right): Werner H. Müller/Peter Arnold; (center): German Information Center; (bottom): Owen Franken/Sygma. Page 67 (top): Fritz Kern/German Information Center; (center, left): Peter Arnold; (center, right): C. Santos/Kay Reese & Associates; (bottom): Eckhard Supp/Kay Reese & Associates. Page 78: Owen Franken/Stock, Boston.

CHAPTER 4 Opener: Pierre Berger/Photo Researchers. Page 97: Cary Wolinski/Stock, Boston. Page 99: German Information Center.

CHAPTER 5 Opener: Stuart Cohen. Page 107: Patricia Hollander Gross/Stock, Boston. Page 126: Owen Franken/Stock, Boston. Page 129: Angermayer Munchen/Photo Researchers. Page 119: Courtesy Coca-Cola Company.

CHAPTER 6 Opener: Christa Armstrong/Kay Reese & Associates. Page 136: Christa Armstrong/Photo Researchers. Pages 142, 147 and 150: Owen Franken/Stock, Boston. Page 154: German Information Center.

CHAPTER 7 Opener: Thomas Hopker/Woodfin Camp. Page 165: Eckhard Supp/Kay Reese & Associates. Page 167: German Information Center. Page 175: Régis Bossu/ Sygma. Page 177: German Information Center.

CHAPTER 8 Opener and Pages 187, 197, and 200: German Information Center.

CHAPTER 9 Opener and Pages 215 and 220: Eastfoto. Page 225 (left): Tass From Sovfoto; (right): Eastfoto. Page 228: Thomas Hopker/Woodfin Camp.

CHAPTER 10 Opener: Christa Armstrong/Kay Reese & Associates. Page 238: Gerhard Gscheidle/Peter Arnold. Page 248: Peter Menzel. Page 249: German Information Center. Page 253: Peter Menzel/Stock, Boston.

CHAPTER 11 Opener: German Information Center. Page 258: The Bettmann Archive. Page 261: Sybil Shelton/Peter Arnold. Page 273: Owen Franken/Stock, Boston. Page 276: Christa Armstrong/Rapho-Photo Researchers.

CHAPTER 12 Opener: Thomas Hopker/Woodfin Camp. Page 291: Christa Armstrong/ Rapho-Photo Researchers. Page 293 (left): Owen Franken/Stock, Boston.

CHAPTER 13 Opener and Page 315: German Information Center. Page 316: Austrian National Tourist Office. Pages 322 and 324: German Information Center. Page 325: "Das Schlaraffenland," by Pieter Brueghel. Bayer-Staatsgemaldesammlungen.

CHAPTER 14 Opener: Christa Armstrong/Photo Researchers. Pages 329 and 341: NASA. Page 343: UPI.

CHAPTER 15 Opener: Owen Franken/Stock, Boston. Page 354: Régis Bossu/Sygma. Pages 361 and 365: German Information Center. Page 371: Internaziones/German Information Center.

CHAPTER 16   Opener: Owen Franken/Stock, Boston. Page 379: Swiss National Tourist Office. Page 387: Régis Bossu/Sygma. Page 388: Peter Menzel. Page 389: German Information Center. Page 390: Peter Menzel/Stock, Boston.

CHAPTER 17   Page 406: Swiss National Tourist Office. Page 408: Austrian National Tourist Office. Page 409 (top): Victor Engelbert/Photo Researchers; (bottom): Richard Dibon-Smith/Photo Researchers. Page 410 (left): Austrian National Tourist Office; (right): Fritz Henle/Photo Researchers. Pages 411 and 412: Swiss National Tourist Office.

CHAPTER 18   Opener: Irene Barki/Woodfin Camp. Page 423: German Information Center. Page 427: Dirk Reinartz - VISUM 1981/Woodfin Camp. Page 433: Thomas Hopker/Woodfin Camp. Page 435: Eastfoto/Sovfoto. Page 437: Thomas Hopker/Woodfin Camp.

SACHREGISTER